1 밀레르 지도책. 지도책에서 인도양은 포르투갈의 깃발이 꽂혀 있어 그들의 호수라고 주장된다. 말루쿠제도는 인도 남쪽의 일단의 작은 섬으로, 글씨가 적힌 곳 바로 밑에 있다. 그 서쪽으로 미궁처럼 늘어선 가상의 섬들은 경쟁자를 방해하려는 의도에서 그려 넣었다.

2 16세기에 세계 유일의 육두구 자생지였던, 화산섬인 반다제도. 프란시스쿠 세랑이 처음으로 향신료제도에 상륙한 곳이다. 최근에 흘러내린 용암이 열대우림 사이로 길을 냈다. 반다제도의 정치 조직은 독특했다. 일군의 장로가 주민의 동의를 얻어 통치했다.

3 과달키비르강 건너편에서 바라본 16세기 세비야. 아메리카로 가는 관문이자 에스파냐 탐험의 활력 넘치는 중추였다. 한때 첨탑이었다가 이후 귀환하는 선원들이 감사를 드리는 대성당의 종탑으로 쓰인 히랄다탑이 수평선 위로 솟아 있다.

4 현재 남아 있는 페르낭 드 마갈량이스(페르난도 데 마가야네스, 마젤란)의 유일한 초상화. 16세기에 그려진 것으로 보인다. 사후에 그려진 것이어서 실제 인물과 얼마나 비슷한지는 확실하지 않다. 설명 글귀는 다음과 같다. "페르디난 마젤라누스는 남극 해협의 곤경을 극복한 것으로 가장 유명하다."

5 마젤란이 필리핀으로 가져온 작은 아기 예수상 '산토 니뇨 데 세부'. 이후 레가스피 탐험대가 다시 발견했다. 필리핀제도에 기독교가 전파된 것을 상징하는 조각상으로 깊은 외경의 대상이다. 큰 규모의 연례 종교 축제인 피에스타 세뇨르Fiesta Señor의 핵심이다.

6 처음으로 세계 일주 항해를 완수한 후안 세바스티안 엘카노의 선박 빅토리아호의 유명한 그림. 플란데런 출신의 지도 제작자 아브라함 오르텔리우스의 지도에서 승리의 여신 니케의 날갯짓에 빠르게 서진하고 있다. 길이 70피트(약 21미터)에 중량 85톤의 지극히 작은 배로 55명이 승선했다.

7 리처드 챈슬러가 차르 이반 4세에게 신임장을 전달하고 있는 모습. 《이반 외경제畏敬帝의 삽화 연대기 The Illustrated Chronicle of Ivan the Terrible》에 실린 그림이다. 챈슬러 탐험대는 러시아와 잉글랜드 사이에 교역 관계를 구축했으며 잉글랜드의 세계 탐험 자금을 공급할 합자회사의 발전을 낳았다.

8 에스파냐의 500톤급 갤리언선 안달루시아호를 복원한 배. 갤리언선은 대부분 이보다 더 컸으며 중량이 최대 2000톤에 달했다. 이 배들은 200년 동안 태평양을 횡단해 마닐라에서 아카풀코를 오가며 동양의 고가 물품을 멕시코로 가져갔고 보급품을 싣고 필리핀으로 돌아왔다.

9, 10 세계무역의 사슬에서 연결고리를 차지한 아카풀코(위)와 멕시코시티(아래). 아카풀코는 태평양을 횡단하는 배들의 종점이었다. 해마다 마닐라를 출발한 갤리언선이 도착하면, 계절 견본시장에 상인들이 모여들어 활기를 띠었다. 상품들이 강을 건너고 오솔길을 따라 멕시코시티로 오갔다. 1700년에 인쇄된 아래 그림은 도수교導水橋와 여러 성당을 갖춘, 잘 수립된 도시계획을 보여준다. 화가는 태평양과 그 너머 육지의 전경을 그림 속에 압축적으로 집어넣었다.

11, 12 16세기와 17세기에 세계 통화가 된 은. 그 대부분은 포토시 광산에서 채굴되었다. 지금은 수백 개의 채굴 갱도로 속이 빈 포토시의 적갈색 산이 도시의 식민지 시대 건축물들 뒤편에 솟아 있다(위). 멀리 떨어진 네덜란드의 델프트에서 1664년경 요하너스 페르메이르는 저울로 은의 무게를 다는 여인의 초상을 그렸다(아래). 포르투갈 선교사 가스파르 다 크루스가 광저우에서 중국인들이 하는 것을 목격한 바로 그때였다. 유럽에 들어온 은은 대부분 중국으로 다시 나갔다.

13 중국의 자기 생산 도시 징더전. 점토의 반죽부터, 물레에서 항아리를 성형하고, 무늬를 새기고, 가마에서 굽는 것까지 제작의 전 단계가 그림에 나타나 있다.

14 포르투갈 시장에 수출할 목적으로 제작된 중국 자기. 바탕에 포르투갈 국왕의 문장이 그려져 있다. 맨 위에는 포르투갈의 탐험을 상징하는 혼천의渾天儀가 있다. 가장자리에는 또한 "예수 그리스도 우리의 구세주"라는 뜻의 라틴어 머리글자인 IHS도 새겨져 있다.

15 일본의 아름다운 병풍에 세밀하게 묘사된, 역청을 칠한 검은색 배를 타고 온 포르투갈인들. 일본인들에게 새로 도착한 자들은 난반진(남쪽의 야만인)이었다. 이 그림은 지나치게 부푼 바지를 입은 상인들과 긴 검은색 망토를 입은 제수이트회 신부들을 우스꽝스럽게 보는 일본인의 인식을 보여준다.

16 화산이 많은 향신료제도. 향신료제도의 유혹에 16세기 유럽인의 항해가 시작되었다. 앞쪽 오른편에 어린 정향나무가 서 있고 뒤쪽에 키 큰 정향나무가 서 있다. 정향은 장대로 모아 돗자리에 널어 말렸다. 같은 무게의 금과 동일한 값어치가 있었고, 운송 시 가볍고 오래도록 변하지 않는 이점이 있었다.

욕망의 향신료
제국의 향신료

SPICE

Copyright © 2024 Roger Crowley
All rights reserved

Korean translation copyright 2025 by CUM LIBRO
Korean translation rights arranged with THE ANDREW LOWNIE LITERARY AGENCY
through EYA Co.,Ltd

이 책의 한국어판 저작권은 EYA Co.,Ltd를 통해
THE ANDREW LOWNIE LITERARY AGENCY와 독점계약한 도서출판 책과함께에 있습니다.
저작권법에 의하여 한국 내에서 보호를 받는 저작물이므로 무단전재 및 무단복제를 금합니다.

욕망의 향신료
제국의 향신료

근대 세계를 형성한 16세기 해상 경쟁

로저 크롤리 지음 | 조행복 옮김

책과함께

일러두기

- 이 책은 Roger Crowley의 SPICE(Yale University Press, 2024)를 우리말로 옮긴 것이다.
- 인용문에서 [ ]는 지은이가 덧붙인 설명이다.
- 옮긴이가 덧붙인 짧은 설명은 〔 〕로 표시하고, 긴 설명은 각주로 표시했다.

잰에게, 사랑을 담아

정향의 향기는 세상에서 가장 좋다고 한다. 나는 코친에서 고아로 가는 길에 해안에서 불어오는 바람으로 이를 경험했다. 때는 고요한 밤이었고 뭍에서 1리그〔약 5킬로미터〕떨어져 있었다. 그 향기는 너무도 강하고 달콤해서 나는 거기에 분명히 꽃으로 가득한 숲이 있을 것이라고 생각했다. 알아보니 말루쿠제도에서 정향을 싣고 오는 배가 그 근처에 있었다.

— 가르시아 드 오르타, 16세기 포르투갈 식물학자

우리가 '구세계'와 '신세계'라는 표현을 쓰지만, 이는 단지 후자를 최근에 발견했기 때문이지 진짜로 두 세계가 따로 있기 때문은 아니다. 세상은 하나뿐이다.

— 잉카 가르실라소 데 라 베가, 1609

차례

지도   11

프롤로그 | 충돌   19

1부 육지의 발견: 동양을 차지하기 위한 경주

1 | 프란시스쿠 세랑의 천국 1511-1519   27
2 | 지도와 추측 1513-1519   41
3 | 말루쿠함대 1519-1520   61
4 | 향신료제도를 향하여 1520-1521   91
5 | 세계 일주 항해자들 1521-1522   113
6 | 주장강의 포화 1514-1524   127

2부 경쟁자들: 말루쿠제도를 차지하기 위한 싸움

7 | 에스파냐의 대응 1522-1526   151
8 | 아주 작은 전쟁들 1526-1528   177
9 | 플로리다호의 항해 1526-1536   197
10 | "고통을 끝내자" 1542-1546   213
11 | '지옥의 미궁' 1536-1540   225

3부 연결: 세계를 잇다

12 | 죽음의 피항지 1553-1556	241
13 | "우리의 위대함을 경외하고, 우리의 힘을 존중하라" 1530-1555	269
14 | 난제 해결 1557-1571	287
15 | 욕망의 갤리언선 1545-1571	315
16 | 세계화	333

에필로그 | 피해	349

지은이의 말	361
감사의 말	363
옮긴이의 말	365
주	371
참고문헌	387
도판 출처	393
찾아보기	397

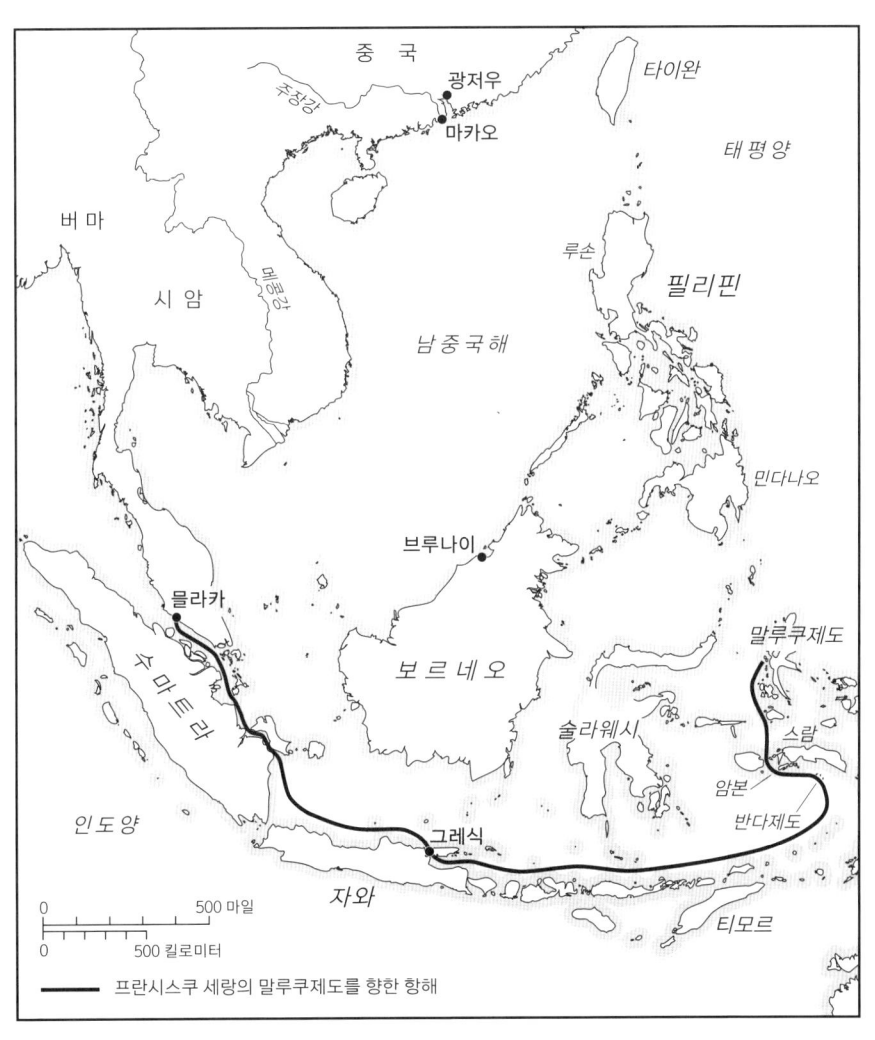

지도 1. 말레이군도, 중국 해안, 프란시스쿠 세랑의 항해.

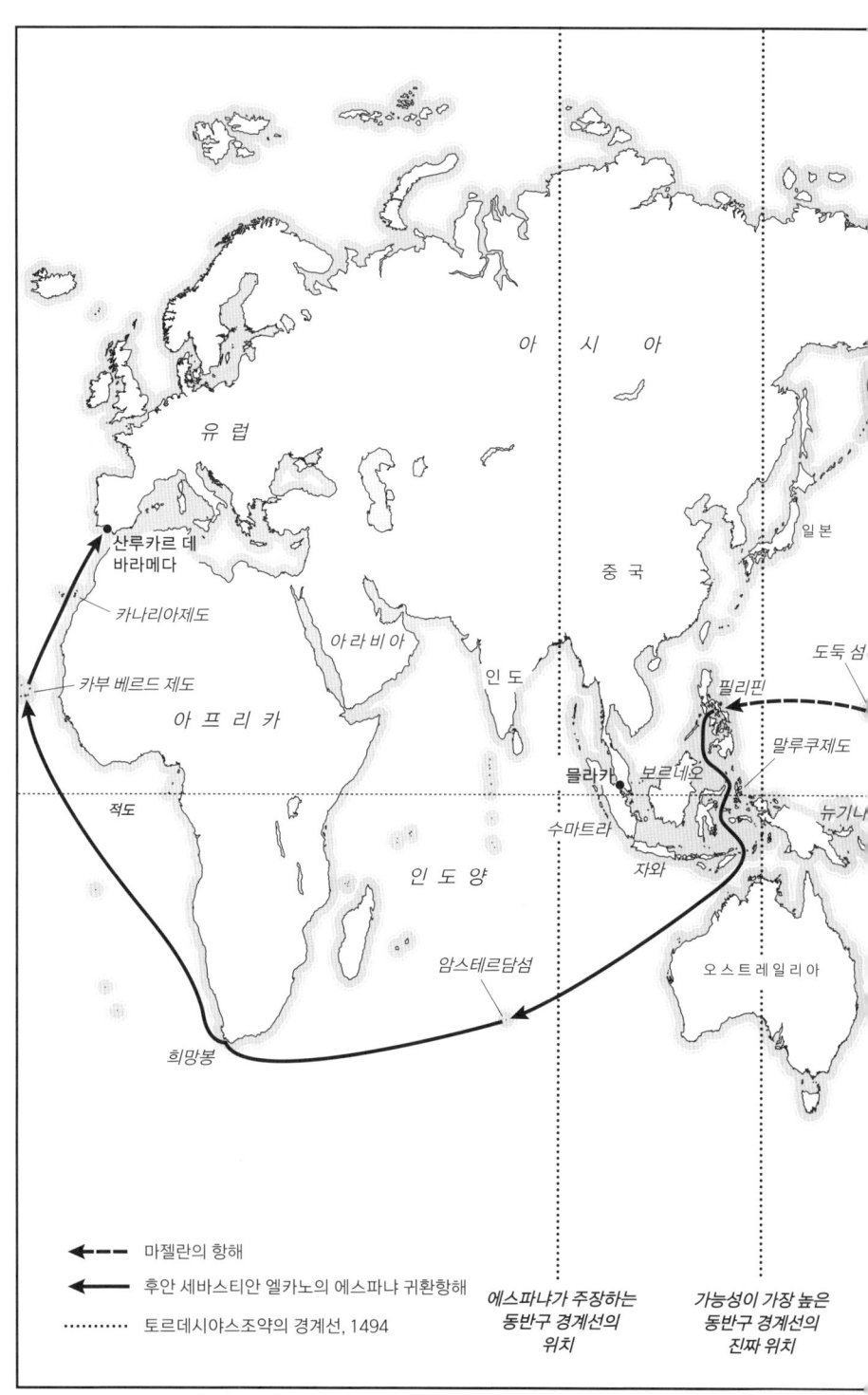

지도 2. 마젤란의 항해와 세계 일주 항해, 1519~1522.

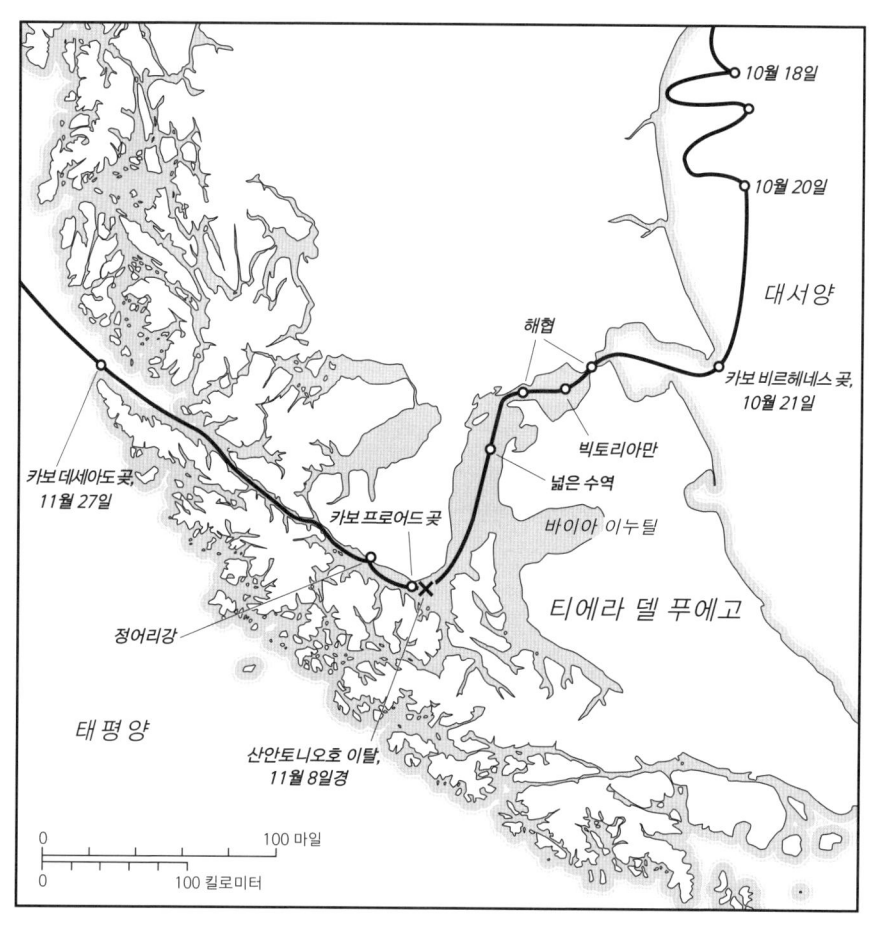

지도 3. 마젤란해협 통과, 1520.

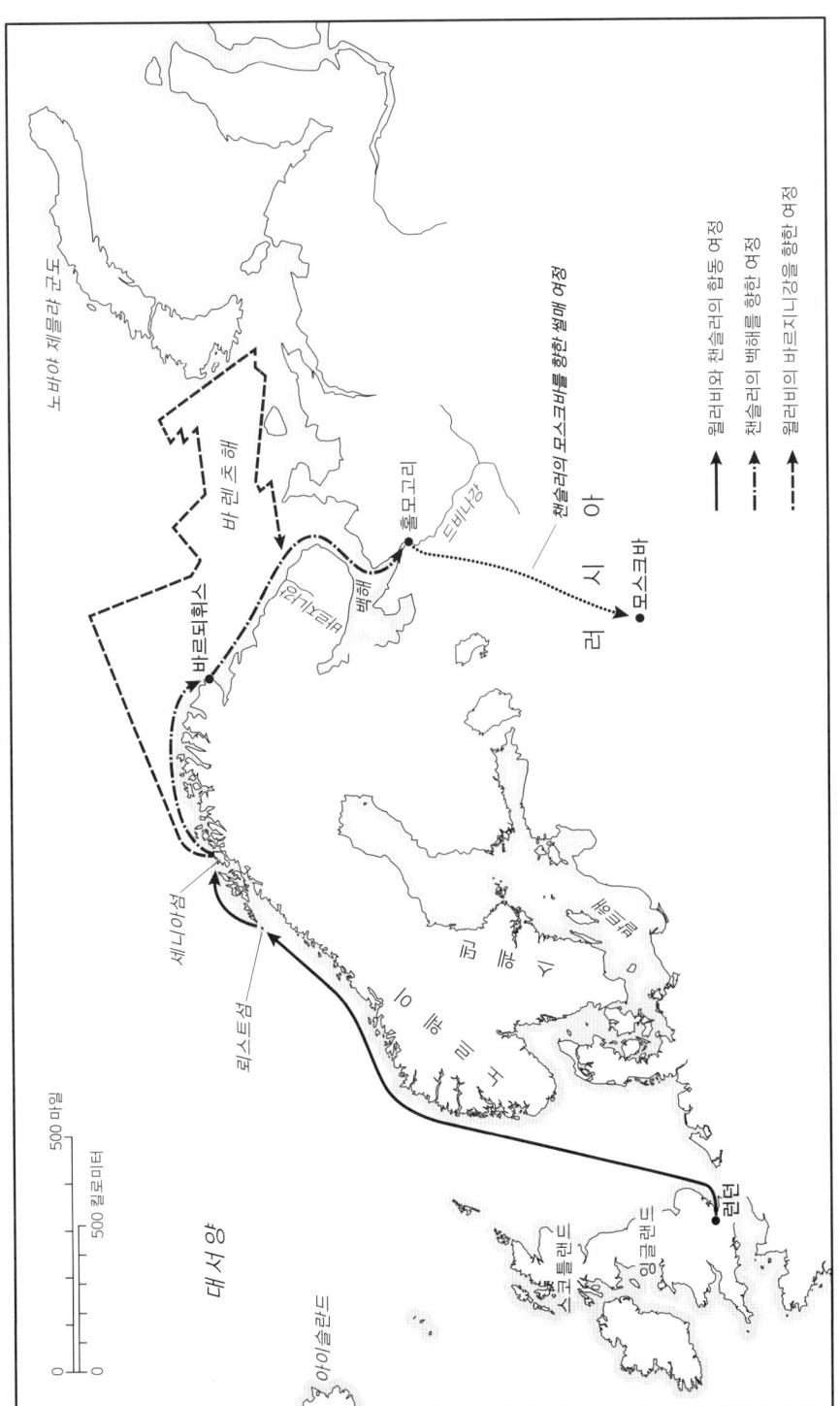

지도 4. 휴 윌러비와 리처드 챈슬러의 탐험, 1553.

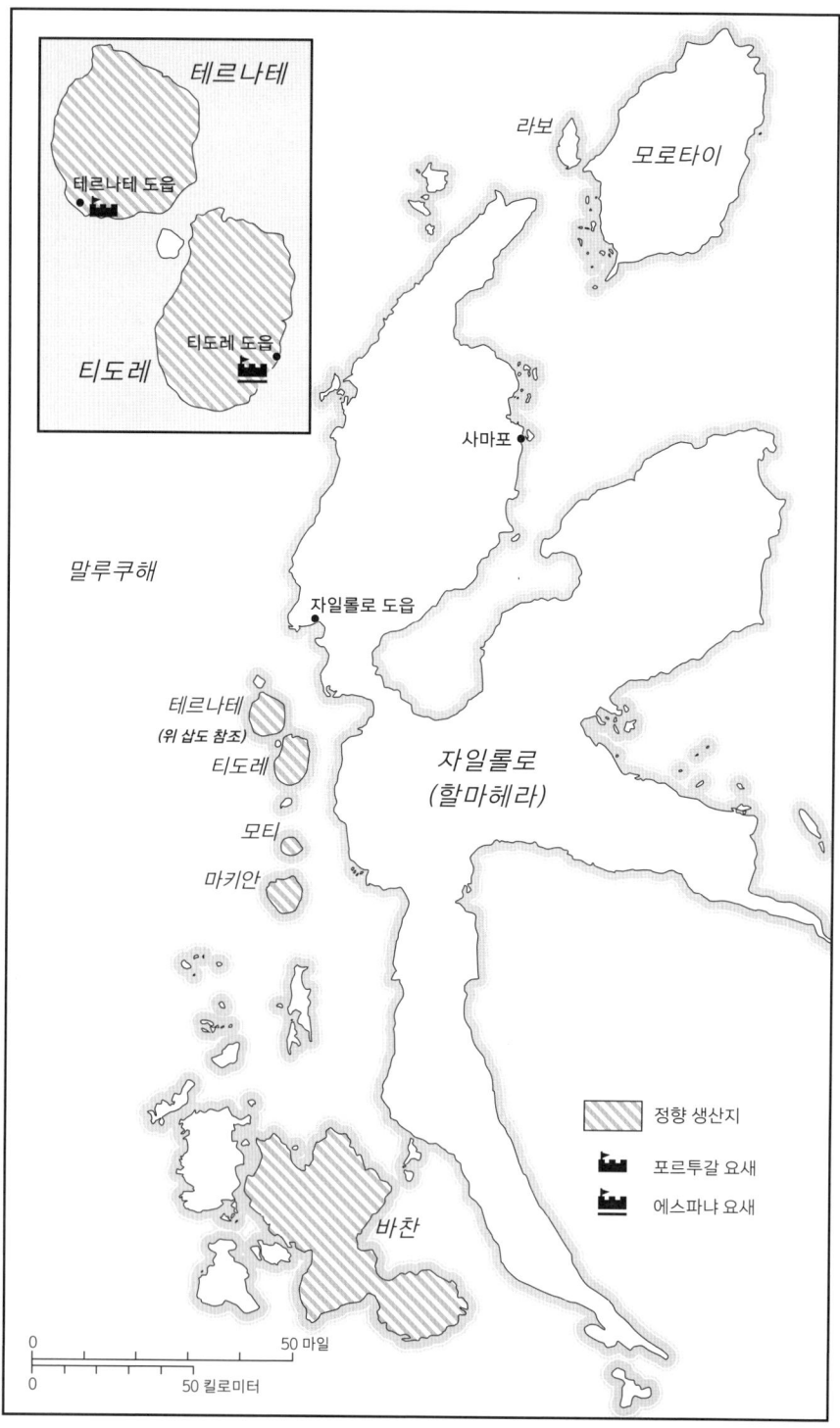

지도 5. 말루쿠제도.

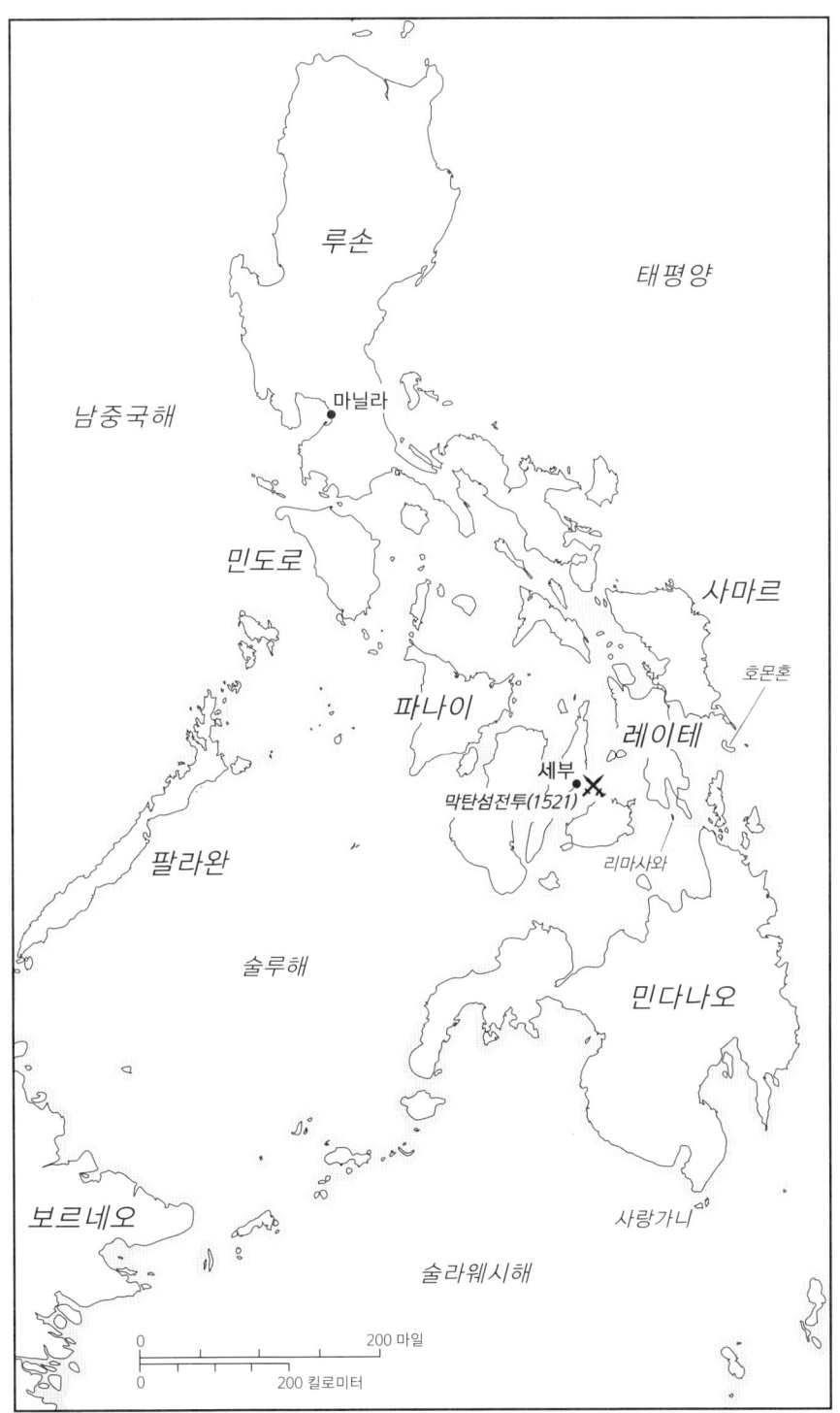

지도 6. 필리핀제도.

프롤로그

충돌

❈

우주에서 내려다보면 말레이군도는 사방이 온통 섬이다. 마치 거인이 아주 높은 곳에서 커다란 자기 접시를 떨어뜨리고 뒤로 물러서서 그 효과를 감탄하며 바라보는 것 같다. 말레이반도의 남동쪽으로는 수마트라와 자와의 거대한 장벽이 지구 둘레의 4분의 1에 해당하는 4000마일[약 6500킬로미터]에 걸쳐 수많은 작은 섬을 데리고 뻗어 있다. 어떤 섬들은 모양이 거미 같고, 다른 어떤 섬들은 어린아이의 그림에 나오는 것처럼 꼭대기에 균형 잡힌 화산이 있는 원형의 모양을 하고 있다. 중앙에는 뭉뚝한 덩어리 같은 보르네오섬과 필리핀제도를 이루는 7000개의 섬이 있다. 동쪽에서는 뉴기니가 거대한 진공 같은 태평양 앞에서 마지막 장애물 역할을 하고 있다. 세계지도에 올려놓기에 별 의미가 없을 정도로 작은 섬들의 사슬 한가운데는 자그마한 섬 수천 개가 군집을 이루고 있다. 역사에 말루쿠제도로 알려진 가장 외진 열대의 섬들로, 적도가 화살처럼 지나가며 낮과 밤을 정확히 똑같은 길이로 나누는 곳이다.

말루쿠제도 전체는 지구상에서 지질학적으로 가장 활발한 곳 중 하나의 진원지다. 이곳에서 네 개의 지각판이 충돌해 서로 밀어붙이고 새 화산섬을 만들어내며, 오스트레일리아를 북쪽으로 밀어내고, 뉴기니의 산들을 쉼 없이 흔들어 밀어 올린다. 거대한 편자처럼 생긴 불의 고리Ring of Fire의 서쪽 끝에 포함된 450개의 화산은 지구상에서 가장 파괴적인 것들에 속한다. 세상은 그 화산들의 울림을 들었다. 1882년 크라카타우섬 화산의 폭발은 역사에 최고로 요란한 소리로 기록되었고, 우리 시대에는 2004년 해저 지진으로 100피트(약 30미터) 높이의 지진해일이 발생해 시속 500마일(약 800킬로미터)의 속도로 인도양 곳곳을 휩쓸고 열네 개 나라를 강타했다. 이 단층선에 사는 사람들은 늘 땅의 불안정을 끌어안고 살아간다. 그들은 지구의 진동을, 끊임없이 변형되는 땅을 느낀다. 19세기 박물학자 앨프리드 러셀 월리스는 이렇게 썼다. "그 군도의 여러 섬에서 큰 지진이 발생한 해는 원주민의 연대기에서 획기적인 사건이 일어난 해다. 그 일을 기준으로 아이들은 나이를 기억하며 많은 중요한 사건의 날짜도 그것으로 결정된다."[1] 그리고 말루쿠제도의 마키안섬이 어떻게 변했는지도 설명한다. 마키안섬은

1646년 격렬한 화산 폭발로 갈라져 한쪽 옆에서 산의 중심부까지 거대한 협곡이 생겼다. 1860년 내가 마지막으로 찾았을 때 섬은 정상까지 초목으로 뒤덮여 있었고 열두 개의 말레이인 마을에 많은 주민이 살고 있었다. 1862년

12월 29일 … 섬은 갑자기 다시 화산이 폭발해 터져버렸다. 산의 모양은 완전히 바뀌었으며 주민 대다수가 죽었고, 40마일(약 65킬로미터) 떨어진 테르나테섬(트르나테섬)까지 엄청난 양의 화산재를 날려 그 섬과 주변 섬들에 자라는 작물을 거의 전부 망쳐놓았다.[2]

지질학적 충돌만 있었던 것이 아니다. 오스트랄라시아와 아시아에서 유래한 두 종류의 향신료가 오늘날 월리스라인Wallace Line으로 알려진 경계 지대 위에서 만난다.* 바로 이곳이다. 열도의 비옥한 화산 토양과, 몬순 강우와 열대성 기온에서 수많은 종의 식물, 곤충, 동물이 저마다 독특하게 다양한 방식으로 진화했다. 이곳의 생물은 너무나도 많아서 19세기의 어느 네덜란드인 동물학자는 한 개 섬의 해안에서 유럽의 모든 강과 바다에 사는 것만큼이나 많은 어종을 식별했다. 그리고 열대우림은 너무나도 무성해서 제2차세계대전 종전 후 마지막으로 항복한 일본군 병사는 자그마한 섬 모로타이에서 30년 동안이나 숨어 있을 수 있었다.

말루쿠제도는 진화의 실험실이었다. 말루쿠제도를 역사 속에 밀어 넣은 것은 바로 그 놀라운 종種 다양성이었다. 아주 작은 다섯 개 화산섬 테르나테, 티도레, 모티, 마키안, 바찬은 지구상에서 유일하게 정향丁香나무가 자라는 곳이었다. 남쪽으로 400마일(약 650킬로미터) 떨어진 반다제도의 세 섬은 육두구肉荳蔲의 유일한 자생지였다. 이 식물들의 열

---

* 월리스라인은 1859년 영국 박물학자 앨프리드 러셀 월리스Alfred Russel Wallace가 아시아와 오스트레일리아 사이의 변이 지대와 아시아 사이에 설정한 생물지리학적 경계선이다.

프롤로그

매는 말루쿠제도에 향신료제도라는 이름을 주었고 조만간 세상의 이목을 끌게 된다.

향신료의 유혹은 그 역사가 아주 오래되었다. 유프라테스강 기슭에 자리 잡은 도시들에서 4000년 된 정향나무 싹이 출토되었고, 이집트의 왕들의 계곡에는 향신료 선단이 돋을새김으로 조각되어 남아 있다. 중국 한나라의 황제들은 궁정 신하들에게 정향으로 날숨을 향기롭게 하라고 명령했으며, 로마인들은 향신료가 신에게로 가는 후각의 통로라고 여겨 그것이 희생 제물에 향기를 입히고 화장용 장작더미에서 망자의 영혼을 가볍게 들어 올린다고 보았다. 향신료는 방부제, 진통제, 최음제로서, 그리고 음식과 음료의 향미를 높여 열락을 느끼게 하는 것으로서 귀한 대접을 받았다. 향신료는 육상과 해상 원거리 교역로의 발달, 도시의 성장, 그것을 운반하는 상인들에 의한 종교의 확산에 이바지했다. 무게가 가볍고 오랫동안 상하지 않는 화물이어서 향신료는 최초의 진정한 세계적 상품이었다. 향신료는 여러 사람의 손을 거치면서 가격이 어마어마하게 높아져(유럽에 도달할 때쯤이면 1000퍼센트까지 올라갔다) 같은 무게의 금보다 비쌀 수도 있었다. 때로는 그 자체가 화폐로 쓰였다.

중세에 유럽인들은 대체로 무슬림 상인들이 향신료 교역을 장악했다는 사실에, 향신료 값을 치르느라 자신들의 금괴가 유출된다는 사실에 분개했다. 정향과 육두구의 원산지는 비밀이었기에 알려지지 않았다. 식욕을 자극한 것은 홀로 돌아다닌 여행자들에게서 나온 소문이었다. 마르코 폴로는 정향은 중국에서 오고(중국에서 그는 말루쿠제도에서 수입된 정향나무 가지를 분명히 보았을 것이다) 육두구는 자와에서 온다고 생각했다. 14세기 초반에 자와를 거쳐 간 프란체스코회 선교사 오도리코 다 포르데노네는 정향과 육두구 두 향신료가 동쪽으로 더 떨어진 어느 곳에선가 온다고 이해했지만 그 정확한 위치는 확인할 수 없었다. 이탈리아의 여행자 루도비코 디 바르테마는 자신이 1505년경 반다제도와 말루쿠제도를 방문했다고 주장하며 정향과 육두구의 재배를 묘사했다. 그의 설명은 곧 책으로 인쇄되어 유포되었다.

이러한 억측과 욕망의 소용돌이가 유럽인들의 탐험을 재촉한 동인이었다. 크리스토퍼 콜럼버스(크리스토포로 콜롬보)는 '인도제도' 즉 중국, 일본, 향신료제도를 향해 서쪽으로 항해했다. 동양의 부富를 그 근원지까지 추적해 이슬람 중개상인들을 건너뛰려는 것이었다. 콜럼버스가 마르코 폴로 여행기의 라틴어 사본에 써 넣은 주해는 지금도 남아 있는데, 그것은 그의 관심사가 향신료, 금, 보석이었음을 가리킨다. 그렇지만 그는 아메리카라는 장벽에 가로막혔다. 바스쿠 다가마는 동쪽으로 인도를 향했다. 1511년 포르투갈인들은 수마트라가 육안으로 거의 보이는 말레이반도의 믈라카(멀라까)에 도달했다.

그 뒷이야기가 이 책의 주제다. 말루쿠제도는 말 그대로 세계를 만들어낸 16세기의 큰 싸움에서 진원이 될 운명이었다. 포르투갈과 에스파냐 사이의 지독한 싸움은 큰 반향을 일으켜 결국 전 세계적인 경쟁으로 확대된다. 이 경쟁은 말레이반도, 마젤란해협, 멕시코 해안, 북극권을 통해 수많은 탐험대를 보내게 된다. 세비야와 리스본과 런던에서 카스티야의 콩키스타도르conquistador("정복자"), 포르투갈과 바스크의 항해사, 플란데런의 지도제작자, 잉글랜드의 선원, 독일과 이탈리아의 은행가들이 참여한 선단이 파견되었다. 또한 이 경쟁으로 유럽은 오스만제국과 격렬히 충돌했으며 중국과 일본의 고대 왕국들과 접촉하게 되었다.

굶주리고 서로 다투고 공격적이었던 유럽은 1511년에서 1571년 사이에 결정적으로 주변부에서 중심부로 변했으며, 후미진 곳에 처박혀 있던 에스파냐는 비록 짧게 끝났지만 세계 강국으로 부상했다. 이 지극히 중요한 60년간 유럽인들은 지구가 둥글다는 사실을 증명했으며, 태평양의 텅 빈 공간을 채우기 시작했고, 최초의 세계적 도시들을 만들어냈으며, 대양을 서로 연결했다. 유럽의 해상 제국들은 거의 500년간 지구의 바다를 지배하게 된다. 서사적 항해와 민족과 문화의 충돌은 인내와 용기와 고난의 놀라운 이야기를, 더불어 원주민을 해친 소름 끼치는 잔학 행위와 집단학살의 이야기를 만들어냈다. 유럽인들은 인쇄술의 발달을 통해 새로운 정보의 시대를 열었으며 세계적 교역망을 구축했다. 그 구조에서 은이 보편적 교환 수단으로서 세계적으로 유통되며, 향신료의 유혹은 그 발판이 된다. 이 모든 것이 근대 세계의 정치적, 상업적, 문화적, 생태적 성격을 이루게 된다.

1511년 포르투갈 선박 세 척이 믈라카에서 정향과 육두구의 자생지를 찾아 항해에 나섰다. 이들은 막대한 보상을 거둘 생각이었다.

1부
육지의 발견:
동양을 차지하기 위한 경주

1511-1522

1
프란시스쿠 세랑의 천국

1511-1519

1512년 4월, 인도 서부 해안의 코친에서 포르투갈령 인도 총독 아폰수 드 알부케르크가 국왕 마누엘 1세에게 편지를 보냈다. 편지에는 커다란 지도의 일부를 복사한 것이 들어 있었다.

> 폐하, 이것이 제가 본 것 중 가장 좋은 듯합니다. 폐하께서 보시고 기뻐하시리라 생각합니다. … 제가 폐하께 보내는 이것은 프란시스쿠 호드리그스가 다른 지도를 베낀 것으로, 중국인과 고레스[류큐제도 주민]가 사는 곳, 폐하의 배들이 정향제도로 갈 때 취해야 할 항로, 금광이 있는 곳, 자와섬과 반다섬, 육두구와 향신료의 섬, 시암[샤얌] 국왕의 땅, 중국인 항해의 끝, 중국인 항해의 방향, 중국인들이 더 멀리 항해하지 못한 이유를 확실하게 보실 수 있습니다.[1]

알부케르크가 언급한 더 큰 판형의 지도는 그의 목숨을 거의 앗아갈 뻔한 배의 난파로 소실되었지만, 남아 있는 것만도 엄청나게 귀했다. "항정선航程線과 배들이 따라간 직항로"가 전부 표시된[2] 그 지도는 수백 년 동안 향신료제도가 어디 있는지 추측하기만 한 유럽인들이 그곳을 탐험의 최종 목적지로 정하고 가는 데 안내자의 역할을 했다. 그것은 중국과의 직접적 교류라는 가슴 떨리는 전망을 유럽인들에게 제시했다. 마르코 폴로 때문에 유럽인의 상상 속에 전설처럼 이어져 내려온 가능성이다.

여덟 달 전(1511년 8월), 포르투갈인들이 말레이반도의 끝자락에 있는 전략적으로 중요한 도시 믈라카를 점령했다. 믈라카는 극동의 교역과 인도와 중동의 교역을 연결하는 곳으로, 향신료가 수많은 중개상을 거쳐 크게 부풀려진 값으로 유럽의 시장에 들어가는 통로였다. 이제 포르투갈인들은 정향과 육두구를 원산지에서 구매한다는 최종 목표를 달성할 발판을 확보했다. 그들은 빠르게 이동하고 있었다. 믈라카를 차지한 알부케르크는 즉시 버마(미얀마), 태국, 수마트라로 사절을 파견해 포르투갈의 진출을 알리고 교역과 친선을 제안했다. 알부케르크가 마누엘 1세에게 보낸 편지에서 말하지 않은 것이 있다. 향신료제도로 가는 탐험대가 이미 "매우 많은 지식을 갖추고 지도를 제작할 수 있는 … 젊은이"[3] 프란시스쿠 호드리그스를 조타수로 태우고 항해 중이었다. 믈라카 점령에 참여한 자들 중에는 포르투갈 하급 귀족 출신의 두 청년이 있었다. 프란시스쿠 세랑과 훗날 마젤란으로 알려지는 페르낭 드 마갈량이스다.

1511년 11월이었을 텐데, 믈라카에서 배 세 척이 안토니우 드 아브레우의 지휘로 "말루쿠제도에서 정향을 찾고 반다제도에서 육두구를 찾기 위해"⁴ 항해에 나섰다. 산타카타리나호와 프란시스쿠 세랑이 지휘한 사바이아호, 그리고 호드리그스가 키를 잡은 작은 카라벨선caravel〔소형 범선〕이다. 포르투갈인 120명에 배에 스며드는 물을 퍼낼 노예 60명이 타고 있었다. 지휘관들은 믈라카에서 전투로 단련된 자들이었다. 아브레우는 얼굴에 머스킷 총탄을 맞아 이가 여럿 부러지고 혀도 일부가 손상되어 회복 중에 있었다. 그러나 이 탐험은 평화로운 교역 사업으로 계획되었다. 탐험에는 항로를 잘 아는 말레이인 두 사람이 동행했다. 알부케르크는 포르투갈인들이 믈라카를 점령했다는 말이 말레이군도의 지역사회들에 퍼져 교역이 무산될 수 있음을 알고 있었다. 그는 이스마엘이라는 페르시아인에게 지휘를 맡겨 정크선 한 척을 앞서 파견해 사전 작업을 준비시켰다. "안토니우 드 아브레우가 그 항구들에 도착해 … 주민들이 우리의 이름을 두려워하는 것을 볼 때, 우리가 나쁜 대접을 받지 않도록" 하려는 조치였다.⁵ 이렇게 포르투갈인들은 말레이반도 남단을 돌아 새로운 바다, 새로운 세계로 들어가고 있었다. 수천 개의 섬, 수많은 언어, 자그마한 왕국들로 가득하고 항해 조건이 어떤지 알 수 없는 말레이군도였다. 도중에, 이제 포르투갈제국의 변두리가 된 그곳에서 그들은 정복자에서 상인으로 변신했다.

세 척의 배는 자와섬의 북쪽 해안을 따라 항해해 초록색의 계단식 논 위로 줄지어 솟은 화산들을 지나쳐 나아갔다. 세랑은 보급품을 채우려고 그레식의 항구에 들어갔다가 자와 여인을 아내로 맞았다. 이른바 '몬순신부monsoon bride'다. 이 해안에서는 이렇게 하는 것이 계절상 인들의 관습이었다. 배들이 산호초 지대를 통과할 때 사바이아호는 난파해 어쩔 수 없이 배를 버려야 했다. 남은 두 척은 북쪽으로 진로를 잡았다. 호드리그스는 바다 위로 우뚝 솟은 외딴 화산섬 구눙아피를 보고 크게 놀랐다. "가장 높은 곳에서 바다로 끊임없이 불길이 흘러내리고 있었다. 경이로운 광경이었다."[6] 그는 항해하면서 이 새로운 세계와 지나쳐온 해안선을 지도로 그렸다.

그러나 항해는 때를 잘못 잡은 탓에 정향 열매가 열리는 말루쿠제도의 섬들에 도달하지 못했다. 탐험대는 맞바람 때문에 어쩔 수 없이 동쪽으로, 뒤이어 남쪽으로 방향을 틀어 다른 군도인 반다제도에서 육두구를 찾으려 했다. 반다제도는 사화산死火山의 침강한 칼데라caldera를 중심으로 주변을 에워싼 작은 섬 열 개로 이루어졌다. 새로 온 자들은 가장 큰 섬인 반다 베사르〔론토르〕의 만에 닻을 내렸다. 포르투갈 역사가 주앙 드 바후스에 따르면 그 섬은 "밀낫처럼 생겼다."[7] 섬들 위로 솟은 활화산은 분화구에서 유황을 토해내고 있었다. 섬들의 사면斜面은 그들이 찾으러 온 육두구나무와 다른 종의 수목에 뒤덮여 초록빛으로 반짝거렸다. 포르투갈인들의 상상 그대로였다. "그것은 자연이 그 특별한 열매로 크나큰 즐거움을 안긴 정원처럼 보였다." 육두구 꽃은 "우리가 아는 그 어느 것과도 다르게 여러 향기가 섞여 있었다. 꽃이 지고 나면 초록색의 육두구가 … 익기 시작하고, 수많은 앵무새를 비롯해 각양각색의 새들이 날아온다. … 엄청나게 다양한 종과 자연이 그들에게 준 노래와 색깔을 보자니 또 다른 장관이다."[8] 새들은 화려하게 짜인 직물 같은 섬의 생태 환경에서 육두구 씨앗을 퍼뜨리는 역할을 솜씨 좋게 수행했다. 호기심 많은 포르투갈인들은 또한 반다제도의 주민과 사회구조도 상세히 묘사했다.

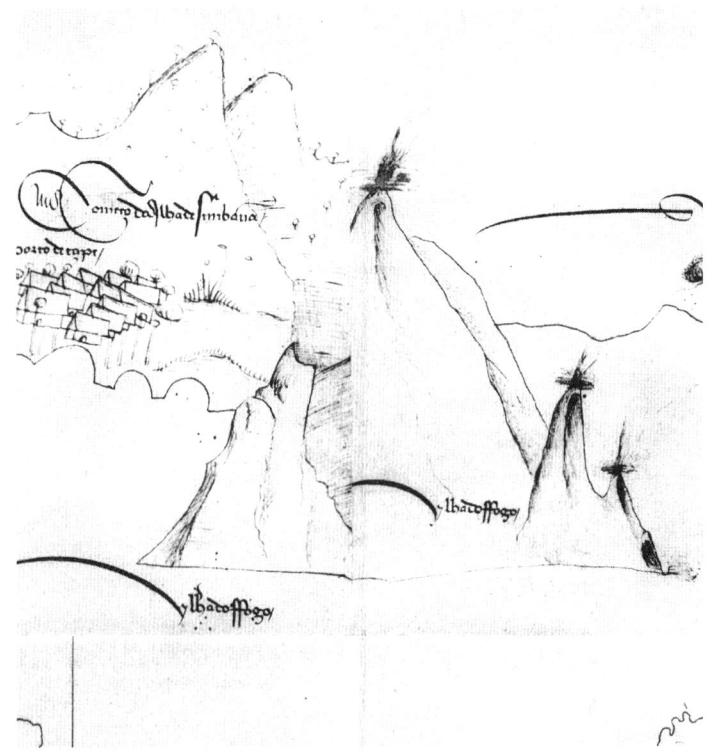

자와섬 해안을 따라 늘어선 화산들, 프란시스쿠 호드리그스의 스케치. 중앙에 화산섬 구눙아피가 불을 내뿜고 있다.

　포르투갈인들이 본 것이 있다면, 다른 사람들도 다가오는 그들을 보았다. 어떤 설명에 따르면, 이 섬들의 주민들은 아브레우 함대의 도착과 그 선박들의 크기에 위압당했다. 새로 온 자들은 자신들의 견고한 범선의 잠재력을, 실제적이고 심리적인 잠재력을 재빨리 이용했다. 믈라카 요새 지휘관 후이 드 브리투 파탈링은 이렇게 보고했다. "말루쿠 제도, 반다제도, 티모르, 자와로 가려면 큰 배가 필요하다. 주민들이 그 것을 보고 두려워하겠지만." 그는 500톤급의 나오스naos(큰 범선) 한두 척을 보내자고 제안했다. "그것들은 우리의 위세를 확실하게 보여줄 뿐만 아니라 작은 배로는 할 수 없는 엄청나게 많은 향신료를 실을 수 있기 때문이다. 게다가 항로는 이미 알려져 있고 항해도 쉽다."⁹

반다제도 주민들은 주변 섬들과 폭넓게 교역망을 구축해놓고 있었다. 그들은 말루쿠제도에서 정향을 들여왔고 자와로, 이따금은 믈라카까지 항해했다. 그들은 새로 온 자들을 그저 또 다른 교역 상대로 보고 환영했다. 그들이 포르투갈인들을 특별히 환대한 이유는 바로 포르투갈인들이 그들의 교역 체제를 파괴한 탓에 새 사업이 필요했기 때문이다. 포르투갈인들은 믈라카 상인들의 조언에 따라 적당한 교역 품목을 갖고 왔다. 직물, 쌀, 중국 자기였다. 자와의 〔타〕악기인 공gong은 엄청나게 인기가 있었고 많은 양의 향신료와 맞바꿀 수 있었다. "그들은 이것들과 금속과 주석으로 만든 그릇으로 음악을 연주한다."¹⁰

여기서 포르투갈인들은 그곳으로 수입된 정향뿐만 아니라 육두구와 메이스(육두구 씨앗을 덮고 있는 겉껍질로 더 은은한 향기가 난다)도 가득 실었고 반다제도의 정크선을 구입해 사바이아호를 대체했다. 남은 배 두 척 모두 상태가 좋지 않았고, 새로 구입한 정크선도 마찬가지였다. 이 선박은 섬에서 섬으로 항해하기에는 적당했지만 난바다 항해에 특별히 적합하지는 않았고 닻도 나무로 만든 것뿐이었다. 그렇지만 육두구는 살화물撒貨物이었고, 그들에겐 선창에 적재 공간이 필요했다.* 반다해를 가로질러 귀환항해에 나섰을 때 이 배를 지휘한 자는 프란시스쿠

---

* 살화물bulk cargo은 곡물, 석탄, 원유 따위와 같이 일정한 형태의 개별 포장을 하지 않는 화물이다.

세랑이었다. 바다 한가운데로 나가자 그 정크선은 파도를 뒤집어썼다. 그들은 바다거북밖엔 없는 황량한 섬의 암초에 배가 부딪혀 조난을 당했다. 음식도 식수도 없었다. 그러나 이들의 곤경을 목격한 자들이 있었다. 루코피나제도는 반다해를 지나는 선박들의 무덤으로 알려진 곳으로 바다의 약탈자들에게 먹잇감을 제공했다. 전투용 카누 한 척이 수평선에 나타나 건질 것이 있는지 살폈다. 포르투갈인들은 무슬림 안내인들의 조언을 따라 매복했다가 해상 강도들을 기습해 그들의 배를 탈취했다. 형세가 역전되었고, 해적질을 하러 왔다가 이제 조난자가 될 가능성에 직면한 자들은 어쩔 수 없이 인근의 섬 암본에 있는 마을 히투로 노를 저어야 했다.

전부 여덟 명이나 아홉 명밖에 되지 않는 작은 무리의 포르투갈인들이 강철 갑옷을 입고 머스킷총을 든 채 해변에 발을 내딛었다. 주민들은 곧 그들에게 깊은 인상을 받았다. 히투는 이웃한 섬 세람의 마을 루후와 싸우고 있었다. 섬과 섬 사이의 전투는 카누 공격의 형태를 띠었는데, "한 섬이 다른 섬을 급습해 전쟁을 일으키고 포로를 잡거나 서로 학살하는" 것이었다.[11] 바로 이러한 전투 방식에, 더불어 현지의 복잡한 정치에 포르투갈인 침입자들은 곧 익숙해진다. 히투가 받아들인 세랑의 작은 무리는 그 싸움에 결정적 영향을 미쳤다. 새 침입자들과 그들의 뛰어난 무기에 관한 소식이 군도 전역에 급속히 퍼졌다. 소식은 북쪽으로 300마일〔약 480킬로미터〕떨어진 정향 자생지 말루쿠제도까지 전해졌고, 그 통치자들은 곧바로 관심을 보였다.

자그마한 섬 테르나테와 티도레에는 바다에서 솟구친 균형 잡힌 화산이 위압적으로 서 있고, 그 둘레의 사면斜面은 숲으로 뒤덮여 있다. 불과 몇백 야드의 바다로 서로 떨어져 있는 두 섬은 그때 한창 교전 중이었다. 두 섬 모두 무슬림 상인들에 의해 쉽게 이슬람교를 받아들였고, 지배자인 두 섬의 술탄들은 서로 지독한 적수로서 다른 섬들과 부락들로 이루어진 연맹체를 이끌었다. 세랑과 그 동료들은 앞서 암본에서 싸움에 관여할 때부터 이런 유형의 전투에 이미 익숙해져 있었다. 이러한 공격은 노를 젓는 인원이 최대 100명에 달하는, 코라코라kora-kora나 요앙가joanga라 부르는 크고 빠른 전투용 카누로 수행되었다. 테르나테가 그러한 배로 구성된 가장 큰 함대를 보유했으며, 그들의 코라코라 한 척이 히투로 세랑을 찾아와 자신들의 섬을 방문해달라고 초청했다.

술탄 바얀 시룰라는 포르투갈인들을 따뜻하게 맞이했다. "그는 그들을 나라에 받아들이고 큰 존중을 표했다."[12] 그는 무쇠 같은 자들이 와서 자신의 통치를 연장시키는 예지몽을 꾸었다고 주장했다. 포르투갈인들은 용병 타격대로 빠르게 자리를 잡았고, 그 덕에 테르나테는 티도레와의 싸움에서 우세를 차지했다. 그 과정에서 세랑은 술탄 바얀 시룰라에게 없어서는 안 될 친밀한 조언자가 되었다. 1514년 바얀 시룰라는 포르투갈 국왕에게 신하가 되겠다고 제안하는 편지를 썼는데, 이는 단지 포르투갈이 향신료 교역의 중추인 믈라카를 장악한 것이 테르나테의 정향 수출에 매우 중요했기 때문만은 아니다. 그는 또한 포르투갈인들을 인접한 섬 왕국들을 통제할 결정적 수단으로 여겼다. 세랑은 이러한 목표를 달성하기에 안성맞춤인 인물이었다. 반면 포르투갈인들은 이 관계를 상당히 다르게 보았다. 1515년 9월 알부케르크는 국왕에게 편지를 보내 "세랑이 살아 있고 정향 섬들을 장악했으며 그곳의 왕과 땅을 전부 지배했다는 소식"을 전했다.[13] 명백히 주인인 국왕

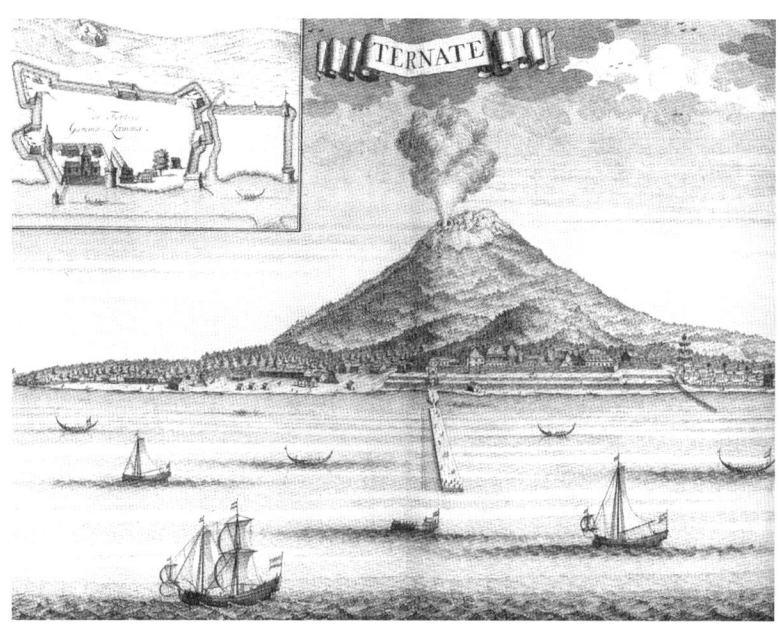

18세기 네덜란드 인쇄물에 나온 테르나테섬과 그 화산.

을 대신한 행위였다.

그때까지 믈라카는 포르투갈 세력의 중심지로는 동쪽으로 가장 멀리 떨어진 곳이었다. 포르투갈의 제한된 인적 자원은 아프리카에서 페르시아만과 인도 서부 해안에 이르기까지 일련의 요새와 기지에 드문드문 퍼져 있었다. 실로 광대한 영역이었다. 말루쿠제도는 두 가지 계절풍이 있었고, 포르투갈왕국에서 9000마일(약 1만 4500킬로미터) 떨어져 있었다. 세랑은 멀리 리스본에 있는 국왕에 대한 충성심을 차츰 잃어간 것 같다. 1512년에 그가 도착한 후 몇 년 동안 포르투갈의 무역선들이 테르나테에 와서 정향을 가득 싣고 떠났다. 세랑은 귀국하라는 명령을 무시한 채 믈라카에 머물렀다. 포르투갈로부터 거의 독립적이었던 그는 섬들 내부의 정치에 개입했다. 그는 많은 포르투갈 모험가가 꿈꾸는 삶을 살고 있었다. 왕의 칙령을 따르려는 열망으로 움직인 것이 아니라 그저 부자가 되고 상상한 동양의 이국적 세계에서 군주로서 호사스러움을 누리며 살기를 원했을 뿐이다. 알부케르크의 편지를 보면 국왕이 어쨌거나 그를 그냥 내버려둔 것 같다.

세랑은 알려진 것이 거의 없는 수상쩍은 인물이지만, 그의 이름은 그 시대의 연대기에 한 줄의 솔기처럼 가늘게 이어진다. 그는 이후 벌어질 일에서 작지만 중추적 역할을 수행할 운명이었다. 그가 남긴 말은 거의 남아 있지 않다. 포르투갈인들의 다른 많은 기록처럼, 그의 편지도 필시 1755년 리스본 지진으로 소실되었을 것이다. 당대의 연대기에 일부 흔적이 남아 있을 뿐이다. 그러나 세랑이 정향 향기가 짙게 밴 채 섬을 떠나는 포르투갈 선박 편에 국왕과 자신의 친구인 페르낭 드 마갈량이스에게 편지를 써 보냈다는 사실은 알려져 있다.

포르투갈인들은 향신료제도에 관한 정보를 세세하게 수집했다. 반다제도에 관해서 그들은 그 독특한 정치 조직("그들은 왕이 없고 장로들이 통치한다"), 주민의 용모, 사고녹말sago("나무의 고갱이로 만들어 아주 딱딱하게 굽는다. … 돈으로 사용된다")에 의존하는 식생활, 인구, 섬들의 지리와 상륙 설비, 특히 그들의 교역망과 비용과 향신료 생산의 세세한 내용에 주목했다. 포르투갈인들은 육두구와 메이스의 재배나 수확에 관해 알아내고 이를 기술하려 했다. "월계수 같은 나무의 열매에 인E이 있고, 그 위로 메이스가 마치 꽃처럼 퍼져 있으며, 그 위에 다시 다른 두꺼운 외피가 덮여 있다. 여기서 메이스 1퀸탈quintal은 육두구 7퀸탈의 가치가 있다."[14] "메이스는 복숭아나 살구처럼 생긴 과일이다. 익으면

육두구와 그 씨앗의 겉껍질인 메이스.

벌어져서 바깥쪽 과육이 떨어진다. 그 안쪽이 붉게 변하는데, 이것이 육두구의 메이스다. 그들은 이것을 모아 말린다. 그 과일은 연중 내내 익으며 매달 수집된다."[15]

말루쿠제도의 정향 생산도 비슷하게 세밀히 관찰되었다.

이 섬들의 숲은 월계수처럼 생긴 나무로 가득하며, 그 잎사귀는 아르부투스 arbutus의 잎과 닮았다. 거기서 정향이 오렌지나 인동덩굴의 꽃처럼 다발을 이루어 자란다. 정향은 짙은 녹색으로 자라다가 흰색으로 바뀌며, 익으면 선명한 붉은색을 띤다. 원주민들은 그것을 손으로 주워 모아 햇볕에 널어 말린다. 마르면 검게 변한다. 볕이 없으면 건조막에서 말린다. 다 마르면 곰팡이가 슬지 않은 온전한 상태로 보존하기 위해 소금물을 살짝 흩뿌린다. 이 다섯 개 섬에서 모으는 양은 나라 밖으로 다 내갈 수 없을 정도로 엄청나게 많다. … 3년 동안 열매를 거두지 않으면 나무는 제멋대로 퍼지며, 그 이후 수확하는 것은 쓸모가 없다.[16]

중매인들과 상인들이 수집한 이러한 설명은 사실상 상업 편람이 되어 지리, 생태 환경, 교역, 권력 구조, 인류학 등의 모든 측면에서 포르투갈의 국가 계획에 지속적으로 피드백을 제공했다. 유럽인들은 세계에 관한 정보를 모으고 있었다. 그중 순수한 의도로 모은 정보는 단 하나도 없었다.

1519년 국왕 마누엘 1세는 오늘날 밀레르 지도책으로 알려진 진귀한 지도책의 제작을 주문했다.* 지도책은 비범하고 아름다운 예술 작품인 동시에 나라가 새로이 발견한 것들을 축하하는 기념물이었다. 지도책에서 말루쿠제도는 특별히 황금색으로 그려졌고 수집가의 진열장 안에 보관된 희귀한 나비처럼 포르투갈 국기의 핀으로 바다에 고정되

---

* 밀레르 지도책은 1855년 포르투갈의 산타렝에서 이것을 입수한 프랑스 학자 에마뉘엘 밀레르Emmanuel Miller의 이름을 따 그렇게 부른다.

정향나무의 열매 송이.

어 있다. 이는 포르투갈의 소유권을 주장한 것으로, 섬 주민들은 아직 자각하지 못한 현실이었다. 지도책의 세계지도에서 말루쿠제도는 반원 형태의 모래톱으로 둘러싸여 있는데, 이는 그 섬들이 접근할 수 없는 곳임을 암시했다. 섬들은 상당히 정확한 위치에 그려졌지만 모래톱은 실제로 존재하지 않았다. 그리고 정향이 열리는 말루쿠제도는 항해가 엄청나게 어려워 보이도록 가공의 섬들로 미로를 만들어 보호했다. 4년 전 에스파냐인들이 처음으로 보았고 그래서 이제는 많이 알려진 태평양이 나오지 않는다는 사실은 더욱 놀라웠다. 이 지도책의 세계지도는 시대착오적이다. 고대의 지리학자 프톨레마이오스의 세계관으로 되돌아간 것이다. 지도에서 대서양은 서쪽으로 나가는 출구가 없는 광대한 육지에 에워싸여 있다. 밀레르 지도책은 포르투갈인들이 알아낸 것을 객관적으로 묘사하지 않았다. 그것은 오히려 포르투갈의 향신료 교역 지배를 떠받치고 호기심 많은 경쟁자들, 특히 에스파냐가 아메리카를 돌거나 관통해서 태평양으로 침투함으로써 말루쿠제도를 공격하는 것을 저지하기 위한 지정학적 수단이었다.

 같은 해(1519년), 에스파냐인들은 포르투갈인 페르낭 드 마갈량이스의 적극적 관여와 프란시스쿠 세랑의 지식으로 똑같은 일을 계획하고 있었다. 마누엘 1세는 분명 이를 알고 있었을 것이다.

2
지도와 추측

1513-1519

에스파냐인들이 인도로 가는 경쟁에서 따라잡기를 시도하고 있었다. 일본에 가까이 다가갔다는 콜럼버스의 주장은 조금씩 의심을 사고 있었다. 지금까지 그가 이룬 것은 별다른 가치가 없었다. 포르투갈인들의 멈출 줄 모르는 전진은 변경의 반대편에서 질시와 우려를 낳고 있었다. 포르투갈과 카스티야 궁정은(카스티야는 이제 이베리아반도의 다른 왕국들을 통합해 통일된 에스파냐를 만들고 있었다) 혼인과 지리적 인접성으로 연결되어 수동적 공격성passive-aggressive이라고 할 수 있는 관계로 발전했다. 군주들이 겉으로는 서로 가까운 친구로 대하지만 실제로는 숙적인 관계다. 이 경계를 넘어서면 바다에 관한 기술과 지식은 서로 간에 침투했다. 두 군주는 이베리아반도 사람들뿐만 아니라 외부인에게도 의존했다. 베네치아인, 제노바인, 프랑스인이 있었지만, 일반적으로 전문적 지식의 흐름은 일방통행이었다. 탐험의 선구자인 포르투갈인들로부터 카스티야의 정보 중심지인 세비야로 전해졌다.

두 나라의 탐험 영역은 토르데시야스조약으로 정해졌다. 1494년, 대서양에서의 격렬한 충돌이 초래한 여파로 카스티야와 포르투갈은 북극에서 남극으로 대서양을 관통하는 가상의 선을 그어 각각의 탐험 영역을 할당하는 데 합의했다. 그 위치는 카부 베르드 제도에서 서쪽으로 370리그(약 1800킬로미터) 떨어진 지점으로 정해졌다. 이는 대서양과 관련해 탐험과 영토상 권리 주장의 범위를 명확히 하려는 것이었지만, 그 완전한 의미는 포르투갈이 동쪽으로 향신료제도까지 도달하면서 분명하게 드러났다. 분할선은 오렌지를 정확히 절반으로 자르는 칼처럼 세계를 둥글게 지나야 했다. 결정적인 문제는 육두구와 정향이라는 매우 탐나는 자원을 누가 '소유'하고 있느냐는 것이었다. 의견 차이가 어떠했든 간에, 이베리아반도의 선구자들은 자신들끼리 지구 전체에서 새로 발견한 곳에 대한 독점권을, 마치 사유화한 정치적 공간처럼, 독단적으로 결정했다. 에스파냐의 숙적인 프랑스의 국왕 프랑수아 1세는 이렇게 조롱하듯 논평했다. "아담의 뜻을 내게 보여달라." 오렌지의 크기 문제는 자오선이 말레이군도의 어디를 관통하는가의 문제에 결정적으로 중요했다. 콜럼버스는 세계가 실제보다 작다고 믿었다. 더 작은 세계는 카스티야의 야심에 어울렸다. 포르투갈이 이미 뭉개버린 주장이지만, 카스티야로서는 동양에서 더 큰 영토에 대해 권리를 주장할 수 있었기 때문이다. 비록 두 나라 다 태평양의 광대함을 파악하지 못했지만, 포르투갈인들은 경쟁자들보다 더 멀리 나아갔고 그들의 평가는 더 현실적이었다.

토르데시야스조약의 분할선은 이베리아반도의 개척자들이 품은 오만한 야심에는 저주로 판명되었다. 경도를, 다시 말해서 카부 베르드 제도를 기준으로 어디에 선을 긋든 간에 그 동쪽과 서쪽을 정확하게 측정할 수 있는 능력이 없었기 때문에, 그 조약이 정확히 열대 지방 깊숙한 곳 어디에 어떻게 점유권을 할당하는지 결정하기란 불가능했다. 잡히지 않는 물리학의 소립자를 찾으려 망상에 빠진 듯이, 분할선의 문제는 16세기 내내 이어져 문서들을 홍수처럼 쏟아내고 거듭된 주장과 반박, 외교적 교착 상태, 전쟁으로 이어졌다. 실질적 점유만이 문제를 해결할 수 있을 것 같았다. 토착 원주민은 이해할 수 없는 미묘한 문제였다.

토르데시야스조약에 비추어보면, 에스파냐가 향신료 교역에서 경쟁할 수 있는 유일한 방법은 서쪽으로 항해하는 것이었고, 그렇게 하려면 아메리카라는 장벽을 관통할 통로가 필요했다. 다시 말해, 포르투갈인들이 동쪽으로 인도에 도달할 수 있게 해준 희망봉과 대칭되는 마지막 곶을 돌아 그 너머에 있는 바다로 들어가야 했다. 대서양과 그 바다를 연결하는 해협이 있으리라는 생각은 뜨거운 관심을 받은 주제였다. 16세기 첫 20년 동안 남아메리카 해안을 따라 거듭 정밀한 조사가 이루어졌다. 몇몇 포르투갈인과 에스파냐인이 추운 고위도를 지나 서쪽으로 가는 길을 찾으려 한 것이다. 그들은 강과 작은 만을 샅샅이 조사했고 남쪽으로 갈수록 끝이 가늘어지는 것처럼 보이는 해안선을 따라갔다. 1513년 콩키스타도르 바스코 누녜스 데 발보아가 좁은 파나마 지협을 가로질러 새로운 대양의 파도에 발을 들이고 이를 마르 델 수르 Mar del Sur 즉 '남쪽 바다'[태평양]라고 명명한 것은 고무적인 일로 받아들여졌다. 이는 그 대륙을 수월하게 통과할 수 있다는 암시였기 때문이다. 같은 해, 그 대륙에 아메리카라는 이름을 붙여준 최초의 지도인 마르틴 발트제뮐러의 유명한 지도에는 이 지역에 통로가 보인다. 이미 아라곤의 페르난도 2세는 포르투갈 출신일 가능성이 높은 항해사 후안 디아스 데 솔리스〔주앙 디아스 드 솔리스〕에게 그러한 통로를 찾으라고 지시했다. 솔리스는 먼저 포르투갈 국왕에게 제안했으나 거부당하고는 1514년에 "우리의 구역 안에 있는 말루쿠제도"로 가는 서쪽 길을 찾으러 출발했다. "너는 그것을 차지하라."[1] 이것은 이후 몇십 년 동안 에스파냐에서 끝없이 반복되는 주장이다. 솔리스는 라플라타강〔리오 데 라 플라타 강〕이 대륙을 횡단하는 통로일 수 있다는 바람에서 상류로 항해했지만, 원주민 부족과 우연히 마주쳤다가 살해되어 먹이가 되고 말았다(1516년). 그러나 에스파냐가 주장했듯이, 대륙을 횡단하는 통로가 있으리라는 희망은 계속되었다.

리스본과 세비야에서 흘러나오는 소식은 유럽의 지적 호기심에 잔잔한 파문을 일으켰다. 이윤 추구에 열을 올린 독일과 에스파냐의 은행가들은 항해에 자금을 공급했다. 지도제작자들은 앞다퉈 세계의 새로운 모습을 짜 맞추려 애썼다. 추측이 깃든 지도와 지구의에는 소망을 실현하고 싶은 탐험가들의 마음이 투영되었다. 새로운 바다로 들어가는 해협을 그린 것이다. 1514년, 포르투갈 탐험가 주앙 드 리스보아의 항해를 기반으로 제작된 지도는 끝이 점점 가늘어지다가 마침내 점이 되는 남아메리카를 보여준다. 이듬해, 지도제작자 요하네스 쇠너가 제작한 지구의 형태의 지도에는 발트제뮐러 지도에 그려진 중앙 통로와, 남아메리카 남단을 돌아가는 해협 즉 이름은 있지만 아직 발견되지 않은 남극과 아메리카대륙을 분리하는 해협 둘 다 포함되어 있다. 쇠너의 지도에 적힌 해설은 이렇게 주장했다.

> 그렇게 포르투갈인들은 이 지역 즉 브라질 지역Brasilie Regio을 돌아 항해했고 (우리가 살고 있는) 유럽에 있는 것과 매우 비슷한, 동쪽과 서쪽 사이에 옆으로 자리 잡은 통로를 발견했다. 땅의 한쪽에서 땅의 다른 한쪽이 보인다. 이 지역의 곶은 약 60마일(약 95킬로미터) 떨어져 있다. 이 지도가 남극 방향에서 보여주듯이, 마치 지브롤터해협이나 세비야, 아프리카의 바버리나 모로코를 지나 동쪽으로 항해하는 것과 비슷하다. 게다가 이 브라질 지역에서 사도 토마(도미)가 순교의 영예를 얻은 곳인 믈라카까지는 거리가 얼마 되지 않는다.*²

쇠너는 유럽인들에게 지중해를 벗어나 항해하는 것과 유사한 전망을 제시해 그들의 마음을 편하게 해주었고, 이어서 세계를 매우 작게 축소함으로써 아메리카에서 믈라카까지는 좁은 바다를 지나는 그리 멀지 않은 여정일 수 있음을 보여주었다. 이는 라플라타강 상류의 탐사에 대한 왜곡된 설명 때문일 수 있다.

프란시스쿠 세랑의 친구 페르낭 드 마갈량이스가 이 추측과 탐험의 영역 속으로 들어왔다. 포르투갈 하급 귀족 출신인 마갈량이스는 자기 시대와 계급의 전형적인 교육을 받아서, 위업과 개인적 영광에 몰두하

---

* 예수의 열두 제자 중 한 사람인 사도 토마는 전승에 따르면 로마제국을 벗어나 멀리 인도의 케랄라까지 가서 복음을 전파하다가 첸나이 지방의 마일라푸르에서 순교했다고 전해진다. 인도네시아와 중국까지 갔을지도 모른다는 주장도 있다.

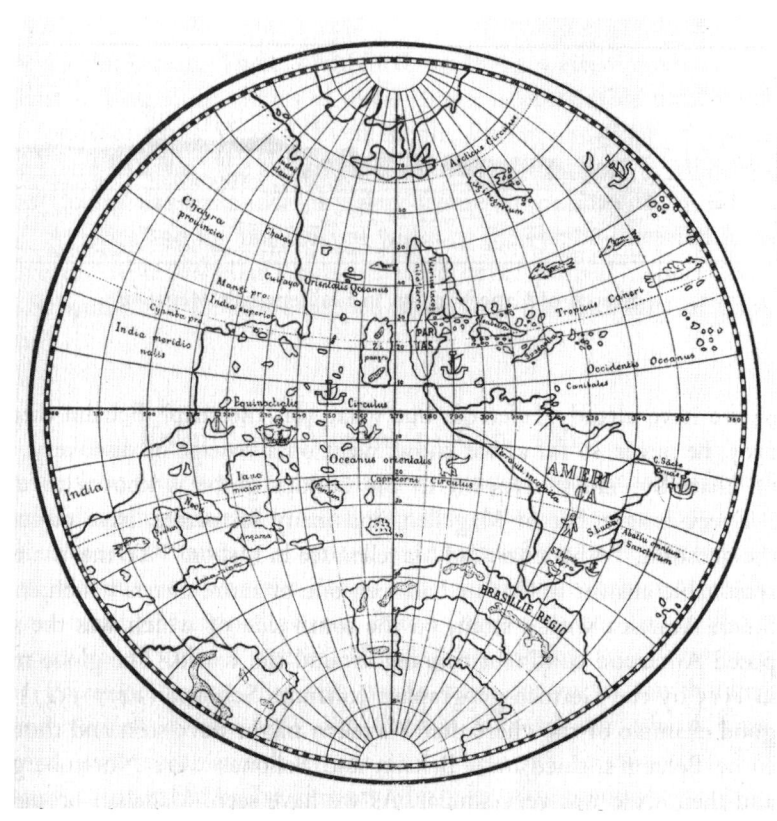

1515년 요하네스 쇠너의 지구의. 북아메리카는 거의 없는 것이나 마찬가지지만, 남아메리카는 알아보기 쉽게 형태를 갖추고 있으며 태평양으로 이어지는 해협이 보인다. 쇠너는 해협의 개념을 라플라타강과 혼동했을 수 있다. 브라질은 그 아래로 보인다. 쇠너의 지구의는 필시 마젤란이 해협의 존재를 믿도록 한 수많은 지도 중 하나였을 것이다.

는 중세 말 기사도의 이상에 깊이 젖어 있었다. 그는 시대의 관습대로 어린 나이에 출세의 근원인 리스본의 마누엘 1세 궁정에 시동으로 들어갔고, 뒤이어 포르투갈의 해외 팽창이라는 활력 넘치는 모험가들의 세계에 들어갔다. 인생의 도박에 뛰어든 자들, 큰돈을 벌려는 자들, 무모한 모험과 영광을 찾는 자들에게 그 세계는 기회였다. 포르투갈의 발견의 시대에 살았던 서사시인 루이스 드 카몽이스처럼, 마갈량이스도 포위공격, 난파, 해전, 부의 전망, 갑작스러운 운명의 역전을 체험했다. 마갈량이스는 1505년 해마다 떠나는 포르투갈제국의 함대와 함께 인도로 갔다. 동아프리카 해안의 약탈에 참여했으며, 1509년 디우의 결정적 해전에서 싸웠고, 1511년 믈라카를 점령할 때 현장에 있었으며, 매복 공격에서 세랑의 목숨을 구해 멀리 수마트라까지 그와 함께 항해했다. 이후 마갈량이스는 배가 몰디브군도에서 난파했을 때 자신이 동양에서 모은 재산을 전부 잃었다. 그때 그는 냉철한 이성으로 용맹하게 행동한 것으로 보인다. 마갈량이스는 거의 빈털터리가 되어 고아로 돌아왔다. 마갈량이스가 너무도 가진 것이 없어서 아폰수 드 알부케르크가 그에게 쓰던 갑옷 한 벌을 주었다. 마침내 포르투갈로 돌아온 마갈량이스는 모로코에서 무어인들을 공격하는 싸움에 종군했다. 이 과정에서 어느 곳에선가, 동양 아니면 모로코일 텐데, 그는 다리에 부상을 입어 이후로 다리를 절었다. 마갈량이스는 동양 세계를 목도했고 그 가능성을 얼핏 보았다. 그는 향신료제도의 부에 관해 이야기한 세랑의 편지를 갖고 있었다. 그리고 해도와 지도제작자들의 의견에 온통 정신을 빼앗겼다.

포르투갈에서의 출세와 관련해보자면, 페르낭 드 마갈량이스에게 1513~1514년의 모로코 모험은 파멸의 원인이었다. 그는 약탈물의 일부를 불법적으로 판매했다고 고발당했다. 마갈량이스는 간신히 혐의를 벗었지만, 성격상의 어떤 면이 마누엘 1세를 화나게 했다. 완고함과 까칠한 자부심이었을 것이다. 그는 왕실에서 받아야 할 급여를 요청했지만 거부당했다. 그는 집요하게 다시 요청했으나 역시 거부당해 쓰라림을 맛보았다. 앞날이 어두워지고 부당한 대우를 받았다는 생각에 분노한 마갈량이스는 국경 너머 이웃나라인 카스티야로 눈을 돌렸다.

마갈량이스의 말루쿠제도에 대한 관심에 불을 댕긴 것은 그가 여행에서 얻은 정보와 세랑에게서 받은 편지였을 것이다. 마갈량이스는 여러 지도와 지구의를 깊이 살핀 뒤 서쪽으로 항해하면 향신료제도에 도달할 길이 틀림없이 있을 것이라고 확신하게 되었다. 그럴 경우에, 토르데시야스조약을 감안하면, 이윤을 획득할 기회는 포르투갈이 아니라 에스파냐에 있었다. 1517년 그는 기회가 사라진 조국에서 속 시원히 먼지를 털고 떠나 국경을 넘었다. 10월 20일 마갈량이스는 카스티야의 열정적 탐험 노력의 중심지인 세비야에 도착했다. 그곳에서 그는 카스티야에 충성을 맹세했고 페르난도 데 마가야네스로 이름을 바꾸었다. 마갈량이스는 귀중한 것을 지니고 있었다. 세랑의 편지, 설득력 있는 지도와 해도, 그리고 자신감이었다. 이러한 자산에는 그가 자신의 노예로 삼은 두 사람, 즉 엔히크 드 말라카〔엔리케 데 말라카〕와 수마트라 여인이 포함되어 있어서 동양에 대한 그의 지식에 신빙성을 더해주었다. 이제 그에게 필요한 것은 연줄이었다.

세비야에서 모든 탐험과 아메리카 사업을 감독한 것은 교역청Casa de Contratación〔카사 데 콘트라타시온〕이라는 기관으로, 강력한 인물인 부르고스 주교 후안 로드리게스 데 폰세카가 지휘했다. 세비야에서 마갈량이스는 작지만 영향력 있는 포르투갈인 망명자 무리도 발견했다. 그중에는 자리를 잘 잡은 디오구 바르보자가 있었는데, 마젤란은 그와 아주 가까운 사이가 되어 두 달 새에 그의 딸과 결혼했다. 교역청에 연고가 있는 후안 데 아란다도 있었다. 마젤란은 또한 자신이 진척시킨 사업에 함께할 협력자가 있었다. 다소 괴짜인 우주학자이자 점성술사 후이 팔레이루로 자신이 경도 결정의 문제를 해결했다고 주장한 사람이다. 팔레이루는 마젤란처럼 말루쿠제도가 분할선을 기준으로 에스파냐 쪽에 있다고 믿었기에 12월에 그의 카스티야행에 동행했다.

마갈량이스는 우연히도 카스티야와 에스파냐 전체의 일에서 시의적절한 때에 도착했다. 그가 도착하고 한 달이 지났을 때, 열여덟 살 된 부르고뉴 공작 카를이 나라에 도착해 에스파냐 왕 카를로스 1세로 즉위했다. 왕조 간의 혼인을 통해 상속받은 왕좌다. 카를로스 1세는 카스티야 말을 하지 못했고 그의 조언자들은 거의 전부 북유럽의 플란데런〔플랑드르〕사람이었지만, 그의 도착은 새 왕국의 일에서 결정적 전환점을 알렸다. 카스티야는 멀리 아메리카에 발을 내딛고 있었으며 더 많은 것을 차지하고 싶은 열망에 사로잡혀 있었다. 동시에 에스파냐를 이룬 두 왕국은 어린 국왕의 통치로써 응집력 있는 단일한 실체로 융합되고 있었다. 카를로스 1세는 곧 에스파냐의 실질적 수도인 바야돌리드에 자리를 잡았다. 바로 그곳에서 후안 데 아란다는 마젤란〔이후 마젤란으로 표기〕의 대범한 계획을 중개하겠다고 제안했다. 1518년 1월 마젤란과 팔레이루는 아란다의 인도를 받아 수도로 출발했다.

아란다는 예상되는 수익의 한몫을 바라는 사업가로, 이 문제에 관해서는 곧 의견 차이가 드러났지만, 그는 계약을 이끌어냈다. 3월 17일 아란다는 자신과 마젤란을 위해 교묘하게 기회를 만들어 장관들의 회의에 자신들의 주장을 제시했다. 카를로스 1세의 플란데런 출신 조언자 세 명과 막강한 권력자 후안 데 폰세카로 구성된 평의회였다. 마젤란은 증거를 제시했다. "그〔세랑〕가 자신이 바스쿠 다가마가 발견한 것보다 더 크고 풍요로운 다른 세계를 발견했음을 이해하라고 그[마젤란]에게 준"[3] 편지, 마젤란이 엔히크 드 말라카와 수마트라 여인에게서 얼핏 본 이국적 세계의 모습, 설득력 있는 지도와 지구의였다. 팔레이루는 향신료제도가 에스파냐의 영역 안에 있다는 주장을 내놓았다. 그들은 함께 에스파냐의 문 앞에 놓인 부와 그 자연권을 이야기하며 황금의 신기루를 펼쳐 보였다. 결정적 질문은 이것이었다. 아직까지 아메리카대륙의 장벽을 관통하는 해협이나 출구가 발견되지 않은 마당에 어떻게 말루쿠제도에 도달할 것인가? 마젤란은 자신이 알고 있는 지식과 앞서 이루어진 항해들로 추정한 것을 근거로 지구의를 만들어 그 안에 자신감을 투영했다.

이 회의의 증인이 있다. 도미니쿠스회 소속 사제 바르톨로메 데 라스 카사스다. 라스 카사스에 따르면, 마젤란은 묘기의 비밀을 드러내기를 거부하는 마술사처럼 "전 세계를 잘 보여주는 채색된 지구의를 가져왔다. 그 위에는 그가 취하겠다고 제안한 항로가 그려져 있었다. 다만 아무도 그보다 먼저 가지 못하도록 그 해협은 일부러 아무것도 그리지 않은 공백으로 남겨두었다."[4] 실제로 마젤란은 자신의 비밀의 비밀을 밝히기를 거부했다. 특허 제품을 내놓았지만 민감한 상업상의 이유로 내용을 밝힐 수 없는 기업가와 비슷했다. 대단한 자신감과 과시와 허세의 표현이었다. 마젤란이 무엇을 알고 추측하고 기대했든, 그의 계획의 토대는 그의 소망과 그의 의지였다. 어쨌거나 이 남자는 에스파냐어 실력이 좋지 못했고 새 조국의 충성스러운 시민이라는 자격에 의문 부호가 찍혔기에 납작 엎드려야 했다.

라스 카사스의 후속 질문은 회의적인 투자자들을 설득하려는 자에게는 분명코 최후의 일격이었을 것이다. "나는 그(마젤란)에게 어떤 경로를 취할 것인지 물었다. 그는 우리가 라플라타강이라고 부르는 산타마리아 곶의 항로를 취한 뒤 해안을 따라 그 해협을 만날 때까지 내려갈 것이라고 대답했다. 나는 말했다. '다른 바다로 들어가는 해협을 찾지 못하면 어떻게 할 것인가?' 그는 찾지 못하면 포르투갈인들이 [동쪽으로 항해해] 취한 항로를 따라가겠다고 대답했다."[5] 서로 적대적인 두 왕국 간의 관계와 상대의 영역을 침범하면 안 된다는 과도한 걱정을 감안하면, 이는 재고의 여지가 없는 발상이었을 것이다. 이는 또한 아메리카를 돌아가는 비밀 항로가 전혀 존재하지 않을 수 있음을 마젤란이 은연중에 인정한 것이나 마찬가지였다. 전반적으로 장관들의 회의는 마젤란의 제안에 찬성하지 않았다. 그들은 해협의 존재를 의심했고 제안자의 진실성을 반신반의했다. 라스 카사스는 그들 앞에 서 있는 서른일곱 살 된 마젤란의 초상화를 펜으로 그렸다. "에르난도 데 마가야네스라는 이 남자는 키가 작고 대단한 사람처럼 보이지 않아서 사람들로부터 신중함과 용기가 부족하다고 여겨졌기에 큰 믿음을 주는 성격이 아니었지만 분명 용감한 사람이었을 것이다."*[6] 사람들은 확실히 그를 잘못 판단했다. 마젤란은 무보해 보였을지는 몰라도 분명 용감한 사람이었다. 그의 까칠하고 비밀스러운 성격, 완고함, 자신의 가치와 능력에 대한 높은 자의식은 이것과 동전의 양면이었다. "그는 대大영주가 되려는 꿈을 꾸었다."[7]

---

* 에르난도 데 마가야네스는 페르난도 데 마가야네스를 말한다. 에스파냐어로는 '페르난도' 대신에 '에르난도Hernando'로 불리기도 했다.

놀랍게도 마젤란의 제안은 긍정적 시각에서 국왕에게 전달되었다. 아마도 말루쿠제도의 눈부신 부에 현혹되어 어떻게 그곳에 도착할 수 있을지 기술적 문제에는 회의가 눈을 감은 듯하다. 회의는 마젤란의 제안이 시도해볼 가치가 있다고 생각했고 포르투갈이 향신료 교역 권리를 둘러싼 싸움에서 승리했다고 주장할 가능성을 걱정스럽게 바라보았기에 기회를 놓칠까 염려했다. 카를로스 1세는 모든 걱정을 물리친 것처럼 보인다. 놀랍도록 빠르게, 마젤란이 카스티야에 들어간 지 다섯 달이 지나지 않은 1518년 3월 22일에 카를로스 1세는 "대양의 우리에게 속한 영역에서, 대양의 그 지역 내 우리의 영역에서, 분할선의 영역 안에서 섬들, 대륙들, 풍부한 향신료를 찾을 수" 있는 국왕의 허가를 내주었다.[8] 탐험 지대를 둘러싼 문제는 각별히 중요한 주제여서 거듭 강조되었다. "너는 이 발견의 항해를 수행하되 나의 친애하는 이모부이자 매형인 포르투갈 폐하의 분할선과 경계를 침범하지 않도록, 다시 말해서 우리의 분할선 경계 안이 아니라면 그의 이익을 침해하지 않도록 해야만 한다."[9] 이는 토르데시야스조약의 분할선이 불확실하다는 점을 생각하면 모호한 발언이었다. 두 달 뒤 카를로스 1세는 자신의 누이와 포르투갈 국왕 마누엘 1세 사이의 혼인 협정에 서명한다.* 마젤란의 계획 추진을 허용하는 것은 부르고스 주교의 마음에 들지 않았다.

마젤란은 항해계약서에 기이한 조항의 삽입을 요구했다. 섬을 여섯

---

* 마누엘 1세는 카를로스 1세의 두 이모 즉 페르난도 2세와 이사벨 1세의 장녀 이사벨과 셋째 딸 마리아와 혼인했으며 카를로스 1세의 누이인 엘레오노르 폰 카스틸렌(레오노르 데 아우스트리아)과 혼인했다.

개보다 더 많이 발견하면 그중 둘은 자신이 보유한다는 것이다. 이는 세랑이 믈라카에서 했듯이 마젤란도 자신만의 봉토를 만들려는 목표를 품었음을 암시한다. 말루쿠제도에는 향신료가 자생하는 섬이 다섯 개 있다고 알려져 있었다. 또한 포르투갈인들이 그곳에 이미 자리를 잘 잡았다는 것도 분명한 사실이었다. 어쩌면 마젤란이 말루쿠제도로 갈 생각이 전혀 없었던 것은 아닌가?

세비야로 돌아온 마젤란은 본격적인 준비를 시작했다. 준비는 처음부터 난항이었다. 그는 선박 다섯 척을 공급받을 예정이었다. 전부 크기가 작았고(가장 큰 배가 130톤급이었다), 새로 건조된 것은 없었다. 게다가 각종 물품의 구매, 정비, 식량, 선원 충원에 막대한 비용이 들었다. 자금 조달이라는 결정적 문제로 말하자면, 카를로스 1세는 투자금의 대부분 즉 약 80퍼센트를 왕실이 마련해주기로 결정했다. 탐험은 제국의 사업이 되어야 했다. 나머지는 민간 자본의 참여 기회로 남겨두었다. 마젤란과 팔레이루는 공동지휘관으로 임명되었고, 탐험대는 말루쿠함대Armada de Molucca로 명명되었다. 훗날 마젤란과 팔레이루는 산티아고기사단의 기사가 되는 영광을 얻었다. 카스티야로 넘어온 두 포르투갈인에게 권한과 지위를 부여한 영예였다.

그러나 카를로스 1세의 명령에는 한 줄기 불신이 심어져 있었다. 교역청의 강력한 인사 후안 데 폰세카가 막후에서 마젤란의 권한을 흔들려고 작업을 벌이고 있었다. 그의 명령에 따라 일하는 하급관리 후안 데 카르타헤나가 함대의 감찰관(회계관)이라는 직책을 받았다. 마젤란의 전반적 권한을 견제하는 지위였다. 카르타헤나는 또한 마젤란이 모르게 국왕으로부터 비밀 지령을 받았다.

너는 우리의 명령과 지시가 상기의 땅에서 어떻게 수행되는지, 우리의 정당한 행위와 상기의 땅에 사는 원주민들에 대한 처우 … [그리고] 상기의 지휘관들과 장교들이 우리의 명령을 어떻게 준수하는지, 우리 일의 여타 사안에 관해 완벽하게, 구체적으로 보고하라.[10]

카르타헤나의 존재는 포르투갈인들에 대한 우려를 보여준다. 카르타헤나가 그곳에 있는 이유는 마젤란과 팔레이루를 견제하는 것이었다. 카르타헤나는 항해의 경험이라곤 전혀 없었지만, 급여는 마젤란보다 훨씬 많이 받았다. 그는 폰세카의 '조카'였다. 여기서 '조카'는 사생아를 가리키는 완곡한 표현이다. 폰세카도 주요 직책에 자기 사람을 집어넣으려 했다. 마젤란과 팔레이루가 지휘한 배를 제외한 다른 배의 선장들은 모두 폰세카가 지명한 자들이었다. 말썽이 생길 여지는 다 갖추어졌다.

포르투갈인 선원들에 대한 불안한 마음은 공공연히 드러났다. 그들의 수를 열두 명으로 제한하라는 명령이 떨어졌다. 이들은 주로 경험 많은 선원들이었다. 사실상 거의 모든 배의 선장이 에스파냐인이었고, 반면 항해사는 포르투갈인이었다. 함대의 총인원을 235명으로 제한해야 했다. 마젤란은 할당된 정원에 맞게 포르투갈인의 수를 줄이려고 최선을 다했지만, 카스티야에서 뱃사람을 충분히 모으기는 어려웠다. 결국 포르투갈인의 수는 서른일곱 명으로 늘어났다. 출항 전날 마젤란은 에스파냐인을 충원하기 위해 합리적으로 할 수 있는 노력은 다 했다는 선서를 해야 했다. "나는 이 도시에서, 광장과 시장, 번잡한 장소들, 강가에서 함대에 합류하기를 원하는 자는 누구든, 갑판원, 선실

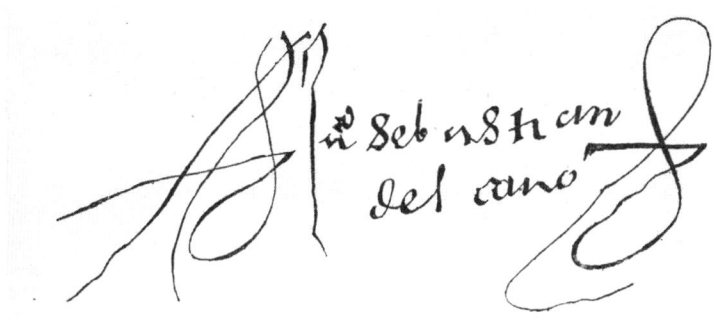

후안 세바스티안 엘카노의 서명. 자기 이름을 "델 카노Del Cano"라고 쓰고 있다.

급사, 배에 난 틈을 메우는 자, 목수, 여타 고급선원은 내게 연락하라고 널리 알렸다. … 여기서 태어난 주민 그 누구도 함대에 합류하기를 원하지 않았다."[11] 계약서에 서명한 한 사람은 후안 세바스티안 엘카노로 바스크 지역 출신의 노련한 선원이었다.

선원 중에는 괴짜가 한 명 있었다. 이탈리아인 귀족이자 학자 안토니오 데 피가페타가 보조원으로 탐험대에 참여한 것이다. 피가페타는 여러 분야에 걸쳐 책을 두루 읽은 교양 있고 호기심 많은 사람이어서 탐험에 함께했다. "많은 책을 읽어서 … 대양의 매우 놀랍고 무서운 일들을 … 알고 있는 나는 황제[카를 5세]의 은혜를 입어 모험에 나서 그러한 것들의 일부를 나의 눈으로 직접 보러 가기로 했다."*[12] 그는 탐험을 기록할 생각이었다. 피가페타는 마젤란을 성인聖人으로 그린 전기작가가 된다. 피가페타의 책에는 그 지휘관을 비판하는 말은 한 마디도

---

* 카를 5세는 1519년 6월 28일 제국의회에서 신성로마제국 황제로 선출되었다. 이후로 연도와 상관없이 카를로스 1세 대신 카를 5세로 쓴다.

나오지 않는다. 동시에 피가페타는 그 항해를 최고로 완벽하게 매혹적으로 설명했다. 그리고 피가페타는 호기심이 많은 자였다. 때에 따라 자연사연구자요, 민족학자, 잘 훈련된 언어편찬자, 천문학과 기후학 연구자였다. 그리고 생존자였다. 피가페타는 르네상스 시대의 탐구 정신을 실행에 옮긴 그 시대의 소산이었다.

다시 리스본으로 가보자. 탐험대 일의 진행에 관해 분노와 걱정이 일었다. 수많은 포르투갈인이 국경을 넘어 카스티야에서 기회를 모색했지만, 마젤란은 국익에 실질적 손해를 끼칠 가능성이 있다는 염려 때문에 반역자로 낙인찍혔다. 에스파냐 주재 포르투갈 대사는 장래에 대한 약속과 위협을 섞어 마젤란과 팔레이루를 귀국시키려 시도했다. 그는 두 사람에게 리스본으로 돌아와 국왕 마누엘 1세에게 항해 계획의 검토를 청하라고 제안했지만 무용지물이었다. 마젤란은 체포되어 처형되는 것이 더 가능성이 높은 결말임을 알아챘다. 만에 하나 암살당할 가능성에 카를 5세는 마젤란과 팔레이루에게 경호원을 붙여주었다.

마젤란은 여러 전선에서 싸우고 있었다. 국왕이 그에게 권한을 부여했는데도, 특히 교역청 안에 포르투갈인에 반대하는 정서가 널리 퍼졌다. 10월(1518년) 세비야 조선소에서 불만이 폭발했다. 마젤란이 깃발을 다는 것이 목격되었는데, 그 깃발이 포르투갈 왕실 깃발로 오인된 것이다. 폭동이 일어났다. 조타수 한 명이 칼에 찔렸다. 마젤란은 군중 속에서 세비야에 잠입한 포르투갈 첩자 세바스티앙 알바르스를 알아보았다고, 그가 선동자라고 국왕에게 강하게 항변했다.

출발이 한 달도 남지 않은 1519년 7월 18일에도 알바르스는 여전히 마젤란의 임무를 무산시키려고 애쓰고 있었다. 알바르스는 국왕 마누엘 1세에게 보낸 편지에서 그 항해사가 집에 있는 흔치 않은 순간에, 즉 마젤란이 항해를 위해 짐을 꾸릴 때 그를 붙들고 얘기했다고 설명한다. "마젤란의 집으로 갔더니 그가 바구니와 궤짝에 보존식품 등을 채워 넣고 있었습니다."[13] 협박, 뇌물, 감정적 호소를 섞어 설득했음에도 마젤란은 태도를 돌리지 않았으나, 그것들은 그를 분명코 불안하게 만들었다. "그 후 그는 몹시 슬퍼하며 자신도 모든 것이 걱정스럽다고, 그렇지만 자신에게 그토록 큰 호의를 보여준 왕(카를 5세)을 떠나는 것은 어떤 이유로도 정당화할 수 없다고 말했습니다."[14] 변절자를 불안하게 만들 다른 방법들이 있었다. 아는 것이 많은 알바르스는 마젤란에게 등 뒤를 조심하라고 경고했다. "그 사람 마젤란은 자신이 함대 사령관으로서 가고 있다고 생각했지만, 저는 그에게 맞설 자들이 파견되었음을 알고 있습니다. 마젤란은 이에 관해 전혀 모를 것입니다. 정작 알았을 때는 자존심을 지키기에는 너무 늦을 것입니다. 저는 그에게 부르고스 주교의 입에 발린 말을 무시하라고 전했습니다."[15] 알바르스는 지휘 계통에 생긴 균열과 부르고스 주교의 악의적 영향력을 정확하게 평가했다. 그가 무심코 언급한 보존식품은 훗날 탐험대의 생존에 결정적으로 중요한 것으로 드러난다.

알바르스는 또한 탐험대가 계획한 항로를 상세히 알고 있었다. 그는 마누엘 1세에게 보낸 답장에 이렇게 썼다. "그들이 취한다고 알려진 항로는 브라질을 오른편으로 두고 곧장 카부 프리우 곶(리우 데 자네이루 옆이다)으로 간 다음 말루쿠제도로 바로 항해하는 것입니다. 말루쿠제도의 땅을 저는 (그들이 가져가는) 지구의와 해도에서 보았습니다."[16] 알바르스는 이렇게 저주의 말을 덧붙였다. "전능하신 하느님, 폐하께서 평안하시도록 부디 그들의 항해를 코르트헤알의 항해처럼 되게 하소서."[17] 포르투갈의 탐험가들인 코르트헤알 가문 사람들은 북쪽 바다에서 흔적도 없이 사라졌다.*

알바르스는 또한 팔레이루에게 뭔가 문제가 있음을 알고 있었다. "나는 후이 팔레이루에게 두 차례 말했다. … 내가 보기에 그는 자신의 판단력을 깊이 확신하는 사람 같다. 그리고 그가 어떤 분별력을 지녔든 간에 그의 친구가 이를 제거한 듯하다."[18] 다른 사람들 또한 팔레이루가 끔찍한 정신적 불안정의 징후를 보이고 있음을 알아챘다. 반은 천문학자요 반은 점성술사인 이 남자는 상궤에서 벗어나고 있었다. 한 주 뒤 그는 두 번째 함대에 참여하겠다는 모호한 약속과 함께 교체되었다.

팔레이루의 이탈로 부르고스 주교에게는 마젤란의 최고 지휘권을 더욱 확실히 단속할 기회가 열렸다. 팔레이루는 교체되어야 했고, 이제 공동지휘관의 역할은 후안 데 카르타헤나에게 돌아갔다. 온통 폰세카의 영향력이 뒤덮은 자리였다. 카르타헤나는 앞서 팔레이루가 그랬듯이 '공동책임자'로 임명되었다. 지휘 계통을 더욱 혼란스럽게 하는 모호한 직함이었다. 그는 마젤란의 부하였나? 아니면 마젤란과 동등한 권한을 지닌 자였나? 둘 다 제각기 그 지위를 제 나름대로 해석한 것은 분명하다. 이는 함대가 출항한 뒤 생길 수 있는 분란의 또 다른 요소였

---

* 주앙 바스 코르트헤알João Vaz Corte-Real과 그의 아들 미겔Miguel, 가스파르Gaspar는 포르투갈 탐험가로 국왕의 후원을 받아 여러 차례 항해에 나섰다. 세 아들 중 막내인 가스파르는 1500년 그린란드에 도착했고 이듬해 라브라도르 인근에 도착했으나 그가 탄 배는 포르투갈로 귀환하는 중 바다에서 사라졌다. 1502년 형 미겔이 동생을 찾으러 나섰으나 마찬가지로 실종되었다.

다. 마젤란이 모든 중요한 문제에서 분명코 카르타헤나와 협의해야 한다는 뜻이었기 때문이다.

1519년 5월 8일, 마젤란은 카를 5세로부터 최종 지시를 수령했다. 그 지시들은, 군주의 시대에 일반적으로 그랬듯이, 군주들이 통제할 수 없는 것까지 통제하려는 듯 지나치게 세세했으며 대양 항해의 가혹한 현실을 감안하면 완전히 비현실적이었다. 카르테헤나도 감찰관으로서 명령서 사본을 받았고, 그로부터 자신이 마젤란과 동등한 지위에 있다고 추정했을 것이다. 카를 5세는 항해를 복잡하게 만들었다. 포르투갈 영토를 침범하지 말라는 칙령이 거듭 내려왔지만, 누구든 이를 잊지 않는다고 해도 함대가 어쨌거나 브라질 해안을 따라 포르투갈 영토의 수역을 지나갈 것임은 분명했다. 말루쿠제도의 경우처럼, 경계선의 문제는 아직 해결되지 않았다.

카를 5세가 자신이 선택한 지휘관의 의도에 대해 의심했을 가능성이 있다. "향신료 산지로 곧장 가야 한다"는[19] 명령을 카를 5세가 집요하게 계속 내려보냈다는 사실은 그가 마젤란이 다른 목적지를 염두에 두고 있을 수 있다고 의심했음을 보여준다. 여섯 개 섬에 관한 문구는 암시하는 바가 있었다. 알바르스는 마누엘 1세에게 마젤란과 교역청 관료들 간의 불화가 상당히 심한 수준이라고 보고했다. 그들은 마젤란을 참아줄 수 없었다. 항해가 힘들어졌을 때 심각한 분란이 일어날 조건이 만들어지고 있었다. 마젤란과 카르타헤나 사이의 불화, 포르투갈인들과 에스파냐인들 사이의 불화, 비타협적인 마젤란의 마음에 떠도는 환상.

특히 마젤란이 받은 명령은 그가 함대의 모든 선박 선장 및 고급선원과 정보를 공유해야 한다고 강력히 요구했다. 계획은 서면으로 작성되어야 했다. 선장들은 항해의 일반적 관행을 따라 매일 오후 직접 기함旗艦에 경례해야 했고 해산할 경우에도 규정된 절차를 따라야 했다. 달리 말해서, 그 탐험대는 긴밀한 협력을 토대로 움직여야 했다. 하지만 마젤란의 내심은 분명코 그렇지 않았다. 알바르스가 지휘 계통에 관해 묻자 마젤란은 "일단 바다에 나가면 그(마젤란)가 원하는 대로 할 수 있을 것"이라고 대답했다.[20]

1519년 8월 초 선박들은 2년 동안 쓸 보급품을 싣고 항해 준비를 마쳤다. 두 달 전인 6월 28일, 카를 5세는 엄청난 뇌물을 쓴 끝에 신성로마제국 황제에 선출되었다. 유럽과 아메리카에 광대한 영토를 보유한 그는 그때 이후로 세계 군주가 되는 것이 자신의 운명이라고 믿었다. 그의 개인적 좌우명은 "플루스 울트라 Plus Ultra" 즉 "더 멀리"였다. 마젤란은 이 임무의 대리자가 될 예정이었다.

3
말루쿠함대

1519-1520

"하느님과 선하신 구원자의 이름으로. 우리는 1519년 8월 10일 말루쿠 제도를 찾아가기 위해 세비야를 출발했다."[1] 익명의 어느 설명은 이렇게 시작한다. 배는 다섯 척이었다. 마젤란의 기함 트리니다드호, 비품을 실은 산안토니오호, 콘셉시온호, 빅토리아호, 75톤급의 정찰선으로 가장 작은 산티아고호.

피가페타에 따르면, 말루쿠함대는 대포의 일제 사격과 함께 의기양양하게 출항했다. 선박들은 한때 무슬림이 지배했던 땅의 과달키비르강(아랍어로 "큰 강 유역"이라는 뜻의 낱말에서 왔다)을 따라 비옥한 평야와 하구 습지를 지나 미끄러지듯 나아갔다. 강은 큰 배들이 지나갈 만큼 깊지 않아서 항해가 까다로웠다. 항구 도시 산루카르 데 바라메다로 가는 도중에는 무너져 물속에 가라앉은 돌다리의 기둥을 피해야 했다.

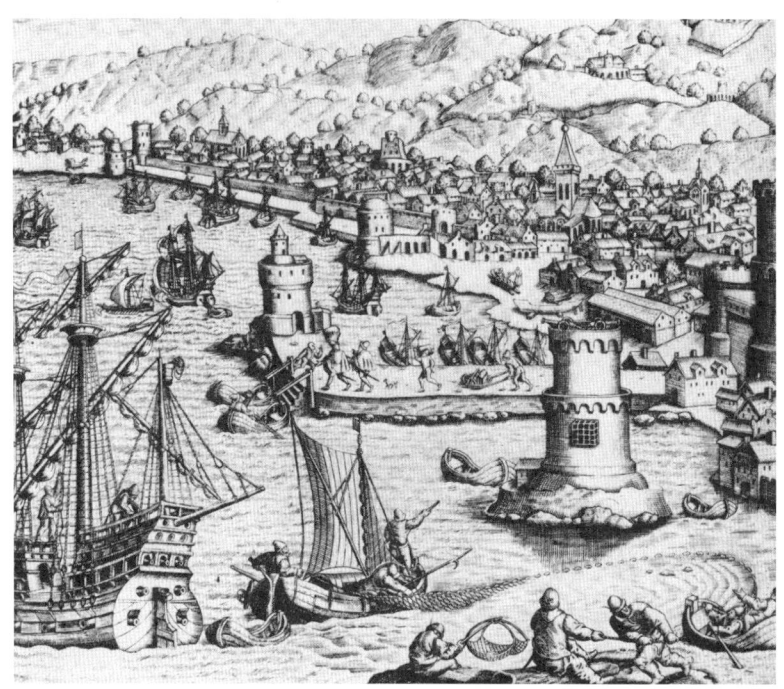
분주한 산루카르 데 바라메다 항구.

그곳에서 그들은 한 달을 머물며 식량 선적을 마무리했다. "우리는 매일 산루카르 데 바라메다 인근의 노스트라 도나 데 바라메다(바라메다의 성모 마리아)라는 마을에서 미사를 드리기 위해 해변으로 갔다. 출항 전에 총사령관은 모두가 고해하기를 원했고 충분히 고려한 끝에 함대에 어떤 여성의 동행도 허용하지 않으려 했다."[2] 마젤란의 지도력을 시종일관 지지한 풋내기 선원 피가페타는 세상의 경이를 목도할 기대로 가득했다. 그와 다른 열일곱 명에게 산루카르 데 바라메다는 한 시대의 비범한 인간 경험이 시작하고 또 끝나는 곳이 된다.

9월 20일 그들은 출항해 카나리아제도의 가장 큰 섬 산타 크루스 데 테네리페로 향했다. 보급품을 더 채우고 배에 물이 새는 것을 막는 데 쓸 역청을 확보할 예정이었다. 포르투갈인 기록원 가스파르 코레아에 따르면, 테네리페에서 처음으로 어려움의 조짐이 어렴풋이 감지되었다. 쾌속 카라벨선 한 척이 도착해 마젤란에게 그의 장인 디오구 바르보자의 말을 전했다. 신체의 안전에 주의하고 불만을 품은 선장들의 반란을 경계하라는 취지의 전언이었다. 그러나 마젤란은 십중팔구 이미 그 점을 감안했을 것이다.

지휘 계통의 균열은 곧 나타난다. 10월 3일 테네리페를 떠나 다시 항해에 나섰을 때, 마젤란이 브라질로 가는 일반적 항로로 대서양을 건너고 있지 않음이 분명해졌다. 그는 항로의 세세한 내용을 선임선장들 및 고급선원들과 공유하라는 단호한 명령을 따르지도 않았다. 일단 바다에 나가자 그는 자신이 원하는 대로 하려고 했다. 아프리카에서 남서쪽으로 방향을 틀어 무역풍을 타고 빠르게 대서양을 건너는 것이 관례였지만, 마젤란은 그렇게 하지 않았다. 그는 아프리카 해안을 따라 남쪽으로 계속 내려갔다. 포르투갈인들은 아프리카 탐험에 관한 지식이 많아서 그 경로로 가는 것이 어려운 일임을 알고 있었다. 항해에 막연한 공동책임을 부여받은 후안 데 카르타헤나가 마젤란에게 이유를 알아야겠다고 했다. 그러나 마젤란은 어떤 설명도 하지 않았고 그저 기함을 따라오라고만 명령했다. 이는 항해계획서에 없는 내용이었고, 함대의 조화를 꾀하려는 노력도 결코 아니었다. 마젤란이 자신의 무제한의 권한을 과시하려는 의도에서 한 일일 수도 있지만, 그 항로를 취한 이유는 분명하지 않다. 포르투갈인들이 방해하려고 함대를 파견했다는 소문 때문에 통상적인 대서양 횡단을 피했을 수도 있다. 아니면 함대 내부의 이견을 없애려는 전략이었을지도 모른다. 어쨌거나 전술적으로 그것은 재앙이었다. 함대는 끊임없이 변하는 날씨에 부딪혔다. 피가페타는 이렇게 회상했다.

여러 날 동안 우리는 … 역풍, 무풍, 바람 없는 호우를 견디며 기니 해안을 따라 항해했다. 적도에 도착할 때까지 60일 동안 계속 비가 내렸다. … 적도에 도착하기 전에 여러 차례 맹렬한 돌풍과 해류를 정면으로 맞닥뜨렸다. … 배가 난파하지 않도록 돛을 전부 내렸다. 이런 식으로 바다 위에서 이리저리 떠돌며 폭풍우가 그치기만 기다렸다. … 비가 내릴 때는 바람이 없었다. 해가 나오면 바다가 잔잔했다.[3]

피가페타는 폭풍이 몰아칠 때 뱃사람의 수호성인 성 엘모의 불 St. Elmo's fire을 목격했다. 돛대 꼭대기에서 푸른빛의 밝은 섬광이 탁탁 소리를 냈다. 미신을 믿는 선원들은 이를 신령스러운 존재의 방문으로 받아들였다. 선원들은 갑판 위에 엎드려 흐느꼈다. "그 신성한 빛이 우리를 떠나려 할 때 눈이 어질어질할 정도로 밝아서 … 우리는 모두 앞이 보이지 않았고 자비를 구했다. 정말로 우리는 전부 죽었다고 생각했는데, 그때 돌연 바다가 평온해졌다."[4]

카르타헤나와의 힘겨루기는 계속되었다. 마젤란은 아무런 설명도 없었고, 정보를 공유하려는 시도도 하지 않았으며, 카를 5세의 명령을 따르려는 기미도 전혀 없었다. 함대 안에서는 마젤란의 포르투갈인들과 이보다 더 큰 무리인 에스파냐인 사이에 서서히 게릴라전이 불타고 있었다. 독단적 권력에 대한 분노가 압력솥처럼 커지고 있었다. 카르타헤나는 일부러 무시로 응대했다. 하루가 끝나면 다른 배들이 공식적 인사로 마젤란의 기함에 경례하는 것이 관례였다. 이는 함대의 결속을 유지하는 의식의 일부였다. "신이시여, 좋은 동료인 총사령관이자 함장을 보호하소서."[5] 성미가 까다로운 르네상스 시대의 신사들에게 직함은 매우 중요했다. 그래서 카르타헤나가 마젤란을 신랄하게도 단순히 "선장"이라고 부르기 시작했을 때, 이는 마젤란의 성질을 건드렸다. 게다가 그 말로 인사를 한 자는 카르타헤나가 아니라 보급장교였다. 마젤란이 이를 질책하자, 카르타헤나는 다음부터는 급사를 시켜 일일 경례를 하겠다고 응수했다. 그렇지만 그는 사흘 동안 전혀 경례를 하지 않았다.

바로 그때 규율상의 새 위기가 발생했다. 안토니오 데 살로몬이라는 시칠리아 사람인 빅토리아호의 일등항해사가 선실급사와 남색 행위를 하다가 걸렸다. 그러한 행위에 정해진 처벌은 사형이었지만, 정식 군사재판이 소집되었다. 다른 배들의 모든 선장이 트리니다드호의 함장 선실에서 열린 회의에 소집되었다. 두 파벌 간에 얼굴을 맞대고 마주 앉는 시간이었다.

마젤란이 다음 조치를 준비한 것은 분명했다. 카르타헤나가 다시금 지휘권과 항로의 문제를 제기했을 때, 마젤란은 대비가 되어 있었다. 마젤란은 경쟁자의 목을 움켜쥐었고 그를 선창에 가두게 했다. 마젤란은 함대에서 두 번째로 큰 선박인 산안토니오호의 지휘권을 자신의 친척(조카)인 알바루 드 메스키타에게 맡겼다. 그는 카르타헤나를 브라질 해변에 버리겠다고 위협했지만, 다른 사람들의 설득에 그만두었다. 결국 카르타헤나는 다른 카스티야인 가스파르 데 케사다가 확실하게 지키겠다는 맹세를 하고 구금했다. 마젤란은 카르타헤나의 공동지휘관 지위를 박탈했다. 피가페타는 이에 대해 아무런 기록도 남기지 않았다. 그는 상어 낚시를 하고 대양에 사는 새들의 생태에 감탄하며 시간을 보냈다.

마젤란이 항로를 변경한 이유가 무엇이든(아마도 포르투갈 함대 때문이었을 텐데, 포르투갈 함대는 나타나지 않았다), 그것은 한 가지 목적에 이바지했다. 마젤란은 자신의 패를 다 보여주며 의도적으로 도발했다. 그리고 불만을 드러낸 에스파냐인들에게 단독지휘관이라는 자신의 권위를 각인시켰다. 그러나 그 대가는 컸다. 6주면 끝날 항해에 석 달이 소요되었다. 그래서 선원들은 쓸데없이 고생을 했고, 귀중한 보급품이 소모되었고, 식량이 반 토막 났으며, 신뢰가 사라졌다. 브라질 해안에 다가가면서 불만은 여전히 스멀스멀 피어오르고 있었다. 키를 잡은 포르투갈인 조타수 주앙 로페스 카르발류는 그 해변에서 4년 동안 지낸 적이 있었다. 함대는 예정된 목적지인 리우 데 자네이루〔히우 지 자네이루〕의 북쪽에 있는 카부 지 산투 아고스티뉴 곶에 상륙했다. 토르데시야스조약에 따르면, 그들은 불법 침입자였지만 이의를 제기할 포르투갈인들이 없었다.

여러 날 뒤 그들은 다시 항해에 나서 다른 곳에 도착했다. 그들은 그곳을 구아나바라라고 불렀는데 리우 데 자네이루 만이다. 이 길게 뻗은 해안에서 그들은 투피족과 마주쳤다. 투피족과의 관계는 우호적이었다. 카르발류는 이전에 그곳에 온 적이 있다. 그는 현지 여인과의 사이에서 낳은 아들을 다시 만나 그를 배에 태웠다. 그들은 보급품을 보충하는 데 성공했다. 피가페타에 따르면, "닭, 감자, 과연 찾아낼 수 있는 최고로 맛있는 과일인 달콤한 파인애플, 소고기와 비슷한 안타 anta[맥貘]고기, 그 밖에 다른 것들을 많이 채웠다."[6] 거래는 유익했다. 함대가 교역을 위해 가져온 제품인 낚싯바늘, 거울, 가위, 종鐘은 탐나는 물건이었다. 피가페타는 이렇게 회상한다. "그들은 게임 카드 … 다이아몬드 킹을 받고 내게 닭 여섯 마리를 주었는데, 심지어 나를 속여먹었다고 생각했다."

선원들의 시각에서는 반가운 휴식이었다. 그곳은 원주민 부족들의 순진무구함에 대한 그들의 모든 환상이 실현될 장소였다. 유럽인들은 축복처럼 여겨졌다. 그곳에는 오랫동안 가뭄이 계속 이어지고 있었다. 피가페타는 이렇게 설명한다. "우리가 항구에 도착했을 때 우연찮게도 비가 내렸고, 그들은 우리가 하늘에서 왔다고, 우리가 비를 가져왔다고 말했다."[7] 피가페타는 그들을 이렇게 보았다. 이 사람들은 "자연의 결정을 따르며 산다." 그는 그들의 생활, 외모, 관습에 관해 최대한 많은 정보를 수집했다. 그는 원주민의 식인 풍습에 관해서 객관적으로 기술했다. "그들은 적의 살코기를 먹지만 좋아서 하는 것이 아니다. 일종의 관습으로 확립되어 있기 때문이다." 피가페타는 투피족의 간단한 낱말 몇 개를 목록으로 작성하기도 했다. 그들이 우연히 마주친 많은 원주민처럼 투피족도 철기를 사용하지 않았으며(카누를 만들 때 돌도끼를 사용했다) 금속 물건을 간절히 원했다.

일반 선원들에게 특별히 즐거웠던 일은 다음과 같은 성적 거래였다. "남자들은 손도끼나 큰 주머니칼 한 개를 받고 어린 딸 한두 명을 건넸다. 그렇지만 아내는 무엇으로도 바꾸려 하지 않았다."[8] 피가페타가 보기에, 원주민의 섹슈얼리티에 대해 유럽인의 관심을 끌 외설스러운 애

깃거리가 많았다. "어느 날 아리따운 젊은 여자가 내가 있는 기함으로 왔다. 우연히 무엇을 얻을 수 있을지 둘러보는 것 말고 다른 의도는 없었다. 그곳에서 기다리다가 … [그녀는] 손가락보다 더 긴 못을 보았다. 매우 기뻐하며 그것을 솜씨 좋게 집어 들더니 제 음부 속에 집어넣었다. 그리고 몸을 바짝 구부리고는 곧장 떠났다. 총사령관과 내가 그 행동을 목격했다." 이 '남쪽 바다'의 목가적 풍경에는 어두운 측면이 있었다. 12월 20일 안토니오 데 살로몬의 남색에 대한 사형 선고가 교살로써 집행되었다.

함대는 12월 27일(1519년) 출항 준비를 마쳤다. 유럽인들과 투피족에 똑같이 매우 실망스러운 일이었다. 신앙심이 깊은 자들은 이 부족 사람들을 쉽게 기독교도로 개종시킬 수 있다는 단순한 생각을 품었다. 해변에서 두 차례 미사를 드렸다. "그동안 이 사람들은 무릎을 꿇은 채 꽉 쥔 두 손을 높이 들고 깊이 참회했다. 대단한 기쁨이 될 정도로 진심이었다." 피가페타에 따르면, 투피족은 "우리가 한동안 자신들과 함께 머물 것이라고 생각했는지 집을 한 채 지어주었다."[9] 선원들을 끌어내야 했다. 배에서는 몰래 탄 여성이 여럿 발각되었다. 마젤란의 가까운 협력자(처남) 두아르트 바르보자는 얼핏 보기에 낙원 같은 이곳에서 살려고 탈주를 시도했다. 그는 체포되어 배에 갇혔다. 투피족은 애석해하면서 이들이 카누를 타고 떠나는 것을 지켜보았다. 이 탐험의 거의 마지막 편안한 순간이었다.

탐험대가 남쪽으로 향하자 해안선이 서쪽으로 점점 가늘어져 전망이 좋아 보였다. 그때부터 마젤란은 희망을 안겨줄 해협을 찾아 크고 작은 만을 집요하게 탐사했다. 전진은 점점 더 어려워졌다. 함대는 역

16세기 브라질 지도. 원주민의 삶과 문화에 관한 인류학적 정보와 소문이 잔뜩 적혀 있다. 해안선은 아래쪽 라플라타강까지 상세히 그려져 있다. 위쪽 왼편 모퉁이의 "식인종caniballes"이라는 낱말은 유럽인의 강박관념을 반영한다. 필시 후안 디아스 데 솔리스의 운명과 피가페타의 설명 때문에 생겼을 것이다.

류를 만나 고투했고 날씨는 더 험악해졌다. 당연히 극심한 폭풍에 밀려나기도 했다. 함대는 라플라타강의 광대한 삼각주에서 다시 집결했는데, 그때까지 포르투갈인이 남쪽으로 발을 내딛은 곳으로는 가장 멀리 나아간 지점이었다. 불길한 곳이었다. 3년 전 후안 디아스 데 솔리스 일행이 원주민들에게 살해당하고 잡아먹힌 곳이었기 때문이다. 가장 작은 배인 산티아고호를 내보내 배가 통과할 수 있는 큰 해협의 징후가 보이는지 정찰하게 했다. 그러나 그 수역은 민물이었고 바닥이 너무 얕아 배가 지나갈 수 없었다. 현지 주민들은 식인종이라는 평판이 돌았는데도 그들을 보고 달아났다.

그들 중 한 사람이 거의 거인처럼 키가 컸는데 제 동료들의 [안전을] 확실하게 하고자 기함으로 왔다. 목소리가 황소 같았다. 그가 배에 있는 동안, 다른 이들은 살고 있는 곳에서 더 깊숙한 곳으로 재물을 옮겼다. 우리가 두려웠기 때문이다. 그런 모습을 보고 우리는 그들하고 말하고 대화를 나누기 위해, 아니면 힘을 써서 그들 중 한 사람을 포로로 잡으려고 100명을 상륙시켰다. 그들은 도망쳤다. 도망치는 발걸음이 매우 커서 우리는 내달렸는데도 그들을 따라잡을 수 없었다.[10]

이것이 유럽인들이 파타고니아인(거인족)이라고 부르게 되는 사람들의 첫 모습이었다.

함대는 점점 더 사나워지는 폭풍과 점점 더 심해지는 추위에 맞닥뜨렸다. 남쪽으로 위도를 1도씩 내려갈 때마다 기온이 급락했다. 만과 강어귀로 들어가는 것은 위험했다. 2월 13일(1520년) 빅토리아호가 좌초해서 거의 난파될 지경에 이르렀다. 마젤란은 어쩔 수 없이 해안에서 더 멀리 떨어져 있어야 했다. 그는 계속해서 출구를 탐색했고, 놓친 것이 있을지 모른다는 걱정에 왔던 길을 일부 되짚어가기도 했다. 2월 27일 함대는 나중에 바이아 데 로스 파토스(오리만)라고 부르게 되는 곳에 도착했다.

> 우리는 육지와 나란히 해안을 따라가다가 기러기와 바다표범sea wolve[바다사자]으로 가득한 두 섬에 닻을 내렸다. 정말이지 그 기러기들은 얼마나 많은지 그 수를 헤아릴 수 없었다. 우리는 한 시간 동안 다섯 척의 배에 [그것들을] 실었다. 기러기들은 검은색이고 몸통과 날개의 깃털이 전부 똑같다. 날지 않고 물고기를 먹고 산다. 너무 살이 쪄서 깃털을 뽑을 필요가 없고 가죽을 벗기면 되었다. 부리는 까마귀의 부리를 닮았다. 바다표범들은 색깔이 다양하며, 송아지만큼 크다. 머리는 송아지 머리와 비슷하고, 귀는 작고 둥글며, 이빨은 크다.[11]

뭍에 내린 자들은 이 동물 몇몇을 몽둥이로 두들겨 팼다. 그런데 갑자기 돌풍이 몰아쳐 그들은 배로 돌아올 수 없었다. 이 해변에 내린 자들은 추위에 떨고 들짐승의 공포를 느끼며 비참한 밤을 보냈다. 이튿날 아침 구조대가 도착했을 때, 선원들은 추위를 피하려고 죽은 사냥감들을 덮은 채 몸을 움츠리고 있었다. 더럽고 불쌍하고 악취가 진동했지만 살아 있었다.

바이아 데 로스 파토스에서의 고생은 끝나지 않았다. 선원들이 배로 돌아오는 길에, 한 번 더 맹렬한 돌풍이 일어 함대를 덮쳤다. 트리니다드호의 닻줄이 하나씩 차례로 끊어졌다. 그래도 남은 것이 하나 있기는 했다. 희망의 닻이다. 선원들이 할 수 있는 일은 기도하는 것, 세비야로 귀환하면 빅토리아성모수도원으로 순례를 가겠다고 맹세하는 것뿐이었다.* 희망의 닻줄은 끊어지지 않았고, 폭풍은 수그러들었다. 자정이 지나자 다른 폭풍이 배들을 때렸다. 선수루船首樓와 선미루船尾樓가 부서졌다. 다시금 선원들이 할 수 있는 일이라고는 기도와 순례의 맹세뿐이었다. 폭풍이 사라졌다. 돛대 꼭대기에서 성 엘모의 불이 번쩍 빛났다. 그로써 하느님이 크신 자비를 베풀지도 모른다는 희망이 솟았지만, 전망은 차츰 나빠지고 있었다.

겨울을 날 피난처를 찾을 때가 되었다. 엿새 후 함대는 입구가 좁은 적당한 만을 찾은 것 같았지만, 폭풍은 이 안식처까지 쫓아왔다. 엿새 동안 혹독한 날씨를 견뎌냈다. 함대는 극한까지 시험받고 있었다. 몇 명이 뭍에 내렸다가 고립되었다. 그들은 얼어붙은 해변에서 한 주 동안 맨손으로 조갯살을 날로 먹으며 생존해야 했다.

심해지는 추위, 느닷없이 닥치는 폭풍, 흔적도 없는 해협의 부단한 탐색, 험난한 해안에서 난파할 위험성, 점점 짧아지는 낮, 두려움과 피로가 선원들의 영혼을 갉아먹고 있었다. 사령관의 판단에 대한 의심이 일었다. 선원들은 그가 국왕으로부터 받은 명령을 따르지 않는다고 생각했다. 후안 세바스티안 엘카노는 에스파냐로 귀환해서 조사를 받을 때 후안 데 카르타헤나와의 불화에 관해 질문을 받았다. 그는 마젤

---

* 빅토리아성모수도원은 누에스트라 세뇨라 데 라 빅토리아Nuestra Señora de la Victoria를 말한다.

란이 공동으로 결정을 내리라는 명령을 받았는데도 왜 따르지 않느냐는 이의 제기에 직면했을 때 그러한 약속에 대해 아는 바 없다고 말했다고 진술했다. "다른 선장들은 마젤란에게 고급선원들과 협의하라고, 그들에게 함대가 어디로 가고 있는지 항로를 알려주라고 요구했다. 그들은 또한 마젤란에게 겨울 내내 정박해 있지 말자고, 그런 식으로 식량을 허비하지 말자고 요구했다. 그리고 추위를 견딜 수 있는 곳으로 진행해야 한다고 강력히 주장했다."[12]

이런 대화가 이어질 때마다 마젤란은 무시로 일관했다. 3월 31일 마젤란은 함대를 피난처가 될 수 있는 다른 만으로 이끌었다. 그들이 푸에르토 산 훌리안이라 부른 곳이다. 어떤 전거에 따르면, 마젤란은 그곳이 마법의 출구인지 알아보려고 다시금 탐사에 들어갔다. 그렇지만 아니었다. 안전한 피난처를 찾는 것이 긴요했다. 남위 49도에서 그들은 추위에 떨었고, 길을 잃었으며, 절반으로 줄어든 배급식량으로 연명했다. 사령관에 대해 온갖 불만이 들끓었다. 선원들의 눈에 보이는 것은 이러했다. "육지가 남쪽으로 끝도 없이 뻗어 있고, 그것이 끝에 다다를 가능성이나 그것을 통과할 해협을 발견할 희망은 전혀 없으며, 혹독한 겨울이 목전에 다가왔고, 그들 다수가 굶주림과 고초로 사망했다." 그들은 "더는 그[사령관]가 정한 식량 규정을 참을 수 없다고 말했고 그에게 식량 지급을 늘리라고, 그리고 집으로 돌아가는 것을 고려해달라고 간청했다." 그들은 카를 5세의 의도가 "그들이 자연과 다른 장애물이 가로막는 일을 집요하게 시도해야 한다"는 것은 전혀 아니었다고 강조하며 덧붙였다.[13]

마젤란은 조금도 동요하지 않았다. "이미 죽음을 각오하고 계획을

푸에르토 산 훌리안 만.

완수하기로 결심한 마젤란은 이에 답해 자신이 택한 항로는 카이사르[카를 5세]가 직접 제시했다고, 그로부터 조금도 이탈할 수 없고 이탈하지 않을 것이라고, 따라서 육지의 끝이나 (그것을 관통할) 해협을 발견할 때까지 항해할 것이라고 말했다."[14] 에스파냐인들의 용기 부족을 비웃기도 했다. "포르투갈인들이 동쪽으로 항해하며 해마다, 아니 거의 매일 12도로 남회귀선을 지나고 있으니, 그들[에스파냐인들]은 지금까지 칭찬할 만한 일이나 집으로 돌아갈 핑계가 될 만한 일을 조금도 하지 못했다."[15] 사기는 바닥을 치고 마젤란은 독단적 지휘 방식으로 맹목적 방식만을 요구하는 가운데, 충돌의 무대가 준비되었다. 포르투갈인들이 거둔 성취를 거론하며 에스파냐인들의 소심함을 비웃은 것은 도움이 되지 않았다. 선장들의 요청은 일종의 최후통첩이었다. 마젤란의 대응은 대결을 부른 것이나 다름없었다.

1520년 4월 1일, 종려주일棕櫚主日, Palm Sunday(부활절 직전의 일요일), 마젤란은 미사 후에 같이 식사를 하자고 선장들을 초대했다. 그것이 함정임을 눈치 챈 두 사람, 가스파르 데 케사다와 그가 감독하기로 되어 있는 후안 데 카르타헤나가 미사를 거부했고, 마젤란의 친척 알바루 드 메스키타만 트리니다드호의 식사에 모습을 드러냈다. 식사 후에 그는 자신의 배 산안토니오호로 돌아갔다.

그날 밤 메스키타는 별안간 잠에서 깼다. "나는 앞에서 말한 배의 내 선실에 있었고 나머지 다른 사람들은 전부 휴식을 취하고 있었는데, 초저녁 당직시간이 지난 뒤 콘셉시온호의 선장 가스파르 데 케사다와 후안 데 카르타헤나가 무장한 채 약 서른 명을 대동하고 나타났다. 하나같이 무장한 상태였다. 그들은 칼을 뽑아 든 채 나의 선실로 와서 나를 붙잡았다. 손으로 나를 잡고 가슴에 무기를 들이댔. … 그들은 나를 그 배의 서기인 헤로니모 게라의 선실에 가두고 쇠로 된 차꼬를 채웠다."[16]

일등항해사인 바스크 사람 후안 데 엘로리아가가 개입하려 했다. "나는 하느님과 국왕 돈 카를로스의 이름으로 그대들의 배로 돌아가라고 명한다. 지금은 무장한 사람들을 데리고 이 배 저 배 돌아다닐 때가 아니다. 나는 또한 우리 선장의 석방을 요구한다."[17] 엘로리아가는 선원들을 불러 무장시키려 했다. 케사다는 이렇게 소리쳤다. "우리는 이 바보 때문에 일을 그르칠 수 없다."[18] 그리고 단검으로 그를 여러 번 찌른 뒤 죽게 내버려두었다. 배의 신부가 죽어가고 있는 것이 분명한 그 사람의 고해를 듣는 동안, 선원들의 무장이 해제되었다. 실제로 엘로리아가의 죽음은 매우 더뎠고 고통스러웠다. 그의 죽음은 석 달 동안 질질 끌었다.

반란을 일으킨 자들이 산안토니오호와 콘셉시온호를 장악했다. 루이스 데 멘도사가 선장을 맡은 빅토리아호도 마젤란에게 강하게 반대했기에 반란자들에 합세했다. 후안 세라노가 선장을 맡은 작은 정찰선 산티아고호만 트리니다드호의 마젤란에게 계속 충성했다. 마젤란은 수적으로 크게 열세였지만, 반란자들은 바야돌리드의 바르톨레메 데 라스 카사스가 평가했듯이 사령관을 빈틈없는 성격을 지닌 사람으로 보았다면 성공했을 것이다. "그가 키가 작고 대단한 사람처럼 보이지 않았기에 … 그들은 그가 분별력과 용기가 부족하니 속여먹을 수 있으리라고 생각했다."[19]

마젤란은 신속하고 단호하게 대응했다. 그는 우선 빅토리아호를 상대하기로 결정했다. 그 배에는 자신에게 충성할 가능성이 높은 외국인들이 많았기 때문이다. 마젤란은 작은 배 한 척에 멘도사에게 회담을 청하는 편지를 들려 보냈다. 멘도사는 쉽게 속일 수 있는 자가 아니었지만, 편지를 전달한 다섯 명은 무기를 숨겨 갔다. 멘도사가 부정적으로 답변하자, 이들이 단검을 꺼내 그를 베어 갑판에 쓰러뜨렸다. 동시에 두아르트 바르보자가 다른 보트에 열다섯 명을 태워 빅토리아호로 돌진했다. 갑작스러운 일격에 선원들은 깜짝 놀라 싸우지도 않고 항복했다. 마젤란의 깃발이 돛대 꼭대기에 게양되었고, 빅토리아호는 만의 좁은 입구로 이동해 트리니다드호와 나란히 섰다. 산티아고호도 따라서 이동했다. 이제 세 척의 선박이 반란자들을 봉쇄했다. 마젤란이 결정적으로 주도권을 장악했다.

산안토니오호와 콘셉시온호의 반란자들은 만 내부에서 다음 조치를 궁리했다. 그들은 항복하라는 권유를 받았지만 거부했다. 이들이 유일하게 의지할 수 있는 수단은 봉쇄 지점을 깨고 난바다로 나가는 것이었고, 밤을 도와 시도하는 것이 최선이었다. 시간대는 완전히 예측가능했다. 마젤란은 전투에 대비해 선원들을 준비시켰다. 산안토니오호가 전진하자 그 양쪽에서 공격을 가했다. 트리니다드호가 중포로 포격했고, 뒤이어 선원들이 떼 지어 배로 뛰어들었다. 싸움은 순식간에 끝났다. 메스키토는 석방되었고, 케사다와 다른 반란자들은 사로잡혀 차꼬를 찼다. 콘셉시온호에 다른 선택의 여지는 없었다. 보트가 다가와 항복하라고 말하자 후안 데 카르타헤나는 이에 응했다. 반란은 24시간 만에 진압되었다.

 마젤란은 신속하게 소름 끼치는 복수를 단행했다. 적법한 법 절차를 따르는 시늉을 했지만, 처벌이자 차후 반란의 억제라는 두 가지 목적으로 선고의 집행이 이루어졌다. 멘도사의 시신은 활대 끝에 거꾸로 매달았다가 해변으로 가져가 공개리에 반역자로 선포한 뒤 목을 매달고 바닷물에 던져 넣고 네 조각을 내 막대기에 꽂았다. 케사다의 죽음은 더욱 섬뜩했다. 공범인 그의 부하 루이스 델 몰리노는 선택을 제시받았다. 자살하든지 상관을 처형하든지 둘 중 하나를 선택해야 했다. 선택의 기로에 몰린 몰리노는 어쩔 수 없이 칼을 휘둘러야 했다. 난도질된 케사다의 시신은 멘도사의 시신을 꽂은 말뚝에 같이 꽂혔다. 다른 자들을 심문할 때는 종교재판소의 도구들을 가져와 썼다. 탐험에 동행한 천문학자 안드레스 데 산 마르틴은 스트라파도strappado라는 형벌에 처해졌다. 두 손을 [등 뒤로] 밧줄로 묶어 매달고 발에는 추를 달아 몸이 늘어지게 하는 것이다. 어쩐 일인지 그는 살아남았다. 다른 사람 에르난도 모랄레스는 수족이 '탈구되어' 살지 못했다. 마흔 명의 반란자가 더 사형선고를 받았지만 감형을 받았다. 그렇게 많은 수를 처형하면 인력의 손실이 너무 커서 탐험대의 선박 운항 능력에 지장이 생기고, 남은 선원들의 사기가 저해되고, 포르투갈인과 에스파냐인 간의 분열이 더욱 심해졌을 것이다. 그들은 전부 마젤란 앞에 불려가 머리를 세게 한 대씩 맞았고, 정박지에서의 시간을 사슬에 묶여 고된 노동을 하며 보냈다. 그들 중에는 후안 세바스티안 엘카노도 있었다. 4월 27일, 안토니오 데 살로몬과의 남색 혐의로 유죄판결을 받은 선실급사가 배 밖으로 내던져졌다.

바다에 나가면 자신이 원하는 대로 하겠다고 말한 마젤란이 권한을 벗어나 행동했다는 비판이 이어질 수 있었다. "이들은 국왕의 확실한 종복들이므로, 카이사르[카를 5세]와 그의 추밀원 이외에는 누구도 적법하게 사형선고를 내릴 수 없었다."[20] 마젤란은 국왕의 사람이 분명한 후안 데 카르타헤나에 관해서는 아마도 이 점을 고려해 신중하게 처신했을 것이다. 카르타헤나의 운명은 달라야 했다. 아니 좀 더 세련된 방식으로 처리해야 했다. 카르타헤나는 반란의 공범으로 연루된 사제 페드로 산체스 데 레이나와 함께 만에 있는 어느 섬에 버려진다. 마젤란에게 늘 충성한 피가페타는 푸에르토 산 훌리안 만의 지독한 싸움에 관해서는 거의 언급하지 않는다. 그는 그저 식물상과 동물상에만 관심을 집중했다.

함대는 겨울 내내 푸에르토 산 훌리안 만에 머물면서 부족한 식량에 의지해 선박을 수리하며 보내야 했지만, 마젤란은 해협의 탐색을 지속했다. 4월 말, 탐사를 위해 후안 세라노가 선장을 맡은 작은 배 산티아고호를 내보냈다. 5월 3일 산티아고호는 물고기와 사냥감이 풍부한, 폭이 넓은 강에 도착했다. 세라노는 그 강에 리오 산타 크루스 강이라고 이름을 붙여주었다. 얼마 지나지 않아, 남쪽으로 더 멀리 가고 있는 배에 재앙이 닥쳤다. 폭풍을 만나 난파한 것이다. 선원들은 살아남았지만 겨울에 함대로부터 70마일(약 110킬로미터) 떨어진 황무지 해변에 고립되었다. 두 사람이 필사적인 노력 끝에 난파선에서 구한 널빤지로 뗏목을 만들어 폭 3마일(약 4.8킬로미터)의 리오 산타 크루스 강을 건너 소용돌이치는 블리자드blizzard(눈보라)를 뚫고 얼어붙은 툰드라를 가로지르는 데 성공했다. 열하루 뒤 이들은 비틀거리며 푸에르토 산 훌리안 만에 나타났다. 굶주린 채 동상에 걸려 초췌한 모습으로 함대를 만난 이들은 알아보기 힘든 모습이었다고 한다. 마젤란은 난파선의 선원들에게 육상으로 구조대를 파견했고, 그들은 35일 동안 아무것도 먹지 못했다고 말했다.

8월 24일, 함대는 푸에르토 산 훌리안 만에서 보낸 고통스러운 시간에 작별을 고했다. 사로잡은 파타고니아인 두 사람을 '민족지학의 표본'으로 함께 데리고 갔다. 함대는 그곳에 다섯 달 동안 머물렀다. 이제 그들은 리오 산타 크루스 강으로 갈 예정이었다. 출발 직전에 카르타헤나와 사제의 형刑이 집행되었다. 두 사람은 소량의 비스킷과 검 두 자루를 받고 섬에 버려졌다. 그곳에서 점점 작아지다가 멀리 사라지는 배들을 지켜보며 때가 되면 죽으라는 말이었다. 떠나는 배에서 뒷눈질한 자들은 몸서리쳤을 것이다. 두 사람의 처벌은 생존한 선원들에게 잊지 말라고 사령관의 권위를 각인시키려는 본보기이자 경고였다. "그때 이후로 아무도 감히 사령관의 권력을 우습게 여기지 못했다."[21]

10월 21일, 조타수 프란시스코 알보는 말이 많아졌다(그의 항해일지는 항로 방향과 태양 관측 같은 간단한 항해 자료에 지나지 않았다). "우리는 만과 비슷한 통로를 보았다. 입구가 있었는데, 오른쪽으로 매우 긴 모래톱이 이어졌고 … 그 모래톱에서 반대편까지는 대략 5리그(약 24킬로미터〕 정도 되었다. 그 만 안에서 우리는 해협을 발견했다."[22] 항상 충성스러운 피가페타는 의심하는 자들이 있었고 여러 차례 희망이 무산되었지만 마젤란이 결국 그것이 '남쪽 바다'로 나가는 해협임을 알아보았다고 훗날 주장했다. "총사령관이 아니었다면 우리는 그 해협을 발견하지 못했을 것이다. 우리는 모두 사방이 막혀 있다고 생각했고 그렇게 말했기 때문이다."[23] 그날은 마침 성 우르술라의 축일이어서, 이를 기념해 그 긴 모래땅에 기독교식으로 카보 비르헤네스(1만 1000처녀의 곶)라는 이름을 붙여주었다.* 함대는 그 만으로 진입했다. 수심은 이례적으로 깊었다. 피가페타는 "[닻을 내릴] 바닥을 찾지 못할 정도로" 수심이 깊었다고 기록했다.[24] 얼마나 깊은지 그들은 알 수 없었다. 해협은 지질학적 힘에 의해 갈라진 깊은 협곡으로 가장 얕은 곳의 깊이가 90피트〔약 27미터〕였고 곳에 따라 3500피트〔약 1070미터〕까지 내려갔다.

만 안쪽으로 들어간 마젤란은 콘셉시온호와 산안토니오호를 앞서 보내 정찰하게 했다. 그 두 척이 출발할 때, 갑자기 폭풍이 휘몰아쳐 빅토리아호와 트리니다드호는 바다 쪽으로 나가 있어야 했다. 혹독한 날씨의 습격에, 정찰을 나간 선박들은 막다른 곳으로 나아가는 듯했다. 만의 밖에서는 근심스러운 기다림이 지속되었다. 사흘이 지났다. 정찰대의 유일한 흔적은 불길한 연기 신호뿐이었다. 피가페타는 이렇게 회상한다. "우리는 그들의 배가 난파했다고 생각했다. 걱정스럽게 지켜보고 있는데 배 두 척이 돛을 완전히 펴고 바람에 깃발을 나부끼며 우

---

* 중세의 전승에 따르면, 성 우르술라와 그녀의 동료 1만 1000명은 로마에서 쾰른으로 순례를 떠난 직후 훈족에 의해 학살당했다.

리 쪽으로 다가왔다. 그렇게 가까이 다가오더니 갑자기 구포白砲, mortar를 마구 쏘아대고는 환호성을 질렀다."[25] 폭풍 속에서 정찰대는 다른 만으로 이어지는, 뒤이어 일련의 협수로를 지나 넓은 수역으로 들어가는 좁은 통로를 기적적으로 찾아낸 것이었다. 바람과 조류에 맞서 싸우며 힘겹게 지나가야 했다. 파고는 최대 24피트〔약 7.3미터〕에 이르렀다. 그렇지만 초기의 징후는 양호했다. 배가 바닥에 닿는 소리가 들리지 않았기에 닻을 내리기는 어려웠으나, 이것이 막다른 만은 아니라고 추정할 수 있었다.

마젤란의 선박들은 세상의 끝처럼 보이는 곳에 들어섰다. 함대는 조수 간만이 있는 강어귀, 매우 좁은 협수로, 넓은 만, 복잡하게 연결된 수로를 탐사했다. 망가진 미궁 같아서 어떤 길로 가야 할지 선택지가 많았다. 하나하나 빠뜨리지 말고 조사해야 했다. 오른쪽으로는 눈으로 뒤덮인 뾰족한 봉우리들이 높이 솟아 있었고 무섭게 곤두박질치는 폭포 속으로 짙푸른 빙하가 눈부시게 빛나고 있었다. 인간이 얼마나 왜소한지 느끼게 하는 광경이었다. 지구의 표면에 벌어진 황량한 크레바스였다.

한여름이었고 밤은 그 길이가 두세 시간밖에 되지 않는데도 날씨가 쌀쌀했다. 끝없이 불어대는 바람 때문에 전진은 더뎠다. 안개 때문에 시계도 좋지 않았다. 함대는 일련의 협수로를 조심스럽게 통과한 뒤 넓은 수역에 도달했다. 넓은 만이 여럿이어서 함대는 그것들이 각각 막다른 길인지 아니면 출구가 열려 있을 가능성이 있는지 하나씩 차례차례 조사해야 했다.

두 번째 만에서, 그들은 남쪽 해변에서 정주의 흔적을 발견했다. 정찰을 위해 큰 보트에 선원들을 무장시켜 내보냈다. 해변에는 썩어가는 고래의 사체가 있었다. '마을'은 원주민의 묘지로 밝혀졌다. 사람이 살고 있다는 징후는 없었다. 멀리서 불이 보이기는 했지만, 이는 십중팔구 인간의 활동이 아니라 번개로 인한 것이었다. 그들은 이 땅을 티에라 델 푸에고Tierra del Fuego("불의 땅")라 불렀다.

항해를 계속하면서 그들은 항로 좌표와 눈에 보이는 모든 것을 다 기록해 이후에 올 배들을 위한 해도를 작성했으며 지나가면서 특징적인 지세에 이름을 붙였다. 빅토리아만, 바이아 이누틸, 성 안나의 곶. 그들은 끈질긴 정찰을 통해 막다른 길을 하나씩 탈락시켰다. 전진은 계속 고됐다. 거센 물결, 바람, 수심 측정이 불가능한 바닥 모를 바다, 선박 고정의 어려움, 괜찮은 듯 보였으나 사방이 막혀 흐름이 정체된 수로, 추위, 식량 부족, 빙퇴석의 침묵의 메아리. 인간의 자취가 보이면 안심이 되었을 텐데, 풍광은 인간 존재의 흔적이라고는 조금도 보여주지 않았다. 동행자라고는 바다표범, 고래, 펭귄이 전부였다.

선원들이 막다른 상황에 내몰렸다면, 마젤란도 마찬가지였다. 그는 해협을 빠져나갈 길을 반드시 찾아내야 했을 뿐만 아니라 다시금 있을지 모를 반대 의견을 두려워했을 것이다. 히네스 데 마프라의 증언에 따르면, 마젤란은 기분이 크게 오락가락했다. "때에 따라 즐거웠다가 슬펐다가 했다."[26] 그의 권위, 미래, 꿈은 미궁을 벗어날 길이 있느냐 없느냐에 달려 있었다. 그러나 여러 갈래 길을 조사하고 가망 없는 것을 버리는 정찰의 효율성은 성과가 있었다. 11월 1일 트리니다드호와 빅토리아호는 그들이 카보 프로어드라고 부른 곶을 직각으로 돌아 좁은 해협으로 천천히 들어갔다.* 남아 있는 설명은 일련의 사건이 뒤섞인 것이지만, 이때쯤 그들은 조수와 해류, 수역의 일정한 염도로 판단하건대 그곳이 다른 바다로 들어가는 수로임이 거의 틀림없다는 것을 깨달았다.

그때 어느 순간에 마젤란은 선장들과 고급선원들을 불렀다. 마젤란이 겉으로 내세운 회합의 의미는 함대가 진행을 계속해야 하는지 그들의 의견을 구한다는 것이었다. 툭 터놓고 의견을 교환하는 것처럼 보였다고 해도, 그것이 목적은 아니었다. 푸에르토 산 훌리안 만의 사건 이후, 선원들은 이견이 있어도 밝히기가 쉽지 않았다.

그러나 한 사람이 입을 열었다. 산안토니오호의 조타수로 마젤란의 동포인 포르투갈 사람 에스테방 고메스가 전진에 반대했다. 고메스는 현실적인 사람이었다. 그는 산안토니오호의 조타수로서 그 해협의 정찰에서 주된 역할을 했으며, 그곳을 통과하기가 얼마나 어려운지 확실히 이해했다. 조타수 바스쿠 갈레구에 따르면, 선원들은 "미심쩍은 긴 항해에 정이 떨어졌다."[27] 눈앞의 물길은 불확실했고, 배는 훼손되었으며, 식량은 부족했고, 항해는 이미 너무나 가혹했다. 그는 앞에 놓인 미지의 바다를 "거대한 심연"이라고 불렀다. 탐험대는 (남쪽 바다로 나가는) 해협을 발견했다. 이 성과를 안고 귀국한 뒤 탐험대를 더 잘 준비해 돌아오는 것이 현명해 보였다. 마젤란의 대응은 이견을 허용하지 않았다. "우리는 돛을 감싼 소가죽을 먹는 한이 있더라도 [계속] 전진해 황제에게 약속한 것을 찾아내야 한다."[28] 고메스의 주장이 합리적이었다

---

* 일반적으로 카보 프로어드는 1587년 1월 잉글랜드인 해적 토머스 캐번디시Thomas Cavendish가 그 지역의 혹독한 기후를 보고 "고집 센" "다루기 힘든"의 뜻을 가진 영어 낱말 프로어드Froward라는 이름을 붙였다고 알려져 있다.

면, 마젤란의 대답은 그가 자기 자신에게 부여한 역할의 영웅적 표현에 젖어 있었다. 자유로운 발언은 그가 염두에 둔 것이 아니었다. 마젤란은 항로의 올바름이나 용품의 부족을 문제 삼는 자는 그 누구든 사형으로 다스리겠다고 말했다. 소가죽에 관한 그의 발언은 되풀이되어 그들 모두의 뇌리에서 떠나지 않는다.

얼마 지나지 않아 산안토니오호가 사라졌다. 다시금 정찰 임무를 띠고 나간 뒤 귀환하지 않은 것이다. 난파의 흔적이라도 찾기 위해 고생스럽게 노력했다. 해협의 입구까지 돌아가 수색했다. 눈에 잘 띄는 언덕 두 곳에 십자가 말뚝을 박아 메시지를 남겼다. 흔적은 찾지 못했다. 사건의 내막은 이러했다. 고메스가 반란을 일으켜 이름뿐인 선장 메스키타를 칼싸움 끝에 제압하고 자신의 의도대로 움직였다. 이들은 사로잡은 두 명의 파타고니아인 중 한 명을 데리고 갔는데, 그는 대서양을 건너는 동안 죽었다. 이들은 세비야로 돌아갔지만 모진 심문을 받고 투옥된다.

산안토니오호를 잃은 것은 심각한 손실이었다. 가장 큰 배였으며, 식량의 대부분을 싣고 있었기 때문이다. 남은 배 세 척 즉 빅토리아호, 트리니다드호, 콘셉시온호는 새로운 수로를 따라 진행해 그들이 정어리강Río de las Sardinas이라고 부른 곳에 닻을 내렸다. 이곳의 해협은 더욱 좁았다. 그들을 둘러싼 곳에서 폭이 2마일(약 3.2킬로미터)이 안 되는 협곡이었다. 위험할 수 있는 곳이었다. 돌풍이 불면 숨을 곳이 없었다. 그렇지만 초목이 푸릇푸릇하게 자라고 있었고 물고기가 많았다. 통과 초기 국면의 험악한 풍경은 사라지고 무성한 숲이 나타났다. 언제나 낙관적인 피가페타는 이 좁고 긴 수역을 새롭게 만난 것을 축하했다.

"그 수역에서 반 리그(약 2.4킬로미터)를 지날 때마다 최고로 안전한 정박지, 매우 훌륭한 숲, 물고기, 정어리와 홍합missiglioni이 나오고, 샘물 주변에서 신선한 잎채소인 셀러리가 자란다. 달리 먹을 것이 없었기 때문에 우리는 여러 날 동안 그것을 먹었다. 내 생각에 세상에 이보다 더 아름답거나 좋은 해협은 없다."[29] 그들은 이 비타민C의 원천이 지닌 가치를 그다지 잘 깨닫지 못했다.

정어리강에서 나흘을 보냈다. "그동안 우리는 장비를 잘 갖춘 보트를 내보내 그 다른 바다의 곳을 탐사하게 했다." 선원들은 사흘 만에 돌아와 만과 탁 트인 바다를 보았다고 보고했다. 피가페타에 따르면, "총사령관은 기뻐 눈물을 흘렸고 그 만을 카보 데세아도(희망했던 곳)라고 불렀다."[30] 그 길이 분명한 것 같았다.

그러나 마젤란의 근심은 사라지지 않았다. 해협에서 싸움을 벌인 이후로, 마젤란은 선원들의 사기, 식량, 산안토니오호의 손실, 에스파냐인들과 포르투갈인들 간의 잠재한 불화, 또 다른 반란의 가능성을 걱정했다. 그는 오로지 자신만 믿으며 홀로 외로이 큰 위험을 무릅쓰고 있었다. 히네스 데 마프라는 앞서 총사령관이 남아메리카 해안을 따라 내려가며 해협의 입구를 찾고 있을 때 조울증을 보였다고 썼다. 마젤란은 기분은 급격하게 변했지만 무섭도록 과감했다. 그는 "때로는 기쁨에 취해 있었고 때로는 풀이 죽어 있었다. **이것**이 자신이 약속한 해협처럼 보이면, 너무도 즐거워 크나큰 기쁨을 드러냈다가, 어떤 이유로 그 해협이 아닌 것 같으면 돌연 낙담했다." 어쨌거나 중요한 것은 의지력이었다. "결국 그는 이 일을 끝까지 수행하기로 결심했다."[31] 바로 이것이 선원들을 두려움에 떨게 했다. 마젤란은 세상의 끝에서 선원들을 파멸로 이끄는 도박사였나? 아니면 어떤 영감에 이끌렸나? 그를 신뢰할 수 있었나? 그의 명령을 따라야 했나? 황량한 남아메리카 남단에서 두려움을 느낄 이유는 많았다.

'남쪽 바다'로 나가는 출구가 있다는 깨달음은 결정적 전환점이었다. 이제 해야 할 질문은 이러했다. 계속 전진해야 하나 돌아가야 하나? 마젤란은 자신이 무엇을 원하는지 알고 있었다. 그가 고급선원들의 지지를 얻어내기로 결심한 것은 분명하다. 그러나 그는 무언의 반대가 있음을 감지했다. "계속 진행하려는 나의 결심은 너희들 모두에게 중대한 문제다. 이 항해를 완수할 가망성은 적기 때문이다."[32] 마젤란은 한 번 더 그들의 견해가 어떤지 조사했다. 이번에는 대면 회의의 불쾌함을 피하고자 서면으로 했다. 합의를 모으고, 세비야로의 귀환이 공식적 조사로 이어질 경우 자신의 입장을 변호할 문서상의 증거를 마련하기 위한 복잡한 일처리였다.

마젤란은 노골적으로 위협하기보다는 새 방식을 시도했다. 그는 합리성을 가장한 깜짝 놀랄 만한 거짓말로 시작했다. "나는 누구의 조언과 의견도 결코 무시한 적이 없는 사람이고 모든 결정은 누구의 마음도 상하지 않게 공동으로 내리고 모두에게 전달했기에 … 청컨대 폐하와 나를 위해, 무엇이 진실을 말하는 것을 방해하든 개의치 말고, 계속 전진할 것인지 돌아갈 것인지 그대들의 의견을 서면을 통해 개별적으로 전달해줄 것을 요청하는 바다."

마젤란은 표리부동하게도 푸에르토 산 훌리안 만의 사건을 직접적으로 언급함으로써 솔직하게 얘기하기를 주저하는 고급선원들의 마음을 없애려 했다. "그대들이 터놓고 의견을 말하고 폐하와 함대의 안녕에 도움이 될 조언을 내놓기를 두려워하는 것은 푸에르토 산 훌리안 만에서 루이스 데 멘도사의 죽음과 관련해 일어난 일과 후안 데 카르타헤나와 사제 페드로 산체스 데 레이나를 무인도에 버려둔 일 때문이다."[33] 이 말은 결코 그들에게 안심하라는 것이 아니었다. 경각심을 갖게 하는 것, 위협, 비웃음이었다. 푸에르토 산 훌리안 만에서의 교수형에 대한 기억, 서서히 죽으라고 내버려진 자들을 마지막으로 되돌아본 기억은 그들의 마음속에 짙은 잔상으로 남았다.

달갑지 않은 작문을 해야 하는 처지에 놓인 사람 중에 선임조타수 안드레스 데 산 마르틴도 있었다. 푸에르토 산 훌리안 만에서 두 팔이 묶여 공중에 매달렸던 사실을 감안하면, 11월 22일 그의 답변이 조심스러운 것은 이해할 수 있다. 그럼에도 그의 답변은 폭동을 일으킨 고메스의 불안함을 은연중에 드러냈다. 그는 단어를 신중하게 선택했다. "당장은, 지금 한여름이니 사령관께서 계속 전진하는 것이 맞는 듯합니다. 그다음 1521년 1월 중순에 즈음해 우리가 무엇을 발견하는가에 따라 에스파냐로 돌아갈 이유가 생길지도 모릅니다. 왜냐하면 그때부터 낮이 짧아지고 날씨가 나빠질 것이기 때문입니다." 행간을 읽으면 그는 항해를 계속하는 데 반대했지만 이를 글로 분명하게 다 쓸 수는 없었다. 날씨는 험악해질 가능성이 컸고, "선원들은 허약하고 지쳤으며, 식량은 앞서 언급한 말루쿠제도로 가는 항해와 그곳에서 에스파냐로 돌아가는 항해에 충분하지 않습니다." 마지막으로 명확한 반대에서 빠져나갈 문장이 추가되었다. "사령관께서 최선이라고 판단되는 대로 하십시오. 신께서 인도하실 것입니다."[34]

선장들을 위협해 복종을 얻어내고 그들의 지지를 보여주는 귀중한 서면 증거를 확보한 사령관은 자신이 적합하다고 생각하는 대로 했다. 이튿날인 11월 23일 빅토리아호, 트리니다드호, 콘셉시온호는 대양으로 이어지는 협수로를 따라 전진했다. 당시 그들이 파타고니아해협이라고 부른 이곳은 그들을 극한까지 시험했다. 350마일(약 560킬로미터)을 가는 데 36일이 걸렸다. 마젤란에게 이는 의지의 승리였다. 그러나 여기에 실행가능한 통상적 항로가 포함되지 않았음은 항해가 고생스러운 것만으로도 이미 명확했다.

"1520년 11월 28일 수요일, 우리는 좁은 해협에서 나와 태평양에 빨려 들어갔다."[35] "빨려 들어갔다"라는 표현은 피가페타의 경험에 따라 사후에 수정된 것일 수 있다. "태평pacifico"도 마찬가지다. 시시각각 변하는 조류가 새로운 바다를 때리면서 그 작은 배들은 타격을 느꼈다. 각 선박에서 조심스럽게 준비한 의식이 거행되었다. 깃발을 나부끼게 내걸었고, 테데움 Te Deum 찬송가를 불렀으며, 축포를 발사했다. 히네스 데 마프라는 이렇게 회상했다. "모두가 이전에 아무도 오지 못한 곳에 도달해서 운이 좋다고 생각했다. 우리는 매우 기뻐하며 나아갔다."[36] 마젤란은 눈물을 흘렸다. 마프라가 뒤를 돌아보니 해협이 안개 속에 사라지고 있었다. "그곳을 떠나 바다로 3리그(약 14.5킬로미터) 들어가자 더는 입구가 보이지 않았다."[37] 마치 우리를 물고 있던 입이 우리를 놓아주고는 탁 닫힌 것 같았다.

마젤란은 작은 세계와 작은 바다를 상상했다. 콜럼버스와 낙관적인 해도제작자들처럼 그도 말루쿠제도까지는 짧은 항해가 되리라고 믿었다. 그러나 아니었다. 6000만 제곱마일에 달하는 태평양은 지구상에서 가장 큰 수역이다. 숫자로 살펴보면 깜짝 놀랄 정도다. 태평양은 지구

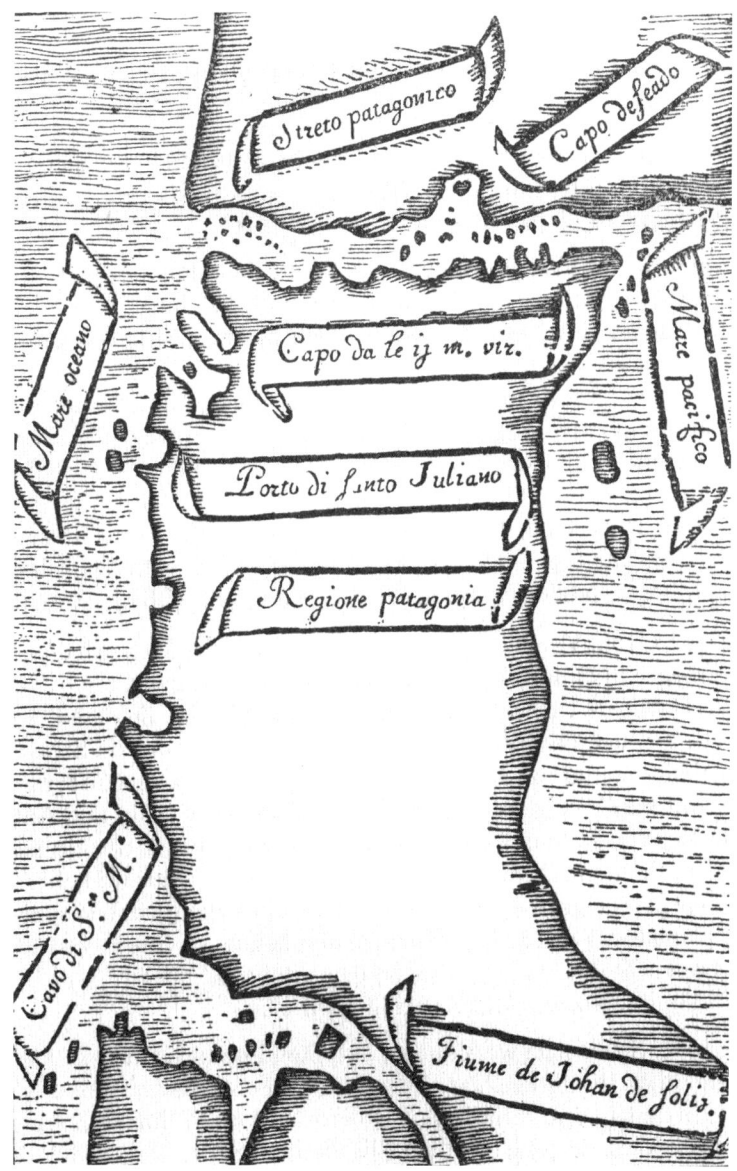

피가페타가 남쪽 방향을 보고 그린 스케치로, 마젤란해협을 처음으로 묘사한 작품. 여기에는 마젤란해협이 파타고니아해협으로 적혀 있다. 피가페타는 라플라타강(후안 솔리스 강 Fiume de Johan de Solís), 푸에르토 산 훌리안 만의 정박지, 카보 비르헤네스 곶, 카보 데세아도 곶을 표시했다. 그는 이미 새로운 바다를 태평양 Mare pacifico으로 언급하고 있다.

3 | 말루쿠함대

의 거의 절반을 차지하고 있으며, 지구 표면의 30퍼센트를 뒤덮고 있고, 지구의 육지 전체를 다 합친 것보다 더 크다. 해저의 깊은 곳은 7마일〔약 11킬로미터〕까지 내려가 에베레스트산이 잠길 정도다. 마젤란해협부터 말루쿠제도까지 거리는 9500마일〔약 1만 5300킬로미터〕이다. 환희에 차 여정에 오른 선원들 누구도 이러한 사실을 알지 못했다.

4
향신료제도를 향하여

1520-1521

처음에는 바다의 기상이 나빴다. 해류 때문에 그들은 아메리카대륙과 평행하게 북쪽으로 밀려갔다. 12월 17일(1520년), 북서쪽으로 방향을 틀어 황량한 대양 한가운데로 들어갔다. 이튿날, 육지라고는 조금도 보이지 않았다. 이후 석 달 동안 다시는 육지를 보지 못하게 된다. 이 시점에 그들은 항구적 무역풍을 타고 평온하게 전진한다. 대서양 항해의 그 모든 급작스러운 이동에 익숙한 선원들에게 이는 기이한 경험이었다. "며칠 동안 계속해서 선원들은 돛을 만지거나 조정할 필요가 없었다. 마치 그들이 항해하는 광대한 대양이 운하나 유속이 완만한 강 같았다."[1] 이동이 너무나 빨라서 거리를 계산하기가 어려웠다. 바다 경험이 없는 육지 사람 피가페타는 하루 이동 거리를 50리그(약 240킬로미터)에서 70리그(약 336킬로미터)까지로 추정했다. "인간의 정신이 상상할 수 있는 것보다 더 광대한"[2] 그 대양의 크기는 놀랍고도 터무니없었다. "우리는 그 석 달 스무 날 동안 태평양의 탁 트인 약 바다에서 4000리그(약 1만 9200킬로미터)를 여행했다. 진실로 바다는 매우 평온했으며, 그 기간 우리는 어떤 폭풍도 겪지 않았다."[3] 선원들이 할 일은 거의 없었다. 피가페타는 낚시를 하고 별을 관찰하고("우리는 서쪽에서 십자가를 이루고 있는 다섯 개의 지극히 밝은 별을 보았다"[4]), 살아남은 파타고니아인의 언어에 있는 낱말을 조금씩 더 많이 익히며 보냈다.

바다는 평온했을지 모르나 동시에 위험하기도 했다. 항해의 소름 돋는 정적은 골칫거리를 숨기고 있었고 그것은 점차 심각해졌다. 아무런 사건이나 사고 없이 몇 날, 몇 주가 지나면서 선원들은 허약해졌다. 피가페타가 그림을 보듯 생생하게 기록한 대로 지옥으로 추락하는 것 같았다. "우리는 신선한 음식을 전혀 얻지 못한 채 석 달 스무 날을 보냈다. 비스킷을 먹었지만 더는 비스킷이라고 할 수 없는 것이었다. 벌레가 득실거리고 쥐 오줌의 지독한 악취가 나는 비스킷 가루였을 뿐이다. 그놈들이 상태가 좋은 것을 다 먹어버렸기 때문이다. 우리는 오래되어 썩은 내가 나는 누런 물을 마셨다." 코를 틀어막아야 했다. 끔찍하게도 기꺼이 돛대의 쇠가죽을 먹겠다는 마젤란의 도전적인 의지가 현실이 되었다.

우리는 또한 메인마스트의 맨 위를 덮어놓은 소가죽을 먹었다. 아래 활대가 슈라우드를 쓰는 것을 방지하기 위해 덮어놓은 것이다.* 소가죽은 햇빛, 비,

---

* 슈라우드shroud는 돛 꼭대기에서 양쪽 현에 매 돛대를 바로 세우는 강철 밧줄이다.

바람 때문에 몹시 딱딱해진 상태였다. 우리는 그것을 네댓새 동안 바닷물에 담가두었다가 꺼내 잠시 잔불 위에 올려놓은 후 먹었다. 우리는 종종 뱃전에서 생긴 톱밥을 먹기도 했다. 쥐는 한 마리당 반 두카트ducat에 팔렸는데, 그마저도 구할 수 없었다. 그러나 온갖 역경 중에서도 최악은 이런 것이었다. 선원 중 몇몇은 아랫니와 윗니의 잇몸이 부어올라 아무것도 먹지 못했고 그러다가 죽었다. 열아홉 명이 그러한 병으로 사망했고, 파타고니아에서 데려온 거인과 베르신Verzin[브라질] 땅에서 데려온 다른 원주민 한 명도 함께 죽었다. 스물다섯 명에서 서른 명가량이 [그 시기에] 팔이나 다리 등에 발병했고 나은 사람은 거의 없었다. 그러나 나는 신의 은총으로 아무런 병도 걸리지 않았다.[5]

선원들을 죽음에 몰아넣은 것은 괴혈병이었다. 비타민C가 부족해 한 명씩 차례대로 약해지다가 굶어 죽었다. 피가페타를 구한 것은 신이 아니었다. 마젤란이 세비야의 집에서 짐을 싸며 넣어온 보존식품이었다. 그때가 분명히 평생토록 마음에 남을 순간처럼 생각되었을 것이다. 배에는 마멀레이드 단지 쉰 개가 있었다. 고급선원만 먹을 수 있는 별미였다. 배가 죽음의 바다에서 무력하게 표류하지 않게 구한 것은 필시 이 마멀레이드 몇 숟가락이었을 것이다. 피가페타에게 그것은 아찔한 경험이 된다. "하느님과 성모 마리아께서 우리에게 그토록 좋은 날씨를 주지 않으셨다면, 우리는 그 무지막지하게 광대한 바다에서 전부 굶어 죽었을 것이다. 정말이지, 그러한 항해는 결코 [두 번 다시] 할 수 없을 것이다."[6]

그들이 처음 본 육지는 지독히 실망스러웠다. 그곳은 닻을 내릴 곳도 없는 불모의 환초로 "자연이 바다로부터 스스로를 지키려고 무장시킨 것 같은 암초로 둘러싸여 있었다."[7] 그들은 그것에 '불운의 섬'이라는 이름을 붙여주었고, 그것과 비슷한 다른 암초는 '상어섬'이라고 불렀다.* 그 직후 약간의 시간이 지났을 때 그들은 적도를 넘었다. 마젤란은 적도가 말루쿠제도를 곧장 관통한다는 사실을 잘 알고 있었다. 그 시점에 정서 방향으로 키를 잡아 적도를 따라 목적지로 향했다면 논리적이었을 것이다. 그렇지만 마젤란은 그러지 않았다. 함대는 북서 방향으로 진로를 유지했다. 그들을 에스파냐인들이 '서쪽 제도'라고 부른 장소로 데려갈 항로였다. 라스 필리피나스Las Filipinas 즉 필리핀제도로 부르게 되는 곳이다. 마젤란은 자신이 섬을 여섯 개보다 더 많이 발견하면 두 개의 섬은 자기가 갖는다는 내용을 항해계약서에 집어넣었을 때부터 내내 이렇게 할 의도를 품고 있었나?

3월 6일, 윗돛대에서 외치는 소리가 들렸다. "육지다, 육지!"[8] 활대 위에 올라가 있는 선원이 마침내 전망이 좋아 보이는 섬 두 개를 탐지해냈다. 초록색 구릉지, 코코야자나무, 초가지붕이 보였다. 사람이 살고 있다는 징후였다. 선원들은 지쳐 허약해진 상태였지만, "이 뜻밖의 소식에 모두가 몹시 기뻐서 기쁨을 드러내지 않은 자들은 미친놈 취급을 받았다."[9] 거기에 음식이 있을 가능성이 높았다. 식량을 조달해 보충할 기회였다. 함대는 마리아나제도에 속한 괌섬의 만에 닻을 내렸다. 섬 주민들이 배를 타고 나와 보여준 대응에 그들은 망연자실했다.

---

* '상어섬Tiburones'은 오늘날 키리바시의 영토인 플린트섬Isla Flint이다. 그들은 산 파블로San Pablo라고 부른 인근의 푸카푸카Puka-Puka와 이 섬을 함께 '불운의 섬들Islas Infortunadas'이라고 부른 것 같다.

함대가 정박하자마자 섬 주민들은 배 위로 몰려들어 닥치는 대로 훔치기 시작했다. 어떤 자들은 마젤란의 개인용 소형보트를 결박해놓은 밧줄을 잘라 그것을 가져갔다. 깜짝 놀란 선원들은 너무도 약해진 상태여서 도둑질을 막을 수 없었다. 상황은 감당할 수 없는 지경에 이르렀다. 싸움이 벌어졌다. 그들은 침입자들을 배 밖으로 내던졌고, 대포로 몇몇 약탈자를 죽였다.

마젤란은 격노했다. 이튿날 그는 응징을 위해 습격대를 꾸려 해안에 상륙해서 가장 가까운 마을을 불태우고, 많은 주민을 살해했으며, 식량을 강탈했고, 잃어버린 보트를 되찾았다. 부상자들과 죽어가는 자들의 반응은 대단히 비참했다.

> 우리가 석궁 화살로 이 사람들 중 누군가의 사타구니를 한쪽에서 다른 한쪽으로 완전히 꿰뚫어 부상을 입혔을 때, 매우 놀랍게도 그들은 그것을 바라보고 이쪽저쪽으로 잡아당겨 빼내고는 죽었다. 가슴에 부상을 입은 자들도 똑같이 했다. 매우 측은한 마음이 들었다.[10]

영락없는 민족학자 피가페타는 기회를 놓치지 않고 이 원주민들을, 그들의 외모("우리만큼 크고 건장했다"),[11] 의복, 물고기 뼈로 촉을 만들어 붙인 창뿐인 무기를 묘사했다. 그는 이 원주민들이 "그들이 보여준 몸짓에 따르면, 세상에는 자신들 말고 다른 사람은 없다"고 생각했다고 결론 내렸다. 괴상하게도 싸움과 싸움 사이에 현지 주민들은 선원들과 물물교환을 시도했다. 유럽인과 차모로족 간의 의사소통에서 무엇인가 잘못되고 있었다.

피가페타를 유독 깜짝 놀라게 한 것은 그들의 아우트리거 카누outrigger canoe였다.* 그것은 "경이롭다'는 말이 나올 정도로 무척 빠르고 솜씨 좋게 만들어져 있었다. 이는 그들이 처음으로 본 서부 태평양과 말레이군도 원주민의 배 프로아proa[쾌속 돛단배]였다.

이 배들은 푸첼레레fucelere[베네치아의 노 젓는 배]를 닮았지만 폭이 더 좁다. 어떤 것은 검고, [어떤 것은] 희며, 다른 어떤 것은 빨갛다. 돛의 맞은편 옆쪽으로 커다란 목재를 꼭대기를 향하게 한 뒤 물 위에 장대를 띄우고 그것과 교차해 고정시켰다. 배가 좀 더 안전하게 움직이도록 하려는 것이었다. 돛은 야자나무 잎을 이어 붙여 만들었으며 큰 삼각돛처럼 생겼다. 끝에 나뭇조각이 달린, 난로 삽을 닮은 칼을 키로 썼다. 그들은 이물과 고물을 자유자재로 바꾸었다[다시 말해서, 고물을 이물로 쓰고 이물을 고물로 쓴다]. 그 배들은 바다에서 파도에서 파도로 건너뛰는 돌고래를 닮았다.[12]

이러한 배들이 습격대가 떠나자 떼로 몰려와 그들을 추적했으며, 여인들은 죽은 이들을 위해 자신들의 머리털을 움켜쥐고 울부짖었다.

이 상륙에는 방주처럼 덧붙일 한 가지 끔찍한 이야기가 있다. "병든 선원 일부가 우리에게 남자나 여자를 죽일 거면 그들의 내장을 자신들에게 갖다달라고, 그러면 자기네가 즉시 회복할 것 같다고 간곡히 부탁했다."[13] 인육보다는 섬에서 찾아낸 신선한 과일과 채소가 더 효과적이었다. 마젤란은 이곳을 처음에는 '큰 삼각돛 섬Las Islas de las Velas

---

* 아우트리거는, 배의 균형을 더 잘 잡기 위해, 뱃전으로부터 바깥쪽으로 내민 노 받침대다.

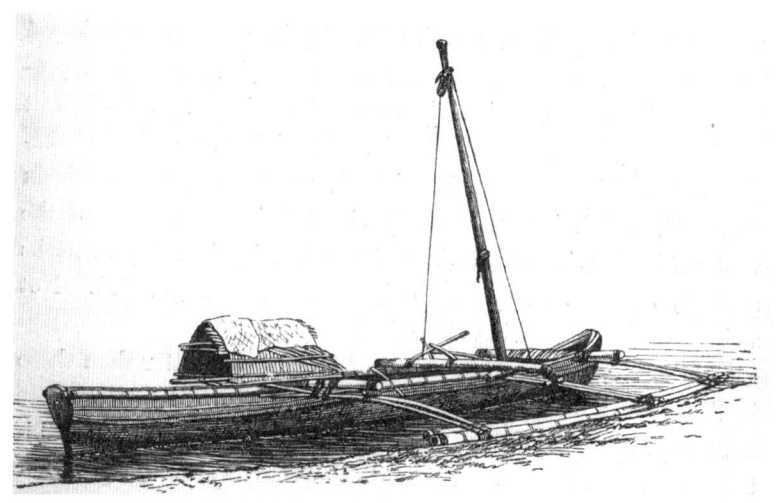

오스트랄라시아 사람들의 배인 전형적인 프로아. 프로아는 그 형태와 크기가 다양했다. 앞뒤를 바꿀 수 있어서 어느 쪽으로도 항해할 수 있었고 아우트리거를 장착해 안정성을 높였다. 그림의 배는 돛을 걷은 상태다. 차모로족의 프로아는 굉장히 빨랐다.

Latinas'이라고 불렀지만, 섬을 떠날 때는 '도둑 섬Las Islas de los Ladrones'이라고 불렀다. 항해에 동행한 유일한 잉글랜드인에게는 신선한 음식의 도착이 너무 늦었다. 선임포수 앤드루 오브 브리스틀은 그들이 떠나는 날인 3월 9일(1521년)에 사망했다. 그들은 항해를 계속했다. 마젤란은 고작 3주밖에 더 살지 못한다.

  3월 16일, 다시 뭍을 정찰했다. 사마르섬의 초록색 해변과 산악 지대였다. 그들이 '서쪽 제도'의 섬들을 본 것은 이번이 처음이었다. 마젤란은 교회력을 따라 그 섬을 산 라사로라고 명명했다.* 그들은, 의도했

---

* 요한복음 11장에, 죽었다가 예수에 의해 되살아난 사람으로 나오는 나사로(엘레아사르)의 축일이 3월 17일이다.

4 | 향신료제도를 향하여　　　　　　　　　　　　　　　　　　　　　　　97

든 의도하지 않았든, 수천 개의 섬이 불규칙하게 마구 퍼져 있는 미로의 한가운데에 닿았다. 북쪽과 남쪽의 가장 큰 육지인 루손섬과 민다나오섬 사이에 낀 파편들이었다. 그들은 사마르섬의 암초들을 지나 작은 섬에 잠시 상륙했다. 이튿날 호몬혼섬에 다시 닻을 내렸을 때, 그들은 마치 새로운 세계에 들어간 것 같았다. 마젤란해협의 쌀쌀한 날씨와 사람이 살지 않는 환초 지대, '도둑 섬'을 지난 뒤라서 그곳은 한숨 돌릴 수 있는 곳 같았다. 그들은 환자들을 위해 오두막을 세웠고, 괌섬에서 사냥해 배에 싣고 온 돼지 한 마리를 잡았다. 그곳에는 식수도 있었다. 3월 18일 아홉 명이 탄 프로아 한 척이 다가왔다. 교전이 벌어질까 긴장한 마젤란은 선원들에게 조용히 꼼짝 말고 있으라고 명령했다. 피가페타에 따르면, "그들이 해변에 당도했을 때, 그 우두머리는 곧장 총사령관에게 와서 우리의 도착을 환영한다는 뜻을 내비쳤다."[14] 그들은 다른 세계로 들어온 것이 분명했다. 원주민들에게 방문자들은 친절했고 공포를 조성하지 않았다. 유럽인들은 흔히 하던 대로 우호의 표시로 종, 모자, 거울을 선물로 건넸다. 원주민들은 몸짓으로 음식을 갖고 돌아오겠다고 알렸다.

이후 며칠 동안, 두 집단 간의 교류는 우호적이었다. 현지 주민들은 확실히 방문객에 익숙해 보였다. "이 사람들은 우리와 매우 친해졌다. 그들은 우리에게 많은 것을, 자신들의 이름과 그곳에서 보이는 몇몇 섬의 이름을 알려주었다. … 우리는 그들과 함께 매우 즐겁게 지냈다. 그들이 매우 유쾌했고 편하게 말할 수 있는 사람들이었기 때문이다."[15] 사기는 높았다. "우리의 사령관이 매일 해변으로 환자들을 찾아갔고, 매일 아침 자기 손으로 직접 그들에게 코코넛 물을 주었다. 환자들에게 큰 위안이 되었다." 피가페타는 섬 주민들이 그들의 주식인 코코넛을 다양한 용도로 사용하는 것에 경탄했다. 그는 주민의 모습을 면밀히 관찰할 시간이 있었다. 문신을 한 족장은 금 귀걸이와 팔찌를 했고, 남자들은 귀에 "팔도 집어넣을 수 있을 만큼 큰" 구멍을 뚫었다. 그들은 자연의 힘으로부터 몸을 보호하기 위해 기름을 칠했다. 마젤란은 대포 사격을 시연해 보여주었다. "이에 그들은 큰 두려움을 드러내며 배에서 뛰어내리려 했다."[16] 이러한 거듭된 과시는 결코 완전히 순수함에서 비롯한 것만은 아니었다. 마젤란은 위협을 가하고 있었다.

부활절 준비 기간에 들어선 3월 25일 월요일, 함대가 다시 항해를 준비하고 있을 때 피가페타는 거의 목숨을 잃을 뻔했다. "낚시를 하려고 배의 측면으로 가서 활대 위에 올라갔는데 … 발이 미끄러졌다. 비가 많이 왔기 때문이다. 그래서 바다로 떨어졌고 아무도 나를 보지 못했다." 그는 헤엄을 치지 못했다. 목숨을 구한 것은 천운이었다. "거의 가라앉았을 때 왼손이 우연히 주범主帆의 아랫귀 밧줄을 붙잡았다. … 나는 꽉 붙들고 크게 소리를 질렀고 작은 보트에 의해 구조되었다. … 같은 날 우리는 작은 섬 네 개 사이를 지나 남서쪽으로 진로를 정했다."[17]

필리핀제도의 한가운데로 더 깊이 들어가면서 이루어진 우연한 만남은 더욱 유익했다. 28일, 함대는 배 한 척을 만났는데, 마젤란의 하인 엔히크는 배에 탄 사람들과 말레이어로 대화할 수 있었다. 중요한 순간이었다. 동쪽으로 멀리 수마트라까지 말레이어 권역으로 항해한 적이 있는 마젤란에게, 그것은 세계가 연결되어 있다는 증거였으며 필리핀 주민들이 폭넓게 교류하고 있었다는 증거였다. 언어의 연결은 교류의 가능성을 넓혀주었다. 주저하는 현지인들에게 널빤지에 선물을 없어 물 위로 전해주자 그들은 노를 저어 자신들의 왕에게 알리러 갔다. "두 시간쯤 지난 뒤 바랑가이balanghai[원주민의 돛단배] 두 척이 오는 것이 보였다. 큰 배로 [그 사람들은] 그렇게 불렀다. 배들에는 사람이 잔뜩 타고 있었고, 그들의 왕은 둘 중 더 큰 배에 돗자리로 차양을 치고 그 밑에 앉아 있었다."[18] 엔히크의 통역으로 우호적인 만남이 이루어졌다. 그들이 배에 올랐는데, 그들의 왕인 라자 콜람부는 자신의 배에 그대로 남았다. 그들은 떠날 때 마젤란에게 선물로 막대 모양의 금 하나를 주었다. 이상하게도 그 선물을 마젤란은 거부했다. 그는 귀금속에 대한 공공연한 관심을 숨겨야 나중에 거래할 때 가격을 낮출 수 있으리라고 생각했다.

이튿날은 예수수난일Good Friday[성금요일]이었다. 마젤란에게 종교적 기념일은 무척 중요한 듯했다. 이번에는 원주민의 왕도 탐험대의 배에 올랐고, 서로 선물을 교환했다. 마젤란은 리마사와섬의 통치자 콜람부와 혈맹 관계를 맺고 싶다고 말해 현지의 협력자를 구했다.

마젤란은 배에 넉넉히 싣고 온 물품을 과시했을 뿐만 아니라 유럽 무기를 시연하기도 했다. "모든 대포를" 처음으로 발사했을 때 "원주민들은 소스라치게 놀랐다. 이어서 총사령관은 선원 한 명을 병사로 무장시켜 검과 단도로 무장한 세 명 가운데 두었다. 무장한 셋이 그의 몸 곳곳을 타격했다. 왕은 거의 할 말을 잃었다." 마젤란은 본인의 주제에 열중해 자신의 무장 병사 한 명이 왕의 병사 일백 명만큼의 가치가 있다고 말했다. "그는 왕에게 흉갑, 검, 방패를 보여주었고 그를 위해 설명하게 했다."[19]

원주민의 왕이 자신이 목격한 것에 압도되었다면, 마젤란은 군사적으로 우세하다는 계산 때문에 자신이 공격받지 않으리라는 위험천만한 인식에 젖었다. 양측 간 관계가 진전되면서, 피가페타와 다른 한 사람은 해변으로 가서 왕과 함께 먹고 마시며 밤을 보냈다. 피가페타는 세심하게 관찰해 후세에 그들의 의식, 집, 왕의 외모에 관해 설명을 남겼다.

> 그는 무척 위엄 있게 치장했다. 우리가 본 바로는 그들 중에서 가장 세련된 사람이었다. 더할 나위 없이 검은 머리카락이 어깨까지 내려왔다. 그는 머리에 비단 모자를 썼고 양쪽 귀에 커다란 금 귀걸이를 했다. … 온통 비단으로 수놓은 면직물 옷이 허리부터 무릎까지 뒤덮었다. 옆구리에는 단도를 찼는데, 칼자루가 다소 길고 전부 금으로 되어 있었으며 칼집은 나무에 조각을 새긴 것이었다. 이마다 세 곳에 점처럼 금이 부착되어 그의 이는 마치 전체가 금으로 뒤덮인 것 같았다. 몸에서는 소합향蘇合香나무와 안식향安息香나무의 향기가 났다. 피부는 황갈색이었고 전신에 칠[문신]을 했다.[20]

1521년 3월 31일 부활절, 푸에르토 산 훌리안 만에서 끔찍한 일을 겪고 정확히 1년이 지났고 그곳으로부터 아주 멀리 떠나왔다. 감정적으로 고조된 분위기가 퍼져 있었다. 피가페타는 근자에 죽을 뻔했다가 살아난 일을 성모 마리아의 중재 덕분이라고 생각했다. 리마사와섬에서 행운이 연이은 것 곧 신앙심의 강화, 원주민을 손쉽게 위압한 일, 고통스럽게 마젤란해협을 통과한 뒤 열대의 낙원에 도달한 것 전부가 선원들의 사기를 북돋았고, 이는 마젤란에게 불가능한 일은 없다고 암시하는 듯했다. 그의 도박은 성공했다. 마젤란은 산안토니오호가 후안데 카르타헤나의 죽음과 비슷한 사건을 겪으며 에스파냐로 성공리에 돌아갈 가능성을, 그리고 거기에는 치러야 할 대가가 있으리라는 생각을 마음속에서 지워버렸을지도 모른다.

그 축일에 마젤란은 종교적 열정에 사로잡힌 듯했다. 피가페타는 이렇게 기록했다.

> 미사 시간이 되자 우리는 약 쉰 명이 뭍에 내렸다. 흉갑은 차지 않았지만 다른 무기는 휴대했고, 가장 좋은 옷을 입었다. 배를 타고 해변에 도착하기 전, 평화의 의미로 여섯 발의 축포를 쏘았다. … 상륙했다. 두 왕이 총사령관을 껴안은 뒤 그 양옆에 섰다. 우리는 행군 대형으로 그들이 성스럽게 여기는 장소로 갔다. 해변에서 멀지 않았다. 미사를 시작하기 전에 사령관은 두 왕의 몸 전체에 사향수를 뿌렸다.[21]

두 왕이 참석해 예배 의식을 따라했다. 미사 후에 펜싱 시범과 십자가 행렬이 이어졌다. 나중에 인근의 산꼭대기에 그 십자가를 세웠다. 이 행위는 영적 보호 장치로 설명되었지만 소유권의 은밀한 상징이기도 했다. 마젤란은 추가 계획을 염두에 두고 있었다. 피가페타에 따르면 "총사령관은 그[왕]에게 적이 있으면 말을 하라고, 자신이 배들을 이끌고 가서 그들을 궤멸하고 그에게 복종하게 만들겠다고 했다."[22] 왕은 회피하듯 지금은 때가 아니라는 취지로 답변했다. 그 섬에서 식량 공급은 다소간 제한적이었다. 어디서 찾을 수 있냐고 물으니 원주민들은 인근의 세부섬을 제안했다. 안내인을 보내달라는 요청에 그들은 이런저런 핑계를 대서 이틀 더 지체했다. 망설이는 듯했다. 탐험대가 출발하려 하니 왕이 자신의 배에 안내인을 태워 데리고 왔다.

4월 7일 정오, 함대는 세부의 항구에 도착했고 다시금 대포를 발사해 현지 주민들을 놀라게 했다. 그곳의 왕 후마본은 그들을 환대했지만 항구에서는 자신들에게 공물을 바치는 것이 관례라고 지적했다. 마젤란은 회유적 태도를 보이지 않았다. 통역관은 비타협적 답변을 전달했다. "그는 세상의 그 누구에게도 공물을 바치지 않았다. 왕이 평화를 원한다면 평화를 얻겠지만 그렇지 않다면 전쟁뿐이다."[23] 포르투갈인들에 대한 적이 있는, 시암에서 온 상인이 왕을 한쪽으로 데려가 이들이 위험한 사람들이라고 알렸다. "그들을 잘 대접하면 당신도 좋은 대우를 받겠지만, 나쁘게 대하면 나쁜, 더 나쁜 대우를 받을 것이다. 코지코드〔캘리컷〕와 믈라카에서 그들은 그렇게 했다."[24] 후마본은 방문객들에게 음식을 제공했으며, 하루 동안 생각해본 뒤 공물을 포기했다.

　정성 들인 친교의 의식이 뒤를 이었다. 선물 주기, 잔치, 혈맹의 의식, 에스파냐인들의 모의 전투 시범. 목적은 감명을 주는 동시에 위협해 겁을 먹게 하는 것이었다. 경고와 유혹이 있었다. "우리의 무기는 친구들에게는 부드럽지만 적에게는 가혹하다. 우리의 무기는 손수건이 땀을 닦듯이 적대자들을 쓰러뜨리고 죽였다."[25] 마젤란은 판돈을 올리고 있었다. 에스파냐를 위해 그 땅을 요구했고 자신들이 조종할 수 있는 협력자를 구했다. 후마본이 직접 세상에서 가장 강력한 왕〔카를 5세〕에게 공물을 올려 마젤란의 요구에 응했다. 한편 피가페타는 섬 주민의 생활방식, 신앙, 놀라운 성적 관행을 상세히 기록했다. 선원들은 (그리고 피가페타 자신도) 현지 여성들이 제공하는 즐거움을 한껏 누렸다.

　이제 마젤란은 종교적 열정에 사로잡혔고 조심할 필요 없는 무한한 힘을 느낀 듯했다. 그는 직접 후마본에게 기독교 신앙의 힘을 설파했으며 세례를 받게 했다. 후마본이 세례를 받기로 한 날은 4월 14일이었다. 마젤란은 정성 들여 무대를 마련했다. 세례식에는 축포가 동반되었고 의식을 위해 단을 만들고 깃발을 내걸었다. 왕과 총사령관이 단 위에 놓인 붉은색 우단羽緞을 씌운 의자에 앉았다. 마젤란은 흰옷을 입고 세례식을 주관했다. 피가페타에 따르면, 그 자리에서 수백 명이 세례를 받았다. "그 한 주가 지나기 전, 섬의 모든 주민과 다른 섬의 일부 주민이 세례를 받았다."[26] 왕과 그의 부인은 카를로스와 후아나라는 세례명을 받았고, 왕비에게는 나무로 만든 아기 예수의 조각상이 주어졌다. 대포 발사가 더 이어졌으며, 왕비는 고마운 마음에 눈물을 흘렸다. 그다음은 유화적 태도에 가려진 철퇴였다. "우리는 인근 섬에 있는 부락 한 곳을 불태웠다. 국왕 즉 우리에게 복종하지 않았기 때문이다. 우리는 그곳에 십자가를 세웠다. 그곳 주민들이 이교도였기 때문이다."[27]

지나치게 거들먹거리는 기독교도의 설명을 뒤로하자면, 세부의 왕과 그의 신민들이 상황을 어떻게 이해했는지 알기는 어렵다. 그들은 나무로 만든 우상을 부수지 않고 계속해서 그것에 제물을 바쳤다. 마젤란은 위험을 기꺼이 감수하는 유형의 인물이었는데, 그는 그러한 태도를 놀랍도록 더 키워 어느 중증 환자를 치료해주겠다고 제안했다. 마젤란이 그 환자에게 세례를 주자 그는 회복했다. 사람들은 크게 놀랐다. 피가페타에 따르면, "주민들은 '카스티야! 카스티야!'라고 외치며 자기네 신당神堂들을 파괴했다."[28]

마젤란은 자신감의 파도를 타고 항해 중이었다. 그는 후마본의 이름으로 인근 섬들에 대해 사적 종주권을 행사하려 했다. 자신만의 왕국을 건설하려는 의도는 이제 명백해 보였다. 카를 5세와의 계약에 자신만의 섬을 갖겠다며 포함시킨 이상한 요구가 그 신호였을 것이다. 그는 에스파냐 왕의 명령이 닿지 않는 대양에 있었으며, "일단 바다에 나온 뒤에는 자신이 원하는 대로 하려고 했다." 그러나 두 명의 왕이 권력을 나눠 가진 인근의 작은 섬 막탄에서 그는 저항에 부딪혔다. 4월 26일, 두 왕 중 한 사람인 술라가 공물과 함께 자기 아들을 보냈고, 다른 왕 라푸라푸는 자신이 왜 후마본에게 복종해야 하는지 이해할 수 없었기에 마젤란의 요구를 거부했다. 술라가 라푸라푸를 처리하겠다며 배와 병사들을 요청하자, 마젤란은 덥석 미끼를 물어 이 저항을 직접 분쇄하기로 결정했다.

그날 마젤란은 공격을 계획했다. 후마본이 군사적 지원을 제공하겠다고 제안했지만, 마젤란은 허세를 부려 제안을 받아들이지 않았다. 마젤란은 후마본의 제안에 사의를 표했지만 그에게 "에스파냐의 사자들이 어떻게 싸우는지" 보고 배우라는 뜻으로 말했다.[29] 현명한 자들이 마젤란에게 그러지 말라고 조언했다. 히네스 데 마프라는 그 사건이 일어나고 몇 년 지난 후 이렇게 회고했다. "그는 똑똑하기보다는 용감했다. 그렇게 막중한 사업을 수행한 사람은 힘을 시험해볼 필요가 없었다. … 승리해도 성과는 적을 것이다. 오히려 그보다 더 중요한 함대가 위험에 처하게 될 것이다."[30] 언제나 충성스러운 피가페타조차도 이렇게 회상했다. "우리는 그에게 거듭 가지 말라고 간청했다."[31] 후안 세라노도 불필요한 싸움에 반대했다. 처음으로 마젤란의 판단에 직접적으로 반대하는 의견이 나왔고, "그래서 그의 권위가 크게 손상되었다."[32] 마젤란은 현지인의 도움 없이 가려 했다. 자신감이 넘친 나머지 위험스러운 일에 발을 들이려는 것이었다. 마젤란은 화약과 갑옷의 위압적인 힘이 전사 100명에 값하리라고 믿기로 했다.

피가페타는 공격이 어떻게 전개되었는지 묘사했다. "한밤중에 우리 병력 예순 명이 흉갑과 투구로 무장하고 출발했다."[33] 후마본과 그의 병사들이 스무 척 내지 서른 척의 배를 타고 그들과 함께했다. 그들은 동 트기 세 시간 전에 5마일[약 8킬로미터] 떨어진 막탄섬의 항구에 도달했다. 마젤란은 라푸라푸에게 전갈을 보내 직접 자신의 의도를 알렸다. 후마본에게 복종하고 공물을 바쳐라. "그러지 않으면 창에 찔려 어떻게 상처를 입는지 지켜봐야 할 것이다. 그들은 우리에게 창이 있으면 자신들에게는 죽창과 불로 지져 단단하게 만든 말뚝이 있다고 응수했다."[34] 라푸라푸는 마젤란에게 동 틀 때까지 공격하지 말 것을 요청했다. 그때가 되면 병력을 더 모을 수 있기 때문이었다. 마젤란은 어두울 때 공격하라는 권고를 무시했고 적이 조심스럽게 파놓은 함정에 빠졌다.

여명이 밝아왔다. 조수는 썰물이어서 수심이 얕았다. 암초 때문에 배를 해변에 가까이 대기는 불가능했다. 그들은 해변에서 멀리 떨어져 있을 수밖에 없었다. 마흔아홉 명이 바다로 뛰어들어 허벅지 깊이의 바닷물을 힘들게 헤치며 해변으로 나아갔다. 반 마일[약 800미터] 거리였다. 추가로 열한 명이 앞바다에서 후마본의 배들과 함께 대기했다. 트리니다드호, 콘셉시온호, 빅토리아호는 더 멀리 떨어진 곳에 있었다. 이 위험한 시도는 어느 모로 보나 부실했다. 에스파냐인들은 기습의 이점을 전부 포기했다. 배들은 너무 멀리 떨어져 있어서 지원을 보낼 수 없었고, 더 멀리 떨어진 배들은 효과적인 대포 사격을 할 수 없었다. 공격 시점은, 수심이 얕기는 했어도, 병력이 무거운 갑옷을 입고 힘들게 해변에 상륙해야 함을 뜻했다. 그들은 자신들의 협력자들에게 수동적 구경꾼의 역할만 부여했다. 마젤란은 오로지 허세에만 의존했다.

언제나 충직한 피가페타는 열대의 새벽에 파도를 헤치고 "석궁 화살이 두 번 날아갈 거리보다 더 멀리" 약 1마일〔약 1.6킬로미터〕을 전진한 무리 중 한 사람이었다. 그들은 수적으로 크게 열세였다. 그들을 기다리고 있는 라푸라푸의 병사들은 "1500명이 넘었다." 마젤란의 병사들은 이제 한 명당 적 100명을 상대해야 했다. "그들은 우리를 보자마자 엄청난 함성을 지르며 돌격했다. 두 분견대는 우리의 측면으로, 나머지 분견대는 정면으로 공격했다." 마젤란은 이에 따라 자신의 자그마한 무리를 둘로 나누었다. "그렇게 우리는 싸움을 시작했다."[35] 반시간 동안 머스킷총병들과 석궁수들이 전투를 벌였지만 효과는 없었다. 먼 거리에서 사격을 하니 섬사람들의 나무 방패를 전혀 뚫지 못했다. 마젤란은 병사들에게 전투를 멈추라고 소리쳤지만, 혼란스러운 상황 속에서 그의 명령을 주의 깊게 들은 병사는 없었다. 재장전에는 시간이 걸렸다. "원주민들은 결코 가만히 서 있지 않았다. 이리저리로 뛰어다니며 방패로 몸을 엄폐했다." 그 사이 에스파냐인들은 화살, 죽창, 끝을 뾰족하게 만든 막대기, 진흙, 돌의 세례를 받았다. "우리는 방어가 거의 불가능했다." 마젤란은 마을의 오두막 몇 곳에 불을 질러 원주민들의 주의를 빼앗고 공포를 조성하기로 했다. 그러나 효과라고는 그들을 더욱 화나게 한 것뿐이었다. 불을 지르라고 내보낸 두 무리는 차단되어 몰살당했다. 상황은 점점 더 나빠지고 있었다. 마젤란은 다리에 화살을 맞았다.

이제 침착하게 후퇴할 방법을 궁리하는 수밖에 달리 할 것이 없었다. 그러나 피가페타에 따르면 일부 병력은 사령관과 소수의 병사만

남긴 채 도주했다. "원주민들은 우리의 다리만 쏘아댔다. 그곳만 노출되어 있었기 때문이다. 그들이 엄청나게 많은 창과 돌을 던졌기에 우리는 저항할 수 없었다. 배는 너무 멀리 떨어져 있어서 대포도 우리를 도울 수 없었다."[36] 에스파냐인들은 해변에서 석궁을 쏘면 화살이 닿을 정도의 거리까지, 무릎까지 물이 차는 곳까지 계속해서 후퇴했고, 격분한 적들은 쉬지 않고 쫓아왔다. 그들은 "같은 창을 네 번에서 여섯 번까지 집어 들고 우리를 겨냥해 거듭 던졌다." 원주민들은 마젤란을 알아보고 그를 표적으로 삼아 그의 투구를 두 번이나 맞혔다.

얕은 바다에서 에스파냐인들은 마지막 저항을 펼쳐 한 시간 동안 버텼다. 마젤란의 죽음에 대한 설명은 다양하다. 피가페타는 자신의 영웅이 맞은 최후의 순간을 이렇게 묘사한다.

원주민 한 명이 사령관의 얼굴에 죽창을 내던졌지만, 사령관이 곧바로 창으로 그를 죽였다. … 뒤이어 사령관은 검을 잡아 빼려 했지만 [겨우] 절반 정도만 빼낼 수 있었다. 죽창에 맞아 팔에 부상을 입었기 때문이다. 그 사실을 알아챈 원주민들이 모조리 그에게 달려들었다. 그들 중 한 사람이 커다란 단검으로 그의 다리에 상처를 입혔다. … 그래서 사령관은 앞으로 고꾸라졌다. 그러자 그들이 쇠창과 죽창, 단검을 들고 그에게 덤벼들어 우리의 거울이자 빛이요 위안이었던 진정한 인도자를 죽였다.[37]

세부섬 사람 몇몇이 그들을 도우러 왔으나 너무 늦었다.

피가페타는 마젤란이 자신의 안위는 돌보지 않고 다른 사람들이 전부 배로 돌아갔는지 살피려 했다며 그의 죽음을 순교로 기술했다. "그가 사망한 것을 본 우리는 부상을 당한 채 온힘을 다해 배로 퇴각했다. 배들은 이미 벗어나고 있었다. … 그 불운한 사령관이 아니었다면, 우리는 단 한 사람도 구조되어 배에 오르지 못했을 것이다."[38]

라푸라푸는 마젤란의 시신을 거두게 해달라는 요청을 거부했다. 에스파냐인들은 그가 원하는 물품을 모조리 주겠다고 했다. "그들은 세상의 온갖 부를 주어도 그를 돌려줄 생각이 없었다. 그를 기념으로 갖고 있으려 했다."[39]

배에서는 새 사령관을 신속히 선출해야 했다. 마젤란의 처남 두아르트 바르보자와 카스티야 출신 후안 세라노가 공동으로 탐험대를 지휘하기로 결정되었다. 두 사람이 이 특권적 지위를 유지한 기간은 겨우 이틀이었다.

그 재앙에는 다른 귀결이 따랐다. 후마본은 겉으로는 마젤란의 죽음에 슬퍼했지만 동시에 생각을 고쳐먹었다. 에스파냐인들은 무적이 아니었다. 막탄섬전투 후 에스파냐인들은 라푸라푸의 복수를 막아줄 수 없었다. 침입자들과 맺은 협정은 효력을 잃었다. 5월 1일 후마본은 마젤란에게 약속했던 보석을 주겠다며 두 지도자를 연회에 초대했다.

약 서른 명이 해변으로 갔다. 전체 인원의 대략 4분의 1에 해당했다. 한편 피가페타는 불사신의 삶을 이어갔다. 그는 얼굴에 독화살을 맞아 배에 남아 있었다. 그는 두 사람이 배로 돌아오는 것을 보고 깜짝 놀랐다. "그들은 우리에게 기적적으로 병에서 회복한 그 사람이 사제를 자기 집으로 데려가는 것을 보았다고 말했다. 결국 그들은 그 장소를 떠났는데, 재앙이 닥칠 것을 의심했기 때문이다. 그들이 그렇게 말하자마자 큰 비명과 탄식이 들렸다."[40] 학살이 벌어지고 있었다. 배들은 닻을 올리고 집들에 대포를 발사하며 해변으로 다가갔다. 해변에 한 사람이 나타났다. 그는 부상을 당했고 두 손이 묶여 있었다. 후안 세라노였다. 그는 필사적으로 구조를 요청하고 있었다. 그는 통역관 엔히크를 제외하고 다른 사람들은 모두 죽었다고 외쳤다. 원주민들은 세라노를 협상 용도로 풀어주었다. 그의 목숨과 몇 가지 물품을 맞바꾸자는 것이었다. 설명마다 차이가 있다. 피가페타가 보기에, 세라노는 그의 동료인 주앙 카르발류에 의해 냉혹하게 버려졌다. 카르발류가 신이 그의 영혼을 거둘 것이라는 세라노의 저주가 귓전에 맴도는 가운데 배를 돌려 떠나버린 것이다. 다른 이야기를 하는 사람들이 있다. 세라노의 목숨 값은 대포 두 문이었다. 카르발류는 대포를 해변에 전달했지만, 뒤이어 더 많은 것을 요구받았다. 세라노는 원주민들의 속셈을 알아챘다. 그는 원주민들이 배들을 나포하려 한다고 확신하고 동료들에게 떠나라고 소리쳤다. "그로서는 전멸하는 것보다 홀로 죽는 편이 더 낫기 때문이었다."[41] 에스파냐인들은 죽어가는 자들의 비명을 들으며 멀어져갔다. 인근 산봉우리에 심은 십자가는 부서졌다.

사망자 수는 엄청났다. 함대는 새로 선출한 지도자 바르보자와 세라노, 천문학자 안드레스 데 산 마르틴, 사제 한 명, 이에 더해 많은 사람을 잃었다. 몇몇은 노예가 되었을 것이다. 죽지 않은 것으로 보이는 한 명은 통역관 엔히크였다. 엔히크가 마젤란의 사망 이후 바르보자의 학대에 복수하고자 학살에 공모했다는 주장이 제기되었다. 그는 홀연히 무대에서 사라진다. 마젤란은 일신상의 영달에 굶주렸다. 그는 자신의 친구 프란시스쿠 세랑의 왕국과 맞먹는 자신만의 왕국을 갖고 싶었을 것이다. 마젤란은 부족 차원의 충성과 권력 구조의 복잡한 세계에 뛰어들었으나 이를 이해하지 못하고 우왕좌왕하다가 대가를 치렀다.

1521년 5월 2일, 함대는 닻을 올렸다. 무능한 카르발류가 먼저 총사령관에 선출되었지만 곧 잘못된 선택이었음이 드러났다. 바다에서 632일을 보낸 뒤라 함대의 배들은 여기저기 망가졌고, 전체 인원은 조금씩 줄어 110명만 남았다. 세 척의 배를 움직이기에는 너무 적은 수였다. 그들은 낡아빠진 콘셉시온호를 버리기로 결정하고 귀중한 물품은 모조리 트리니다드호와 빅토리아호에 옮겨 실었다. 콘셉시온호는 바다 위에서 불태웠다. 곤살로 고메스 데 에스피노사가 이제 트리니다드호의 선장이 되었고, 곧이어 후안 세바스티안 엘카노가 빅토리아호의 선장이 되었다. 함대는 원래 목적지로 정한 말루쿠제도를 향해 남쪽으로 항해하려 했다. 그들은 한 달 동안 정처 없이 떠돌았다. 보르네오섬의 해안을 따라 갈지자 행보를 보였으며, 민다나오섬에 부딪혔고, 작은 섬들에서 멈추었다. 그들은 식량이 절실히 필요했지만 우연한 만남과 전투를 경계했으며, 노략질과 위협 행위에 몰두했다. 항해 도중 그들은 팔라완섬에서 한 달을 보냈다. 청록색 석호와 눈부신 햇빛의 열대 낙원이었다. 그들은 또한 브루나이 통치자의 학식이 높은 데 놀라 압도되었다. 피가페타에게 이 세계는 매우 이국적이었고 묘사할 가치가 있었다. 에스파냐인들은 자신들이 어디 있는지 알지 못했고 남쪽으로 가겠다는 바람에서 현지인 몇몇을 안내자로 납치했다. 결국 그렇게 납치한 자의 도움으로 1521년 11월 6일 함대는 꼭대기에 화산 봉우리가 있는 네 개의 섬을 발견했다.

5
세계 일주 항해자들

1521-1522

피가페타는 향신료제도가 처음으로 얼핏 보인 때를 이렇게 기록했다. "우리는 동쪽으로 14리그(약 67킬로미터) 떨어진 곳에 높이 솟은 섬 네 개를 발견했다. 여전히 우리와 함께 있던 안내인은 그 네 개의 섬이 말루쿠제도라고 말했다. … 우리는 신께 감사드리고 기쁨의 표현으로 모든 대포에서 축포를 발사했다. 그렇게 기쁜 것이 전혀 이상하지 않았다. 말루쿠제도를 찾아 이틀이 모자란 스물일곱 달을 보냈기 때문이다."[1] 감정이 복받치는 순간이었다. 함대는 향신료의 땅에 도착했다.

피가페타는 밀레르 지도책이 상징적으로 보여주는 포르투갈인들의 허위정보 전략을 어느 정도 알고 있었기에 포르투갈인들의 이와 같은 주장에 주목할 필요가 없다고 평했다. "그 지역은 그들이 상상한 대로 모래톱이 수없이 많고 하늘이 어두워서 항해할 수 없다." 그렇지만 함

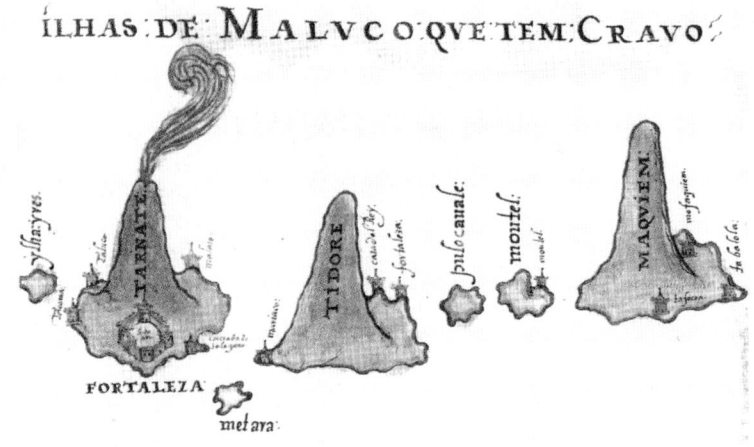

포르투갈인들이 그린 초기 그림 속의 "정향 자생지 말루쿠제도." 가장 두드러진 섬은 불기둥과 요새가 있는 테르나테섬과 티도레섬이다.

대는 적어도 첫인상으로는 열대의 다른 낙원처럼 보인 곳으로 쉽게 진입했다. 바닷물에 실려 온 정향나무의 향기, 청록색 석호와 화산섬의 눈부신 초록색 산비탈, 숲속에서 재잘거리는 새소리, 이제는 익숙해진 프로아를 타고 이리저리 다니는 섬 주민들, 아주 넉넉한 식량. "날마다 보트에 가득 염소, 닭, 피그fig[바나나], 코코넛, 그 밖의 여러 음식이 배로 실려와 우리는 크게 놀랐다." 다른 이국적 현상은 온천이었다. "우리는 [땅에서] 뜨겁게 솟아나는 물을 배에 공급했다."[2]

11월 8일(1521년) 함대는 다시금 대포의 일제사격과 함께 티도레섬의 항구에 닻을 내렸다. 그들은 우연히 상서로운 순간에 도착했다. 섬에 포르투갈 함대가 없었던 것이다. 왕은 에스파냐인들을 환영하며 예지몽을 꾸어 그들이 올 것을 알았다고 주장했다. 왕이 직접 맞이하는 것은 손님을 환영하는 의식에서 표준적 관행으로 보였다. 피가페타는 왕을 이렇게 묘사했다. "체격이 좋았고 제왕의 풍모를 지녔다. … 당시 그는 소매 끝이 금으로 장식된, 매우 섬세한 흰색 옷감으로 만든 셔츠를 입고 있었고 허리춤에서 바닥까지 직물을 두르고 있었다. 맨발이었고, 머리에 비단 스카프를 둘렀으며, 그 위에 화환을 썼다. 그의 이름은 라이아 술탄 만소르〔라자 술탄 만수르〕다."[3]

뒤이어 선물의 교환이 있었고, 왕은 에스파냐인들과 동맹해 포르투갈의 지원을 받는 테르나테에 맞서고자 하는 강한 열망을 드러냈다. 알만소르〔알만수르. 위 티도르 술탄의 이름〕에게 에스파냐인들의 도래는 섬과 섬 사이의 분쟁에서 보호 장치가 되었다. 새로 온 자들이 또 다른 복잡한 부족 간 경쟁과 충성의 관계에 휘말린 것이다. 티도레와 테르나테 사이의 경쟁이 그 중심에 있었다. 그들은 마젤란의 친구 프란시스쿠 세랑을 만나고 싶은 마음이 간절했다. 그 고통스럽고 경이로운 항해를 촉발한 편지를 쓴 사람이다. 그러나 그들은 아홉 달이나 늦었다. 부족 정치를 오판한 사람이 마젤란만은 아니었다. 세랑은 죽었다. 테르나테 편에 섰던 세랑은 티도레와 싸우던 중에 독살되었다. 에스파냐인들은 경험으로부터 배운 바가 있기에 연회 초대를 경계하게 되었다. 이 열대의 목가적 풍경 밑에는 미신과 위험의 저류가 숨어 있었다. 독살은 흔한 일이었고 짙은 밀림에는 사람 사냥꾼과 망령이 돌아다녔다. 티도레의 왕은 그들에게 어둠이 내린 뒤에는 밖에 나가지 말라고 경고했다. "그의 부족 남자들이 밤마다 몸에 기름을 바른 채 배회하기 때문이었다. 그들은 머리가 없는 것처럼 보이며, 다른 사람을 만나면 그의 손바닥을 만지고 그에게 연고를 조금 문지른다. 그러면 그 사람은 순식간에 병들어 사나흘 안에 죽는다."[4]

그러나 티도레에서는 양측이 함께 여러 차례 흥겨운 연회를 즐겼고 선물도 교환했다. 에스파냐인들이 가져온 선물이 확실히 너무 많아서 "왕이 우리에게 그만 가져오라고 만류했다. 그 후 그는 우리에게 〔에스파냐〕 국왕에게 보낼 것이라고는 자신의 목숨밖에 없다고 말했다."[5] 페드루 드 로로사라는 포르투갈 상인이 그곳에 10년간 살고 있었는데, 그는 포르투갈인들이 다른 함대를 파견할 계획이라고 알렸다. 그는 이제 에스파냐에 충성을 바쳤다. 피가페타는 여느 때처럼 그곳 섬들의 문화와 자연사에 관한 정보를 수집하는 데 나섰다. 그는 정향나무의 재배와 생강과 육두구의 생산을 철저하게 연구했다.

티도레의 왕과 에스파야인들 사이에 우호 관계가 증진되면서, 양측 간에 활발한 거래가 정착되었다. 빅토리아호와 트리니다드호는 옷감, 금속 제품, 유리 제품, 세부에서 오는 길에 지나가는 배들에서 약탈한 것과 맞바꾼 정향을 배에 가득 실을 수 있었다. 12월 중순, 에스파냐인들은 떠날 채비를 했다. 출발 당일 아침, 낡아빠진 마젤란의 기함 트리니다드호에서 물이 새는 곳이 발견되었다. 트리니다드호는 수리를 위해 남겨두고 빅토리아호만 귀국 길에 오르는 수밖에 없었다. 이 시점에 선택의 기회가 있는 선원들은 편치 않은 결정을 내려야 했다. 침수되거나 포르투갈 영역에서 나포될 위험을 감수하고 노후한 빅토리아호를 타고 출발할 것인가? 아니면 포르투갈 함대가 도착하기 전에 떠날 수 있으리라는 희망을 안고 트리니다드호의 수리를 기다릴 것인가? 어떤 선택을 하는가에 따라 운명이 결정되었다. 많은 사람이 빅토리아호를 죽음의 함정으로 보고 노골적으로 거부했다. 히네스 데 마프라는 트리니다드호와 함께 머물기로 결정한 자들 중 한 사람이었다. 이제 항로를 결정해야 했다. 서쪽으로 포르투갈 수역을 지나갈 것인가? 아니면 다시 광대한 태평양을 건너 누에바 에스파냐로 향할 것인가? 결국 두 선박은 서로 다른 경로를 택했다. 빅토리아호는 서쪽으로 포르투갈 수역을 지나가기로 했다. 그 배는 실을 수 있는 만큼 최대한 많은 향신료를 무겁게 실었지만, 선장 후안 세바스티안 엘카노는 물이 새는 트리니다드호를 보고 걱정이 되어 화물의 무게를 줄이는 것이 현명하다고 판단했다. 다른 무엇보다도 에스파냐 국왕에게 바칠 선물이 우선이었다. 피가페타는 낙원의 새 두 마리에 관해 이렇게 기록했다. 그것들은 "지극히 아름다웠다. … 이 새들은 지빠귀만큼 크며 머리는 작고 부리는 길다. 다리는 길이가 한 뼘 정도이고 갈대처럼 가늘다. 날개는 없지만[원문 그대로] 그 대신 커다란 깃털 장식처럼 다양한 색깔의 긴 깃털을 갖고 있다. 꼬리는 지빠귀를 닮았다."[6]

12월 1일, 빅토리아호는 출항을 준비했다. 남은 사람들이 배편에 집에 전달할 편지를 쓰느라고 출발이 약간 지체되었다. 피가페타는 갑판에서 작별의 순간을 지켜보았다.

시간이 되자 배들은 서로 대포를 발사하며 안녕을 고했다. 마치 자신들의 마지막 항해를 슬퍼하는 듯했다. 우리 선원들[남기로 한 자들]이 짧은 거리지만 보트를 타고 우리를 배웅했다. 우리는 눈물과 포옹을 끝으로 출발했고 … 곧이어 남서쪽으로 진로를 잡았다. 후안 카르발류는 선원 쉰세 명과 함께 그곳에 남았고, 우리 배에는 선원 마흔 일곱 명과 원주민 열세 명이 탔다.[7]

티도레에서는 트리니다드호의 수리에 50일이 걸릴 것으로 추정되었다. 그러나 실제로는 100일이 걸렸다. 그나마 서두른 것이다. 포르투갈인들에 대한 두려움이 마음을 짓눌렀기 때문이다. 이제 서풍이 불어 트리니다드호를 몰고 다시 태평양을 건너 누에바 에스파냐(멕시코)를 향해 출발하기로 결정했다. 4월 6일(1522년), 배는 50톤의 정향을 싣고 노련한 군인이나 뱃사람은 아닌 곤살로 고메스 데 에스피노사의 지휘로 출항했다. 이들은 때를 잘 맞춰 출발했다. 한 달 뒤 포르투갈의 새 말루쿠제도 총독 안토니우 드 브리투가 배 일곱 척을 이끌고 티도레섬에 도착했기 때문이다. 그들은 경쟁자인 에스파냐인들을 내쫓고 마젤란을 사로잡으라는 명령을 받고 왔다.

트리니다드호의 마지막 항해는 예견가능한 재앙이었다. 경험 없는 에스피노사가 지휘한 배는 바람을 타고 태평양을 건너려 북동쪽으로 항로를 잡았다. 그들은 태평양의 크기를 심각하게 낮춰 보았다. 점점 더 높은 위도로 올라간 트리니다드호는 차갑고 세찬 폭풍을 만났다. 괴혈병이 다시금 선원들을 죽음에 몰아넣었다. 세 사람이 마리아나제도에서 탈주했다. 결국 배는 되돌아갔다. 일곱 달을 떠돌아다닌 끝에 그들은 말루쿠제도로 돌아왔다.

그들이 섬에 가까워졌을 때 생존자들은 너무 약해져서 배를 부두에 대기도 어려웠다. 그들은 포르투갈 지휘관 브리투에게 도움을 간청하는 전갈을 보냈다. 보트에 가득 무장한 병사들이 타고 와서 고통에 빠진 배를 점령하려 했지만, 배에 오른 그들은 악취에 주춤했다. 아래쪽의 선창으로 소리를 질렀지만 대답이 없었다. 이후 그들이 선원들을 어떻게 다루었는지에 대한 설명은 사료마다 다르다. 그러나 역사가 주앙 드 바후스는 초기 대응에 관한 포르투갈 쪽의 해석을 제시했다. "마침내 배에 올랐을 때, 두아르트 드 헤센드는 그들이 심히 불쌍했다. 대다수가 심하게 다리를 절어 부축을 받지 않고는 제대로 걸을 수 없었다. 그들은 심하게 불구가 되었다. 서른일곱 명은 이미 죽었고, 배에는 질병이 창궐했다. 굶주림과 기타 궁핍의 문제가 있었다." 스무 명만 아직 목숨이 붙어 있었다.[8]

안토니우 드 브리투는 복수심으로 생존자들을 다루었다. 그는 트리니다드호를 항구로 끌어와 쓸 만한 부품들을 다 떼어냈다. 해도, 종이, 아스트롤라베astrolabe〔고대와 중세에 천체의 높이나 각거리角距離를 재던 기구〕, 지도를 몰수했다. 폭풍이 강타해 배는 산산조각 났다. 널빤지는 재활용해 테르나테섬에 요새를 건설하는 데 썼다. 브리투는 향신료 창고를 관리하라고 남겨진 네 사람을 이미 감금했다. 그는 포르투갈인 배반자 페드루 드 로로사를 처형했으며 트리니다드호의 생존자들을 강제 노역에 투입했다. 마젤란의 기함에 쓰인 판재를 테르나테의 포르투갈 요새에 활용한 것이 점령과 정복을 가장 상징적으로 보여주었다.

브리투는 또한 그간 일어난 모든 일에 관해 국왕 마누엘 1세에게 편지로 알렸다. 그는 에스파냐인 선원들을 엄히 심문해 얻은 정보를 토대로 마젤란의 모험을 간결히 설명했으며, 에스파냐와 동맹한 티도레의 군주를 어떻게 처벌했는지 적었고, 빅토리아호의 가능한 향방에 관해 분석했다.

먼저 출발한 카스티야의 다른 배에 탄 선원들은 티도레의 왕이 제공한 안내인들과 함께 말루쿠제도에서 티모르로 곧장 항해하기로 결정한 듯합니다. 그곳에서 할 수만 있다면 외양外洋으로 나아가 마다가스카르섬을 경유해 폐하의 배들이 취한 경로를 따라갈 것입니다. 저의 판단에 만일 그들이 말루쿠제도를 출발해 카스티야에 도착한다면, 이는 그들이 카스티야에서 말루쿠제도까지 온 것만큼이나 대단한 일이 될 것입니다. 그들의 배는 매우 낡았고 식량도 부족하기 때문입니다. 게다가 선원들은 지휘관에게 전혀 복종하지 않습니다. 저는 인도양에 있는 폐하의 여러 정찰선은 굳이 언급할 필요도 느끼지 않습니다. … 누구든 이 배[빅토리아 호]를 본다면, 부디 제가 여기서 나포한 배[트리니다드 호]를 처리한 것처럼 처리하기를 바랍니다![9]

낡고 식량도 부족한 빅토리아호가 유럽으로 귀환할 가능성은 실로 희박해 보였다.

빅토리아호가 티모르를 향할 것이라는 브리투의 추측은 옳았다. 빅토리아호는 말레이군도를 관통해 진행했고 도중에 가능한 대로 보급품을 챙겼다. 피가페타는 민족지학 연구를 계속했으며 기이한 이야기들을 수집했다.

말루쿠제도에서 데려온 우리의 늙은 안내인은 인근에 아루체토라는 섬이 있다면서 이렇게 말했다. 그곳의 남자와 여자는 키가 1큐빗(약 45센티미터)도 되지 않지만 귀는 키만큼 길다. 그들은 한쪽 귀로 요를 삼고 다른 한쪽 귀는 이불로 쓴다. 그들은 깨끗하게 털을 밀고, 완전히 벌거벗고 지내며, 뜀박질이 빠르고, 목소리가 새되다. 그들은 지하 동굴에서 산다.[10]

한편 엘카노는 브리투의 의표를 찔렀다. 그는 포르투갈 선박들이 감시하는 바다를 건너 마다가스카르로 가는 뻔한 항로를 취할 뜻이 없었다. 2월 11일 빅토리아호는 자와해를 떠나 남서쪽으로 방향을 틀었다. 엘카노의 계획은 이례적으로 대담했다. 포르투갈 선박들이 탐지할 수 없도록 남쪽으로 큰 호를 그리며 인도양을 돌아 육지에 닿지 않고 희망봉을 빠져나가는 것이었다.

항해는 늘 고됐다. 사나운 맞바람, 점점 심해지는 추위, 식량 부족, 병에 시달리는 선원들. 엘카노는 나중에 이렇게 쓴다. "우리는 포르투갈 왕이 두려워 다섯 달 동안 절대로 뭍에 가까이 가지 않고 옥수수, 쌀, 물만 먹고 버텼다."[11] 3월 18일 그들은 외진 곳에 있는 암스테르담섬을 지났고(훗날 네덜란드인들이 그런 이름을 붙여준다) 뒤이어 모진 폭풍을 만나 고생했다. 남위 35도에서 배의 앞돛대가 빠졌다. 5월 8일 아프리카가 보였다. "우리는 지나온 항로로 판단해 희망봉을 통과했다고 생각했다."[12] 사실, 그들은 희망봉에 다다르지 못했다. "마침내 신의 도움으로 우리는 그 곳을 … 5리그[약 24킬로미터] 떨어진 지점에서 돌았다."[13] 이때쯤이면 그들은 간신히 목숨만 유지하고 있었다. 빅토리아호는 7월 7일 적도를 통과했다. 희망봉을 돈 이후 스물두 명이 굶어 죽었다. 식량 보급 없이 148일을 보냈다. 전부 다 죽지 않으려면 식량을 찾아야 했다. 절실했다. 이제 유일한 대안은 무모하지만 포르투갈의 영토인 카부 베르드 제도에 들어가는 것뿐이었다. 입항하면 아마도 체포를 피할 수 없을 것이다. 카부 베르드 제도는 여러 점에서 탐험대에는 운명의 장소였다. 이 섬은 뚜렷하지 않은 토르데시야스조약의 경계선에 관한 모든 계산이 기준이 된 지점으로서, 포르투갈과 에스파냐의 개척자들 간 모든 분쟁의 진원지인 이베리아반도의 그리니치자오선이었던 것이다. 빅토리아호는 산티아고섬에 상륙해서 에스파냐 선박인데 아메리카에서 바람 때문에 항로를 이탈했다고 이야기를 꾸며대고는 간신히 물물교환으로 정향을 주고 식량을 구했다. 그러나 곧 그 이야기가 날조임이 탄로 났다. 다수가 해변에서 억류되었고, 빅토리아호는 포르투갈 카라벨선들을 피해 달아나야 했다.

엘카노는 귀환 여정의 마지막 구간을 이렇게 설명했다. "나는 동료들과 함께 포르투갈인들의 손아귀에 떨어지느니 차라리 죽는 편이 낫다고 결정했다. 밤낮으로 양수기로 배의 물을 퍼내느라 과로해서 이전 그 어느 때보다도 더 지친 우리는 하느님과 성모 마리아의 도움으로 계속 전진했고 3년간의 항해 끝에 산루카르 데 바라메다의 항구에 도착했다."[14]

피가페타는 자신만의 결말을 덧붙였다.

1522년 9월 6일 토요일, 우리는 산루카르만에 들어갔다. 말루쿠제도를 떠난 예순 명 중 열여덟 명만 살아남았고 그나마 대다수는 병들었다. 몇몇은 굶어 죽었고, 몇몇은 티모르섬에서 이탈했으며, 몇몇은 범죄를 저질러 사형에 처해졌다. 우리는 그 만[산루카르만]을 떠날 때부터 오늘[귀환한 날]까지 1만 4460리그(약 6만 9400킬로미터)를 항해했으며, 동쪽에서 서쪽으로 세계 일주를 완성했다.[15]

산루카르 데 바라메다는 그들의 출발점이자 종착점이었다. 265명이 출발했지만 불과 열여덟 명만 돌아왔다. 아직도 할 일이 남았다. 물이 새는 배를 조심스럽게 다루어 과달키비르강을 따라 상류의 세비야까지 내내 물을 퍼내며 올라가야 했다. 일주 항해는 대단한 위업이었다.

9월 8일, 빅토리아호는 세비야의 항구 트리아나에 닻을 내렸다. 모든 대포를 발사했다. 이튿날 도시를 깜짝 놀라게 할 광경이 펼쳐졌다. 인간이라기보다는 유령에 가까운 초췌하고 말라빠진 한 무리가 초에 불을 켜 든 채 맨발로 빅토리아 성모수도원 예배당으로 걸어갔다. 그들은 브라질 해안에서 폭풍을 만났을 때 한 맹세를 이행하고 있었다. 바로 3년 전에 모든 선원이 이 성당에 모여 기함의 축복을 빌었다. 그동안 그들은 세상을 한 바퀴 돌았다. 요행히, 운명적으로 그 불쌍한 생존자들은 성당의 축일에 돌아왔다. 다른 맹세를 이행하기 위해 그들은 세계에서 가장 큰 기독교 건물인 그 도시의 기념비적 성당〔세비야대성당〕으로 행진해 산타 마리아 데 안티과 예배당에서 감사를 드렸다.

그들은 지구를 완전히 한 바퀴 돌았다. 엘카노는 산루카르에 도착한 날 국왕에게 보낸 편지에 이렇게 썼다. "우리는 지구가 구체球體임을 실제로 증명했습니다. 서쪽에서 출발해 지구를 한 바퀴 돌아 동쪽으로 귀환했습니다."[16] 세계가 그들이 알고 있던 것보다 더 크다는 사실도 증명되었다. 태평양은 광대해 그들이 횡단할 것으로 예상한 대양보다 수천 마일 더 컸다.

운 좋게 돌아온 소수는 놀라운 일들을 증언했다. 그들은 탁탁 튀는 성 엘모의 불 앞에 무릎을 꿇었으며, 투피족과의 우연한 만남을 걱정 없이 즐겼고, 난파와 지독한 추위, 광대한 태평양을 견디고 살아남았다. 그들은 끝없는 굶주림을 겪었고 피부에 얼룩이 생기고 잇몸이 녹아내려 손에 떨어지는 것을 지켜보았다. 살짝 떨어지기만 해도 선원들의 기를 꺾어 그들을 나락에 빠뜨린 죽음의 전조였지만, 그들은 이를 이럭저럭 버텨냈다. 마젤란해협을 지날 때는 극도의 황량함에 전율했다. 거구의 인간들을 만났으며 자연 세계의 놀라운 것들에, 자신들이 본 고래와 상어, 펭귄, 큰 강의 기슭에서 햇볕을 쬐는 바다사자, 낙원과 열대림의 새들에 감탄했다.

다른 무엇보다도 그들은 이제껏 상상하지도 못한 엄청난 크기의 대양을 한껏 경험했다. 대양은 주었다가 빼앗았고, 자애로웠다가 화를 내기를 반복했고, 지독히도 평온했다가 분노하면 두려운 자연으로, 그들이 기독교의 신에게 막아달라고 수없이 기도를 올린, 달랠 수 없는 존재였다. 그들을 이동하게 해주고, 먹이고, 광란에 빠지게 한 것이 바로 바다였다. 그들은 바스크의 속담이 옳다고 증언할 수 있었다. "그 바다의 수역은 광대하며, 그 바닥은 끝을 알 수 없다."[17]

그들이 카부 베르드 제도에 도착했을 때 깜짝 놀랄 일이 한 가지 더 있었다. 꼼꼼하게 기록을 남긴 조타수 프란시스코 알보는 자신들이 수요일에 도착했다고 확신했다. 그런데 선원들은 자신들이 상륙했을 때 그날이 목요일이라는 말을 들었다. "그래서 나는 우리가 하루를 놓쳤다고 생각했다."[18] 그러나 그들은 서쪽으로 세계를 돌았기에 달력에서 하루를 번 셈이었다.

엘카노의 위업은 당대의 기적이었다. 인쇄기가 마구 돌아갔고, 지도가 제작되었다. 생존자들은 무슨 일이 있었는지 조사와 심문을 받았다. 몇 년 뒤 트리니다드호에 남았던 네 사람이 에스파냐로 돌아왔다. 포르투갈의 선박과 감옥 덕분이었다. 히네스 데 마프라는 1527년에 리스본을 거쳐 에스파냐로 돌아왔으나, 남편이 죽었다고 짐작한 그의 아내는 재혼했고 그의 돈을 다 허비했다. 그리고 빅토리아호가 싣고 온 향신료가 있었다. 이 모든 일의 동인이었지만 거의 잊힌 상태였다. 화물의 가치가 상당했지만 간신히 탐험 비용을 감당할 정도였다.

9월 말 엘카노는 바야돌리드의 궁정에서 국왕을 알현했다. 그는 낙원의 새들의 박제, 향신료 견본, "야자나무의 수지에 정향을 첨가해서 벽돌 형태로 반죽해 만든 원주민의 빵" 등 세상의 경이를 보여주는 이국적 증거들을 갖고 왔다.[19] 피가페타도 참석해 국왕에게 자신이 기록한 것을 이야기했다. 곧 그 필사본의 내용이 유럽의 궁정에 유포되었다. 대중적 차원에서는 엘카노와 함께 돌아온 생존자들 자체가 불가사의였다. 생존자들이 고향으로 돌아가자 군중이 몰려들어 그 세계 일주 항해자들을 경외심을 갖고 바라보았다. 그들은 마치 달에서 돌아온 우주비행사들 같았다. 이듬해 엘카노는 문장紋章을 소유할 권리를 부여받았다. 문장에는 계피, 육두구, 정향, 그리고 다음과 같은 문구가 적힌 지구의가 들어 있었다. "프리무스 키르쿰데디스티 메Primus circumdedisti me." 이런 뜻이다. "그대는 나를 처음으로 일주한 사람이다." 지구는 그것 자체로 하나의 인격적 존재가 되었다. 지구는 말을 할 수 있었다. 그리고 그것은 인간의 사슬에 묶여 있었다.

피가페타는 그 항해가 너무도 끔찍해 두 번 다시 되풀이할 수 없다고 생각했다. 그러나 엘카노가 국왕을 알현하고 정확히 한 달 만에, 카를 5세는 고모인 마르가레테 폰 외스터라이히에게 편지를 보내 이런 소식을 전했다. "저의 선장들이 자신들이 세계를 한 바퀴 돌아 항해했음을 확인시켜주었습니다. 이 성과를 이용하고자, 그리고 기독교 신앙을 촉진하고자 저는 말루쿠제도로 보낼 두 번째 탐험대의 준비를 제안합니다."[20]

카를 5세는 태평하게 대양 곳곳으로 더 많은 인간을 소모품으로 내

엘카노의 문장.

보낼 계획을 세웠지만 한 가지 구체적 사항을 놓쳤다. 에스파냐인들은 포르투갈 영역을 침범하지 않고는 고국으로 돌아올 수 없다는 점이었다. 목표가 크면 귀결이 따르기 마련이다. 엘카노의 귀환은 중대한 외교적 분쟁의 소지가 있었다.

6
주장강의 포화

1514-1524

유럽에서 말루쿠제도의 '소유권'을 둘러싸고 분란이 가중되는 동안, 포르투갈인들은 계속 동쪽으로 밀고 들어갔다. 카를 5세가 자신의 배들을 '더 멀리'라는 글귀로 장식했다면, 포르투갈 국왕 마누엘 1세는 신이 내린 더 중요한 '발견'의 사명을 믿으라는 격려를 받았다. 뱃사람이자 모험가 두아르트 파셰쿠 페레이라는 이렇게 썼다. "서양의 모든 군주 중에서 하느님은 오직 폐하만 선택하기를 원하셨습니다."[1] 포르투갈인들은 매우 빠르게 전진했다. 뭍에 발을 내딛을 때마다 그다음으로 상륙할 곳을 떠올렸다. 그들의 세계관은 수평선 너머로 더 멀리 펼쳐지는 끝이 없는 지도를 상상했다. 그들은 왕성하게 정보를 수집했고, 처음부터 중국인들에게 관심을 보였다. 1508년, 마누엘 1세는 자신의 첫 배들이 믈라카에 도착하기 전인데도 사령관들에게 그 너머에 사는 사람들에 관해 알아보라고 엄히 지시를 내렸다. "지시 사항: 중국인들을 찾아 물어라. 그들이 중국 어디에서 왔는지, 얼마나 먼 곳에서 왔는지, 믈라카에 몇 차례나 왔는지, 다른 교역 장소에 몇 차례나 갔는지. … 그들에 관한 모든 정보를 … 그들의 나라가 큰 나라인지 … 그들이 어떤 관습을 따르는지, 그들의 나라는 어느 방향으로 팽창하는지."²

이러한 관심의 배후에는 마르코 폴로의 사라지지 않는 영향력이 숨어 있었다. 마르코 폴로 여행기의 포르투갈어 번역본은 1502년이 되어야 나오지만, 폴로가 카타이Catai〔캐세이Cathay〕라고 부른 나라의 부와 웅장함에 대한 눈부신 설명은 도처에서 반향을 일으켰다. 중국은 콜럼버스가 카리브해에 도착했을 때 염두에 두었던 목적지로 뜨거운 관심을 받은 주제였다. 마르코 폴로의 여행기 《일 밀리오네Il Milione》(백만 가지 믿기 어려운 이야기의 화자)는 폴로 스스로도 믿기 어려운 곳이라고 말한 캐세이를 어느 정도로 창안했는가? 6000개의 돌다리가 있다는 쑤저우? "수많은 아름다운 도시, 상업과 수공업이 발달한 수많은 아름다운 성, 아름다운 벌판, 아름다운 포도밭, 교양 있는 주민들"이 있는 베이징 권역? 알렉산드리아보다 백 배 많은 후추가 들어오는 광저우? 사람들이 지폐로 값을 치르는 왕국? "이 왕국의 부를 다 이야기하기는 불가능하다. 세계 어디를 가도 이 나라의 부를 절반이라도 가진 나라를 찾을 수 없다."³ 포르투갈인들도 당연히 관심이 있었다. 포르투갈인들은 믈라카에 도착했을 때 상선을 타고 온 중국 상인들을 만났고, 그들에게 많은 질문을 했다. 마누엘 1세의 관심이 완전히 순수했다고는 할 수 없다. 그는 "그들이 부유한 상인인지" 궁금했지만 그뿐만 아니라 "그들이 약한 자들인지 아니면 전사인지, 그들이 대포를 보유하고 있는지, 어떤 옷을 입는지, 체구가 큰 사람들인지"도 알고 싶었다.[4] 교역과 정복은 동전의 양면이었다. 이렇게 혼란스러운 사고방식 때문에 포르투갈인들은 큰 어려움에 처한다.

이러한 질문들에 대한 답을 구하려고 다른 누구보다도 기민하게 나선 사람은 〔포르투갈인〕 약종상 토메 피르스였다. 피르스는 지위가 높은 사람은 아니었지만 교육을 잘 받았다. 그는 지식을 갖춘 덕분에 리스본의 궁정과 연결되었다. 그는 국왕 마누엘 1세의 권고에 따라 포르투갈에서 새로 정복한 믈라카로 "상관商館의 서기이자 경리, 약품 관리자"로 파견되었다.[5] 알부케르크의 말에 따르면, 그는 "부지런한 사람"이었다. 약초, 향신료, 의약품, 그것들의 가격과 교역 절차에 관한 피르스의 지식은 그 가치를 헤아릴 수 없을 만큼 소중했다. 통찰력이 뛰어나고 탐구적인 피르스는 홍해부터 믈라카와 그 너머까지, 그리고 포르투갈인들이 막 눈여겨보기 시작한 말레이군도, 보르네오, 필리핀제도, 중국, 일본까지 동양에 관해 알 수 있는 것은 모조리 배우려 애썼다. 동양에 관한 지식을 짧게 요약한 그의 《수마 오리엔탈Suma Oriental que trata do Mar Roxo até aos Chins》〔홍해부터 중국까지 동양에 관한 설명〕은 필시 마누엘 1세를 위해 썼을 것이다. 그 책에는 포르투갈인들 앞에 펼쳐진 세계에 관한 간결한 설명이 들어 있다. 피르스는 믈라카에서 중국 상인들에게 질문할 기회가 있었고, 또한 자신이 그 나라에 관해 수집한 모든 유용한 정보를 요약해 국왕에 전할 기회도 가졌다. 몇 쪽에 걸친 간결한 설명은 항해 거리, 문화, 정치 구조, 군사력, 상업적 기회를 다루었다. 피르스는 유럽인으로는 처음으로 중국인의 식사 방법을 기록했다. 그들은 "젓가락 두 짝으로 〔음식을〕 먹는다. 왼손으로 토기나 도기를 입

가까이 대고 젓가락 두 짝으로 음식을 입 안에 집어넣는다."[6] 이는 아마 그가 믈라카에서 직접 목격했을 것이다. 피르스의 설명은 마르코 폴로의 이와 같은 믿음을 되풀이했다. "중국의 문물은 훌륭하고 풍요로우며, 그 땅과 사람들, 이러저러한 이야기들은 화려하고 위풍당당하다." 그리고 그는 서양인의 위험한 우월 의식으로 이렇게 덧붙인다. "이런 평가가 중국보다는 우리 포르투갈에 더 잘 어울린다고 믿기가 쉬울 것이다."[7] 그는 특히 "중국 전역에서, 바다뿐만 아니라 내륙에서도 온갖 상품이 엄청난 양으로 들어와 하역되는" 광저우를 그곳의 거래 관행을 포함해 언급했다.[8] 그리고 이렇게 썼다. "광저우에서 상품을 가져가는 자들에게 … 열 개 중에 세 개나 네 개, 다섯 개는 이윤이 된다."[9] 정복이 가능하겠냐는 마누엘 1세의 질문에 대한 답변도 있었다. "중국은 매력적이고 매우 부유해 중요한 나라입니다. 믈라카의 총독이 그곳을 지배하는 데 사람들이 말하는 것만큼 많은 병력이 필요하지는 않을 것입니다. … 인도 총독이 믈라카를 점령할 때처럼 배 열 척이면 해안을 따라 중국 전체를 점령할 수 있을 것입니다. 그리고 중국은 우리 배로 스무 날이면 닿을 수 있습니다."[10] 위험한 추정이었다.

중국에 대한 포르투갈의 관심이 커진 것은 어쩌면 우연이었는지도 모른다. 명나라는 몽골의 침입과 왜구의 창궐에 따른 여파로 내치에 집중했다. 1371년 명나라는 해금海禁 정책으로 외국과의 해상 교역을 전면 금지 했고, 주민들은 바다로 나가 외국인과 접촉하는 것이 금지되었다. 이는 광저우 같은 해안 도시들에 큰 타격을 가했다. 광저우에서는 교역의 욕구가 여전했고 밀무역이 계속되었다. 채워야 할 상업상의 진공이 생겼다. 동시에 명나라는 포르투갈인들은 태평스럽게도 알지 못하는 높은 수준의 중앙집권적 관료 정치로 통치했으며, 동아시아에서 그 지배력은 절대적이었다. 그 관계에서 중국이 자국에 대한 종속적 지위를 인정한 믈라카 같은 소수의 공식적 속국만이 허가를 받고 중국과 교역했다. 포르투갈인들은 믈라카에 대한 명나라의 종주권을 파괴했다. 그들은 또한 자신들이 왕 중의 왕인 명나라 황제와 대등한 입장에서 대화할 수 있다고 생각했다. 중국과의 만남은 양립할 수 없는 두 세계관의 충돌을 시험하게 된다.

  포르투갈인들은 1513년에 가서야 처음으로 중국 세계에 침투해 조심스럽게 그 상업적 잠재력을 평가하려 했다. 말레이인의 정크선 아니면 중국인의 정크선이었을 텐데 통상 교섭 원정대가 배를 타고 광저우를 향했다. 이들은 주장강 어귀의 툰먼섬에 상륙해 마누엘 1세의 문장을 새긴 돌기둥을 세웠다. 그러한 기념비는 포르투갈이 와서 그곳을 탐사했음을 알리는 표식이었다. 그것은 '발견'을 축하하면서 동시에 점유권의 주장을 암시했다. 유럽인들은 본토에 상륙할 수 없었지만 포르투갈인들에게 '교역의 섬ilha da Veniaga'으로 알려진 툰먼섬에서 상품을 팔아 이윤을 냈다. 포르투갈인들을 위해 일한 이탈리아 상인들은 중국과의 접촉이 얼마나 큰 잠재력을 갖는지 열렬히 설명했다. 그중 한 사람인 조반니 다 엠폴리는 이렇게 쓴다. "그들은 중국을 발견했다. 그곳은 세상에서 찾을 수 있는 가장 부유한 나라다. … 놀라운 것들이 많다." 그는 막대한 이윤(30 대 1)과 인도 후추에 대한 수요를 언급했다. 그는 주장강으로 들어오는 풍부한 산물에 압도되었다. "생강, 메이스, 육두구, 향, 알로에, 벨벳, 금실, 산호, 모직물, 로브. … 그곳에는 좋은 것이 너무 많다. 대단히 멋지다. 그래서 나는 죽지 않는다면 이곳을 떠나기 전에 더 멀리 가서 왕을, 캐세이의 왕이라고 불리는 카안可汗을 보고 싶다."[11]

이듬해(1514년) 알부케르크는 "중국을 발견하라"고 콜럼버스의 먼 친척인 다른 이탈리아인 라파엘 페레스트렐로를 파견했다. 페레스트렐로는 말레이 정크선을 타고 주장강 상류로 광둥까지 30마일[약 48킬로미터]을 올라가 20 대 1의 이윤을 보고 상품을 처분한 뒤 긍정적 견해를 안고 돌아갔다. "중국인들은 포르투갈인과 평화와 우호를 원했다. 그들은 아주 좋은 사람들이었다."[12] 이 두 차례의 조사는 모두 명나라의 공식 허가에 따라 감시를 받으며 이루어졌다.

리스본에서는 '중국을 발견'하고픈 국왕의 뜨거운 관심이 계속 커졌고, 페레스트렐로의 항해에 고무되어 페르낭 페르스[피르스] 드 안드라드에게 지휘를 맡겨 공식 사절의 중국 파견을 준비했다. 1517년 6월 믈라카에서 여덟 척의 배가 중국인 안내인들을 태우고 항해에 올랐다. 토메 피르스뿐만 아니라 조반니 다 엠폴리까지 교역 담당관으로 승선했다. 피르스는 이제 동양에 온 지 5년이 되었고, 향신료 교역으로 개인적으로도 부자가 되었다. 그는 귀국하려 했지만, 포르투갈의 사절로 명나라 황제를 방문하기로 동의했다. 아마도 그 나라를 방문해 좀 더 알고 싶은 호기심에 움직였을 것이다. 이는 그의 능력이 얼마나 대단했는지를 말해주는 매우 이례적인 임명이었다. "약종상으로서 지위가 아주 높은 사람은 아니었지만[다시 말해서 귀족이 아니었지만] … 그는 그 임무를 맡기에 가장 뛰어나고 제일 적합했다. 그는 글쓰기를 좋아하고, 재능이 있어 그 분야에 탁월하며, 협상에서 여유롭고 재치가 있기도 하거니와 호기심이 강해서 탐구해 알아내는 능력이 뛰어나고, 만사

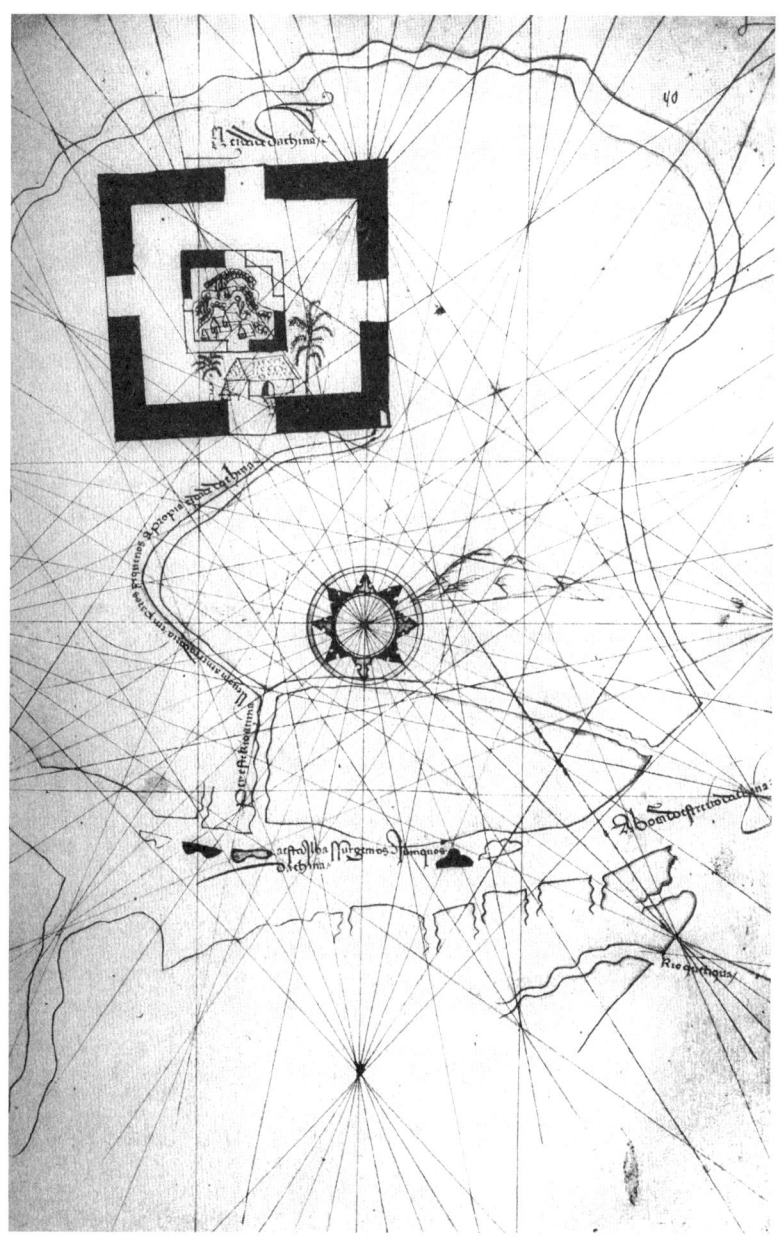

프란시스쿠 호드리그스가 그린 주장강 삼각주의 초기 지도. 광저우를 상상으로 표현했다. 광저우는 포르투갈이 중국에 처음으로 상륙한 곳이다.

6 | 주장강의 포화

에 쾌활한 마음으로 임했다."¹³

포르투갈 배들은 중국인 안내인들의 인도를 받았다. 8월 15일, 이들이 툰먼섬에 도착했을 때 중국 배들이 대포를 쏘았다. 정식으로 승인받은 외국 사절만 상륙할 수 있었는데, 중국인들이 불랑기〔포랑지〕佛郞機(프랑크족)라고 부른 유럽인들은 그러한 자격이 없었기 때문이다. 승인받은 외국 사절 이외의 나머지는 전부 해적이었다. 페르낭 페르스 드 안드라드의 배들은 아무런 손상을 입지 않고 상륙했으며 현지 관료들에게 전갈을 보냈다. "그가 온 주된 이유는 포르투갈 왕의 선장으로서 자국 왕이 중국 왕에게 평화와 우호의 서한을 들려 파견한 사절을 데려오는 것이었다. 그는 안내인들에게 함대를 광저우로 인도하라고 요청했다."¹⁴ 시간의 지체는 중국의 체제에 고착된 속성이었다. 그 일은 고위 관료에게 맡겨야 했다. 포르투갈은 그렇게 중국 관료기구에 선을 보였다. 기다림은 외교 의례의 일부였다. 안드라드는 기다렸다. 이제 9월 말이 되었다. 결국 그는 조급해졌다. 그는 허가 없이 주장강 상류로 출발하려 했다. 이에 현지 당국이 동요했고 안내인들을 보냈다. 폭풍이 덮쳐서 배들이 광저우까지 30마일〔약 48킬로미터〕을 항해하는 데 사흘이 걸렸다. 그들은 "전쟁은 물론 평화에도 잘 대비하고 있었다."¹⁵

포르투갈인들은 닻을 내리고 나자 더욱 무례한 짓을 저질렀다. 깃발을 내걸고 축포를 쏘아 자신들의 도착을 축하한 것이다. 이에 광저우의 관료들은 경악해 즉각 공격을 가했다(중국에서 대포는 분노했을 때만 쏘는 것이었다). 양광총독兩廣總督 진금陳金(호는 서헌西軒)은 도시 밖으로 출타 중이었다. 그 사이에, 외교 의례를 무시한 채 자격도 없이 들어오겠다고 고집하는 이 방문자들을 어떻게 해야 하나? 피르스는 신중하고 임기응변의 재주가 있는 사람이었다. 그는 대포 발사에 대해 사과했다. 포르투갈인들은 존중의 표시로 대포를 발사했다고, 믈라카에서 중국 상인들이 그러한 방식으로 예를 표하며 자신들을 환영했기에 중국의 관습도 그런 줄 알았다고 그는 말했다. 마음이 다소 누그러진 관료들은 양광총독에게 피르스의 말을 전했다. 그동안 피르스는 선원들의 해변 상륙을 금지했다.

포르투갈인들은 양광총독의 도착을 이렇게 기록했다.

주장강은 갖가지 깃발과 비단 차양으로 화려하게 장식한 작은 배들로 가득했다. … 그는 아름답고 화려하게 장식된 부두에 상륙했다. 그 옆 커다란 광장에서 재정, 군사, 법률, 외교의 갖가지 부처에 속한 관료들이 보여준 다양한 색깔, 의상, 그 많은 수數가 매우 인상적이었다. 일부는 걸어서, 다른 일부는 말을 타고 왔는데, 그들이 휴대한 기묘한 장식의 행낭은 우리가 포르투갈에서 큰 의식이 있을 때 쓰는 것보다 무늬가 더 다양했고 술도 더 많이 달렸다. 그날 성벽은 비단 현수막으로 뒤덮였고, 망루에 우뚝 솟은 깃대에는 비단 깃발이 내걸렸는데, 이물이 둥근 배에 써도 될 만큼 매우 컸다. 그 나라의 부가 그 정도였고 비단의 공급량도 그렇게 많았기에, 그들은 우리는 값싼 염료와 조악한 아마포를 사용하는 깃발에 금박과 비단을 아까운 줄 모르고 허비한다.[16]

포르투갈인들에게는 정신이 번쩍 드는 광경이었다. 양광총독이 도착하면서 그들은 회담에 걸맞은 의식에 관해 설명을 들었다. 그들은 최선을 다했다. 지정된 날, 엠폴리는 "화려한 복장을 한 남자들이 수행하는 가운데 나팔수들을 앞세운 거창한 의식과 함께" 양광총독을 만나러 갔다.[17] 엠폴리는 포르투갈이 "중국의 왕처럼 위대한 군주를 왕과 친선 관계를 맺고자 한다"는 전갈을 가져갔다.[18] 이는 중국의 통치 법전인 대명률大明律에 전례가 없는 일이었다. 불랑기(포랑지)가 중국에 들어와도 좋다는 허락을 받은 것은 불랑기와 중국의 두 통치자가 동격이라고 추정한 전갈의 어조 때문이 아니라 황제를 알현하고 보고를 드리겠다는 포르투갈인들의 의사에 중국의 고관들이 동의한 때문이었다. 한편 포르투갈인들은 상륙 허가를 받았고 해변 인근에 교역 활동을 수행할 수 있도록 건물을 받았다.

피르스는 사절로서 요란스러운 나팔 소리에 맞춰 당당히 상륙했고, 수행원 여덟 명과 함께 어느 집에 묵었다. 그동안 교역은 계속되었고, 페르낭 페르스 드 안드라드는 그 기회를 이용해 다소 전략적인 정보 수집에 나섰다. 도시를 정탐하라고 은밀히 사람들을 내보낸 것이다. 그중 한 사람인 안토니우 페르난드스는 연등제를 틈타 성벽에 올라 그 위에서 뜀박질로 한 바퀴 돌면서 방어용 망루가 몇 인지 성城의 방어 체계에 관해 많은 것을 알아냈다.

엠폴리는 중국을 보겠다는 욕망을 실현했지만 그 경험을 즐길 만큼 오래 살지는 못했다. 9월인가 10월에 콜레라가 함대를 덮쳤다. 아홉 명이 죽었는데 엠폴리도 그중 하나였다. 페르낭 페르스 드 안드라드는 황제의 응답을 기다릴 포르투갈의 작은 대표단을 남겨두고 떠나야 했다. 그는 출발하기 전에 거리로 사람을 내보내 이렇게 외치게 했다. "누구든 포르투갈인 때문에 다쳤거나 포르투갈인에게 돈을 빌려주고

받지 못했다면 그를 데려오라. 배상을 받게 해주겠다." "이는 원주민들이 이전에 전혀 보지 못한 일로 큰 칭찬을 받았다."[19] 이러한 기록에는 자화자찬의 요소가 있겠지만, 약삭빠른 안드라드는 중국에서 초기의 큰 실수를 뒤로하고 일을 유망하게 처리했다. 포르투갈인들은 저도 모르게 상서로운 때에 도착했다. 정덕제正德帝는 선황제들에 비해 외국인과 대외 교역에 더 열린 태도를 갖고 있었다. 안드라드는 "함께 갖추기는 좀처럼 쉽지 않은 명예와 부를 동시에 안고 매우 성공적으로" 믈라카로 돌아왔다.[20] 그곳에서 그는 리스본으로 귀국해 국왕에게 보고했다. 중국에 대한 관심은 매우 뜨거웠고 후속 조치에 관한 명령이 하달되었다. 그러나 페르낭 페르스 드 안드라드의 훌륭한 성과는 다음 임무에서 모조리 물거품이 되었다. 이번 임무를 이끈 자는 그와 형제지간인 자였다.

탐험과 정복은 포르투갈 귀족들의 사고방식에서 서로 긴밀하게 연결되어 있었다. 시망 드 안드라드는 이를 체현한 인물이었다. 그는 포르투갈인들이 아프리카와 인도의 해안에서 보여준 공격성을 드러냈다. 신경질적이고 성급하며 콩키스타도르의 정신에 젖은 그는 (포르투갈의 어느 연대기작가의 말을 빌리자면, "지나치게 자신감 넘치고, 오만하고, 무례하고, 씀씀이가 헤펐다"[21]) 간단히 말해서, 중국인의 방식에 대처할 인내심과 문화적 인식이 부족했다. 시망 드 안드라드는 주장강 입구에 도착했을 때 사절의 임무를 띠고 황제에게 갔다가 돌아온 토메 피르스를 보리라고 기대했다. 그러나 피르스는 출발하지도 못했다. 중앙집권적 명나라 관료기구의 심히 상징적인 의례는 그 나름의 속도대로 천천히 진행되었다. 이제 모든 것이 분명해졌다. "[황제] 폐하는 그런 존재여서 이런 성격의 일은 특히 외국인이 관련된 경우는 모든 것을 세세히 살펴 조심해야 하기에 일은 매우 더디게 진행된다. 그래서 그 더딘 과정을 기다려야 하는 사람의 편에서는 큰 인내심이 필요하다."[22] 피르스와 그의 소규모 수행단은 1519년 내내 광저우에 머물며 난징으로부터 오라는 말만 기다리고 있었다. 한편 화를 참지 못하는 성격의 시망 드 안드라드는 법적 권한도 없이 제멋대로 일을 처리했다. 노략질에 관심이 있던 그는 포르투갈의 무역을 위한 안전 기지로 툰먼섬에 보루를 구축하는 데 착수했다. 이는 중국 영토를 침해하는 행위로 명백히 용인될 수 없는 것이었다. 뒤이어 시망 드 안드라드는 교수대를 설치하고 선원 한 명을 교수형에 처함으로써 더 심한 위법 행위를 저질렀다. 중국에서는 중국인만이 사형을 선고할 수 있었다. 관세를 징수하러 관료가 찾아오자, 시망 드 안드라드는 그의 모자를 쳐 떨어뜨리며 그를 폭행했다. 게다가 그는 포르투갈인들이 물건을 팔기 전에는 다른 아시아 상인들이 상품을 하역하지 못하게 막았다. 포르투갈인들은 교역의 독점에 병적으로 집착했다.

포르투갈인들의 행태에 대한 이야기는 크게 부풀려져 외부로 퍼져 나갔다. 이들이 어린아이들을 유괴했다는, 어쩌면 인신매매로 사들였을 수도 있다는 말이 돌았다. 더 과장된 이야기에서는 어린아이들을 잡아먹었다는 말까지 있었다. 명나라의 공식 사서 《명사明史》에는 그들이 "어린아이들을 먹기 위해 잡아갔다"고 확실하게 기록했다.[23] 또한 그들이 개를 구워 먹었다고도 기록했다. 시망 드 안드라드의 원정대는 페르낭 페르스 드 안드라드가 거둔 훌륭한 성과를 죄다 망쳐버렸다. "단 며칠 만에 그들은 비열한 짓으로 친구이자 동맹자가 아니라 역겨운 해적이요 적이라는 평판을 얻었다."[24] 불랑기는 이제 판구이犯規(야만인 악마들)라는 욕을 듣게 되었고, 유럽인이 우월하다는 시망 드 안드라드의 거만한 추정은 곧 큰 화를 초래하게 된다.

피르스는 1520년에 들어설 무렵에도 여전히 기다리고 있었다. 마침내 그는 난징의 황제를 알현해도 좋다는 허락을 받았다. 수행단의 일원인 크리스토방 비에이라는 피르스 사절의 고난을 기록한 긴 편지의 서두에 이렇게 썼다. "1520년 1월 23일 우리는 중국 왕을 만나러 출발했다."[25] 그들은 비단 차양을 친 중국 갤리선galley을 타고 포르투갈의 깃발을 나부끼며 상류로 올라갔고, 높은 산의 고갯길을 올랐다. 가는 도중에 한 사람이 죽었다. 5월, 난징에 도착하기 전인데 그때쯤이면 불랑기의 악행 이야기가 먼저 도달해 있었다. 믈라카의 전임 술탄과 광저우의 관료 등 여러 곳에서 시망 드 안드라드의 악행에 대한 불만이 들어온 것이다. 포트루갈 사절단은 황제가 난징에서 그들을 보지 않을 것이라는 통보를 받았다. 그들은 베이징으로 가야 했다. 북쪽으로 출발해 말을 타거나 걸어서, 이어서 1000마일[약 1600킬로미터]에 걸쳐 일련의 갑문閘門(중국인의 발명품)을 갖춘 놀라운 인공 수로인 대운하로 총 1200마일[약 1900킬로미터]을 이동했다. 9월이 되었는데도 그들은 베이징에 도착하지 못했다. 그들이 기다리는 정덕제는 1521년 2월에 베이징에 들어왔다.

황제를 알현하기 전인데도 오해가 쌓이고 있었다. 그 시작은 신임장이었다. 피르스는 페르낭 페르스 드 안드라드가 작성한 편지와 함께 마누엘 1세의 봉인이 찍힌 서한을 갖고 왔다. 중국인 통역관들은 이 편지들을 중국어로 옮길 때 겸손한 태도가 드러나게 했다. "귀국의 관습에 따라 … 관례에 따라 이 세상의 주인인 천자께 복종하고자 증표를 요청합니다."[26] 그러나 마누엘 1세의 서한을 개봉해보니 그것은 다른 편지와 내용이 달랐다. 마누엘 1세의 서한은 게다가 포르투갈과 중국 양국의 두 통치자의 지위가 동등하다고 추정했다. 격식에 집착하는 중국 궁정 관료들에게 이는 완전히 수상쩍었다. 비에이라는 이렇게 기억했다. "그러므로 그들에게는 우리가 중국을 정탐하려고 들어올 때 거짓말을 한 것처럼, 〔우리가〕 왕에게 보내는 서한이 다른 편지들과 다르게 쓰인 것은 일종의 사기처럼 보였다. 왕은 그래서 〔우리가〕 궁으로 와서 예를 표할 필요가 없다고 지시를 내렸고 병사들과 경비대를 보내 우리를 감시했다."[27] 비에이라는 통역관들이 자신들과 외국인들을 변호하려 했다고 말했다. 그들은 "우리가 먼 나라에서 왔으며 중국의 훌륭한 관습을 몰랐다고, 앞으로는 그것을 잘 지킬 것이라고" 설명했다.[28]

정덕제 자신은 이 교양 없는 야만인들을 관대하게 보고 싶었던 것 같다. "이자들은 우리의 예법을 모른다. 차츰 알게 될 것이다."[29] 이 시점에 중국 고위 궁정 관료 두 명이 고발을 쏟아냈다. 포르투갈인들이 자신들이 지배하는 도시 믈라카를 강탈했으니 원래대로 도시를 되돌려놓아야 하며, 그들의 의도가 파렴치하고, 그들이 "잔인하고 간교"하며[30] 막강한 무기를 갖고 염탐하러 왔고, 통제받지 않는 교역은 전통적인 규범에 어긋나며, "금지 조치와 예방 조치가 무시되었으니 불랑기가 우리의 안전한 통로[항구와 항만]에 점점 더 익숙해졌고 … 나라의 일부가 평온하려면 … 우리의 만에 들어온 모든 외국 선박과 우리 영토에서 은밀히 생활하고 있는 외국인들은 [반드시] 쫓아내야 한다"[31]는 것이었다. 믈라카의 폐위된 술탄이 보낸 사절이 베이징에 도착하면서 이러한 주장의 효과는 더욱 강력해졌다. "지금 중국 땅에 와 있는 포르투갈 왕의 사절은 사기꾼입니다. 그는 진정한 마음으로 온 것이 아니라 중국이라는 나라를 속이기 위해 왔습니다."[32] 피르스에게는 사절에 요구되는 의례의 준비 단계, 즉 "궁전 담벼락 앞에서 무릎을 꿇고 머리와 얼굴을 땅바닥에 대고 다섯 번 절하는"[33] 부복俯伏 행위조차 허용되지 않았다. 최후의 일격은 5월 21일(1521년)에 찾아왔다. 정덕제가 사망한 것이다. 그는, 일설에 따르면, 술이 취해 배에서 황허강으로 떨어져 익사했다. 중국에서는 황제가 죽으면 애도 기간이 선포되었고, 모든 외국인은 나라에서 나가야 했다. 이튿날 피르스와 그의 사절단은 자신들이 가져온 선물도 전달하지 못한 채 짐을 꾸려 광저우로 긴 여정에 올랐다. 중국인 통역관들은 참수되었다. 9월 22일, 이제 피로에 지친 피르스는 자신이 출발했던 곳으로 되돌아왔다. 그는 중국 남부를 끝에서 끝까지 두 차례 횡단했다. 약 2600마일(약 4180킬로미터)에 해당하는 거리였다. 돌아오는 길에 그의 일행 한 명이 또 사망했다. 술탄이 믈라카의 지배력을 회복할 때까지 그들을 억류하라는 명령이 내려졌다. 피르스는 중국에서 4년을 헛되이 보냈다.

피르스가 광저우에서 떠나 있는 동안 포르투갈인들은 평판은 더욱 하락했다. 믈라카에서는 페르낭 페르스 드 안드라드의 사절단이 가져온 희소식에 고무되어 1521년 봄과 여름에 걸쳐 새 교역 계획이 쏟아졌다. 황제의 사망에 뒤이어 모든 외국인의 중국 입국을 금지하는 명령이 떨어진 바로 그때였다. 통신의 시간 지체로 포르투갈인들은 안드라드의 모험적 활동 덕분에 자신들이 중국에서 분명히 환영받으리라고 믿게 되었다. 봄에 디오구 칼부가 지휘하는 선단이 툰먼섬에 도착했으나 중국 정크선 함대가 선단을 에워쌌다. 광저우로 무역을 하러 들어온 자들은 모두 체포되었다. 체포된 자들 중에는 디오구의 형제인 바스쿠 칼부도 있었다. 포르투갈인들은 툰먼에 40일간 억류되었다. 세 척의 배가 9월 7일에 가까스로 탈출했다. 정확히 보름 뒤에 피르스가 베이징에서 돌아와 광저우 관료들의 분노에 직면했다. 억류 상태의 포로 중에는 그의 수행원 몇 사람과 더불어 비에이라와 바스쿠 칼부가 있었다. 이들은 이후 끝까지 살아남아 훗날 그 악화 일로의 상황을 자세히 설명한다.

이 조우에서 붙잡힌 자들이 감금되어 있기는 했지만, 피르스의 일행은 여전히 다소 존중받고 있었다. 비에이라는 이렇게 기억한다. "그들은 우리를 자유로운 사람처럼 대했다." "우리는 포로들과 떨어져 별도의 장소에서 엄한 감시를 받았다."[34] 피르스의 일행은 계속해서 외교사절의 특혜와 특권을 일부 유지했다. 피르스는 믈라카의 반환을 겨냥한 볼모로서 잡혀 있는 것이 분명했다. 그는 마누엘 1세에게 믈라카의 반환을 요청하는 서한을 써서 보내라는 중국의 끝없는 압박에 시달렸다. 그는 단호히 거부했다. "그는 그런 목적으로 오지 않았고 그가 그러한 문제를 논하는 것이 적절하지도 않았다."[35] 심문자는 집요했다. 믈라카에는 몇 명이 있나? 코친의 포르투갈 요새에는 몇 명이 있나? 그는 왜 대답할 수 없나? 비에이라는 이렇게 회상한다. "그는 이러한 질문을 던지며 우리를 네 시간 동안 무릎 꿇고 있게 했다. 그는 지쳐 넌더리가 나자 우리를 각각 갇혀 있던 옥사로 돌려보냈다."[36]

이런 상황을 전혀 알지 못한 마누엘 1세는 추가 원정을 계획하고 있었다. 그 배후에는 인도양에서 포르투갈에 유용했던 팽창 모델이 놓여 있었다. 통상 관계를 수립하고 해안 요충지에 요새를 건설해, 허가를 받고 하든지 무력을 써서 하든지, 수익성 좋은 사업을 수행하는 것이었다. 이는 상당히 확고하게 굳어진 사고방식이었다. 믈라카의 폐위된 술탄이 보낸 사절로부터 설명을 들은 중국인들은 이것이 사실상 정복의 전략임을, 불랑기에는 정보 수집이 중요한 열쇠임을 이해했다. 외부인을 탄원자로만 인정한 중앙집권적 명나라와 유럽인의 거만한 태도는 점점 더 격하게 충돌했다.

피르스 일행의 인원은 점점 줄어들고 있었다. 그의 수행단이 엄한 가택 연금 상태에 있는 동안, 포르투갈의 다른 선단이 다가오고 있었다. 1522년 4월 마르팅 드 멜루 코티뉴의 지휘로 인도 서부 해안의 코친에서 네 척의 배가 출항했다. 멀리 떨어진 리스본에서 온 왕의 명령은 친선조약을 체결하고 툰먼에 요새 건설 허락을 받으라는 요구를 되풀이했다. 이 목적을 위해 원정대는 명나라 황제와의 관계를 증진할 두 번째 사절을 대동했다. 코티뉴는 믈라카에 도착한 뒤에야 그 전해에 해상 대결을 모면한 자들로부터 실상을 알게 되었다. 그는 계획을 밀고 나가기로 결정했다. 7월, 코친에서 온 배 네 척은 후추를 싣고 요새를 지키기에 충분한 300명을 태운 정크선 두 척과 함께 출발했다. 8월 그들이 주장강 입구에 나타났을 때, 순찰 중인 중국 정크선들이 그들을 기다리고 있었다.

포르투갈인들은 명나라의 성격을 오판했다. 그들은 태평하게 관계의 증진과 교역소의 확보를 기대하며 도착했다. 그러나 그들은 툰먼 해안가에서 격렬한 해전에 말려들었다. 양측에서 똑같이 사상자가 발생했으며, 포르투갈인들은 배 두 척을 잃고 믈라카로 퇴각했다. 중국인들은 포르투갈인 마흔두 명을 포로로 잡았다. 그들은 유럽의 월등히 좋은 청동 대포도 몇 문 노획했고, 이를 복제해 해안 방어를 위해 설치했다. 물적 손해가 어느 정도였든 간에, 포르투갈인들이 '교역의 섬'이라는 이름을 붙인 그 섬의 전투 후에, 명나라와 친선을 도모한다는 그들의 희망은 사라졌다. 그로써 포르투갈이 명나라와 합법적으로 교역할 전망은 당분간 기대할 수 없었다.

그 사건은 피르스에게 즉각적 영향을 미쳤다. 비에이라가 기록한 바에 따르면, 8월 14일 중국인들은 "토메 피르스와 그 동행자들의 손에 차꼬를 채우고 발에 족쇄를 채웠다. 팔목에 채운 차꼬는 대못으로 고정했다. 그들은 우리가 가진 모든 물건을 빼앗았다." 피르스 일행은 목에 사슬이 묶인 채로 거리를 지나 그들이 억류될 건물로 끌려갔다.

그곳에서 그들은 우리의 차꼬를 풀고 우리를 더 단단한 사슬로 묶었다. 우리의 다리에는 차꼬를 채우고 대못으로 고정했으며 우리의 목에는 사슬을 채웠다. 그들은 그곳에서 우리를 이 감옥으로 끌고 왔다. 감옥 입구에서 무거운 차꼬 때문에 안토니우 드 알메이다가 죽었다. 사슬이 꽉 죄어 팔이 부어올랐고 다리에 상처가 났다. … 밤이 되기 전에 그들은 토메 피르스에게 한 번 더 차꼬를 채워서는 그를 따로 모자도 없이 맨발로 어린 소년들의 야유 속에 광저우의 감옥으로 데려갔다.

현지의 고위 관료는 이러한 요청을 받았다. "우리가 나라를 정탐하러 온 도둑이니 우리를 즉시 죽여야 한다"는 것이었다. 포르투갈인들은 살날이 이틀밖에 남지 않았다는 얘기를 들었다. 이튿날 놀라운 일이 벌어졌다. "그들은 우리의 차꼬를 풀어주었다. 하루만 더 지났어도 우리는 모두 죽었을 것이다. 그들은 토메 피르스를 다시 이곳의 감옥으로 데려왔다."[37] 현지의 고관은 그들의 석방을 명령했다. 사절의 처형에는 황제의 허락이 필요했기 때문이다. 우리는 간발의 차이로 죽음을 모면했다.

해전에서 포로가 된 자들의 운명은 달랐다. 바스쿠 칼부를 비롯한 몇몇은 자신들이 포르투갈 공식 사절단의 일원임을 주장할 수 있었다. "다른 이들은 전부 체포되어 투옥되었다. 그중 몇몇은 굶어 죽었고, 몇몇은 교살되었다. 통역자 시망과 발란트족 출신 알리는 투옥되었다. 알리는 여기 감옥에서 죽었다. 그들은 나무망치로 알리의 머리를 내려쳤다. 그렇게 그를 살해했다. 광저우의 감옥에 수감된 시망은 구타당해 죽었다."[38] 남은 다른 사람들은 굶주림과 추위로 사망했다. 12월 6일 몇몇은 이런 글귀가 적힌 판자를 들고 거리를 줄지어 걸어가야 했다. "큰 도둑이 속임수를 써서 보낸 작은 해적들. 이들은 우리나라를 정탐하러 왔다. 도둑이니 몸을 토막 내 죽여라."[39] 해전에서 포로가 된 마흔두 명 중 이때까지 살아남은 사람은 스물세 명뿐이었다. 이들은 광저우 관료들의 공식적 사형 선고를 기다리고 있었다.

이들 스물세 명은 1523년 9월 23일 도시의 여러 곳에서 큰 구경거리로 처형되었다.

광저우와 주변 지역의 거리에서, 성 밖에서, 외곽 지역에서 … 모두가 볼 수 있도록 석궁을 쏘면 화살이 날아갈 정도의 거리에서, 그들(중국인들)은 포르투갈인을 경멸한다는 것을 사람들에게 납득시키려고, 그래서 사람들이 포르투갈인들에 관해 이야기하지 않도록 하려고 … 포르투갈인들을 저마다 여러 토막으로 잘랐다. 머리, 다리, 팔을 잘랐고 은밀한 부분을 잘라 그들의 입에 처박았으며 몸통은 배 둘레로 두 토막을 냈다. … 지켜보는 광저우의 고관들이 악기의 연주에 흥겨워하는 가운데 포르투갈인들〔의 시신의〕 등에 그들의 머리와 은밀한 부분을 올려 퇴비 더미로 가져가버렸다. 그때부터 포르투갈인뿐만 아니라 다른 이방인도 나라에 들이지 않기로 결정되었다.[40]

이 매우 공개적인 구경거리는 현지 주민들을 염두에 두고 계획되었다. 어떤 유혹이 있더라도 그들에게 불랑기〔포랑지〕와 교역하지 말라는 뜻이었다.

억류된 사절들은 목숨을 부지했지만 한 명씩 차례로 굴복했다. 비에이라는 저항의 힘이 줄어드는 것을 이렇게 기록했다.

우리는 열세 명이 억류되었다. 몇몇은 베이징을 오가는 중에 죽었다. 서너 명은 이 감옥에서 무거운 차꼬 때문에 죽었다. … 둘 다 포르투갈 사람인 크리스토방 드 알메이다, 조르즈 알바르스(감옥의 서기가 포도주에 만취해 알바르스를 채찍으로 때려 죽였다. 그는 엿새 만에 죽었다)다. … 페루 드 프레이타스는 이 감옥에서 [죽었다]. 토메 피르스는 여기서 병에 걸려 1524년 5월에 죽었다. … 그래서 지금 우리 중 여기서 살아남은 자는 두 명뿐이다.[41]

이 두 생존자 크리스토방 비에이라와 바스쿠 칼부는 긴 편지를 써서 몰래 믈라카로 전했다. 그것은 십중팔구 말레이 상인들이 가져갔을 것이며, 그 둘은 편지가 포르투갈 국왕에게 전달되기를 원했을 것이다.

편지는 그들의 동료들의 운명을 상세히 기록했을 뿐만 아니라 그 나라를, 그 관습과 전략적 강점과 약점을 길게 설명했다. 칼부의 편지에는 광저우와 중국 해안 지방을 점령할 방법에 관한 뛰어난 분석이 들어 있었다. 편지에서는 비에이라와 칼부가 십중팔구 강력한 구조대의 파견을 설득할 수 있겠다는 희망을 품었음을 엿볼 수 있었다. 칼부의 목소리는 점점 작아져 침묵으로 변한다.

폐하, 이 고관들은 우리를, 우리가 이 나라를 알고 있다는 사실을 두려워합니다. 바로 그런 이유에서 그들은 우리를 석방하지 않고 이 감옥에 가두고 있습니다. … 손에 난 상처가 계속 벌어져 있어 고통스럽기 때문에 더 자세히 쓸 수 없습니다. 다행히 크리스토방 비에이라가 다른 모든 것을 설명하기에 부족함이 없습니다.
이 감옥에서 씁니다. … 열 번째 달에, 10월의 그렇고 그런 날에. 우리 주님께 비노니 부디 폐하를 지켜주시고 폐하가 원하시는 곳이 어디든 안전하게 가게 하소서.

폐하의 충복, 바스쿠 칼부.[42]

두 사람 다 1530년대 어느 때쯤에 구금 중에 사망한 것으로 추정되었다. 피르스가 중국에서 보낸 편지는 남아 있지 않지만, 그의 운명에 관해서는 이상한 뒷얘기가 전한다. 칼부의 주장과는 달리 피르스가, 그리고 칼부도 광저우의 감옥에서 죽지 않았을 가능성이 있다는 얘기다. 1543년, 전 세계를 돌아다닌 포르투갈인 페르낭 멘드스 핀투가 명나라에 갔다. 핀투는 마르코 폴로와 비슷하게 박진감 넘치는 이야기꾼이었다. 그의 이야기에서는 진실, 소문, 완전히 지어낸 이야기가 심히 뒤얽혀 있어 포르투갈인들은 그의 이름을 '멘트스Mentes'라고 바꿔 놀렸다. 이런 뜻이다. "거짓말이지?" 그렇지만 이 거짓말쟁이의 이야기는 대부분 사실로 판명되었고, 그가 중국 어느 곳에서 중국인과 포르투갈인의 혼혈로 이네스 드 레이리아라는 이름의 기독교도 여성을 만났다는 주장은 꽤나 합리적이다. 그녀의 팔에는 십자가 문신이 있었다. 그녀는 포르투갈어를 아주 조금 할 수 있었고 해줄 이야기가 있었다. 그녀의 아버지는 토메 피르스였다. 그녀의 아버지와 칼부 둘 다 중국 내륙으로 유형流刑에 처해졌다. 피르스는 여러 해 전에 그녀의 어머니와 결혼해서 추방 생활을 하다가 1540년경에 사망했다. 핀투가 그녀를 만날 당시 칼부는 여전히 살아 있었다.

세계를 조사하러 돌아다닌 모험심 가득한 유럽인들의 운명은 다양했다. 그들은 배가 난파해 익사했고, 태평양의 섬들에서 노예가 되었으며, 말루쿠제도에 정착해 토착화했고, 고아에서 현지 여성과 결혼했으며, 메콩강 삼각주에서 해적이 되었고, 시암 왕들의 용병이 되었으며, 폴리네시아에 자신들의 DNA를 남겼다. 알 수 없는 일이 많지만, 그러한 침묵과 침묵 사이에는 발견, 운명, 모험의 놀라운 이야기가 펼쳐진다.

포르투갈인들은 중국에 관해 자신들이 할 수 있는 만큼 최대한의 정보를 수집했다. 역사가 주앙 드 바후스는 만리장성을 처음으로 언급한 유럽인이었다. 광저우에서의 정탐은 분명한 의도에서 비롯했다. 칼부가 편지에서 제안한 대로, 남부 중국을 점령하는 것이 실현가능하다는 인식이 있었다. 이러한 발상은 16세기의 남은 기간 동안 포르투갈과 에스파냐의 계획 속에 지속적으로 남게 된다.

2부

경쟁자들: 말루쿠제도를 차지하기 위한 싸움

1522-1546

7
에스파냐의 대응

1522-1526

멀리 떨어진 리스본에서는 1522년 9월 6일 빅토리아호의 세비야 귀환이 격한 반응을 불러일으켰다. 1522년 9월 28일, 최근 즉위한 주앙 3세는 자신의 대사에게 서한을 보내 추상같이 명령을 내렸다.

> 페르낭 드 마갈량이스의 선단 중 한 척이 말루쿠제도에서 정향을 실은 뒤 포르투갈에 속한 영토를 통해 산루카르에 도착했으니, 황제 카를 5세에게 불만을 전하고, 그 배를 이끈 선장의 처벌과 정향의 양도를 요청하라. … 황제가 자신의 선장들은 부당하게 처신한 것이 없다고 주장하며 명확하게 호의적인 답변을 주지 않는다면 … 그 문제를 더는 거론하지 말라.[1]

1523년 2월 4일, 신중하게 작성된 긴 답변이 왔다. 황제 편에서는 일종의 차단 작전이었다. 우호적 언어로 포장된("폐하께서 아시다시피 저는 폐하를 좋아했고 지금도 좋아하고 있습니다" 등등)[2] 편지는 양국 세력권 사이의 분할선을 결정하기 위해 말루쿠제도로 학문이 깊은 "점성술사, 우주학자, 공증인, 항해사"[3]로 위원회를 꾸려 파견하자고, 이 조사 중에는 양국 모두 말루쿠제도로 함대를 보내지 말자고 제안했다. 어쨌거나 결정적 반격이 있었다. "우리는 그(주앙 3세)가 빌린 믈라카와 여러 섬이 우리 영토와 경계선 안에 있으며, 따라서 그는 경계 확정 중에 이 지역으로 배와 함대를 보내지 말아야 한다고 주장한다. 나도 말루쿠제도와 그가 자신의 분할선 안에 있다고 주장하는 지역에서 내가 발견한 다른 섬들에 대해 동일하게 행동할 것이다."[4] 이는 포르투갈의 진출 속도를 늦추려는 의도에서 나온 것으로 실행불가능한 서투른 제안이었다. 카를 5세는 그 지역이 어쨌거나 자신의 영역 안에 있으며 포르투갈이 그곳을 발견했다는 주장은 어불성설이라고 말함으로써 어떤 위원회든 사전에 회피하려 했다. 동시에 그는 마젤란의 항해를 뒤이을 후속 함대를 이미 계획하고 있었다. 자신의 입으로 보내지 말자고 한 탐험대였다. 이는 포르투갈을 압박하려는 속셈이었다.

애정 어린 말투는 이베리아반도의 두 왕국이 서로 얼마나 깊이 얽혀 있는지를 드러내준다. 외교 관계는 복잡했다. 카를 5세는 곧 주앙 3세의 누이동생 이사벨과의 혼인 협상에 들어간다. 1525년 카를 5세의 여동생인 오스트리아 대공 카타리나 폰 카스틸리엔(카탈리나 데 아우스트리아)은 주앙 3세와 혼인한다. 카를 5세와 이사벨은 1년 뒤에 혼인한다. 그럼에도 포르투갈은 카를 5세의 주장에 격하게 대응했다. 많은 것이 걸려 있었기에, 포르투갈은 향신료제도에 도달하려고 여러 해 동안 공들여 얻어낸 결실을 에스파냐가 제 것인 양 가로채가도록 놔둘 뜻이 없었다. 말루쿠제도는 두 제국 간에 전쟁을 촉발할 잠재적 발화점이었다. 포르투갈은 논의를 요구했고, 황제는 함대를 준비하고 있었다.

논란을 진정시키고자 양측은 지구의 반대편에서 분할선을 결정할 공동위원회의 설립에 합의했다. 1524년 4월 11일 양국은 상징적인 중립 지역에서 만났다. 포르투갈과 에스파냐 사이를 흐르는 국경의 강인 과디아나강 위의 다리로, 곧 엘바스(포르투갈)와 바다호스(에스파냐)의 중간 지점이었다. 양측은 전문가인 우주학자, 지도제작자, 항해사로 최정예 팀을 꾸렸고, 경도 180도선(토르데시야스조약에 따라 지구 반대편에서 두 나라의 영역을 분할한 선)에 따라 말루쿠제도가 자신들의 적법한 영역 안에 포함된다고 자국에 유리하게 해석할 지구의와 지도를 갖고 왔다. 회의는 두 나라의 도시에서 번갈아 진행되었다. 포르투갈은 불리한 입장에 처해 있었다. 이전에 제작한 지도 몇몇에서 잠재적 침입자들에게 향신료제도로의 항해가 엄청나게 어렵다는 점을 보여주려 거짓으로 그 섬들을 제 위치보다 동쪽으로 더 멀리 그렸기 때문이다. 마젤란이 동쪽에서 서쪽으로 항해하리라고는 전혀 예상하지 못하고 세운 전략이었다. 숙련된 조타수들이 에스파냐로 이탈하면서 여러 해도와 귀한 정보도 더 많이 누출되었다. 에스파냐는 증거를 위조했다고 적을 비난하면서도, 자신들도 엉뚱한 주장을 내놓았다. 경도 180도선이 서쪽으로 매우 멀리 치우쳐 있어서 "갠지스강 입구를 지나니 수마트라와 믈라카, 그리고 말루쿠제도는 우리의 구역 안에 떨어진다."[5] 에스파냐의 주장은 지구 둘레가 상당히 짧다는 믿음에, 틀린 것으로 입증되는 믿음에 입각한 주장이었다. 크리스토퍼 콜럼버스의 아들 에르난도 콜론(페르난도 콜롬보)과 후안 세바스티안 엘카노가 회의에 참석해 지구의를 이용해서 말루쿠제도가 에스파냐 권역 안에 있음을 보여주었다. 포르투갈인들은 이 모든 주장을 논박했다. 조사 회의는 4월에 네 차례, 5월에 열한 차례 열렸다. 결국, 이 문제를 해결할 가능성이 없어서 회의는 교착 상태에 빠졌다.

세계를 깔끔히 분할하려는 이 명백히 터무니없는 시도는 바다호스에서 진행된 회의 이야기에 요약되어 있다. 위원회에 참석한 포르투갈 대표단의 몇 사람이 과디아나강을 따라 걷다가 빨래를 하는 여인과 그 옆에서 어머니를 지키는 꼬마 소년을 만났다. "소년은 그들에게 황제와 더불어 세상을 분할한 사람들이냐고 물었다. 그들이 '그렇다'고 대답하자, 그는 셔츠를 들어 올리고 맨살의 엉덩이를 그들에게 들이대며 이렇게 말했다. 여기 한가운데 그쪽의 분할선을 그려봐요."[6] 이 일을 두고 바다호스 시민들은 몇 달을 웃고 지냈다.

장기적인 역사적 시각에서 보면, 향신료제도와 필리핀제도가 가상의 토르데시야스조약 분할선의 자신들 편에 있다는 포르투갈의 주장은 지지를 받을 수 있었지만, 1524년 봄 당시에는 경도를 확정하기는 불가능했기 때문에 모든 시도가 다 무용지물이었다. 5월 31일 회담은 중단되었다. 오직 실질적 점유만이 그 문제를 해결할 수 있었다. 두 달 뒤 카를 5세의 함대는 출항 준비를 마쳤다. 향신료 교역을 통해 거둘 막대한 이윤이 걸린 문제였다.

안드레스 데 우르다네타라는 열일곱 살짜리 바스크인 청년은 카를 5세의 후속 탐험대에 대한 설명을 이렇게 시작한다. "1525년 7월 17일 월요일, 우리는 대략 450명이 일곱 척의 배로 아코루냐(라코루냐)를 출발해 정향나무가 자라는 말루쿠제도를 향했다. 각 배는 대포와 탄약, 이런저런 많은 무기로 잘 무장했다."7

의도는 분명했다. 오직 실질적 점유만이 지도상의 헛된 다툼을 해결할 수 있었다. 카를 5세가 모은 선단은 마젤란이 출항할 때의 선단보다 훨씬 더 컸다. 기함인 산타마리아데라빅토리아호는 300톤급의 상당히 큰 배였다. 부사령관의 배인 250톤급의 상크티-스피리투스호 뒤로 아눈시아다호, 산가브리엘호, 산타마리아델파랄호, 산레스메스호, 그리고 보급과 정찰의 임무에 투입되는 50톤 규모의 자그마한 소형 범선 산티아고호까지 순차적으로 작은 배들이 따라갔다. 이 함대의 규모가 에스파냐의 의도를 보여주었다.

탐험대 사령관 가르시아 호프레 데 로아이사는 경험 많은 노련한 뱃사람이었다. 부사령관 후안 세바스티안 엘카노는 지식과 조종술을 인정받아 선발되어 상크티-스피리투스호를 지휘하게 된 인물로, 마젤란 해협의 두 번째 통과에 다시 자원한 경우였다. 450명의 선원 중에는 그의 친족과 동향인인 바스크의 경험 많은 뱃사람 다수가 포함되었다. 젊은 우르다네타는 급사로 참여했다. 이 젊은이는 글을 읽고 쓸 줄 알았고, 똑똑했으며, 관찰력이 좋았고, 재주가 많았다. 그는 일지를 작성해 자신의 삶을 바꾼 모험을 완벽하게 설명했다. 놀랍게도 첫 번째 세계 일주의 다른 생존자 세 명도 대양 항해에 다시 자원했다. 이 문제에 발언권이 없는 다른 사람들 중에는 첫 번째 항해에서 납치된 원주민 몇 명이 포함되었다. 그들은 통역으로 유용하게 쓰일 수 있었다.

로아이사는 엄격하게 제시된 53개 명령의 목록을 받았다. 마젤란 탐험대의 경험을 토대로 의사 결정, 규율, 항해 절차, 항로, 원주민의 처리, 교역 전략, 사령관이 사망할 경우의 지휘권 계승 등 모든 측면을 다 포괄했다. 이번에는 배에서 충성심의 균열을 초래할 포르투갈인들의 존재가 없었지만, 경험에 비추어보건대 서쪽 항로의 가혹한 조건은 언제나 선원의 사기를 시험하고 불화의 씨앗을 뿌리기 쉬웠다. 그리고 영역 구분 문제를 해결하지 못했기에 로아이사가 받은 지시는 모순으로 가득했다. 그들은 "어떤 이유로도 포르투갈 왕의 [미결] 구역 안에 있는 땅을 발견하거나 거기에 상륙하는 일은 없어야 한다." 그들은 무력 충돌을 피해야 했지만(함대를 위험에 빠뜨리지 않고 이길 수 있다면 상관없었다) 동시에 말루쿠제도에서 포르투갈인들과의 직접적 접촉도 피해야 했다. "남쪽에 기지를 두고 있는 포르투갈인들과의 만남을 피해야 하니 상륙은 북쪽으로 해야 한다. 그러나 포르투갈인들이 도착해 있다고 해도, 그 때문에 상륙을 포기해서는 안 된다." 그들은 또한 아직 어떤 운명에 처했는지 알 수 없는 트리니다드호를 찾으라는 명령도 받았다. 바다호스에서 해결되지 않은 모든 문제가 여전히 그 상태였다. 점유라는 노골적인 목적이 이 문서의 밑바탕에 깔려 있었다. 로아이사의 직책에는 "말루쿠제도와 그 부속 섬들의 총독"이라는 직함도 포함되었다.[8] 그들이 향신료제도에 도착한다면, 충돌은 불가피했다. 이베리아반도 사람들은 자신들의 싸움을 세상 반대편까지 끌고 가고 있었다.

7월에 출항하기로 결정한 것은 엘카노의 지식에 의존해 파타고니아 해안에서 마젤란 함대를 강타한 맹렬한 대서양 폭풍을 피하려는 의도에서 비롯했다. 그렇게 시기를 조정하니 문제가 따랐다. 남반구의 겨울이 한창일 때 그 해협에 도달하리라는 것이었다. 첫 번째 기착지는 카나리아제도의 바위투성이 화산섬 라 고메라였다. 그곳에서 식량을 보충했다. 이곳에서 병사 몇 명이 탈주했다. 남은 항해의 전망이 벌써 의구심을 불러일으키고 있었기 때문이다. 그곳에서부터 "순풍을 타고 항해한"⁹ 처음에는 전진이 쉬웠지만, 그 직후 8월 18일 함대는 변덕스러운 대양을 처음으로 맛보았다. 바다가 거칠어졌다. 한바탕 폭풍우가 몰아쳐 기함의 메인마스트mainmast가 박살났다. 엘카노는 목수 두 명을 작은 보트에 태워 파손된 기함에 보내려 했다. 머리카락이 쭈뼛 서는 위험한 시도였다. 그들은 파도가 무섭게 솟구치고 폭우가 쏟아지는 가운데 모진 고초를 겪은 끝에 기함에 승선했다. 함대는 앞돛foresail〔포슬〕만 이용해 계속 전진했다. 로아이사의 배는 수리를 하기는 했지만 오히려 더 다루기가 까다로워졌다. 로아이사의 기함은 거친 바다에서 맹렬한 비를 맞으며 나아가다 산타마리아델파랄호와 부딪혔다. 산타마리아델파랄호의 선미루와 미즌마스트mizzen mast〔고물에 가까운 맨 뒤쪽 돛대〕가 손상되었다.

9월 6일(1525년) 시에라리온 해안 근처에서 그들은 프랑스 선박으로 추정되는 배와 마주쳤다. 에스파냐와 프랑스가 전쟁 중에 있었기에 산가브리엘호와 산티아고호가 그 배를 추적했다. 산티아고호가 따라가 잡으니 포르투갈 선박으로 밝혀졌다. 산티아고호 선장 산티아고 데 게바라는 그 배에 그들의 기함으로 가라고 명령했다. 그때 산가브리엘호의 지휘관 로드리고 데 아쿠냐가 게바라가 보호하고 있는 포르투갈 선박에 대포를 한 발 발사했다. 아쿠냐와 게바라 사이에 격한 언쟁이 벌어졌다. 서로 포격이라도 할 것 같았다. 로아이사는 포르투갈인들을 정중히 대해 갈 길을 가도록 풀어주었지만, 팽팽한 긴장은 이미 돌이킬 수 없었다.

항해는 점점 더 혹독해졌다. 우르다네타는 이렇게 회상한다. "우리는 내내 역풍을 맞았다가 그다음 아주 거대한 무풍 지대에 빠졌다. 그래서 한 달 반 동안 고작 150리그(약 720킬로미터)밖에 전진하지 못했다."[10] 폭풍이 몰아쳤다가 무풍 지대에 들어서 돛에 바람이 불지 않자, 불만이 증폭되었다. 엘카노의 배에서는 일단의 고급선원이 점차 반항적으로 변했다. 힘겨운 상황에 질렸기 때문이었을 텐데, 그들은 대서양 횡단을 포기하고 희망봉을 돌아 동쪽으로 가자고 요구했다. 명령에 정면으로 반기를 드는 요구였다.

이러한 상황은 함대가 에스파냐인들이 산 마테오라고 부른, 기니만의 안노본섬에 도달했을 때 곪아 터질 지경에 이르렀다. 이곳에서 그들은 좋은 식수 공급지와 손상된 배를 수리할 기회를 얻었다. 우르다네타는 이렇게 회상했다. "어장이 매우 좋았고, 야자나무가 많았다. 암탉도 몇 마리 보았고, 돼지의 흔적도 발견했으며, 쉽게 잡히는 새도 많았다. 우리는 막대기로 그런 새를 많이 잡았다. 둥지에서 알도 많이 발견했다." 이런 것들을 먹는 데 위험이 없지 않았다. "기함에서 매우 아름다운 물고기를 잡았는데, 그들은 [물고기에] 부리가 있다고 했다." 로아이사가 모든 고급선원을 초대해 함께 먹었다. "그 물고기를 먹은 사람은 전부 의식을 잃을 정도로 지독한 설사에 시달려 우리는 그들이 곧 죽을 것이라고 생각했지만, 하느님께서는 그들 모두 살기를 원하셨다."[11] 몸이 나아진 로아이사는 서로 다툰 두 선장 아쿠냐와 게바라를 처벌했고, 엘카노가 지휘하는 배의 반란 가능성을 조사하는 데 착수했다. 그는 항명한 자들을 고문해 진실을 알아내려는 준비를 하고 있었는데, 그때 상크티-스피리투스호의 닻이 고정되지 않고 질질 끌리는 것이 목격되어 다급히 그 진행을 중단했다. 그 섬은 열대의 아름다움을 간직했지만 불길한 곳이었다. "우리는 살해된 두 남자의 해골과 포르투갈어로 이렇게 쓰인 나무를 마주쳤다. '사악한 주안 후이스가 여기서 죽었다. 그는 죽어 마땅했다.'"[12] 그들은 필시 섬을 떠나게 되어 기뻤을 것이다.

탐험대의 항로를 변경하려는 시도는 중단되었지만, 불만의 여론은 지속되었다. 그런데 탐험대가 아메리카를 향해 서쪽으로 방향을 틀자 "바람이 많이 불어 항해에 유리했다." 우르다네타는 그렇게 회상했다.[13] 그는 수많은 해양 생물의 드라마에 깜짝 놀랐다. "내가 본 가장 아름다운 물고기"인 날치가 배에서 쏜 라이플총의 탄환처럼 "박쥐 같은 날개로" 공중을 날아다녔고, 참치만큼이나 커다란 물고기들이 배보다 앞서 뱃전 절반 높이까지 수면 위로 솟구쳤으며, 새들도 공중으로 날아오른 날치를 잡으려고 급강하했다. 이를 피하느라 "날치들은 뱃전에 부딪혔고, 물기 없는 갑판에 떨어지면 튀어 오를 수 없었기에 우리에게 잡혔다."[14]

12월 5일 포르투갈 영토인 브라질 해안이 시야에 들어왔다. 상륙하지 않고 남쪽으로 방향을 틀었다. 크리스마스에 바람이 잦아들어 전진할 수 없었는데, 그날 밤 날씨가 변했다. 로아이사의 함대는 마젤란이 대서양 남부에서 겪은 고난을 되풀이할 참이었다. 다만 때는 겨울이어서 상황이 훨씬 더 열악했다. 남위 40도에서 그들은 강력한 역풍을 만났다. 전진이 불가능하다고 생각되었다. 29일 배들은 더욱 맹렬한 폭풍에 마주쳤다. 기함(산타마리아데라빅토리아호)이 사라졌다. 이틀 동안 수색했지만 성과가 없었고, 함대의 나머지 배들은 남쪽으로 리오 산타 크루스 강을 향했다. 마젤란이 7주 동안 숨어 있던 피항지로, 지금처럼 우발적 사태가 발생할 경우 합류 지점으로 정한 곳이었다. 로아이사의 배는 여전히 흔적이 없었다. 상크티-스피리투스호에서 회의를 한 끝에, 함대는 십자가 표시를 한 병에 전갈을 남긴 채 '남쪽 바다'로 이어지는 해협으로 계속 진행하기로 했다. 이틀 뒤 엘카노는 그 해협의 입구에 도착했다고 생각하고 함대에 전진 신호를 보냈다. 그러나 곧 의심이 생겼다. 어느 배에서 보트 한 척을 내보냈다. 그중 두 사람, 마젤란의 항해에 동행했던 에르난도 데 부스타만테와 롤단 데 아르고테는 그곳이 그 해협의 입구가 맞는다고 확신했지만, 다른 사람은 그 정도의 확신은 없었다. 오히려 강처럼 보였다. 솟구치는 물결을 보니 바닷물이 아님이 분명했다. 우르다네타는 비판적이었다. "진실을 말하자면, 이전에 그 해협을 경험해본 자들, 특히 후안 세바스티안 델 카노〔엘카노는 때로 델 카노del Cano라고도 불렸다〕가 심히 분별력이 없었다."[15] 그들은 항해를 계속했다.

해질녘에 그들은 마젤란해협 입구에 갈고리 모양으로 튀어나온 곳인 카보 비르헤네스에 도착했고, 상크티-스피리투스호는 그곳에 닻을 내렸다. 그날 밤 10시가 되자 바다에서 해안으로 부는 맹렬한 바람이 배를 강타했다. "동이 튼 후 우리는 빠져나가야 한다고 생각했지만 그럴 수 없었다. 바람이 무척 거셌다. 닻을 네 개 내렸지만 바닷물이 여러 차례 돛의 중간보다 더 높이 솟구칠 정도로 매우 높아서 닻이 바다 밑에 고정되지 못하고 질질 끌렸다. 아무도 서 있는 곳에서 한 발자국도 움직일 수 없었다. 선원들은 크게 당황했다. 모두 망했다고 생각했다. 병사들은 제대로 서 있을 수 없었다."[16] 상황은 시시각각 더 나빠졌다. 엘카노는 닻줄을 풀어 닻을 내리고 배를 해변에 대라고 명령했다. 상크티-스피리투스호는 완전히 좌초했다. 이제 높은 파도가 해변 위로 덮쳤고, 일부 병사와 선원은 뛰어내렸다. 그들은 저류底流가 물러날 때를 살펴 뛰었다. "열 명 중에 … 단 한 명만 탈출했다. 바닷물이 그들을 집어삼켜 배 밑으로 내던졌다. 대부분 몸이 갈기갈기 찢겼고, 이를 모면한 자들도 하릴없이 물에 빠져 죽었다."[17] 해변에 도달해 살아남은 그 한 사람이 선원들의 구원자가 되었다.

우리는 큰 삼각돛의 활대에 밧줄을 묶어 뭍에 안전히 도달한 자에게 던졌고, 그 덕에 활대를 타고 뭍으로 건너갈 수 있었다. 큰 위험을 감수해야 했고 몸이 흠뻑 젖고 기진맥진했지만 우리 모두 신의 도움으로 벗어났다. 우리가 발을 들인 곳은 자갈밖에 없는 저주받은 땅이었다. 지독히 추워 체온을 유지하려고 제자리에서 계속 뛰었다. 그러지 않았다면 죽었을 것이다.[18]

폭풍은 잦아들었고 난파선의 선원들은 가까스로 물품 상자들과 식량을 꺼내왔지만, 그날 밤 늦게 더욱 거센 폭풍이 몰아쳐 구해온 것을 모조리 쓸어갔다.

탐험대는 대서양 남부에서 겨울의 공격을 받아 엉망이 되었다. 상크티-스피리투스호는 수리가 불가능할 정도로 파괴되었고, 엘카노는 해변에 고립되었다. 기함은 사라졌다. 다른 배들은 폭풍에 바다로 밀려났지만 그 해협 안으로 들어와 피하기를 원했다. 이를 위해서는 이전에 엘카노가 했던 경험이 필요했지만, 그는 난파한 생존자들과 함께 다른 곳에서 오도 가도 못하고 있었다.

폭풍이 잠잠해지자 보트 한 척이 엘카노를 데리러 왔다. 해변에 있는 살아남은 자들은 전부 간절히 구조를 기다리고 있었지만, 보트는 너무 작아서 두 사람밖에 태울 여유가 없었다. 우르다네타는 이렇게 기록했다. "나만 선장과 함께 보트에 올라 아눈시아다호로 갔다."[19] 이 젊은이는 일찍부터 확실히 가치가 있다는 평을 받았다. 마젤란해협의 입구에서 그들은 놓쳤던 기함과 산가브리엘호와 마주쳤다. 폭풍이 다시 몰아쳐 배들을 강타했고 그 안에 실은 보트들을 휩쓸어갔다. 아눈시아다호의 닻이 질질 끌렸다. "우리는 가파른 퇴堆, bank에 부딪혔고, 아무도 살아남을 수 없을 것 같았다."[20] 선원들은 불쌍하게 울부짖었다. 엘카노는 선장에게 선원들이 제자리를 지키게 하라고 명령했다. 아눈시아다호는 살아남았고 바다로 밀려나갔다가 다시 해협 안으로 들어왔다. 그곳에서 그들은 놓쳤던 배 두 척을 발견했다. "그들을 발견해서 얼마나 기쁜지 신은 아실 것이다. 그들을 잃었다고 생각했기 때문이다."[21]

마젤란이 겪은 그 해협의 풍광은 인간이라곤 없는 곳이었다. 그런데 이제는 달랐다. "우리는 뭍에 사람이 있는 것을 보았다. 그들은 붉은색의 옷을 입고 있는 듯했다. 그들이 어떤 사람들인지 보려고 해변으로 작은 보트를 보냈더니, 그들은 원주민이었다. 그들 중 한 명을, 배에 있는 가장 큰 사람보다도 1큐빗(약 45센티미터) 정도 큰, 매우 큰 사람을 데려왔다. 그는 '얼룩말'(야마와 비슷한 동물인 과나코) 가죽을 입고 있었고 발에는 같은 가죽으로 만든 끈신발을 신고 있었다. 배에 오른 그는 크게 놀랐다." 그들은 그에게 약간의 포도주와 거울을 주었다. 포도주는 "그를 매우 기쁘게 했다." 거울은 그를 당혹스럽게 했다. "다른 원주민이 거울 뒤에 숨어 있다고 믿은 것 같다. … 그는 아주 즐거웠고 오랫동안 춤을 추었으며 해변에서 볼 수 있게 신호를 보냈다."[22]

해변에 여전히 고립되어 있는 난파선의 선원들을 구출하는 것이 중요했다. 이를 위해 우르다네타를 포함한 일부 선원이 뭍으로 되돌아갔다. 그들은 해변에 도달하자마자 방문객들의 인심 좋은 대우가 다른 파타고니아인들의 관심을 촉발했음을 분명하게 알게 되었다. 그들이 출발할 때, 매우 큰 남녀 원주민 서른 명이 그들을 뒤따랐다.

그리고 그들은 우리에게 먹을 것과 마실 것을 청했다. 우리는 배낭에 담아 가져간 것을 일부 주었고 뒤이어 그들의 부락을 보러 갔다. 제브라 가죽으로 만든 오두막들로 이루어졌는데, 그들은 그곳에서 아내와 자녀들과 함께 살고 있었다. 그들은 다른 곳으로 가고 싶으면 오두막을 해체해 여인들이 등에 지고 갔다. 그들은 활과 화살만 갖고 이동했다. 약 열 명쯤 하루 반나절 동안 우리를 따라다녔지만, 우리의 배낭이 점점 비어가는 것을 알고는 되돌아갔다.[23]

그들은 계속 걸었다. 태양이 뜨거웠다. 물이 다 떨어져 극심한 갈증에 시달렸다. 우라다네타는 자신의 소변을 마셔 갈증을 해결했다. "나는 일고여덟 모금 마셨다. 마치 음식을 먹고 물을 마신 것처럼 정신이 돌아왔다." 그들은 마침내 물이 괸 웅덩이를 발견했지만, 그 여정은 악몽으로 변하고 있었다. 날카로운 절벽 아래로 해변을 따라 걷던 그들은 밀물에 갇혔다. "우리는 전진도 후퇴도 할 수 없었다. 절벽이 매우 높았기에 그 뒤쪽의 땅으로 갈 수도 없었다. 결국 물이 무릎까지 차올랐고 다른 해결책이 없어서 우리는 벼랑을 기어오르기로 결정했다."[24] 힘들었지만 해냈다. "우리는 자비를 베푸신 하느님께 감사드렸다." 그날 밤 오리 몇 마리와 토끼를 구우려고 불을 지피다가 화약을 담은 통에 불이 붙었다. 우라다네타는 심한 화상을 입었다. "그 일이 나로 하여금 지난 모든 고난과 위험을 생각나지 않게 했다."[25] 너무 추워서 모두 모래에 몸을 파묻었지만 그 밤 내내 편히 쉴 수 없었다. 정체 모를 짐승들의 짖는 소리가 들렸고 파타고니아인들이 자신들을 죽일지도 모른다는 두려움에 떨었다. "우리는 걱정에 잠겨 잠을 이루지 못하고 밤을 꼬박 샜다. 이튿날 우리는 다시 해변을 향해 걸었다."[26] 나흘 째 되는 날에 난파한 선원들을 만났다. 선원들은 그들을 보고 기뻐 안도했다.

해변에서 더 좋은 소식이 왔다. 사라졌던 기함이 산가브리엘호와 소형 범선 산티아고호와 함께 앞바다에 나타났다. 그들은 불을 질러 주의를 끌었고, 산티아고호가 파견되어 구조대가 올 것이라고 배들에 알렸다.

첫 번째 폭풍이 한바탕 몰아친 후 로아이사는 함대를 다시 모으고, 해변에 고립된 선원들을 구출하고, 상크티-스피리투스호에서 물자를 최대한 많이 꺼내오려 했다. 고통스러운 작업이었다. 2월 5일(1526년) 무서운 폭풍이 다시 함대를 때렸다. 몇 척은 마젤란해협에서 피난처를 찾을 수 있었다. 산레스메스호는 일시적으로 남위 50도까지 휩쓸려 아메리카 최남단 근해의 어느 섬으로 떠밀려갔다. 그때까지 유럽의 그 어느 선박도 간 적이 없는 먼 곳이었다. 기함은 암초에 걸려 심한 손상을 입었다. 많은 화물을 갑판 너머로 내버리고서야 가까스로 다시 물에 떴다.

사기는 가라앉고 있었다. 산가브리엘호 선장 아쿠냐는 너무도 낙심한 나머지 포기할 것을 진지하게 고려했다. 우르다네타에 따르면, 2월 9일 아눈시아다호 선장 페드로 데 베라는 신호를 보냈다. 그는 "우리에게 오고 싶지 않았다. 마침내 그 배는 해협을 빠져나가 사라졌다. 우리는 다시는 그 배를 보지 못했다."[27] 아눈시아다호는 희망봉을 지나 말루쿠제도로 가겠다며 보트도 닻줄도 조타수도 없이 떠났다. 배는 홀연히 사라졌다. 로아이사는 엘카노의 제안에 따라 남은 배들에 리오 산타 크루스 강에 집결하라고 명령했다. 그곳에서 기함을 수리할 수 있었기 때문이다. 그러나 아쿠냐도 힘겨워 보였다. 산가브리엘호도 사라졌다. 아마도 탈주한 것이 아니고 북쪽으로 떠밀려갔을 것이다. 산가브리엘호는 홀로 놀라운 생존을 보여줄 운명이었다.

기함을 리오 산타 크루스 강으로 이끄는 일은 고됐다. 그들에겐 기함을 수리하는 것밖에 달리 방법이 없었다. "우리는 물을 빼내기 위해 배에서 짐을 내렸다. … 물이 너무 많이 들어차 배를 다시 띄우는 데 양수기를 두 대 써야 했다. … 때는 겨울이었기에 기함을 수리하느라 아주 열심히 일했다. 물속에서 일하는 중에 보니 용골龍骨이 3패덤(약 5.5미터)이나 부러져 있었다. 우리는 먼저 판자로, 그다음 납판으로 최선의 수리 방법을 썼다."[28]

수리에는 두 주가 걸렸다. 예리한 자연사 관찰자 우르다네타가 주변을 관찰하기에는 충분한 시간이었다. 끝없는 소금밭과 강력한 조수 속에 날지 못하는 오리(펭귄)와 햇볕 쬐는 바다사자가 서식하는 작은 섬이 있었다. "어느 날 마흔 명의 동료가 한 마리를 잡을 수 있는지 보트를 타고 나가 살펴보기로 했다. … 백여 마리의 바다사자가 있었다. …

0.5리그〔약 2.4킬로미터〕떨어진 곳에서도 우는 소리가 들렸다." 그 동물들에게 다가가려면 펭귄 무리를 뚫고 지나가야 했다. "펭귄은 날 수 없기 때문에 우리는 바다사자에 도달하려면 … 그놈들을 밟고 지나가야 했다." 우리가 가까이 다가가자 바다사자들은 맹렬히 저항했다. "그놈들은 아주 강해서 갈고리로 잡으려 해도 다른 무기로 가격하려 해도 소용없었다. 그놈들이 이빨로 창을 물면 창이 산산이 부서졌을 것이다. 한 마리를 죽여 배를 가르니 위장 속에서 그놈이 깨뜨려 삼킨 조약돌이 많이 나왔다. 오늘 밤 우리는 간과 지라를 먹었다."[29] 그 짐승은 너무도 무거워 밧줄과 도르래를 써서 배 위로 끌어올리는 데 스무 명이 필요했다. 우르다네타는 머리와 목만으로도 140명이 먹었다고 주장했다. 그들은 그 고기를 먹고 탈이 나서 크게 고생했다.

리오 산타 크루스 강에는 물고기가 풍부했다. 그들은 13배럴〔약 2100리터〕정도를 잡았다. 함대 전체가 신선한 음식을 먹기에 충분한 양이었다. 해변에서 그들은 타조를 발견해 죽였고, "껍데기 때문에 마치 망토를 걸친 말처럼 보이는 … 거북이" 같은 동물을 발견했다.[30] 그들은 보석에 가까운 돌들도 모았다. "나는 토파즈〔황옥黃玉〕를 주워 40두카트를 벌었다. … 우리는 이 강에 있는 동안 파타고니아인을 보지 못했다. 이곳의 조수는 매우 높았다."[31]

3월 말 함대는 출발할 채비를 갖추었다. 그들은 파타고니아 해변에서 석 달 동안 고통을 버텨냈다. 1526년 3월 22일 아니면 29일(몇 가지 설명이 있는데 각기 다르다), 남아 있는 배 네 척은 출항했다. 바람은 순풍이었지만 여전히 강했다. 바다는 심하게 요동쳤다. "4월 8일 우리는 그 해협에 진입했다."[32] 그들은 여덟 달 동안 바다에 있었다. 이제 급격하게 휘고 꺾여 마젤란의 함대를 그토록 심한 좌절에 밀어 넣은 일련의 협수로, 만, 작은 해협의 미궁을 350마일〔약 560킬로미터〕에 걸쳐 뚫고 지나가야 했다. 이번에는 마젤란 탐험대가 남긴 해도와 항해 일지, 그리고 엘카노의 앞선 경험이 있었지만, 계절이 겨울로 접어드는 것이 문제였다. 낮은 짧아지고 있었고, 바람은 강했으며, 추위는 살을 에는 듯했다. 자그마한 산티아고호가 정찰을 위해 앞장섰다.

첫 번째 넓은 수역 안에서 로아이사는 선원들을 해변으로 보내 먹을 수 있는 채소를 뜯어 모으고 파타고니아인을 잡아올 수 있는지 알아보게 했다. 한 사람을 잡아채려 했다가 그들은 화살 세례를 받아 물러나야 했다. 함대에는 사건들이 연이었다. 기함에서 역청을 담아놓은 솥에 불이 붙었다. "우리는 큰 위험에 빠졌다. 몇몇이 불을 끄려 분주한 동안, 다른 이들은 앞다퉈 보트에 올라타려 했다. 먼저 타려고 서로 죽일 듯했다. 모두가 그렇게 행동했다면 끔찍한 상황에 처했을 것이다." 다행스럽게도 불이 꺼졌다. "총사령관은 보트에 올라탄 자들을 전부 호되게 질책했다."[33] 배와 배 사이의 연락은 여전히 까다로웠다. 산티아고호는 잠시 사라졌다가 다시 나타났다.

마젤란의 탐험대는 그 해협의 여러 곳, 만, 협수로에 이름을 붙여주었고, 이는 두 번째 항해에 오른 엘카노에게 익숙한 참조점이 되었다. 우르다네타는 미로를 지나는 구불구불한 진로를 기록했으며, 조타수 에르난도 데 라 토레는 꼼꼼하게 항해일지를 기록했다. 4월 12일 그들은 라 콘셉시온이라고 부른 만에 도달했다. "그곳에서 우리는 나흘을 머물렀다. 바람이 역풍이었기 때문이다."[34] 이틀 뒤 그들은 산타 아나 갑에 있었다. 그들은 '눈의 해협'이라고 불렀다. 그들은 비정상적인 계

마젤란해협으로의 진입. 남쪽을 바라보고 그린 17세기의 생생한 묘사다. 펭귄을 크게 그려 이목을 끈다. 배들은 카보 비르헤네스 곶에 접근한 뒤 두 곳의 좁은 협수로를 통과해 넓은 수역으로 들어간다. 카보 프로어드 곶에서 결정적인 직각 회전이 이루어진다. 그 너머에 티에라 델 푸에고가 있다.

절풍을 만나 끊임없이 고전했다. "산은 매우 높아 하늘에 닿은 것 같았다. 거의 연중 내내 햇빛이 들어가지 않는 곳이었다. 밤은 24시간보다 더 길었다. 주기적으로 눈이 내렸고, 쌓인 눈은 오랫동안 녹지 않아 매우 푸른 빛을 띠었으며, 추위가 극심했다."[35] "18일에 우리는 천연 항구인 산 호르헤에 들어가 땔감과 식수를 구했고 작은 보트 한두 척을 만들 나무도 구했다."[36] 항해 중의 사망자 수는 입에 올리기가 무서울 정도였다. "중개상 디에고 데 코바루비아스가 여기서 죽었다." 원주민과 얼핏 스치고 지나갈 때도 있었다. 카누 두 척이 어둠 속에서 접근해왔고 사람이 외치는 소리가 들렸다. "우리가 그들의 말을 알아들 수 없었기에 그들은 배로 다가오지 않고 돌아갔다."[37] 무슨 일이 일어날 수도

카보 데세아도 곶과 태평양('칠레해'라고 적혀 있다)으로 이어지는 길고 좁은 수로를 통해 마젤란해협을 떠나는 장면. 이 네덜란드 탐험대는 새를 잡아먹으려고 총을 쏘고 있고, 원주민과 우호적 관계를 맺은 것 같다.

있다고 생각한 선원들은 무장하고 대기했다. 이튿날 보트 한 척을 내보냈지만 그들을 찾을 수 없었다. 밤이 되자 물에 비친 불을 보았다. 고래 뼈로 늑재肋材를 삼아 만든 카누 한 척이 나타났지만 그들은 우리를 피했다.

다음으로 배를 멈춘 곳은 적절하게도 부엔 푸에르토〔"좋은 항구"〕라는 이름을 얻었다. 땔감이 풍부했고 "신맛 나는 버찌 비슷한 붉은 열매"가 많아서 "돌 없이도 따 먹었다." 홍합도 발견했는데 그 안에 진주가 있었다. 껍질에서 계피 맛이 나는 나무도 찾아냈다. "함대의 모든 사람이 그것을 먹었다."[38] 버찌에서 얻은 비타민C는 반드시 필요했지만 충분하지는 않았다.

7 | 에스파냐의 대응

그들은 카보 프로어드 곶에서 북서쪽으로 급격하게 뱃머리를 돌렸고 다른 정박지에 도달했다. 그들은 그곳을 산 후안 데 포르탈리나고 불렀다. 우르다네타의 기억에 따르면, 그곳은 "눈이 많이 내리고 추운, 어떤 옷을 입어도 따뜻하지 않은" 황량한 지역이었다.[39] 하늘 높이 치솟은 산 밑으로 바람이 사납게 휘몰아쳤고 바다는 무섭게 으르렁댔다. 배 위의 상황은 비참했다. 갑판에 있으면 추위가 뼛속까지 파고들었다. 갑판 아래로 들어가 추위를 피하면 참기 어려운 악취와 벼룩에 시달렸다. "우리는 그놈들을 피할 수 없었다." 갈리시아 출신의 어느 병든 선원은 벼룩 때문에 질식해 죽었다고 한다. 동료들이 그를 깨끗이 씻기고 깨끗한 옷을 입혀 큰 통에 집어넣은 뒤 뚜껑을 열어두었는데, "사흘째 되는 날 그를 보니 그도 통도 보이지 않았다. 둘 다 매우 큰 벼룩들이 완전히 뒤덮었고 그는 그렇게 죽었다."[40] 그들은 항해를 계속하려 애썼지만 강풍에 밀려났다. 배들은 5월 13일에 다시 전진했고, 남서풍이 불어 그 고통스러운 지대를 빠져나갔다. 이제 바다는 해양 생물로 가득했다. 고래, 참치, 청상아리, 대구, 엄청난 정어리 떼와 멸치 떼, 굴, 홍합. 마침내 그들은 그 해협의 가장 먼 끝자락에 도달했다. 카보 데세아도 곶이었다. "5월 26일 토요일 아침, 기함, 카라벨선 두 척, 소형 범선은 (마젤란) 해협을 빠져나왔다."[41] 지옥 같은 바닷길 통과에 대한 우르다네타의 간결한 결론이다. 그것은 또 다른 인내심의 시험이었다. 마젤란 항해에서 정보를 얻었는데도, 그 길을 지나는 데 48일이 필요했다. 앞서 봄철에 그 길을 지난 전임자들보다 열흘이 더 걸렸다. 이제 그들은 고요의 바다 태평양에 들어섰다. 그렇지만 바다는 평온하지 않았다.

태평양에 들어서자마자 함대는 맹렬한 폭풍을 만났다. 로아이사의 배는 돛을 전부 내렸는데도 뒤에서 부는 바람에 빠르게 떠밀려갔다. 바람이 진정되었을 때 다른 배 세 척이 보이지 않았다. 로아이사는 그 배들을 다시는 보지 못한다. 산타마리아델파랄호, 산레스메스호, 산티아고호는 저마다 놀라운 모험을 하게 된다. 산타마리아데라빅토리아호는 이제 넓디넓은 바다에 홀로 남았다. 수리를 했어도 배는 상태가 위태로웠고 여전히 물이 샜다. 선원들은 배가 가라앉지 않도록 계속해서 두 대의 양수기에 붙어 있어야 했다. 북서풍이 불어 말루쿠제도로 항로를 잡기가 어려웠다. 우르다네타는 이렇게 기억했다. "우리는 매일 [북서풍이] 끝나기를 기대했다. 난파한 배에서 옮겨온 자들 때문에 음식 배급량을 줄여야만 했다. 우리는 열심히 일했지만 먹는 음식은 부족했다. 우리는 비참하게 지냈으며, 몇몇은 죽었다."[42]

며칠이 지나도 눈에 보이는 것이 없자 사기가 저하되었다. 바다에서 몇 달 동안 제대로 먹지 못하고 적절한 양의 비타민C를 섭취하지 못하자 무시무시한 괴혈병 증상이 다시 나타났다. "우리가 잃은 자들은 모두 잇몸이 부어올라 아무것도 먹을 수 없어서 죽었다. 나는 잇몸이 너무 심하게 부어올라 손가락만큼 두껍게 살이 빠져나온 사람을 보았다."[43] 그들은 항로를 유지하려 고투하는 중인 7월 초에 북동 무역풍을 탔다. 사망자는 계속 늘어났다. "6월 24일 일요일, 기함의 조타수 로드리고 베르메호가 죽었다. 베르메호는 매우 훌륭한 조타수였기에 그의 죽음은 우리 항해에 크나큰 손실이었다. … 7월 13일 금요일, 회계원 알바로 데 테하다가 죽었다. … 7월 30일, 총사령관이 사망했다."[44] 사망자가 발생할 때마다 책임의 이동이 있었지만, 로아이사의 죽음은 그 의미가 각별했다. 어느 생존자는 로아이사가 삶의 의지를 잃었다는 듯이 말했다. 자신의 함대를 잃어 극심한 우울감에 빠진 로아이사는 "점차 쇠약해져 죽었다."⁴⁵

카를 5세가 내린 명령에는 총사령관이 사망할 경우 열어보라는 비밀 지령이 있었다. 명령서는 후안 세바스티안 엘카노를 전체적인 책임을 떠맡을 지휘관으로 임명했다. 그는 한 주 더 살았다. 유언을 남기기에는 충분했다. 8월 6일, 그때까지 살아남은 그 누구보다도 더 많은 세상을 목격한 그 세계 일주 항해자는 태평양의 깊은 바다 속으로 풍덩 소리와 함께 수장되었다. "동시에 출납관도 사망했다."⁴⁶ 토리비오 알론소 데 살라사르가 총사령관에 임명되었다. 그도 역시 오래 버티지 못했다.

우르다네타의 증언에 따르면, 후안 세바스티안 엘카노는 황제의 지시를 어기고 시팡구(일본)를 경유해 말루쿠제도로 함대를 이끌려 한 것이 분명하다. 명령을 무시하고픈 유혹은 확실히 마젤란에게만 국한되지는 않았다. 그러나 우르다네타의 기억에 따르면, "이때 우리는 과로해 기진맥진한 채 북위 14도나 15도쯤에서 시팡구를 찾고 있었다. 선원들은 양수기 작업, 사나운 바다, 부족한 음식, 질병으로 기력이 크게 소진되어 매일 몇 명씩 죽어나갔다. 그래서 우리는 최선을 다해 말루쿠제도로 가자는 데 동의했다."⁴⁷ 그들은 표류하다가 어느 섬을 지났다. 그들은 그곳에 산 바르톨로메라는 이름을 붙여주었지만 상륙할 수는 없었다. 열이틀이 지나 그들은 '도둑 섬' 즉 괌섬에 도착했다. 카누 몇 척이 배를 조사하러 왔을 때, 새로이 도착한 자들은 에스파냐어로 외치는 소리를 들었다. 그들에게 말을 건넨 자는 범상치 않은 모습이었다. "그는 거적으로 생식기를 덮어 가렸을 뿐 완전히 벌거벗었고, 억세게 곤두선 머리카락은 엉덩이까지 내려왔다."[48] 그는 곤살로 데 비고로, 마젤란 항해에서 조난당한 갈리시아인이었다. 그는 트리니다드호에서 선원들이 전부 죽어나가자 이탈한 세 사람 중 한 명이었다. 다른 두 사람은 그 섬에서 살해당했다. 그는 그곳에서 3년을 보냈다. "그는 배에 올랐고 그 섬의 언어를 알고 있어서 우리에게 큰 도움이 되었다."[49] 우르다네타는 '도둑 섬'과 그 주민들의 인류학을 상세히 묘사할 수 있었다. "그 섬들의 원주민은 옷을 전혀 입지 않고 벌거벗고 다닌다. 그들은 머리카락과 수염을 길게 기른 멋쟁이들이다. 철제 도구는 없으며 작업할 때는 돌을 사용한다. 무기는 새총, 불로 지져 단단하게 만든 곤봉, 죽은 사람의 정강이뼈로 만든 일종의 칼, 물고기 뼈가 전부다."[50]

"9월 10일 월요일. 우리는 이 섬들을 떠나 말루쿠제도를 찾으러 갔다."[51] 그 갈리시아인이 우리와 동행했다. 그들은 이제 힘을 쓸 수 있는 사람이 너무나 부족해서 섬 주민 열한 명을 납치해 양수기 일을 시켰다. 사망자는 계속 늘어났다. 9월 15일, 새 총사령관 알론소 데 살라사르가 죽어 그를 바다에 수장했다. 곧이어 선장 후안 데 우엘바와 일등 항해사 치미고 데 로리아가가 그를 뒤따라갔다. 누가 살라사르의 뒤를 이어 총사령관이 될 것인지를 두고 의견이 갈렸다. 위험스러운 분열 끝에 바스크 출신의 다른 뱃사람 마르틴 이니게스 데 카르키사노가 총사령관으로 지명되었고, 모두 그에게 충성을 맹세할 것이 요구되었다.

10월 6일, 그들은 필리핀제도 남부의 가장 큰 섬 민다나오에 도달했다. 말레이어를 약간 할 줄 아는 곤살로 데 비고가 주민 몇 명과 대화할 수 있었다. 그들은 물물교환으로 음식을 얻는 데 성공했지만, 관계는 곧 나빠졌다. 현지 주민들은 "우리가 어디를 가든 도둑이자 강도인 파랑구이스faranguis[포르투갈인들]라고 생각했다."[52] 이베리아반도의 그들의 경쟁자들이 처음으로 언급된 것이다. 우르다네타는 이번에도 주민들을, 그들의 복식, 종교적·성적 관습, 보트 제작 기술을 상세히 묘사했다. 이들 민다나오섬 주민들은 확실히 괌섬 주민들보다 더 호전적이었다. "활과 화살, 커틀러스cutlass[무거운 단검], 투창, 단도, 방패"로 무장했다.[53] 금과 계피에 관한 얘기가 있었고, 중국인들이 해마다 정크선 두 척을 보내 이 섬들에서 교역을 했다는 증거가 있었다.

양측이 똑같이 서로에 대해 적대감을 품었다. 에스파냐인들이 식량 공급을 위해 습격했을 때, 주민들은 부락을 버리고 숲속으로 물러났다. 우르다네타의 주장은 이러했다. "그들은 믿을 수 없는 족속이다. 속임수로 배를 강탈하려 했다. 그러나 우리는 경계를 늦추지 않았고, 그들의 계획은 성공하지 못했다. 그들은 대체로 밤에 아주 가벼운 거룻배를 타고 와서 우리의 닻줄을 자르려 했지만, 우리의 감시가 빈틈이 없어서 어떤 해도 끼칠 수 없었다. 우리는 이 정박지에 열흘 동안 머물렀지만 신선한 먹을거리를 조금도 구입하지 못했다."[54] 괌섬에서 데려온 자들은 고된 양수기 일을 피하려고 카누를 타고 몰래 도망쳤다. 그들은 뭍에 내리자마자 전부 살해되었다. 산타마리아데라빅토리아호는 10월 15일에 출발했다.

산타마리아데라빅토리아호의 의도는 세부섬으로 가는 것이었다. 마젤란이 사망하고 그의 고급선원들이 연회에서 살해된 그 섬에서 생존자를 찾기를 바라는 마음이었지만, 우기가 시작되고 북풍이 불었다. 그래서 그들은 그 대신 남쪽으로 방향을 틀어 곧바로 말루쿠제도로 향했다. 10월 22일, 그들은 민다나오 남쪽에 흩어진 섬들 중 하나인 탈라우트에 도착했다. 그곳에서 다행히도 그들은 좋은 대접을 받았다. 29일 말루쿠제도의 가장 큰 섬인 자일롤로〔할마헤라〕가 시야에 들어왔고, 11월 2일 그 가까이에 접근했다.

그 인근의 작은 섬 라보에서 몇 사람이 카누를 타고 와서 함대를 환영했다. "그들이 포르투갈어로 말해서 우리는 매우 기뻤다."[55] 고생스러운 수고 끝에 비록 경쟁자들의 언어일지라도 그 말을 들으니 기쁘고 고향이 생각났다. "그달 4일 일요일, 우리는 아주 작은 나무들로 뒤덮인 일련의 자그마한 섬을 지나 … 사마포 항구로 들어갔다."[56] 그들은 항해의 목적지에 도달해서 기뻐 환호했다. 무려 440일 동안 폭풍과 무풍 지대, 지독한 추위, 영양부족을 견디며 이뤄낸 성과였다. 아코루냐를 출발한 배 일곱 척 중 한 척만이 성공했다. 인명의 손실은 엄청났다. 450명이 출발했지만, "우리는 지금 105명만 남았다. 마젤란해협을 벗어난 뒤로 마흔 명이 죽었다."[57] 그들은 완전히 녹초가 되었다.

이제 그들은 포르투갈인들을 대면해야 했다.

8
아주 작은 전쟁들

1526-1528

포르투갈인들은 향신료제도에 처음 도착했을 때 국왕으로부터 평화적 의도를 가장한 일련의 엄격한 명령을 받고 왔다. 그들은 인도양의 향신료 교역을 독점하려 했지만, 이 외곽 변두리에서 다른 세계로, 본국 중앙의 통제가 미치지 않는 세계로 들어가는 모퉁이를 돌았음을 깨달았다. 이제 약간의 지혜가 필요했다. 정치적인 야욕이나 군사적인 목표를 버린 것이다. 국왕의 향신료 교역 선박들이 정기적으로 항해해 육두구와 정향을 가득 싣고 갔지만, 늘 마찰이 생기기는 했어도 사사로운 교역도 허용되었다. 상인들과 무장 선단은 다른 선박들을 공격하지 말아야 했고 그들이 어디서 왔든 어떤 종교를 믿든 그들의 적하積荷를 방해하지도 말아야 했다. 다른 토착 상인들의 사례를 자세히 연구해 따라 하고 그들의 교역 체계에 참여하며 현지의 관습을 존중해 위반하지 말아야 했다. 포르투갈인들은 적응해나가고 있었다. 이는 아마도 주장강에서 힘들게 배운 교훈이었을 것이다.

이렇게 유화적인 태도는 빅토리아호와 트리니다드호가 도착하지 않았더라면 무한정 지속되었을지 모른다. 경쟁자인 에스파냐인들이 태평양을 지나 난입하자 그 판도가 바뀌었다. 티도레가 카를 5세의 종주권을 인정하면서 말루쿠제도 현지인들이 서로 대립해 경쟁 관계가 조성되었다. 향신료를 차지하려는 유럽의 경쟁자들이 등장하면서 포르투갈인들이 치러야 할 가격이 올랐다. 1520년대에 들어설 무렵부터 포르투갈은 규칙을 바꾸었다. 배와 인력을 더 많이 보내고, 총독을 임명하고, 테르나테섬에 요새를 건설하고, 티도레의 도읍과 에스파냐의 교역소를 파괴하고, 말루쿠제도의 향신료 교역을 독점하려는 것이었다. 말루쿠제도는 제국 차원의 사업이 되었지만, 실질적 조건으로 따지면 그곳은 너무 먼 곳이어서 효과적으로 관리하고 뒷받침하기 어려웠다. 티도레의 술탄은 새로 도착한 자들에게서 포르투갈의 위세를 억제할 균형추를 보았다. 이는 테르나테와 더욱 격렬한 경쟁을 촉발한다. 이제 티도레와 테르나테 두 섬 모두 유럽 국가를 대변자로 두었다.

산타마리아데라빅토리아호가 자일롤로섬의 사마포에 도착했을 때, 이 모든 일이 실제로 작동했다. 그곳에서 에스파냐인들은 통역자 곤살로 데 비고의 헤아릴 수 없이 소중한 수고 덕분에 상황을, 말루쿠제도의 복잡한 부족 정치를 제대로 파악하게 되었다. 포르투갈인들은 티도레의 도읍을 파괴했다. 티도레의 술탄은 얼마 전에 죽었고, 왕실은 사람의 발길이 닿기 어려운 화산섬의 깊은 산속으로 도피했다. 테르나테의 요새는 서로 다투는 두 섬 사이의 해협을 내려다보고 있었고, 포르투갈인들은 배, 인력, 대포를 갖추고 있었다. 티도레섬에 종속된 자일롤로의 통치자에게 에스파냐인들의 도착은 천우신조와 같았다. 1521년 카스티야와 정식으로 체결한 동맹이 되살아날 수 있었기 때문이다. 자일롤로의 통치자는 새로 온 자들을 두 팔 벌려 환영했지만, 일을 조심스럽게 진행할 필요가 있었다. "그들이 우리를 알아보자마자," 안드레스 데 우르다네타는 이런 말을 듣는다. "지금 자신들의 요새에서 포르투갈 왕의 대규모 함대를 이끌고 있는 지휘관 동 가르시아 엔히크스가 우리를 공격하러 올 것이오."[1] 자일롤로의 통치자는 포르투갈인들의 감시를 피하기 위해 밤을 도와 티도레로 조용히 카누 한 척을 보내 산타마리아데라빅토리아호가 도착했다는 소식을 전했다. 티도레의 새 술탄은 모후(母后)의 지시를 받는 여덟 살짜리 소년으로, 환영한다는 말을 전해왔다. 굶주려온 선원들은 자일롤로섬에서 성찬을 들었다. "그들은 먹을 것과 마실 것을 많이 보냈다. 일백 명이 먹고도 남을 만큼 많았다." 그 섬은 열대 산물이 풍부했다. "돼지와 염소, 쌀, 닭, 코코넛, 바나나, 수많은 과일."[2]

비밀을 지키려 애썼지만 산타마리아데라빅토리아호가 도착했다는 소식을 오래 숨길 수는 없었다. 성 안드레아스(안드레)의 축일인 11월 30일(신앙심 깊은 우르다네타는 하루하루 지날 때마다 교회력을 확인했다), 전령선이 포르투갈 지휘관 가르시아 엔히크스가 에스파냐 지휘관에게 전하는 서한을 갖고 다가왔다. 전달자는 테르나테의 수석행정관 프란시스쿠 드 카스트루였다. 서한은 에스파냐인들이 포르투갈의 영역을 침범했다는 내용이었다. "그 섬들은 전부 포르투갈 국왕의 영역 안에 있다." 카스트루는 에스파냐인들에게 테르나테로 가라고 요구했다 "그러면 그(포르투갈 국왕)에게 큰 영예가 될 것이었다."³ 아니면 에스파냐인들은 섬을 떠나 요컨대 왔던 길을 되짚어 에스파냐로 돌아가야만 했다. 카르키사노의 답변은 강경했다. "계속 요구해보라. 우리는 떠나지 않고 계속 전진할 것이다."⁴ 반사적 반박이었다. 말루쿠제도는 황제 카를 5세의 구역 안에, 서쪽으로 400리그(약 1920킬로미터) 더 나아간 경계선 안쪽에 있다는 말이었다. 카르키사노는 "이런 근거로 [엔히크스에게] 폐하의 구역을 벗어날 때까지 멈추지 말고 앞서 언급한 섬들과 땅에서 떠날 것을 요구했다."⁵ 이베리아인들이 토르데시야스에서 처음으로 세계를 분할한 지 32년이 지났는데, 카스트루와 카르키사노는 바다호스에서 제기된 결말 없는 주장을 여전히 되풀이하고 있었다. 오로지 실질적 점유만이 이 문제를 해결할 수 있었다. 단지 명예와 제국의 영토만 걸린 문제만은 아니었다. 그것에는 상상을 초월하는 꿈같은 부가, 향신료 교역으로 벌어들일 1000퍼센트의 이익이 걸려 있었다.

외교적인 문서였지만 가시가 숨어 있어서 카르키사노의 대응은 거의 희극 같았다. 카르키사노는 공식 답신에 일부러 서명하지 않았다. 그가 받은 서한에도 서명이 없었기 때문이다. 엔히크스는 단순히 서두르다가 서명을 잊었을 뿐이었기에 이를 모욕으로 받아들였다. 며칠 후, 테르나테로부터 교역소의 서기 페르난두 드 발다야가 두 번째 사자로서 동일한 요구를 담은 서한을 들고 왔다. 그에 대한 답변도 동일했다. 포르투갈인들은 피 흘리지 않고 적을 쫓아내려 애쓰고 있었다.

12월 23일(1526년) 카르키사노는 선원들과 함께 사람이 살지 않는 섬에 내려 미사를 드렸다. 그곳에서 그들은 자신들의 처지를 살펴보았다. 배후는 절벽으로 막혔고, 고립된 상태에서 자신들보다 우월한 세력의 위협을 받고 있었다. 그 모든 고난을 겪은 뒤에 이제 어떻게 대응해야 하는가? 그들은 터놓고 논의했다. "모두가 함께 또 개별적으로 사령관에게 우리는 완전히 준비되어 있다고, 폐하를 위해 일하다가 죽을 각오가 되어 있으며 말루쿠제도로 가는 것을 절대로 포기해서는 안 된다고 대답했다."[6] 하나같이 발언에 주저함이 없었다. 대포와 탄약이 넉넉하고, 무장도 잘되어 있고, 수효도 적만큼은 된다는 것이었다. "배에 남은 사람은 105명이었는데 그중 병사, 포수, 석궁수가 90명이 넘었다. 하나같이 [다소 놀랍게도] 에스파냐를 출발하던 그날만큼 다부지고 강인했다."[7] 특히 그들은 발견이 신이 내린 국가적 사명이라는 믿음을 일깨웠고, 황제의 문장에 들어 있는 도안을, 즉 "플루스 울트라"("더 멀리")라는 좌우명이 새겨져 지중해 세계의 양 측면에 자리 잡은 한 쌍의 기둥을 떠올렸다. 그렇게 카르키사노는 "선원들의 대응에서 투지를 보고 배에 올라 그들을 조로 편성해서는 전투 준비를 하게 한 뒤 필요한 모든 것을 준비해 출항 준비를 했다. 우리는 전쟁을 하러 출발했다."[8]

정향나무가 자라는 열대 지방의 일련의 작은 섬을 가르는 적도(위도 0도)에서 두 식민국의 소규모 군대가 지저분하고 격렬한 교전을 앞두고 있었다. 말루쿠제도 부족들의 충성과 경쟁이 이 싸움에 휘말렸다. 두 적대 세력 간에 떨어진 거리는 짧았다. 각각 주± 화산에서 수증기를 내뿜는 테르나테와 티도레는 비록 소용돌이치는 조수와 바람이 통행을 방해하기는 했지만, 서로 마주한 해협은 그 길이가 1000야드(약 900미터)밖에 되지 않았다. 밀림이 무성한 섬들은 투명한 바다에 둘러싸여 곳곳에 흩어져 있고 작은 만과 후미진 구석을 갖추고 있어서 게릴라의 습격과 매복, 기습공격에 좋은 기회를 제공했다. 그 싸움은 근

말루쿠제도의 코라코라. 양쪽으로 아우트리거가 장착된 무동력 선박으로 많은 인원이 노를 저어 추진력을 얻었다. 술탄이 의식, 교역, 전투에 사용했다.

대적 전쟁이자 원시적 전쟁이었다. 양측이 놀랄 정도로 많이 구비한 것처럼 보인 유럽의 대포 및 화약과 나란히, 말루쿠제도 주민들의 무기도 쓰였다. 불로 지져 끝을 뾰족하게 만든 나무 투창과 철제 무기 따위였다. 그들의 주된 교통수단은 가볍고 빠른 프로아(아우트리거를 장착하고 돛을 단 카누)와 그것을 변형시킨 것으로 말루쿠제도의 전통적인 배인 코라코라였다. 코라코라는 적을 급습해 노예로 삼을 때 쓴 전투용 카누로 노를 젓는 인원이 최대 100명에 이르렀다.

우르다네타는 왕의 전투용 프로아를 처음 보고 깜짝 놀랐다. 그 평저선平底船은 못을 쓰지 않고 정교하게 만들어졌고, 배의 안정을 유지하는 아우트리거를 장착했으며, 노를 젓는 인원이 많았고, 전투원이 쉰 명 내지 예순 명 앉을 수 있었다. 300년 뒤 영국의 박물학자 앨프리드 러셀 월리스도 말루쿠제도의 선박 건조 기술자들에게 비슷하게 경탄했다. 쇠나 못을 쓰지 않고 간단한 도구로 작업해 놀라운 배를 만들어 냈다는 것이다. "너무 훌륭해서 유럽 최고의 배 대목도 이음매를 그보다 더 튼튼하게 잘 맞출 수 없을 것이다."[9]

포르투갈인들은 명백히 우세해 보였지만 그 입지가 겉으로 드러난 것만큼 강하지는 않았다. 에스파냐인들이 집결해 미사를 드릴 때 보여준 결속력 또한 오래가지 않았다. 공포와 불확실성이 어른거렸다. 카르키사노는 곧 배의 회계원 프란시스코 데 소토가 불만을 부추기려 한다는 사실을 알게 되었다. 그는 반대자들을 참수하겠다는 단호함을 보여주었지만, 많은 선원이 자비를 호소하며 이를 막았다.

12월 28일, 산타마리아데라빅토리아호는 라보섬을 떠나 티도레로 방향을 잡았다. 왕의 프로아가 동행했다. 포르투갈인들이 지켜보고 있었다. "테르나테에서 포르투갈의 갤리언선galleon 두 척과 푸스타fusta[작은 갤리선] 한 척, 기타 이런저런 선박, 프로아 여덟 척이 우리와 싸우러 왔다." 그것은 우리를 현혹시키려는 거짓 공격이었다. 아무 일도 일어나지 않았다. 우르다네타는 일기에 이렇게 적었다. "그들은 우리를 지나가게 내버려두었다. … 12월 31일 월요일, 우리는 테르나테섬과 티도레섬이 보이는 곳에서 잠에서 깼다."[10] 1527년 정월 초하루, 그들은 티도레섬의 남단을 돌아 파괴된 티도레 도읍의 만에 정박했다. 그들을 만난 어린 왕과 현지 주민들은 진심으로 기뻐했다. "진실로 말하건대, 우리를 본 원주민들은 우리가 마치 그들의 사촌이나 형제라도

되는 것처럼 기뻐 눈물을 흘렸다."[11] 에스파냐인들은 주민과 섬을 보호하는 데 나섰다. 티도레와 자일롤로에 요새를 건설했고 향신료 매매 계약을 체결했다. 양측 모두 각각 성서와 쿠란을 두고 나팔 소리와 총포 소리에 맞춰 의리를 지키겠다고 맹세했다. 이어 카르키사노의 병사들은 나무로 요새를 세워 그 위에 대포를 설치했고, 현지 주민들은 버려진 도읍을 대신할 곳에 성벽을 세우고 오두막을 지었다. 공격에 대비한 조치였다. 며칠 뒤, 페르난두 드 발다야가 안전통행증을 갖고 다시 찾아와 에스파냐인들에게 떠나라는 요구를 되풀이했다. 정중한 언사였지만 목적을 달성하지는 못했다. 이제 테르나테 편에서는 오직 무력만이 완고한 침입자들을 내쫓을 수 있다는 사실이 분명해졌다. 에스파냐인들은 대포를 발사할 수 있게 준비해놓고 병사들을 진지에 투입했다.

정초가 지나고 본격적으로 전투가 시작되었다. 1월 17일(1527년), 테르나테에서 포르투갈인들이 카누와 푸스타를 타고 한밤중에 공격을 개시했다. 에스파냐인들의 의표를 찌르려는 의도였다. 그들의 목적은 산타마리아호를 나포하거나 파괴하는 것이었다. 우르다네타는 이렇게 회상했다. "우리의 경계가 소홀하다고 판단한 그들은 곧바로 돌진해왔다. 우리는 서로 맹렬한 포격을 주고받았다. 전투는 금요일 정오까지 지속되었다."[12] 기습적인 상륙 시도는 격퇴되었다. 오후 내내 포격전이 이어졌다. 마치 자신들의 의도가 분명하게 드러나지 않는다는 듯이, 포르투갈의 푸스타 한 척이 돌출한 뱃머리에 붉은 깃발을 매달아 나부끼며 다가왔다. 그것은 황소에게 흔드는 붉은 천처럼 "불과 피의 전쟁을 상징했다."[13] 이튿날 포격이 재개되었다. 그 푸스타는 뱃머리에서 산타

마리아데라빅토리아호를 겨냥해 강력한 일제사격을 퍼붓고는, 우르다네타의 기록에 따르면, "산타마리아데라빅토리아호가 항해가 불가능한 상태가 되었다고 판단하고 테르나테로 돌아갔다. 실제로 그들은 우리에게 큰 피해를 입히지 못했다."[14] 사실을 말하자면, 산타마리아데라빅토리아호가 입은 피해는 스스로 자초한 것이다. 산타마리아데라빅토리아호는 맞대응해 포격했는데, 1년 반 동안 두 곳의 커다란 대양을 항해하느라 망가진 배가 견디기에는 대포의 반동이 너무 심한 것으로 드러났다. 배는 이음매가 터져 서서히 침몰해갔다. 물을 퍼내려고 갖은 시도를 다 했지만 소용없었다. 에스파냐인들은 배를 포기하고 불태웠다. 그들은 이제 사실상 덫에 빠졌다. 가진 것이라고는 작은 보트 한 척이 전부였다.

전쟁은 확대되었다. 자일롤로섬에서 에스파냐인 포수들을 대동하고 온 카누들이 반격해 가르시아 엔히크스 소유의 정향을 가득 싣고 테르나테를 향하는 커다란 프로아 한 척을 잡았다. 배에는 섬사람 스물세 명과 포르투갈인 한 명이 타고 있었다. 자일롤로 사람들은 무기를 들고 바다로 뛰어들어 먹잇감이 있는 곳으로 헤엄쳤다. 산타마리아데라빅토리아호의 조타수 에르난도 데 라 토레는 이렇게 기억했다. "그 포르투갈인은 두 손을 들고 자비를 간청했다." 카스티야인들은 그를 구해주려 했지만, 헤엄쳐 간 자들이 배로 기어올라 그를 바다에 내던졌다. 그는 갑옷을 입고 있어서 바다 밑으로 가라앉았다. "우리들은 이를 좋아하지 않았다. 기독교도를 구하지 못했기 때문이다."[15] 스물한 명이 참수되었다. 기독교로 개종한 어떤 이는 목이 잘려 죽기 전에 공격자 여섯 명을 단도로 살해했다. 자일롤로섬의 원주민들은 프로아에 타고 북을 치고 뿔나팔을 불며 의기양양하게 돌아갔다.

익사한 포르투갈인을 애도하는 마음속에는, 이베리아인들은 형제이며 기독교도이고 자신들이 뭉뚱그려 '인디오'라고 지칭한 말루쿠제도 주민들은 자신들과는 다른 세계에 속한다는 인식이 고개를 내밀고 있었다. 우르다네타는 자신이 목도한 것에 역겨움을 느꼈다. "이 인디오들은 완전한 도살자이며 전쟁에서 잔인하다. 그들은 사람을 죽이고는 그 머리를 잘라 프로아의 기둥에 매달아서 자신들의 마을로 가져간다. 그들이 마을에 도착하면 축제가 열려 그들을 용맹한 전사로 추앙한다. 전쟁에서 적의 목을 자른 자는 그 누구든 왕으로부터 보상을 받는다."[16]

전투는 자일롤로섬까지 확산되었다. 큰 배가 없어 전투력에 문제가 생긴 에스파냐인들은 그곳과 티도레에서 현지인 목수의 도움을 받아 푸스타를 건조하기 시작했다. 자일롤로섬에서는 일이 짜증스러울 정도로 더디기만 했다. 술탄의 점성술사들이 불길하다고 본 날에는 노동자들이 도구를 내려놓고 일을 하지 않는 경우가 잦았기 때문이다. 카누를 타고 가서 급습하고 사람들을 납치하는 일이 늘어났다. 에스파냐인 스무 명과 원주민 전사 삼백 명이 식량 공급을 거부한 마을을 공격해 불태우고 남녀 일백여 명 남짓을 잡아 다른 곳에 팔았다. 습격과 살상은 보복 행위였다. 참회의 화요일Shrove Tuesday〔사순절이 시작하는 재의 수요일 전날〕에 우르다네타와 자일롤로섬 전사들은 적의 매복공격을 받았다. "족히 마흔 명은 되는 인디오들이 우리를 위해 싸우다 부상을 당했고 여섯 명이 사망했으며, 동료 한 명도 부상을 입었다." 이후 테르나테와 자일롤로 사이의 해협에서 정식으로 붙은 싸움에는 많은 인원이 참여했다. "그들도 우리도 탄약이 다 떨어질 때까지 싸웠다. … 양쪽에

테르나테섬에서 바라본 티도레섬. 좁은 해협 건너편이 전쟁이 벌어진 곳이다.

서 똑같이 많은 인디오가 죽고 부상을 당했다."[17]

   그러한 접전은 위험했지만, 우리다네타는 불사신이었다. 3월 27일 포르투갈의 프로아 두 척이 티도레섬 앞에 나타나 위협하며 응대를 자극했다. 카르키사노는 우르다네타에게 나가 그들을 무찌르라고 명령했다. 발포를 주고받는 혼전 속에 우르다네타의 카누에서 화약통에 불이 붙었다.

   [그것에] 우리 여럿이 화상을 입었다. 화약통 가까이 있던 나는 갑옷을 벗고 바다에 뛰어들었다. 물위로 올라오니 우리의 프로아가 도주하고 있었다. 불타는 화약을 본 포르투갈인들이 우리를 공격했기 때문이다. 내가 소리쳤고 카스티야인들이 때리기까지 했는데도 노를 젓는 인디오들은 나를 구하러 오지 않았다. 그들은 나를 바다에 버려두고 달아났다. 이를 확인한 나는 자일

롤로섬의 프로아들을 향해 헤엄쳤다. 나는 카누를 타고 있는 카스티야인들이 내게로 와서 도와주도록 이따금 머리를 물위로 내밀고 손뼉을 쳤다. 테르나테섬의 카누들은 베르사소berzazo와 엽총을 쏘며 내게 다가오고 있었다. 다행스럽게도 자일롤로섬의 프로아들이 때맞춰 와서 나를 구해, 적은 내게 해를 입히지 못했다. 헤엄을 잘 친 것이 그날 큰 도움이 되었다. 나는 매우 심한 화상을 입어서 스무 날 동안 자일롤로섬 인디오들의 집에 머물렀다.[18]

우르다네타는 그 스무날 중 열흘 동안 말을 할 수 없었다. 우르다네타 말고도 화상을 입은 사람이 열일곱 명이었는데, 카스티야인은 대부분 사망했다. 우르다네타의 얼굴에는 평생 흉터가 남았다.

전투는 중단과 재개를 반복했다. 며칠 뒤 포르투갈 총사령관 가르시아 엔히크스는 휴전을 요청해왔다. 휴전은 한 달간 지속되었고, 그동안 포르투갈 진영의 지휘관이 바뀌었다. 이론상 포르투갈인들은 믈라카에 인력과 물자를 요청할 수 있었지만, 테르나테의 요새는 늘 자원이 부족했다. 향신료 교역의 유혹은 국왕의 대리인들에게 악영향을 미쳤다. 향신료제도에 지휘관으로 파견된 자들은 일반적으로 왕의 독점권을 지키기보다는 자신들의 사사로운 이익에 더 관심이 많았다. 이에 부패와 탈법, 내부의 질시가 만연했다. 지휘권의 인계인수는 늘 팽팽한 긴장 속에서, 서로가 불신하는 분위기에서 이루어졌다. 새로 임명된 지휘관은 납치되거나 재산이 몰수될 위험을 각오해야 했으며, 해임된 지휘관은 자신의 교체가 부패 혐의의 사법적 조사를 초래해 체포되지는 않을지 걱정했다. 그럴 경우에 새로 임명된 자가 '그의' 사유재산을 압수할 수 있었다.

1527년 5월 조르즈 드 메네즈스가 예기치 않게 엔히크스 대신 지휘관으로 임명되어 테르나테에 도착하면서 그런 일이 벌어졌다. 엔히크스가 직위에서 물러나기를 거부하면서 포르투갈의 주둔지에서는 곧바로 파벌 간의 싸움이 벌어졌다. 이 불화로 에스파냐인들은 숨통이 트였다. 그들은 자일롤로섬에 전초 기지를 세울 수 있었다. 시간이 지나자 다시 협상이 오고갔다. 메네즈스는 에스파냐인들에게 떠나라고 요구하며 그들을 배에 태워 고국에 보내주겠다고 제안했다. 우르다네타를 비롯한 에스파냐 대표단은 그 섬에 대한 자신들의 권리를 주장하며 포르투갈 측과 대등한 요구로 응수했다. 이런 와중에 에스파냐의 회계원 프란시스코 데 소토와 다른 한 사람이 변절해 포르투갈 편으로 넘어갔다. 두 사람은 집에 보내주겠다는 그들의 제안을 받아들였다. 메네즈스는 결정적 일격을 가할 기회를 엿보고 있었다.

양측 모두 휴전을 위반했다고 상대를 비난했다. 우르다네타는 이렇게 기록했다. "포르투갈인들과의 강화는 체결되지 않았다."[19] 그 분쟁은 상당한 부수적 피해를 입혔고 유럽인들의 통제를 크게 벗어나 섬 주민들 간의 원한 해소 차원으로 옮아갔다. 5월, 휴전 기간 중에 포르투갈인들이 탄 프로아 두 척이 자일롤로섬 근해에서 어선 몇 척을 공격해 선원들을 살해했다. 이에 격분한 우르다네타는 직접 카누에 백기를 달고 나가 그 문제를 논해야겠으니 안전통행을 보장하라고 요청했다. 노를 젓는 원주민들은 너무도 무서워 공격자들에게 가까이 다가가지 못했다. 안전을 보장받은 우르다네타는 헤엄쳐 건너가 그들에게 따져 물었다. 포르투갈인들은 식량을 구하러 다른 곳으로 가고 있었으나 현지 족장들이 사사로운 원한을 풀려고 배들을 돌렸다고 대답했다. 대담한 우르다네타는 그 일에 누가 관여했는지 묻고는 다시 헤엄쳐 돌아와 관련자들의 이름을 야자나무 잎에 적었다. 자일롤로섬에 대한 공격으로 현지인 여러 명이 살해되었다. 휴전 조건에 따라 돌아다니며 자유롭게 일할 권리를 보장받은 자들이었다. 도미노 효과가 나타났다. 자일롤로의 술탄이 에스파냐인들에게 격분했다. 에스파냐인들이 휴전 중 주민의 안전을 보장했지만 오히려 주민이 학살당했다는 것이다. 술탄은 에스파냐인들의 지원을 받아 직접 복수에 나섰다. 그는 다른 섬들에서 식량을 싣고 오는 테르나테의 프로아들을 급습하려 했다. 우르다네타는 이렇게 회상한다. "우리는 그들을 가로막고 인디오 여럿을 살해하고 또 생포했다. 그렇게 이전에 받은 상처에 복수했다."[20] 그때 우르다네타는 휴전을 위반했다고 지휘관인 카르키사노에 의해 목이 잘릴 위험에 처했지만 가까스로 결백을 증명했다. 폭력의 악순환은 점점 더 잔혹해지고 복잡하게 뒤얽혔다.

  메네즈스의 도착으로 혹독함은 한 차원 더 높아졌다. 사건들에 관한 우르다네타의 설명에 따르면, 연이어 휴전을 깬 쪽은 포르투갈이라는 것이 에스파냐인들의 입장이었다. 신임 총독이 술탄들에게 뇌물을 주어 에스파냐인들을 죽이게 하려 했다는 것이다. 티도레섬의 어느 우물에 독을 타려는 시도가 있었는데, 양심의 가책을 느낀 포르투갈 신부가 에스파냐 신부에게 그 음모를 누설했다. "그래서 우리는 그 시간에 보초를 세워 우물의 덮개를 덮어 폐쇄해 그 어떤 위험에도 빠지지 않았다."[21] 증명할 수는 없었지만 독살 시도에 대한 비난은 계속되었다.

"이때 지휘관 마르틴 이니게스(데 카르키사노)가 나를 자일롤로섬으로 보내 그곳의 에스파냐인들을 지휘해 선박 건조를 앞당기라고 했다. 내가 그곳에 있는 동안, 포르투갈인들이 휴전을 원하는 체하며 티도레에 와서 포도주 잔에 독을 타 지휘관 이니게스에게 주었고, 그는 이내 죽었다."[22] 다른 곳에서는 이 일이 풍문으로 여겨졌다. 어느 쪽이든 간에 그가 죽기까지는 시간이 걸렸다. 그는 죽는 데 한 달이 걸렸다.

휴전인지 아닌지 불편한 시기가 이어지는 동안 사절이 오가며 협상이 계속되었다. 메네즈스는 여러 전략을 여럿 세웠다. 7월에 어느 포르투갈의 밀정이 탈영병으로 위장해 티도레에 나타났다. "그는 환영을 받았고 우리 동료의 한 사람으로 의복과 급여를 받았다."[23] 열닷새 뒤 메네즈스는 해협 건너편으로 대표단을 보내 몇 가지 문제를 협상하려 했다. 그들은 화약을 집어넣은 수류탄을 가져와 '탈영병'에게 주어서는 에스파냐인들이 고생 끝에 거의 완성한 푸스타를 파괴하려 했다. 사전에 정한 밤에 그는 폭탄을 심어놓고 몰래 바다로 기어 나와 신호탄을 쏘았다. 대기하고 있던 보트가 그를 태워 떠났다. 그 직후 폭탄이 폭발했다. 우르다네타는 그 소리에 사람들이 뛰쳐나와 신속히 화재를 진압했으며 실제로 아무런 손해도 없었다고 주장했다. 나중에 밝혀진 바에 따르면, 그 배는 어쨌거나 항해에 적합하지 않았다. 에스파냐인들이 현지 목재의 속성을 잘 몰랐기 때문이다. 뱃전에 쓴 판자가 튼튼하지 못해 물 밖에서는 그 형태가 틀어진 것이다. 우르다네타는 침울해 이렇게 적었다. "그래서 우리의 모든 수고가 물거품이 되었다."[24] 그러나 그 공격은 확실히 마음에 깊이 맺혔다. "포르투갈인들이 휴전 중에 우리에게 한 짓이 바로 그와 같았다. 그들은 전쟁으로는 원하는 바를 얻을 수 없었기 때문이다. 우리로 말하자면 나쁜 평화보다는 정당한 전쟁을 더 원했다. 결과적으로 양쪽 다 계속 휴전을 위반했다."[25] 그러나 이는 에스파냐인들의 해석일 뿐이다. 포르투갈인들은 이웃 나라가 토르데시야스조약의 분할선을 침범했다고 믿었고, 이는 어느 정도 합당한 판단이었다.

지휘 계통이 무너지기 시작했다. 카르키사노의 죽음은, 그 연유가 무엇이든 간에, 중대한 손실이었다. 우르다네타는 이렇게 썼다. "우리는 우리가 지어놓은 교회에 그를 매장했다. 그가 그 지위에서 매우 유능하고 용맹했기에 우리가 그를 얼마나 그리워하는지 신은 아실 것이다."[26] 지도력의 위기는 피할 수 없었다. 두 명이 앞에 나서면서 알력이 생겼고 무력 충돌의 우려가 일었다. 카르키사노의 동생과 마젤란 탐험대의 생존자 에르난도 데 부스타만테였다. 부스타만테는 뇌물을 썼다. 귀에 거슬리는 말이 오갔다. 마침내 다수가 중립적 후보를 요구했다. 산타마리아데라빅토리아호를 이끈 조타수로 앞에 나서기를 주저한 에르난도 데 라 토레였다. 티도레섬과 자일롤로섬의 에스파냐인들이 모두 그에게 충성을 맹세했다.

말루쿠제도의 술탄들로부터 열렬한 환영을 받은 두 편의 유럽인들은 점차 불화의 인자로 보이게 되었다. 그들이 부족과 부족, 섬과 섬 사이의 갈등을, 원주민들 간의 불만을 증폭시킨 것이다. 소수의 에스파냐인과 포르투갈인만 중무장한 채 참여한 카누 습격은 원주민의 목숨을 많이 앗아갔다.

열다섯 달 동안 이베리아반도 사람들은 서로 공격하고 죽였다. 공격은 매번 대응을 촉발했다. 작은 규모의 포위공격, 급습, 반격이 끝이 없을 것만 같았다. 우르다네타는 그것들을 일기에 일일이 다 쓰지 못했다. "여기에 기록하지 않은 충돌의 사례가 많다. 기독교도(카스티야인과 포르투갈인)와 많은 원주민이 죽고 부상을 당했다. 우리와 포르투갈인들 및 그들의 동맹자 원주민들 사이 교전을, 우리가 그 동맹자들의 부락을 파괴한 일을 다 기록해야 한다면, 끝이 없을 것이다."[27] 총격, 유혈극, 배반. 전투는 정향이 열리는 모든 섬, 자일롤로섬과 다른 외곽 사회의 부락에서 길게 이어졌다. 그 주민들은 시시때때로 편을 바꾸었다. 우르다네타는 여기저기 돌아다니며 카누 습격과 방어 작전을 수행했다. 때로는 전면적 전투가 벌어졌고, 그럴 때마다 그는 에스파냐의 승리를 주장했다.

특히나 격렬했던 경쟁은 정향 산지인 마키안섬을 차지하려는 싸움이었다. 이전부터 마키안섬은 티도레 왕에 종속된 섬이었다. 그런데 포르투갈인들이 그 섬을 약탈했다. 마키안섬 통치자 키칠 우나르는 티도레에 도움을 청했다. 포르투갈인들이 그 섬을 다시 공격할 계획을 갖고 있음을 알아챈 카스티야인들은 그에 대비했다. 자일롤로섬 해안 근처에서 양측의 소규모 카누 선단이 맞붙었다.

포르투갈인들이 대규모 선단으로 키칠 우나르를 파멸시키려 한다는 소문이 무성해, 우리 카스티야인들은 자일롤로섬 주민들과 함께 바다에서 포르투갈인들과 테르나테 주민들에 맞서 격렬하게 싸웠다. 우리의 프로아 열아홉 척과 적의 프로아 서른일곱 척이 자일롤로섬에서 2리그(약 9.5킬로미터) 떨어진 곳에서 충돌했다. … 서로 포격하며 네 시간 넘게 교전을 이어갔다. 대포와 단총에서 뿜어져 나온 자욱한 화학 연기로 우리는 상황이 어떤지 알 수 없었고, 원주민들도 화살 쏘기를 멈추지 않았다. 얼마나 많이 쏘았는지 화살은 마치 비처럼 쏟아졌다. … 어느 프로아에는 그 비행무기를 쏘는 궁수가 마흔 명이 타고 있었다. … 화살을 쏘는 원주민 한 명이 〔그 비행무기를〕 백 발씩 지니고 있었고, 전투는 양측이 탄약을 다 쓸 때까지 중단되지 않았다. 우리는 적과 백병전을 치르고 싶었지만, 그들은 도주했고 우리는 오랫동안 그들을 추적했다. 그러다가 우리는 양측이 발사한 화살을 수거하러 돌아왔고, 그렇게 한껏 사기가 올라 자일롤로섬으로 복귀했다. 양측에서 똑같이 원주민 사망자와 부상자가 많았다. 이 사건에서 테르타네섬 총독 키실 드 호에베스가 부상을 당했다. 매우 용감한 자로 원주민들이 가장 두려워한 사람이었다. 그는 세 차례 부상을 입었다. 총으로, 화살로, 머리에 타격打擊으로.[28]

우르다네타가 에스파냐의 연이은 승리를 주장했어도, 실상은 교착 상태였다. 포르투갈인들은 경쟁자를 몰아낼 수 없었고, 에스파냐인들도 결코 승리할 수 없었다.

그러다가 1528년 3월 20일 전후 어느 때쯤, 사태는 예상 밖으로 급변했다. 에스파냐인들과 그들을 지원하는 부족민들이 자일롤로섬의 반대파 부락을 공격하고 있을 때, 북쪽에서 유럽의 배 한 척이 다가오는 것이 포착되었다. "우리는 그들이 대응하는지 알아보고자 머스킷총을 두 발 발사했는데, 해질녘에 가까웠기에 그들은 바다로 돌아갔다."[29] 이를 보고 그들은 그 배가 에스파냐 선박이라고 추론했다. 배가 포르투갈 선박이었다면, 테르나테 쪽으로는 순풍이 불었기에 배는 필시 계속 전진했을 것이다. 이튿날 그 추측이 옳았음이 밝혀졌다. 그 배는 알바로 데 사베드라 세론이라는 자가 지휘하는 플로리다호였다. 그 배는 마젤란해협을 통해 오지는 않았지만 멕시코에서 그곳의 지배자 에르난 코르테스의 명령을 받고 왔다. 이 일의 배후에는 2년 전으로 거슬러 올라가는 일련의 놀라운 사건이 숨어 있었다.

9
플로리다호의 항해

1526-1536

1526년 여름 에스파냐. 지구의 반대편에서 두 나라가 서로 상대의 목을 조르려 분투하고 로아이사의 함대가 뿔뿔이 흩어지고 있을 때, 신성로마제국 황제이자 에스파냐 왕 카를 5세는 그라나다의 알람브라에서 장기간 황홀한 신혼을 즐기고 있었다. 그는 추상적이고 기하학적인 문양이 정교하게 새겨진 이슬람식 정자들에서, 그림자가 비치는 수영장들 사이에 퍼지는 꽃향기 속에서, 여러 분수와 사자 조각상의 입에서 떨어지는 물이 가볍게 튀기는 소리 속에서 신부를 알아가고 있었다. 그는 포르투갈 국왕 주앙 3세의 여동생인 포르투갈 공주 이사벨과 막 혼인했다. 정략적 혼인이었다. 카를과 이사벨 둘은 친척이었다. 왕조 간에 신부를 교환한 것이다. 카를 5세의 누이동생 카타리나는 이사벨의 오빠 주앙 3세와 혼인했다. 그러나 카를 5세와 이사벨에게 그 혼인은 곧 사랑이 되었다. 조만간 일꾼들이 그 정자들 중 하나에 나무로 정간井間 천장을 만들어 붙인다. 여러 곳에서 되풀이되는 기념 문구인 "플루스 울트라"가 새겨진 사각형의 삼목杉木 판재 사이에 두 사람의 머리글자인 K(카롤루스)와 Y(이사벨)가 꽃 한 송이로 연결되었다.

동시에 카를 5세에게 끊임없이 팽창하는 제국이라는 꿈은 여전히 최우선의 관심사였다. 그는 로아이사 함대와 트리니다드호의 운명에 관한 소식을 애타게 기다리고 있었다. 포르투갈과의 정략적 혼인을 생각하면 에스파냐가 새 함대를 출범시키기에는 그 시기가 적절하지 않았다. 이제 대안이 생겼다. 멕시코(누에바 에스파냐) 해안에서 아스테카제국의 정복자인 총사령관 에르난 코르테스의 주도로 배를 몇 척 파견하는 것이었다. 1521년 코르테스의 병사들은 태평양 해안에 도달했다. 아메리카에서 향신료제도로 가는 항로를 개척할 가능성이 있는지는 이미 검토 중이었다. 코르테스는 그러한 목표를 가지고 서부 해안에서 선박 건조에 들어갔다. 1526년 6월 20일, 카를 5세는 코르테스에게 서한을 보내, 주문呪文처럼 거듭된 표현으로, "우리 구역 안에 향신료가 있는 말루쿠제도와 여타 섬"으로 가는 탐험대를 꾸리라고 명령했다.[1]

이 명령이 막 도착했을 때, 코르테스에게는 다른 곳에서도 격려가 되는 일이 찾아들었다. 로아이사 탐험대가 태평양에 들어섰을 때 폭풍을 만나 배 세 척이 사라졌다. 배들은 잃었다고 추정되었다. 그러나 소형 범선 산티아고호는 계속 표류하며 절망적인 해협들 사이를 떠돌고 있었다. 식량은 거의 바닥났다. 보급품은 전부 로아이사의 기함에 실려 있었다. 산티아고호에 남은 물은 겨우 여덟 통뿐이었고, 비스킷 400파운드는 먼지로 변했고, 선원은 오십 명뿐이었다. 태평양을 그들이 살아서 건너리라는 희망은 없었다. 배급되는 음식은 하루에 비스킷 2.5온스〔약 57그램〕뿐이었다. 그러자 선장은 대담한 결정을 내렸다. 누에바 에스파냐에 닿으리라는 희망을 품고 아메리카 서부 해안을 따라 올라가려 한 것이다. 그의 목표는 도중에 물고기를 잡아 선원들을 살리는 것이었다. 그들은 해안을 따라 올라가던 중에 사람이 거주하는 흔적을 발견했다. 7월 21일 사람들과 피어오르는 연기를 보았지만 접촉은 없었다. 7월 25일경, 55일의 고독한 항해 끝에 선원들은 굶주려갔다. 누군가 자신의 목숨을 걸고 미지의 원주민들에게서 식량을 구해보는 수밖에 도리가 없었다. "그자는 가위, 거울, 이런저런 원주민과 교환할 물건을 지니고 가야 했다. 그래야 그들에게 그가 잡아먹히는 일이 없을 것이기 때문이었다."[2] 배에 보트가 없었기에, 유일한 방법은 밧줄을 연결한 큰 상자에 사람을 넣어서는 파도에 띄워 보내는 것이었다. 상자에 밧줄을 연결해야만 상자가 뒤집혔을 때 그 불운한 지원자를 잡아당겨 그를 살릴 기회가 있었다. 신부인 후안 데 아레이사가가 자신이 가겠다고 자원했다. "그는 신에게 자신을 의탁하며 칼 한 자루를 지닌 채 셔츠와 속바지 차림으로 상자에 들어갔다."[3] 해변까지 절반쯤 갔을 때 상자가 뒤집혔다. 반쯤 죽은 상태로 허우적대던 신부를 원주민 다섯이 바다에서 끌어내 구조했다.

원주민들의 반응은 매우 놀라웠다. 그들은 그의 소지품도 건져내 그 옆에 두고는 바닥에 엎드렸다. "그는 그들에게 몇 가지 물건을 주고 싶었지만, 그들은 받지 않았고 몸짓으로 함께 가자는 뜻을 내비쳤다." 신부는 손에 칼을 든 채 그들과 함께 갔고, 원주민 중 한 명이 바구니에 교환할 물건을 담아 머리에 이고 갔다.

아레이사가의 모험은 마치 꿈처럼 펼쳐졌다. 그는 해안의 절벽에 난 길 너머의 "탑이 많은 큰 마을"로 걸어서 갔다.⁴ 많은 군중이 아레이사가를 보러 나왔다. "전부 창, 화살과 활로 무장했고, 1만 명의 남자가 그들이 지나는 길을 청소하고 있었다." 여기서 그는 카치케Cacique 즉 왕을 만나 진심 어린 환영을 받았다. 도중에 그들은 나무로 만든 십자가를 지나쳤다. 깜짝 놀란 신부는 눈물을 터뜨렸다. "그는 무릎을 꿇고 그것에 경배하며 기도를 했다. 모두 그를 주의 깊게 바라보았다."⁵ 신의 섭리가 작동한 듯 놀라웠다. 신부는 누에바 에스파냐에 도착했다.

카치케는 배에 음식을 제공하겠다고 약속했다. 배는 환대를 받으며 도읍의 항구에 들어왔다. 선원들은 뗏목을 타고 상륙했으며, 해변에 오두막을 세웠고, 현지 주민들로부터 넉넉하게 식량을 제공받았다. 며칠 뒤 현지의 에스파냐 총독이 원주민 열두 명이 져 나르는 해먹을 타고 도착했다. 7월 31일, 아레이사가는 멕시코시티로 코르테스를 만나러 출발했다. 코르테스는 그를 정중하게 맞이했다.

거의 동시에 카를 5세의 명령이 전달되었다. 이 두 사건은 코르테스에게는 신의 섭리처럼 보였다. 그는 아메리카를 출발해 말루쿠제도로 가는 항해에 필요한 배를 모으는 데 착수했다. 코르테스는 해안에서 건조된 작은 배 세 척에 항해 준비를 갖추게 했다. 산티아고호는 심하게 손상되고 벌레가 많이 먹어 항해하기에 위험했다. 새 선박 중 한 척이 그 부적 같은 이름을 얻었다. 탐험대는 총독의 친척 알바로 데 사베드라 세론이 지휘하기로 했다.

사베드라 세론의 작은 함대는 아메리카를 출발해 적도 남쪽의 태평양을 횡단한다는 계획을 세웠다. 에스파냐인들이 멕시코 서부 해안에서 대양 항해 선박을 건조할 수 있었다는 사실은 그 자체로 유럽 사람들의 점점 더 커지는 야심과 지구 도처로의 진격을 보여주는 증거였다. 그렇다고 해도 그 선박들은 자그마했다. 기함인 플로리다호, 새 산티아고호, 에스피리투산토호는 전부 다 합해도 로아이사 함대의 기함인 350톤급 산타마리아데라빅토리아호보다 톤수가 적었다. 이 배들의 전량 총합은 110톤밖에 되지 않았다. 그럼에도 코르테스는 말루쿠제도 쟁취라는 이 도전적인 새 전선을 태평양을 누에바 에스파냐에 속한 하나의 주로, 다시 말해 에스파냐의 호수로 만들 기회로 보았다.

관례대로 사베드라 세론은 일련의 상세한 명령을 받았다. 신중한 표현으로 그의 주의를 요한 37개 항목과 말루쿠제도로 가라는 명령이 포함된 5000단어의 문서였다. 문서는 지시 사항을 담고 있으면서도 모호했고 모든 것을 망라했다. 용품과 장비의 세심한 점검으로 시작해 필수품을 포괄적으로 다루었다. 선원들은 신성모독 행위를 하지 말아야 했다. 주사위놀이와 카드놀이는 "우리 주 하느님, 영광스러운 성모 마리아, 성자들"에 대한 신성모독의 주된 근원이므로 금지되었다.[6] 그렇지만 지휘관은 엄격한 감시하에 불특정 여가활동을 허용할 수 있었다. 선원들의 행동을 잘 단속하는 것이 결정적으로 중요했다. 항해가 힘들어지고 식량 공급량이 줄어들고 사망자 수가 늘어나면, 불만은 피할 수 없었다. 이탈이나 반란의 위협은 상존했다. 잃어버린 선단이나 그 선원들의 수색은, 그러니까 로아이사 탐험대의 소식을 알아내고 실종자를 구출하는 것도 탐험대 임무의 일부였다. 사베드라 세론은 새로운 땅을 발견해야 했고 말루쿠제도에 도착하면 포르투갈인들과 그들의 요새에 관한 정보를 수집해야 했다. 모든 원주민 부족을 잘 대해야 했고, 각 부족의 왕과 우호적인 관계를 수립해야 했다. 이를 위해 사베드라 세론은 그 통치자들에게 보내는 서한을 받았다. 서한은 라틴어로 쓰였는데, 그것이 적어도 유럽인의 시각에서는 세상에서 가장 널리 쓰이는 언어로 여겨졌기 때문이다. 아랍어 사본도 마련했다. 이 모든 일에는 지금은 표준이 된, 길고 상세한 보고서를 작성하라는 명령이 기본적으로 수반되었다. 포르투갈인들처럼 에스파냐인들도 탐험대에서 탐험대로 엄청난 양의 문서를 작성해 전달했다. 끝없이 확대되는 정보의 집합체였다.

코르테스의 지시에는 향신료를 차지하려는 대결에서 포르투갈을 앞지를 제2의 방법 또한 들어 있었다. "(향신료) 식물을 마치 이곳으로 옮겨와 심을 수 있는 것처럼 흙을 담은 통에 얼마간 심어 배에 싣거나 여타 방법으로 아주 은밀히 보내려고 노력해라. 그리고 그것을 심을 수 있는 상태로 도착하도록 책임자를 선정해 돌보게 하라."[7]

배들은 1527년 10월 31일 멕시코 서부 해안의 방어하기 좋은 시우아타네호만을 출발했다. 항로는 전혀 알려지지 않은 길은 아니었다. 사베드라 세론은 마젤란의 해도 사본과 로아이사 탐험대의 해도 사본을 산티아고호의 포르투갈인 조타수 오르투뇨 드 알랑구에게 주어 사용할 수 있게 했다. 그들은 정서正西로 방향을 잡아 필리핀제도의 민다나오섬으로 직행한 다음 남쪽의 향신료제도로 짧은 거리를 이동할 예정이었다. 선원 중에는 비첸테라는 나폴리 출신의 이탈리아 모험가가 있었다. 그는 아마도 피가페타의 영향을 받았을 텐데 항해의 고생스러운 여정을 기록으로 남겼다.

새로 건조한 배들은 곧 곤란한 상황에 직면했다. 8일째 되는 날, 플로리다호는 물이 새기 시작했다. 선창으로 선원들을 보내 수동 양수기를 가동해야 했지만, 누수의 원인을 찾을 수가 없었다. 다른 배의 선장들과 의논이 이어졌다. 돌아가야 하나? 조타수 알랑고는 계속 가야 한다고 생각했다. 가장 힘이 센 선원들을 플로리다호로 보내 고된 양수 작업을 계속하게 했다. 다른 선장들은 사베드라 세론에게 다른 배에 오르라고 강력히 권고했다. "그는 죽든 살든 자신이 탄 배와 함께하겠다고 대답했다. 그렇게 그는 항해를 계속했다."[8]

29일째 되는 날, 플로리다호는 조타 장치에 반응하지 않았다. 기함의 선수 부분에서 물이 새는 곳이 또 생겼다. "선창의 격실 한 곳이 물로 가득 차서 빵 60퀸탈(6톤), 식용유와 식초 전부, 기타 여러 것이 물에 젖었다."[9] 밤이 되자 일등항해사는 밑으로 내려가 조사하라는 사베드라 세론의 요구를 거부했다. 그는 아침에 그 일을 할 생각이었다. 조타 장치는 여전히 제대로 작동하지 않았다. "우리는 다른 두 배 사이에 있었고 우리도 두 배도 서로 길을 비켜줄 수 없었기 때문에, 우리는 두 배가 먼저 지나가도록 했고 돌풍을 만났다. 키를 잡은 조타수는 부주의했고, 배는 역풍을 받아 거의 침몰할 지경이었다. 결국 우리는 돛을 내렸다. 다른 배들은 강한 바람을 타고 전진했다. 그리고 곧 시야에서 사라졌다. 우리는 불을 밝혔지만 그들은 응답이 없었다. 그렇게 그 배들을 놓쳤다."[10] 플로리다호는 이후 그 배들을 다시는 보지 못한다.

플로리다호는 태평양의 텅 빈 거대한 공간을 가로질러 항해했다. 60일이 지나서야 처음으로 육지가 보였다. 이제는 익숙한 '도둑 섬'이었다. 사베드라 세론은 '왕들의 섬'이라고 불렀다. 그날이 구세주 공현축일公現 祝日, Epiphany이었기 때문이다. 괌섬의 원주민들이 그들을 보러 나왔다.

"긴 머리에 갈색 피부의 건장한 자들이었다. 갈대로 만든 거적을 덮었을 뿐 옷은 입지 않았다. … 아주 멋지게 짠 거적이어서 멀리서도 그들은 금빛으로 빛났다. … 남자들은 에스파냐인들처럼 턱수염을 길렀다. 그들은 불로 지져 단단하게 만든 막대기를 무기로 지니고 있었다."[11] 그들은 멀리 떨어져서 신중히 지켜보고 있었다. 그럼에도 선원들은 상륙해 식수를 얻을 수 있었다.

며칠 지나면서 비첸테의 이야기는 사망자 명부를 기록해나가기 시작한다. 익숙한 일이다. "조타수가 병들었다. 이튿날 그는 상태가 심히 나빠졌다. 우리는 그를 선실로 데려갔고 그는 유언장을 작성했다. 그는 유언 작성을 마치고 죽었다. … 우리는 15리그(약 72킬로미터)를 전진했고, 대장장이를 깊은 바다에 맡겼다. 이튿날 통메장이가 병들었다. 그는 스무 날 뒤에 죽었다. 이틀 동안은 별일 없었다."[12] 조타수 아랑고의 사망은 특히나 타격이 컸다. "우리에게는 이제 조타수가, 별의 고도를 측정하는 법을 아는 사람이 없었다."[13] 항해는 고됐다. 그들은 선원 한 명을 매장하려고 무인도에 상륙했다가 날씨가 악화되어 스무여드레 동안 발이 묶였다. "먹을 것을 찾아보았지만 얻은 것이라고는 조개뿐이었다."[14]

2월 말 그들은 민다나오섬 해변에 도착했다. 원주민들이 카누를 타고 나와 "카스티야, 카스티야!"라고 외치며 환영했다. 외부에서 들어온 자들의 교환이 있었다. 해변에 많은 군중이 모여 지켜보고 있었는데, 그중에는 조난당했다가 포로가 된 에스파냐인 세 명이 있었다. 현지 주민들은 처음에는 우호적이었지만 성미가 날카로웠다. 은밀히 배를 난파시키려는 시도가 있었다. 조난자 세 명 중 한 사람은 탈출에 성공해 배에 올랐다. 포르투 출신의 포르투갈인인 그는 세바스티안으로 이곳에서 폭풍을 만나 사라진 로아이사 탐험대 산타마리아델파랄호의 생존자였다. 산타마리아델파랄호는 이곳에서 난파했다. 그는 여기 머무는 동안 현지 언어를 익혀 조금 할 수 있었다. 나머지 선원은 대부분 살해당했다. 그는 다른 두 사람과 함께 노예가 되었다. 세바스티안은 또한 마젤란 탐험대의 선원 여덟 명이 학살을 모면하고 중국 상인들에게 노예로 팔려간 사실을 알고 있다고 주장했다. 사베드라 세론은 명령에 따라, 그리고 기독교도의 의무에 따라 인근 섬에 억류되어 있는 산타마리아델파랄호의 다른 생존자들을 몸값을 주고 구하기로 결심했다. 비첸테는 협상 과정을 이렇게 기록했다.

우리는 정오에 어느 항구에 도착했다. 닻을 내리기 전에 원주민들이 큰 보트를 타고 우리에게 왔다. 스무 명이 타고 왔는데 에스파냐인 포로 두 명이 있었다. 등 뒤로 손이 묶였고 발에 신발 비슷한 것을 신었을 뿐 벌거벗은 상태였다. 보트가 다가왔고 에스파냐인들이 우리말로 인사했다. 그들은 자신들이 사령관[로아이사] 함대의 일원이라고, 다섯 달 동안 포로 생활을 했다고 말했다. 그들은 제발 몸값을 지불해 자신들이 노예로 살지 않게 해달라고 선장에게 간청했다.[15]

금으로 몸값을 지불하고 "누에바 에스파냐의 옷감과 좋은 의류"를 "식량, 닭, 쌀, 그곳의 술, 정향, 계피"와 맞바꾸는 협상이 이루어졌다.[16] 사베드라 세론은 두 조난자의 가슴 절절한 호소에 응답했지만, 그들이 자신의 상황과 산타마리아델파랄호의 운명에 관해 한 이야기는 날조된 것이다. 조만간 실상이 밝혀질 것이다.

비첸데는 계속 설명을 이어갔다. "우리는 북풍을 타고 남쪽으로 진로를 잡았고, 나흘 동안 전진했다. 내내 무인도만 보다가 포르투갈인들이 요새를 구축한 테르나테섬에 도착했다."[17] 자일롤로섬의 에스파냐인들이 보았던, 카스티야 깃발을 펄럭이며 다가온 배가 바로 플로리다호였다. 1527년 3월 말이었다. 누에바 에스파냐에서 그곳까지의 항해는 다섯 달이 걸렸고, 이제는 이상할 것도 없는 높은 사망률을 보였다. 출발할 때 110명이었던 선원 중 여전히 살아 있는 사람은 서른 내지 마흔 명뿐이었다.

탐험대가 티도레섬에 가까이 다가가자 에스파냐인 몇 명이 나왔다. 그들은 이들을 배에 태웠다. 곧이어 포르투갈 선박 한 척이 다가와 플로리다호를 검문했다. 그 배의 지휘관은 사베드라 세론에게 말루쿠제도에는 에스파냐인이 한 명도 없음을 납득시키려 했다. 전부 에스파냐로 돌아갔다는 것이다. 갑판에 에스파냐인 두 명이 나타나면서 그 거짓말은 바로 들통났다. 플로리다호는 포르투갈 선박의 포격을 무릅쓰고 계속 전진했다. 플로리다호가 티도레에 도착하면서 싸움이 다시 불붙었다. 우르다네타는 이렇게 기록했다. "그때부터 전쟁은 점점 더 격렬하게 진행되었다."[18] 티도레의 도읍에서는 에르난도 데 라 토레와 섬의 통치자 둘 다 즉시 기쁨에 젖었지만, 곧 현실이 무겁게 짓눌렀다. 플로리다호는 소수의 녹초가 된 선원뿐이었고 식량도 부족했기에 포위되어 공격받고 있는 에스파냐인들에게 구원이 되거나, 교착 상태를 깨기에는 결코 충분하지 않았다. 플로리다호가 되돌아가 지원을 요청해야 한다는 결정이 내려졌다. 1528년 6월 사베드라 세론은 향신료 상당량을 싣고 물어볼 것이 있을 경우를 대비해 포르투갈인 포로 몇 명과 탈주한 포르투갈인 자원자 두어 명을 데리고 출항했다. 그는 국왕에게 보내는 서한을 휴대했다. 에스파냐인들이 처한 곤경을 설명하고 도움을 요청하는 내용이었다.

시기가 좋지 않았다. 서쪽으로 바람이 부는 몬순이 시작되었고 항로도 잘못 잡았다. 플로리다호는 남쪽과 동쪽으로 항해해 뉴기니에 도착했다. 그곳에서 포르투갈인들이 배의 보트를 훔쳐 탈주했다. 사베드라 세론은 분노한 채 해변에 잠시 고립되어 있었다. 플로리다호는 바람을 타고 북쪽으로 이동하며 적대적인 원주민들이 거주하는 외딴섬들을 지나쳤다. 애드미럴티섬에서는 화살 세례를 받았다. 캐롤라인제도였을 텐데 북쪽으로 더 이동한 곳에서는 새총과 돌멩이의 공격을 받았다. 배의 보트가 사라져서 식량을 확보하기는 점점 더 어려워졌고, 바람은 여전히 역풍이었다. 그들은 되돌아갔다. 11월 19일 플로리다호는 바람과 조류의 방해를 받으며 다시 티도레 앞에 나타났고 포르투갈인 탈주자들이 자신들보다 앞서 그곳에 도착했다는 사실을 알았다. 탈주자들은 즉결처형을 당했다. 인과응보였다. 티도레에서 또 다른 속임수도 탄로났다. 사베드라 세론이 티도레로 오는 도중에 몸값을 주고 데려온 에스파냐인 두 명은 그들의 주장처럼 난파의 무고한 희생자가 아니었다. 두 사람은 선장과 고급선원들을 뱃전 너머로 던져버린 반란자로 산타마리아델파랄호를 탈취해 항해하다가 민다나오섬 해변에서 난파한 것이었다. 두 사람도 교수형을 당한 뒤 사지가 찢겼다.

에스파냐인들의 고난은 여전히 절망적이었다. 그들이 무엇을 할 수 있었겠는가? 지도자, 포탄, 의약품, 그리고 결정적으로 인력이 부족했다. 플로리다호는 꼴이 엉망이었다. 우르다네타는 이렇게 회상했다. "배는 물이 샜고 벌레가 먹었다. 우리는 그들이 이곳에서 자주 사용하는 일종의 역청으로 배의 현측舷側에 판자를 덧붙였다."[19] 에르난도 데 라 토레는 포르투갈의 수역을 관통해 서쪽으로 나가는 것이 유일한 탈출 방법이라고 고집스럽게 주장했다. 역풍이 불어 멕시코로 되돌아가기는 어렵다는 것이었다. 그렇지만 사베드라 세론은 단호했다. 물이 새는 배에서 옮겨 타기를 거부한 자들을 만류할 수는 없었다. 사베드라 세론은 그곳까지 왔던 항로로 다시 한 번 시도하려 했다. 1529년 5월 플로리다호는 수리를 마치고 다시 출발했다.

말루쿠제도의 에스파냐인들은 사기가 바닥을 쳤다. 그들은 5년 동안 고향을 떠나 있었고, 사베드라 세론이 태평양을 건너는 귀환항해를 두 번째로 시도하는 동안, 힘의 균형은 결정적으로 포르투갈인들에게 유리하게 바뀌었다. 공격을 주고받는 싸움에서 에스파냐의 분견대가 전략적 실수를 저질렀다. 전투력의 절반이 다른 섬을 공격하러 나갔다가 그들의 출발 소식이 테르나테에 새나간 것으로, 알 만큼 알고 있는 마젤란 함대의 생존자 에르난도 데 부스타만테가 그 사실을 누설했을 것이다. 그들의 경쟁자들이 급습해 티도레를 점령하고 파괴했다. 에스파냐인들은 일부는 항복했고, 일부는 계속 싸우기로 결심하고 자일롤로섬으로 벗어나 은거했다. 1529년 12월, 플로리다호는 다시 돌아왔다. 이번에도 풍랑 때문에 항해에 실패했다. 사베드라 세론이 죽어서 바다에 수장된 시신이 하나 더 늘었다. 에스파냐인 생존자들은 서서히 그 수가 줄어들었다. 포르투갈 편으로 이탈하는 자가 늘었다. 그러나 우르다네타와 소수의 무리는 자일롤로섬의 짙은 밀림에서 여전히 버티고 있었다. 우르다네타는 훗날 황제에게 보내는 보고서에 이렇게 썼다. "결과적으로 우리는 큰 고통과 불안에 시달렸습니다."

> 모두 폐하를 위한 것이었습니다. 만일 우리가 포르투갈 편으로 넘어가기로 결정했다면 우리는 아주 유복하게 살았을 것입니다. 그러나 우리는 폐하께서 기필코 말루쿠제도로 함대를 보내시리라고, 우리가 그곳에서 그 함대에 도움이 되고 폐하께 봉사할 수 있으리라고 믿었습니다. 우리는 포르투갈인들에 합세하는 것은 결코 생각해본 적이 없습니다. 폐하를 위해 목숨을 바칠 준비를 하고 있는 것이 우리의 의무라고 생각하고 모든 위험과 고생을 감내하며 기다리기로 결의를 다졌습니다.[20]

이러한 충성심은 보답을 받지 못한다. 1530년 말, 이들은 포르투갈의 신임 총독 곤살루 드 페리에라로부터 황제 카를 5세가 말루쿠제도에 대한 권리 주장을 35만 두카트를 받고 포르투갈에 팔아버렸다는 소식을 듣고 정신이 나갔다. 사라고사조약의 한 가지 조건은 그 돈이 보증금일 뿐이라는 것이었다. 그 돈을 반환하면 향신료제도에 대한 권리를 다시 주장할 수 있었다. 실제로 카를 5세는 늘 현금이 부족했고, 경쟁자인 프랑스 국왕 프랑수아 1세에 맞서 전쟁을 준비하고 있었다. 게다가 말루쿠제도의 형세를 지속할 실질적 방법은 없어 보였다. 카를 5세는 포르투갈을 효과적으로 들볶아 원래 포르투갈의 정당한 몫이었던 것을 돈을 지불하고 가져가게 했다. 다시 그어진 경계선은 이제 말루쿠제도와 필리핀제도의 동쪽으로 한참 더 나아간 곳에, 뉴기니를 관통하는 곳에 설정되었다. 이 소식에 현지의 에스파냐인들은 못 믿겠다는 듯 놀라움을 드러냈다. 그들은 이미 너무 많이 고생했고 고통을 겪었기 때문이다. 에르난도 데 라 토레는 처음에는 사실을 인정하지 않았다. 포르투갈의 다른 총독이 공식 문서를 들고 나타나 토레를 납득시키고 나서야 일이 정리되었다.

그동안 테르나테와 티도레의 주민들은 인내심이 바닥났다. 분위기는 테르나테에서 포르투갈 총사령관 조르즈 드 메네즈스가 현지의 어느 무슬림인 주민에게 돼지를 훔친 죄에 대한 처벌로 돼지고기를 먹으라고 명령하면서 폭발 직전으로 험악해졌다. 포르투갈인들을 몰살할 계획이 세워졌다. 이를 알아챈 메네즈스는 현지 통치자와 여러 부족장을 참수했다. 이제 두 유럽인 집단을 모조리 죽이겠다는 결의가 굳어졌다. 포르투갈인들은 한동안 포위되어 테르나테의 요새에 갇혀 있었다. "그래서 그들은 그곳으로부터 기껏해야 화승총탄 날아갈 거리밖에 나아가지 못했다." 에스파냐인들도 안전이 걱정되었다. 요새 안에 갇혀 궁지에 몰린 유럽인들은 서로를 인정해 공동의 대의로 단합했다. 그들은 평화조약에 서명하고 동맹을 체결했다. 포르투갈은 믈라카의 지원으로 기지를 지킬 수 있었지만, 에스파냐인들은 그럴 수 없었다. 누에바 에스파냐로부터 증원을 얻으려는 모든 시도는 무위로 돌아갔고, 황제 카를 5세는 자신의 권리 주장을 돈을 받고 포기함으로써 그들을 허망하게 했다. 에스파냐인들은 포르투갈 선박에 올라 본국으로 송환되기를 기대하는 수밖에 도리가 없었다. 1533년까지 그곳을 살아서 떠난 에스파냐인은 열일곱 명뿐이었다. 이들은 소규모로 무리를 지어 고향을 향했다. 말썽이 생길 것을 우려한 포르투갈인들이 이들을 몇 명씩 나눠 보내기로 결정했기 때문이다. 에스파냐인들은 희망봉을 거처 리스본에 도착한 다음 육로를 통해 에스파냐로 돌아갔다.

우르다네타는 가장 마지막으로 떠난 무리에 속했다. 그는 정향을 확보해 배에 실으려고 남았다. 그는 말루쿠제도 여성 사이에서 얻은 딸과 함께 1536년 6월에 리스본에 도착했다. 열일곱 살에 에스파냐를 떠난 우르다네타는 스물여덟 살이 되어 많은 경험과 지식을 갖추고 돌아왔다. 그는 세계를 직접 보았고, 전쟁에 참여했으며, 현지 언어들을 습득했고, 지휘관을 대신해 부족 지도자들과 포르투갈 총독들과 협상했으며, 말루쿠제도와 그 너머로 육두구가 자라는 반다제도와 자와섬까지 널리 여행했다. 그 과정에서 그는 문화, 상업, 기상에 관해 더없이 소중한 정보를 수집했다. 그는 카누를 타고 말루쿠제도 곳곳을 수없이 돌아다녔고 열대 지방 깊숙한 곳의 아름다움을 보고 느꼈다. 그는 인생의 온갖 부침을 겪으면서도 존중할 가치가 없는 황제의 대의에 결연히 충성했지만, 이러한 어떤 경험도 쓸모없지 않았다.

리스본에 도착한 우르다네타는 여러 해도와 신중하게 작성한 보고서를 빼앗겼다. 그는 에스파냐 대사의 조언에 따라 포르투갈에 더 오래 붙잡혀 있지 않도록 리스본에 딸을 남겨둔 채 말을 빌려 타고 서둘러 떠나 국경 너머 바야돌리드로 갔다. 그곳에서 그는 기억에 의존해 황제에게 바칠 보고서를 다시 썼다. 카를 5세는 보증금을 받아놓고 말루구제도에 대한 권리를 매각하기는 했지만 우르다네타로부터 말루쿠제도를 포기하지 말고 조약을 체결해 그곳에서 에스파냐를 위해 정향과 육두구 가루와 열매의 교역을 독점하라는 강력한 권고를 받았다. "폐하께서는 그 향신료가 이 섬들 이외에는 지금까지 발견된 세계의 그 어느 곳에도 없다는 사실을 아서야 합니다. 그러하니 폐하께서는 말루쿠제도와 반다제도에서 많은 이익을 얻으셔야 합니다. 그 향신료로만 60만 두카트가 넘는 이익을 얻으실 것입니다. 생강과 계피는 셈에 넣지 않았습니다. 자와섬과 후추 교역 협정을 체결하면 이 또한 큰 이익이 될 것입니다."[21]

말루쿠제도에 근거지를 유지하면 지정학적으로 큰 이점이 있었다. "말루쿠제도 인근에서 정복을 통해 귀한 성과를 많이 거둘 수 있습니다. 그리고 말루쿠제도에서 교역할 수 있는 나라가 중국을 비롯해 아주 많습니다."[22] 그러나 문제는 남았다. 그곳까지 가기는 수월했지만 어떻게 돌아올 것인가? 에스파냐인들에게 태평양은 한쪽 끝이 닫힌 바다였다. 누에바 에스파냐에서 서쪽으로 항해할 수 있었지만 포르투갈인들에게 붙잡히지 않고 그곳을 빠져나올 수는 없었다. 이는 수십 년 동안 에스파냐의 팽창의 꿈을 괴롭힌 문제였다. 우르다네타에게 그것은 해결해야 할 문제였다. 그가 10년간 황제의 목표에 봉사한 대가는 60두카트였다. 쥐꼬리만큼도 안 되는 돈이었다.

10
"고통을 끝내자"

1542-1546

태평양은 얼마나 넓었나? 그 장래성은 어느 정도였나? 우르다네타의 상세한 보고서는 발견과 정복을 이야기했다. 카를 5세의 좌우명인 "플루스 울트라"는 억제되었다. 아메리카 정복의 세찬 물결 속에서 그의 수중에 떨어질 세계는 언제라도 남아 있으리라는 기대가 있었다. 이 새로운 대양은 에스파냐인들의 상상과 환상이 투영된 공간이었다. 태평양은 정복자들, 모험가들, 출세하려는 자들, 신비주의자들, 선교사들을 끌어들였다. 태평양은 향신료제도와 마르코 폴로의 중국으로 가는 황금 열쇠였다. 그 광활한 공간에서 어렴풋이 모습을 드러낸 섬들은 한번 놓치면 곧 사라져버렸다. 성서에 솔로몬 왕이 보물을 모아놓았다는 타르시시와 오피르가 그 큰 바다 어디엔가 있다는 신비로운 예언이 있었다.* 아스테카제국을 무참히 약탈한 에르난 코르테스는 좀 더 실용적으로 그 바다를 잠재적 봉토로 보았다.

태평양은 에스파냐인들을 저지했다. 그들은 대서양을 건넜고 일정한 풍계風系를 이용하는 확실한 왕복 항로를 구축했다. 그렇다면 태평양에서도 못하리라는 법은 없지 않은가? 마젤란의 항해 후 첫 10년 동안 누에바 에스파냐에서 서쪽으로 배 열 척이 떠났는데, 오직 한 척만, 그것도 포르투갈의 수역을 거쳐서 돌아왔다. 항해를 떠난 사람 중에 에스파냐나 누에바 에스파냐를 다시 본 사람은 거의 없다. 사망자 수는 아찔할 정도였다. 그때까지 떠난 세 차례의 탐험은 줄 것이 전혀 없어 보이는 그 대양을 여러 항로를 거쳐 지나갔다. 그 바다의 동쪽 절반은 텅 빈 공간이었다. 그들이 서쪽의 섬들에 상륙했을 때 원주민들이 보여준 반응은 예상치 못한 것이었다. 때로는 우호적이었지만, 화살과 돌이 빗발칠 때가 더 많았다. 탈주자들과 실종자들은 대양 곳곳에 흩어졌으며, 선박들은 전설과 상상의 흔적만 남긴 채 사라졌다.

서쪽으로 항해해 대양을 횡단하는 것이 곧바로 가는 길이었지만, 항해 속도를 감안하면 그 횡단의 규모를 가늠하기 어려웠다. 경도 측정의 어려움으로 인해 그 계산은 가변적이었지만 항해는 매번 고통스러웠다. 돌아가려는 시도 즉 토르나비아헤tornaviaje〔귀환항해〕는 번번이 실패했다. 태평양은 왕새우 통발이었다. 곧 들어가기는 쉽지만 빠져나오기는 불가능했다. 그 대양의 풍향과 해류는 온전히 알려지지는 않았다. 10월 말 돛을 폈을 때 천우신조로 무역풍을 탄 사베드라 세론은 배를 박살낼 수 있는 위험한 환초의 덫을 피해 최상의 항로로 태평양에

---

* 공동번역 성서에 타르시시Tarshish는 다르싯으로, 오피르Ophir는 오빌로 옮겨져 있다.

진입했지만, 저위도를 통과해 돌아오려던 귀환 시도는 실패를 한 번 더 늘렸을 뿐이다. 이후로 약간의 지혜가 생겼다. 에스파냐를 출발해 마젤란해협을 통과하는 탐험대는 더는 없을 것이었다. 그 항로는 너무나 혹독했다. 1530년대에 두 차례의 추가 시도가 있었지만 모두 재앙으로 끝났다. 차후로 '남쪽 바다'를 횡단하는 모든 항해는 누에바 에스파냐 해안에서 출발한다.

태평양은 유럽인들의 지도 제작에서 가장 큰 공백으로 남았다. 최후의 거대한 변경이었던 것이다. 에스파냐는 사라고사조약(1529년)을 마지못해 수용했다. 말루쿠제도에 대한 권리를 팔아치웠다는 생각이 널리 퍼졌다. 카를 5세와 많은 신하는 여전히 말루쿠제도가 자신들의 적법한 영토라고 확신했다. 비록 그 권리를 빌려주기는 했지만, 자신들의 소유라는 믿음과 끝없는 팽창의 기대는 일말의 망설임도 허용하지 않았다. 우르다네타의 사실에 근거한 냉철한 보고가 큰 영향력을 행사했다. 에스파냐에 태평양은 여전히 동양의 부를 획득할 열쇠였고, 그 태평양의 열쇠는 그곳으로부터 되돌아올 묘책에 있었다. 귀환항로 개척의 모든 희망은 항해에 시달려 파손된 선박을 수리하고 선원들이 건강을 회복할 수 있는 안전한 기지의 건설과 식량의 마련에 달려 있었다. 우르다네타는 말루쿠제도 북쪽의 군도가 그런 목적에서 자리를 잡기에 이상적인 장소라고 보았다. 마젤란이 '서쪽 제도'라는 이름을 붙인 필리핀제도였다. 이 섬들은 포르투갈인들이 정주하지 않은 곳이었지만, 사라고사조약에 그 이름이 거론되지는 않아도 명백히 포르투갈의 영역 안에 있었다. 이는 무시하고 넘어가는 것이 최선인 불편한 사실이었다. 이제 에스파냐인들은 바로 필리핀제도에 희망을 걸었다.

우르다네타는 바야돌리드에서 인도제도협의회에 보고할 때 귀족 페드로 데 알바라도를 만났다. 남아메리카 대부분을 정복한 콩키스타도르로 과테말라 총독인 알바라도는 잔인하기로 유명한 전설적 인물이었다. 알바라도는 '서쪽 제도'와 중국 해안으로 새 탐험을 계획하고 있었다. 그는 엄청난 비용을 들여 선원 550명에 배 열세 척으로 함대를 꾸렸다. 탐험의 물자는 대서양 연안의 베라크루스에서 테우안테펙지협의 육로를 통해 운반했다. 알바라도는 우르다네타에게 선임조타수 직책을 맡겼다. 우르다네타는 다시 아메리카로 돌아갔지만, 알바라도의 탐험은 실행에 옮겨지지 않았다. 원주민들이 일으킨 봉기에서, 우르다네타도 참여한 이 싸움에서 알바라도가 갑자기 튀어나온 말에 짓밟혀 죽은 것이다. 우르다네타는 항해에 나서지 않았다. 1552년 그는 아우구스티누스수도회에 입회해 수도원에 은거했다.

콩키스타도르들과 귀족들이 지위와 부를 두고 다투는 가운데, 누에바 에스파냐의 초대 부왕副王 안토니오 데 멘도사의 집요한 요청에 따라 다른 탐험대가 세심하게 조직되었다. 그는 자신의 친척 루이 로페스 데 비얄로보스를 불러 대양을 건너는 새 모험을 이끌게 했다(가족 관계는 늘 일정한 역할을 했다). 탐험대의 목적은 명확하게 제시되었다. '서쪽 제도'에 확실한 기지를 세우고, 세 차례 실패 끝에, 귀환항해의 문제를 완전히 해결하는 것이었다. 동시에 아메리카 해안을 따라 북쪽으로 항해해 중국에 도달하려는 다른 탐험대도 출발이 예정되었다. 두 탐험대가 북서쪽 어느 곳에선가 서로 합류할 수 있다는 믿음이 있었기 때문이다. 후안 로드리게스 카브리요가 지휘한 이 두 번째 탐험대는 캘리포니아 해안을 따라 위로 올라갔지만 바람에 밀려 나아가지 못했다.

카브리요는 원주민과의 교전 중에 사망했고, 임무는 실패로 끝났다.

비얄로보스의 탐험대는 메이플라워호 같은 모험적 사업이 되어야 했다. 목적을 명확하게 규정하고 출발한 야심찬 기획 사업이었던 것이다. 비얄로보스는 '서쪽 제도'에 설치할 요새 정착지의 총독이라는 지위를 얻었다. 보급품에는 새 식민지에 파종할 밀 씨앗도 들어 있었다. 여느 때와 마찬가지로 지휘관은 온갖 상세한 지시사항에 구속되어 있었다. 식량과 선박 관리의 모든 면에서 완벽을 기하라는 권고와, 이제는 의무적 사항이 된 것으로 원주민을 호의적으로 대하고 포르투갈 영역을 침범하지 말라는 명령이 포함되었다. 모든 선원은 충성을 맹세해야 했고(반란의 우려는 언제나 최우선 고려사항이었다), 자신이 맡은 자리에서 잠든 자는 킬홀keel-haul의 처벌을 받아야 했다.* 이를 두 번 위반한 자는 바다에 던져버렸다. 이 임무에는 종교적 차원이 짙게 배어 있었다. 원주민을 개종시키는, 지극히 조심스럽게 개종시키는 일이었다. 아우구스티누스회 수사 네 명과 다른 성직자 네 명이 배에 올랐다. 비얄로보스는 여행의 주된 목적이 기독교 신앙의 전파임을 명심하라는 지시를 받았다. 모든 선원은 승선 전에 고해를 하고 영성체를 받았다는 증명서를 제출해야 했다. 신성모독은 투옥과 식량 배급량 축소로 이어질 수 있었다. 특히 유럽인의 세계 진출을 추동한 지식에 대한 요구는 끝이 없었다. 궁금한 것은 끝없이 파고들어야 했다. 예상한 항로를 따라 누에바 에스파냐로 돌아온 자들은 항해의 모든 것에 관해 보고해야 했다. 이들은 발견한 것들의 표본을 가져와야 했고 원주민의

---

* 킬홀은 사람을 밧줄로 묶어 배 밑으로 지나가게 하는, 선원에 대한 옛날의 형벌이다.

의복, 관습, 종교적 관행, 정치적 관계를 설명해야 했다. 세세한 원격 관리는 비상할 정도로 수준이 높았다.

애초의 알바라도 탐험대에 포함된 배 일곱 척이 출발할 예정이었다. 비얄로보스가 기함인 또 다른 산티아고호에서 지휘하기로 했다. 기함에는 병사와 선원 400명이 승선했고, 그중에 포함된 일단의 귀족('누군가의 아들인 기사들')은[1] 누에바 에스파냐에서 하인들을 데려왔다. 이번 항해의 참여자로, 앞선 태평양 항해에서 살아남은 생존자가 여럿 있었다. 몇몇은 서로 오랫동안 알고 지낸 사이였다. 히네스 데 마프라와 독일인 포수 아네스는 20년 전 마젤란의 세계 일주 항해에 참여한 자들이었다.

함대는 1542년 11월 1일 만성절萬聖節, All Saints' Day 아침에 멕시코 해안에서 출발했다. 원래는 캘리포니아의 연안 어장에서 얼마간 머물며 식량을 비축할 생각이었지만, 바람이 불자 함대는 계속 전진하기로 결정했다. 이는 연이은 실수 중 첫 번째였다. 식량 공급의 문제는 끊임없이 계속된다.

항해는 익숙한 방식으로 진행되었다. 작은 섬들이 거듭 나타났고, 그것들에 성인의 축일이나 물리적 특징에 따라 이름이 명명되었다. 배들은 조타수가 계산하기 어려울 정도로 빠른 해류에 밀려 전진했다. 결과적으로 그들은 필리핀제도까지의 거리를 크게 줄여 잡아 그 섬들이 에스파냐의 정당한 권리 안에 들어온다고 확신했다. 항해 도중에 일련의 사고가 발생했다. 예상치 못한 모래톱에 거의 좌초할 뻔해서 일시적으로 당황한 적이 있고, 배들이 서로 충돌하기도 했다. 한번은 배 한 척이 고래에 심하게 공격당해 이물이 물에서 거의 완전히 들렸고, 부상을 입은 그 거대한 짐승은 바다를 피로 적시며 멀어져갔다. 선원들이 신의 자비를 간청할 정도로 심한 폭풍이 몰아쳤고, 배 몇 척이 몇 주 동안 사라졌다가 다시 나타나기도 했다. 함대는 섬들이 많은 지대를 지나치며 원주민과 대화를 나누었고 앞선 탐험대의 조난자들이 있는지 수소문했다. 함대가 캐롤라인제도의 파이스섬에 가까이 갔을 때, 그들은 "부에노스 디아스, 마탈로테스Buenos dias, matalotes"("안녕하시오, 뱃사람들")라고 인사하는 섬 주민들을 만나 목적지에 근접했음을 알았다.

함대는 1543년 2월 1일 민다나오섬에 도착했다. 태평양 횡단에 93일이 걸렸다. 빨리 온 것이다. 탐험대의 목적지는 민다나오와 더 북쪽으로 올라간 레이테섬 사이 해협에 자리 잡은 작은 섬 리마사와였다. 그러나 탐험대는 진로를 잘못 잡았다. 그들은 민다나오의 방강가라는 곳에 내렸는데 반응이 호의적이지 않았다. 그럼에도 비얄로보스는 해변에 발을 들였고 그 섬에 대해 에스파냐의 소유권을 주장했다. 그는 황제에 예를 표해 그곳을 세사레아 카롤리Cesarea Caroli[황제 카를]라고 명명했다. 해류와 계절풍 때문에 북쪽의 리마사와로 항해하기는 불가능했다. 그 야심찬 탐험대에 합류한 많은 인원을 먹이는 문제는 곧 어려운 과제가 되었다. 함대에 굶주림이 만연했다. 어느 목격자에 따르면, 굶주림 때문에 "이전에는 알지 못한 질병, 잇몸과 다리가 부어오르고 피부에 보라색 반점이 생기는 질병"이 찾아왔다.[2]

확실한 식량 자원을 찾는 것이 열쇠였다. 비얄로보스는 앞선 탐험대에 동행했던 선원의 조언에 따라 남쪽에 있는 작은 섬 사랑가니로 이동했다. 그곳 마을 사람들은 식량을 팔기를 거부했다. 절망한 비얄로보스는 원주민을 친절하게 대하라는 황제의 명령이 있었지만 성직자들에게 부탁해 빠져나갈 구멍을 찾았다. 에스파냐인들은 마을을 공격해 주민들을 섬에서 몰아냈다. 이는 식민지인과의 만남에서 발생한 일련의 유혈극 중 첫 번째였으며, 에스파냐인들에게는 서서히 펼쳐지는 대재난의 시작이었다. 그들은 먹을 것을 긁어모았지만 모두가 먹기에는 부족했다. 선원들은 옥수수 심는 데는 관심을 보이지 않았다. 그들은 정복하러 왔기 때문이다. 그들은 쓰레기를 뒤졌고, 익지 않은 코코넛을 먹었으며, 그보다 더 한 일도 했다. "결국 우리는 개, 고양이, 쥐를 찾는 대로, 더러운 곤충과 무엇인지 모를 식물도 먹었다. 이 모든 것이 많은 사망과 또 다른 중대한 질병의 원인이었다. 특히 커다란 도마뱀을, 반들거리는 큰 놈을 먹은 사람이 많았다. 도마뱀을 먹은 자 중 여전히 살아 있는 사람은 극소수다. 결국 몇몇은 참게를 먹고 하루 동안 정신이 나갔다. 특히 내장까지 먹었을 때 그런 일이 있었다."[3] 탐험대의 기대는 물거품이 되었다.

어떻게든 식량을 확보해야 했다. 비얄로보스는 민다나오에 쌀이 많이 난다는 사실을 알았다. 탐험대는 그곳에서 다시 유혈 충돌에 휘말렸고, 양측에서 여럿이 사망했다. 유럽인에게 식량을 팔지 않겠다는 거듭된 거부와 격렬한 방어는 한편으로는 에스파냐인들에 의해 사랑가니 주민들이 쫓겨난 것 때문이었다. 싸움의 와중에, 한동안 사라져 보이지 않던 산크리스토발호가 식량을 갖고 나타나 잠시 근심을 덜었으나, 비얄로보스는 매번 잘못된 선택을 했다. 계절에 따른 날씨 변화로 리마사와로 항해할 길이 열렸지만, 그는 이를 무시해 오히려 그 가능성을 줄였다. 그 대신으로 그가 산후안데레트란호에 누에바 에스파냐로 돌아가 지원과 증원을 요청하라고 명령한 것은 성공 확률이 매우 낮은 일이었다.

한편, 다른 작은 섬 상기혜에서 식량을 얻으려던 시도는 더욱 거센 저항에 직면했다. 설상가상으로 그들은 돌아오는 길에 배 여러 척이 난파를 당하거나 손상을 입었다. 소중한 군수품이 소실되었다. 필리핀 제도를 샅샅이 뒤져 식량을 찾으려는 시도는 점점 더 위험해졌다. 이때쯤이면 원주민을 배려하라는 명령은 완전히 잊혔다. 선원들은 필사적이었다. 민다나오의 논을 겨냥한 더욱 잔인한 공격은 더 큰 재앙을 불러왔을 뿐이다. 갤리온선 산호르헤호가 돌아오는 길에 폭풍을 만나 침몰했다. 56명이 사망했고, 민다나오섬의 왕에게 배의 대포와 무기를 빼앗겼다. 익명의 목격자는 이렇게 기록했다. "엄청난 손실이었다. 한편으로 그 배는 함대에서 가장 좋은 배였고 기함을 제외하면 다른 배는 남지 않았기 때문이며, 또한 싣고 있는 것 때문이기도 했다. 나는 병사들의 의복을 언급했지만, 중포, 탄약, 무기도 있었기에 그 배는 그곳 전역에서 가장 무장이 잘된 배였다. 그렇기에 그들은 쌀을 모아 왔다고 해도 그 대가를 치렀다. 장비와 무기뿐만 아니라 전사한 56명의 목숨으로도."[4]

비얄로보스는 곧 다른 방향에서 압박을 느꼈다. 근심거리가 넘치는 가운데 테르나테에서 포르투갈 대표단이 에스파냐인들은 포르투갈 영토를 떠나라는 명령서를 들고 나타났다. 비얄로보스는 그 주장에 거세게 반론을 제기했다. 그 땅이 분할선의 에스파냐 쪽 구역에 있다는 것이었다. 포르투갈인들은 요구를 반복했다. 상황은 점점 더 나빠졌다.

반드시 좀 더 유망한 기지를 설치하고 좀 더 나은 식량 공급원을 확보해야 했다. 지휘관은 정착지를 북쪽으로 이동하기로 결정했다. 에스파냐인들은 사랑가니섬을 불모지로 만들었다. 단지 열매를 얻으려 코코넛나무 3만 그루를 베어버린 것이다. 비얄로보스는 출항한 지 정확히 1년이 되는 날인 1543년 만성절(11월 1일) 폐허가 된 그 섬을 떠났다. 그에게는 기함과 작은 쌍돛 범선 브리간틴brigantine 두 척뿐이었다. 이번에도 그는 너무 늦게 출발했다. 바람 때문에 그는 다시 돌아올 수밖에 없었다. 탐험대는 무너져갔고, 현지 주민들은 그들에게 질렸다. 선원들은 여러 섬에 흩어졌다. 에스파냐인들은 잔치로 위장된 매복 공격에서 벗어나야 했다. 그들은 지치고 굶주렸다. 이제 남쪽의 포르투갈 영토 안으로, 구조를 바라며 말루쿠제도로 항해하는 수밖에 도리가 없었다. 1544년 1월 초 그들은 자일롤로섬의 사마포에 도착했다.

섬에 도착하자마자 에스파냐인들은 말루쿠제도를 지배한 섬과 섬 사이의 정치에 다시 한 번 휘말리게 되었다. 당장 떠나라는 포르투갈의 명령은 다시 거부되었다. 비얄로보스는 자신의 병사들이 굶주려 병들었고 죽을 지경이라고 대답했다. 그에게는 식량과 배를 수리할 시간이 필요했다. 포르투갈인들은 에스파냐인들에게 테르나테에 항복할 것을 요구했다. 비얄로보스는 쌀쌀맞게 답했다. "환자를 치료할 약품을 제공하는 것은 … 기독교도의 의무라고 생각한다. 그러한 효과를 낼 수단을 제공하지 않고 그러한 요구를 제시할 일은 아니다."[5] 어떤 이는 이렇게 기록했다. "우리 선원들은 무자비함에 심히 역겨웠다."[6]

자일롤로섬 주민들은 곧 에스파냐인들에게 식량을 제공하는 데 피로를 느꼈다. 그래서 에스파냐인들은 티도레로 옮겨갔다. 1544년 5월, 산후안데레트란호가 멕시코로 돌아가는 항해에 실패하고 돌아왔다.

다시금 배를 수리하려는 필사적인 노력이 경주되었다. 어처구니없게도 비얄로보스는 기함 산티아고호를 포르투갈 상인에게 팔아버렸다. 산티아고호가 원거리 항해에 적합하지 않다고 믿었기 때문인데, 이는 실수였다. 점점 더 무모해지는 도박꾼처럼 그 지휘관은 산후안데레트란호의 누에바 에스파냐 귀환 시도에 한 번 더 희망을 걸었다. 이번에는 더 남쪽으로 향하는 항로로 시도했다. 배는 커다란 섬에 도착했다. 비얄로보스는 섬에 누에바 기네아(뉴기니)라는 이름을 붙이고 그 섬이 에스파냐 영토임을 주장했지만, 배는 역풍을 만나 다시 티도레로 돌아왔다.

말라카에서 포르투갈의 새 함대가 도착하면서 모든 사태는 종료되었다. 이제 그 수가 많이 줄어든 선원들은 처음에는 항복하고 포르투갈 선박에 올라 송환을 모색하라는 비얄로보스의 명령을 거부했지만, 대안은 없었다. 생존자들은 쓰라린 가슴을 부여안고 비얄로보스가 마저 팔아버린 자신들의 배 산후안데레트란호에 올라 이송되어야 했다. 비얄로보스는 출항한 지 3년이 지난 1546년 2월 18일 배에 올랐다. 여러 선원과 마찬가지로 그도 심하게 병들었다. 고열에 시달려 몸이 부들부들 떨렸고 크게 낙담했다. 그는 생존자들을 불러 모아 탐험의 실패에 대해 사과했다. 그에게 반대했던 자들도 눈물을 떨구었다. 비얄로보스는 1546년 4월 16일 암본 항구에서 사망했고 아우구스티누스회 수사의 복장을 하고 매장되었다. 포르투갈인들에 따르면, 비얄로보스의 사망 원인은 절망이었다. 탐험대의 낙오자들은 포르투갈 배편으로 귀국했다. 550명이 출발했는데 말라카에 도착한 생존자는 약 117명이었다. 모두 쇠약해진 상태였기에 살아서 리스본에 내린 자가 몇 명이었는지는 모른다.

비얄로보스의 불운한 여정이 완전한 무용지물은 아니었다. 그들은 많은 섬을 해도에 기록했고, 산후안데레트란호의 실패한 귀환은 태평양의 바람에 관한 정보를 보냈으며, 탐험은 누에바 기네아와 필리핀제도로 알려지는 군도 등 지도에 새 이름들을 추가했다. 필리핀제도는 에스파냐인들의 목표에서 계속 중심이 되었다.

비얄로보스는 생애 마지막 며칠 동안 선교사 프란시스코 하비에르의 보살핌을 받은 것 같다. 하비에르는, 포르투갈 국왕 주앙 3세가 기독교 신앙을 전파하라고 아시아에 파견한 수많은 사제 중 한 사람으로, 포르투갈과 에스파냐의 향신료제도, 일본, 중국의 탐험에 열심히 참여하게 된다. 말루쿠제도에서 그는 무의미한 죽음을 수없이 목도했다. 그는 포르투갈을 통해 카를 5세에게 고통을 끝내라고, 더는 배를 보내지 말라고 전갈을 보냈다. 여섯 차례 시도가 실패로 돌아가지 않았는가. 실제로 카를 5세의 재위 중에는 탐험대가 더는 파견되지 않았다. 이 모든 사건을 매우 깊은 관심을 갖고 지켜본 한 사람 안드레스 데 우르다네타는 멕시코로 돌아갔다.

11
'지옥의 미궁'

1536-1540

에스파냐인들의 침입이 없었음에도 포르투갈인들에게 말루쿠제도는 결코 열대의 낙원이 아니었다. 1536년에 이곳에 온 안토니우 갈방은 불길한 예감에 사로잡혔다.

이 섬들의 형태는 슈거로프〔원뿔꼴〕모양이다. 아래쪽은 바다 속으로 들어가고, 돌 던지면 닿을 거리보다 약간 더 먼 곳에서 암초가 섬들을 에워싸고 있다. 썰물 때면 그곳까지 걸어갈 수 있다. 바깥쪽이 매우 높은 암초 사이에 난 몇몇 통로를 통해 섬들에 들어갈 수 있다. 안으로 들어앉은 몇몇 자그마한 후미를 제외하면 닻을 내릴 곳은 없다. 위험한 일이다! 섬들은 음침하고 우울해 보이며 의기소침하게 한다. 보는 자들에게 섬의 첫인상이 그렇다. 섬들의 정상에는 언제나, 거의 언제나 안개가 거대한 담요처럼 뒤덮여 있다.

그리고 거의 일 년 내내 하늘은 흐리고 비가 매우 자주 내린다. 비가 오지 않을 때는 정향나무만 제외하고 모든 것이 시든다. 정향나무는 무성하게 자란다. 일정한 간격을 두고 쓸쓸하게 안개비가 내리는데, 이 때문에 염소가 발육이 부진하고 때로 죽는다. … 몇몇 섬은 불을 내뿜으며 온천 같은 뜨거운 물이 나온다. 섬들에는 작은 숲들이 빽빽하게 들어서 있어서 마치 전체가 하나의 커다란 숲처럼 보인다. 그래서 못된 자들이 숨을 곳이 많다.[1]

적도의 열대 지방은 숲이 짙게 우거진 위험한 곳이다. 죽음이 숨어 기다리고 있고 끝없이 비가 내리는 곳이며, 사람을 사냥하는 자들의, 사람을 집어삼킬 정도로 큰 악어와 뱀의 세계이며, "비록 믿기 어려운 사례들이 있고 놀라운 것들을 상세히 설명해서는 안 된다는 경고가 있지만, 그 무엇도 믿을 수 없다고는 생각되지 않는" 곳이다.[2]

몇 년 뒤 이곳에 도착한 제수이트회 Jesuit會〔예수회〕 선교사 프란시스코 하비에르는 말루쿠제도의 지질학적 불안정성에 깊은 인상을 받았다.

어떤 섬은 전체가 거의 끊임없이 지진으로 흔들리며 화염과 재를 내뿜는다. 원주민들은 땅 밑의 불이 매우 격렬해 마을이 자리 잡은 암반층이 전부 불 위에 있다고 말한다. 그들의 말을 신뢰할 수 있을 것 같다. 붉게 달아오른 커다란 돌들이, 아주 큰 나무만큼 커다란 돌들이 공중으로 솟구치는 일이 종종 있기 때문이다. 바람이 거세게 불 때면, 분화구에서 다량의 재가 뿜어져 나와 들에서 일하는 남녀가 눈이나 코, 얼굴을 알아보기 힘들 정도로 재를 뒤집어쓰고 집으로 돌아온다. 그들을 직접 본다면 사람이 아니라 악마라고 생각할 것이다. 이것은 원주민들이 내게 해준 이야기다. 내가 직접 보지는 못했다. 내가 머무는 내내 큰 폭풍우는 없었다. 나는 또한 그들로부터 그렇게 맹렬한 바람이 불 때 공중으로 솟구친 대량의 화산재 때문에 수많은 멧돼지가 눈이 멀고 질식해 죽는다는 말을 들었다. 그러한 폭풍우가 지나가면 들판에 멧돼지들이 죽은 채 널려 있다는 것이다. 그들은 또한 그렇게 큰 폭풍우가 내릴 때 해변에 수많은 물고기가 죽어 있다고, 똑같은 이유로 죽어 있다고 말한다. 화산재가 뿌려진 물을 마신 물고기는 대체로 죽는다. 그렇게 죽은 물고기들이 그 증거다. 그들은 내게 이 모든 것이 무슨 의미냐고 물었다. 나는 그들에게 이곳이 지옥의 현장이라고 말했다.[3]

하비에르의 섬 주민들에 대한 평가는 차갑다. 그는 그들을 이렇게 묘사했다. "매우 야만적이고 배신을 밥 먹듯이 한다. … 좋아하지 않는 사람을 독살하는 자들이다. 이런 식으로 그들은 서로 많이 죽인다."[4] 선교 사업은 위험하고 보람이 없었다.

안토니우 갈방은 국왕 주앙 3세가 파견한 말루쿠제도의 제7대 포르투갈 총사령관으로, 임기는 4년이고 국왕의 정향 수출 독점을 확실하게 하는 임무를 맡았다. 훗날 마카오 개척이 상인들의 작품이라면, 향신료제도는 포르투갈제국의 공식적으로 등록된 정복 사업이었다. 그렇지만 포르투갈에서 말루쿠제도는 너무 멀리 떨어져 있어서 왕의 칙령은 효과가 없었다. 하비에르는 유럽으로 편지를 보내고 답장을 받기까지 3년을 기다려야 한다고 계산했다. 심지어 고아와의 통신도 일 년에 한 번뿐이었다.

갈방을 심란하게 한 것은 말루쿠제도에 윤리적, 종족적, 정치적, 언어적으로 통일성이 없다는 사실이었다. 그는 이렇게 쓴다. "이 사람들은 언어가 많고 다양해서 섬들은 바벨탑 같다. … 섬마다 언어가 따로 있을 뿐만 아니라 마을들도 서로 다른 언어를 쓰기 때문이다."[5] 섬, 언어, 부족, 교역 집단이 여럿으로 쪼개져 있어 교역 독점이라는 포르투갈의 의도에는 처음부터 어두운 그림자가 드리웠다. 교육받은 사람이고 똑똑하고 성실하고 집요하고 유능한 갈방은 섬과 섬 사이의 경쟁과 그가 "지옥의 미궁num Labirinto Infernal"[6]이라고 부른 포르투갈인들의 타락이라는 말벌집을 건드렸다. 여기에 에스파냐인들의 난입은 상황을 더욱 복잡하게 했다. 갈방이 보니 테르나테는 "그가 들은 것보다 훨씬 더 열악한 상태에 있었다. 주민은 급감했고, 도읍은 불탔으며, 모든 것은 파괴되었다."[7] "이 나라에서는 늘 반란이 일어난다."[8] 원주민에 대해 그는 이렇게 말한다. "그들은 배신하고, 악의적이며, 정직하지 않고, 감사할 줄 모르는 음모자들이다."[9]

깊은 열대는 포르투갈인들을 타락시키는 효과를 가져왔다. 한 세대 전에 아폰수 드 알부케르크는 앞일을 내다보듯이 자국의 위험스러운 식민지 사업의 속성을 이렇게 이야기했다. "포르투갈은 매우 가난하다. 가난한 자들이 탐욕을 부리면 압제자가 된다. 인도의 향기는 강력하다. 우리가 현재 지니고 있는 전사의 명성 대신에 욕심 많은 폭군으로만 알려질 때가 올까봐 두렵다."[10] 테르나테와 티도레의 향기는 말 그대로 매우 강력했다. 향신료 독점 확보의 임무를 맡은 몇몇 선장은 왕의 명령에 복종하려 한 반면, 나머지 대다수는 단지 자신과 친척들의 주머니를 채우려 왔다. 포르투갈 국왕에게 보낸 편지를 보면, 말루쿠제도가 국왕의 통제에서 크게 벗어나 있음을 분명하게 확인할 수 있다. "선장들은 정부의 통제력이 전혀 닿지 않는 곳에 있기에 폐하에게 봉사하는 것보다는 자신이 원하는 것을 추구합니다. 여기 있는 자들은 명령을 전체든 일부든 따르지 않고, 다른 고위 관료들의 명령 수행을, 심지어 행정관의 법령[집행]도 허용하지 않기 때문입니다."[11]

갈방은 식민지의 악행이라는 세계를 떠올렸다. 그것은 이베리아반도 사람들이 대리전代理戰을 수행하면서 더욱 복잡해진 세계로, 포르투갈의 제국 사업의 범죄자 건달들을 위한 일종의 보터니만Botany Bay이었다.* 그것은 길의 끝이었다. "살인자들이 인도에 왔다. 그들은 그곳에서 믈라카로 좌천되었다가 잔인한 짓을 저질러 말루쿠제도로 밀려났다. 말루쿠제도는 세상의 모든 악행의 온상이다."[12] 악행은 최상층부에서 시작했다. 훌륭한 선장 곤살루 드 페레이라는 정향 밀수를 근절하려다가 자신의 선원들에 의해 살해되었지만, 포르투갈이 테르나테섬을 움켜쥔 60년 동안 관리자로 파견된 다른 여러 선장이 보여준 무자비하고 탐욕스러운 행태는 긴 목록으로 늘어놓을 정도로 많았다. 메네즈스는 말루쿠제도 사람들을 개에게 던져 물어뜯게 했다. 갈방의 전임자 트리스탕 드 아타이드는 원주민의 손, 코, 귀를 잘랐다. 그는 또한 독특한 면모를 보여주었다. 서로 싸우던 테르나테와 티도레의 술탄들이 식민국의 압제자들을 몰아내려는 목적에서 서로 협력하게 만든 것이다. 두아르트 드 에사는 충성스러운 테르나테의 술탄을 칼로 찔러 죽이고 제대로 장례를 치르지도 못하게 시신을 토막 내 바다에 던져버렸다.

---

* 보터니만은 오스트레일리아 동쪽 연안, 시드니의 남쪽에 있는 만으로 영국의 유형流刑식민지였다.

당대의 포르투갈 역사가 주앙 드 바후스는 인간을 타락시키는 향신료의 영향에 관해 이렇게 썼다. "이 섬들은 모든 악행이 자라는 번식장이다. 정향 말고는 좋은 것이 하나도 없다. 정향은 신이 만든 것이므로 좋다고 할 수 있다. 그러나 정향이 우리 동포들이 그곳에 간 물질적 이유인 한, 그것은 모든 불화의 씨앗이다. 금보다도 더 심한 저주를 받아 마땅하다."[13]

많은 사람이 식민지 관료로 왔지만, 갈방은 그중에서 돋보이는 인물이었다. 그는 포르투갈의 입지를 안정되게 다지고 섬 주민들의 신뢰를 어느 정도 되찾는 데 성공했다. 그는 테르나테에 요새를 확보했고, 그곳에 머문 포르투갈인 상인들을 구슬려 요새를 용맹하게 방어하게 했으며, 티도레와 그 동맹자들에 맞서 전쟁을 수행했고, 포르투갈에 반대하는 연합을 깨뜨렸다. 갈방은 흔들림 없이 단호하게 대처했지만 현지의 관습을 존중했으며, 공정하게 거래했고, 보복하지 않았고, 병사들에게 작물과 농장을 파괴하지 말라고 지시했다. 그는 건설 사업도 했다. 테르나테 요새를 재건했으며, 선박들이 테르나테에 접근할 때 지나야 할 위험한 수로에서 암초를 제거해 안전한 정박지를 만들었다. "포르투갈인들과 원주민들 모두에게 매우 안심이 되는 사업이었다."[14] 갈방이 삼인칭 시점으로 그 시기를 설명한 《말루쿠제도에 관한 논설 Tratado das Ilhas Molucas》은 그를 덕의 화신으로 보여주지만, 어쨌거나 그는 그 섬들에 조금이나마 평화를 회복해준 유일한 사람이었다. 난파한 배의 카스티야인들까지도, 포르투갈 국왕의 신민이 아니었는데도, 갈방에게 험한 바다를 평온하게 해주었다고 감사를 표했다.

결국 갈방은 상황에 무릎을 꿇었다. 포르투갈 상인들은 식민지 경영과 국왕의 향신료 독점에는 관심이 없었다. 정향의 향기가 내뿜는 유혹은 버티기 어려웠다. 그는 푸념했다. "포르투갈인들이 일단 정향과 평화의 냄새를 맡으면, 그[갈방]는 그들을 다시는 통제할 수 없었다."[15] 갈방의 지위는 사적 교역의 권리를 되살리라는 고아로부터 온 명령에 완전히 무너졌다. 제 권위를 잃은 그는 치욕 속에 리스본으로 돌아갔다. 갈방은 수고했다는 말도 듣지 못한 채 가난하게 죽었다(1557년). 적대적인 자들에게 모함을 당한 것이 분명했다. 포르투갈 왕이든 에스파냐 왕이든 멀리 떨어진 곳에 있는 왕들은 누가 가장 충성스럽고 근면한 신하인지 전혀 알아보지도 지원하지도 못했다.

갈방의 《말루쿠제도에 관한 논설》은 초고만 남아 있다. 비판자들에 맞서 가난 속에서 쓴 이 글은 부분적으로는 개인적인 변호의 글이었다. 십중팔구 그는 왕으로부터 연금을 받기를 희망했던 것 같다. 유럽인의 편견에 젖은 글이기는 하지만, 대단한 열정으로 향신료제도와 그 주민들의 모든 면을, 종교적 신념, 건국 신화, 성적 관행, 전투 기술, 축제, 농업, 그 밖의 많은 것을 설명한 인류학과 자연사가 포함되어 있다.

갈방은 말루쿠제도 주민들의 문화적 복잡성을, 섬의 풍요로운 자연사 즉 놀랍도록 많은 물고기("대구, 꼬치고기, 넙치, 고등어, 노랑촉수, 서대, 청어, 정어리, 거북")로[16] 가득한 바다와 매우 다양한 식물과 나무를 기록했다. 다른 무엇보다도, 포르투갈인들이 발견한 것 즉 정향나무("월계수나무 같다")와 "배나무처럼 생긴 … 육두구와 메이스를 주는 나무"를 기록했다.[17] 그들이 원산지를 추적해 설명하려고 온 세상을 항해하며 찾은 바로 그 산물이었다.

그들은 정향이 익기 시작하면 곧바로 수확한다. 완전히 익게 놔두면 목질木質이 되어 떨어져 쓸모가 없게 되기 때문이다. 사람이 나무에 올라가 밧줄과 장대로 수확한다. 나무에 올라간 자들이 밧줄을 내리면 밑에 서 있는 자들이 바구니에 밧줄을 묶고, 위에 있는 자가 끌어 올린다. 수확하는 자는 바구니를 새끼줄로 어깨에 고정시켜 등에 오도록 한다. 손으로 정향을 잡고 열매가 달린 가지 끝을 분질러 살로이saloi〔바구니〕에 던져 넣는다. 손이 닿지 않는 곳에서는 장대로 대신한다. 바구니가 가득 차면 줄에 묶어 아래로 내려 보낸다. … 정향은 돗자리에 널어 햇볕에 말리거나 밤〔을 말릴 때〕처럼 갈대 잎에 얹어 연기로 말린다.[18]

갈방은 말루쿠제도에 대해 음울한 진단을 내리기는 했지만, 말루쿠제도에는 경이롭고 경탄할 것이 많았다. 라마단 기간에 무슬림 개종자들은 촛불을 켜 "바다 위에 띄운다. 그곳에서 초들은 밤새도록 불을 밝힌다. 송진과 기름으로 만들어졌기 때문이다. 바닷물이 온통 초로 뒤덮인 것 같다."[19] 앞서 우르다네타처럼, 한참 뒤의 앨프리드 러셀 월리스처럼, 갈방도 못이나 코킹caulking〔틈 메우기〕 없이 만들어졌고 "전방으로도 갈 수 있고 후방으로도 갈 수 있도록"[20] 앞뒤가 따로 없이 만들어진 다양한 현지 선박의 독창적 구조와 노의 특성("놀랍도록 효율적이고 가벼웠다"[21]), "이물에 곧추선 뱀의 목처럼 뱀의 머리와 사슴의 뿔을 갖춘" 배들에 관해 평했다.[22] 왕의 커다란 갤리선에서 노를 젓는 사람은 최대 200명에 이르렀다. "그들은 북, 징, 이런저런 타악기sistra를 갖고 다녔다. 이것은 왕의 특권이다. 갈리시아 사람들처럼 그들은 그 장단에 맞춰 일정하게 노를 저으며 노래를 부른다. 그들은 〔노래를 부르면서〕 평시에나 전시에 한 것과 또 하고자 하는 것을 모조리 이야기한다."[23] 갈방은 그들의 보트 경주와 모의 시합을 이렇게 기록했다.

> 그들은 상감 기법의 세공으로 장식한 검과 ⋯ 노란색으로 문양을 새기고 별보배조개 껍질로 상감 세공을 하고 붉은색으로 칠한 방패를 들고 모의 시합을 했다. 머리에는 일종의 투구를 썼으며 페르시아산 섬유로 초록색, 붉은색, 노란색의 깃 장식을 달았다. 이마에는 광대 모자처럼 다채로운 색깔의 넓은 깃털을 꽂았다. 너무도 요란해서 코커투 앵무새를 닮았다. 그들은 한쪽에서 다른 쪽으로 아주 사납게 달리고 뛰었다.[24]

그들의 놀이로는 장기, 공 던지기, 주사위놀이, 투창이 있다. 그리고 당시에도 보편적으로 행한 놀이가 있다. "그들은 발로 공을 차고 논다. 손으로 공을 만지면 안 된다. ⋯ [공은] 등나무 줄기로 만들었다. 마치 공기를 불어넣어 팽팽해진 것처럼 무척 둥글다."[25]

갈방의 논문은 포르투갈 국왕에게 전하는 것으로, 국왕의 요청에 따라 작성되었다. "저는 폐하께서 총독과 선장들에게 그 나라들의 생활 방식, 그 위도와 기후에서 나는 산물, 주민들의 관습, 의복, 언어에 관해 알아보라고 지시하셨다는 소식을 들었습니다."[26]

이러한 정보는, 대개 현지인과의 대화에서 얻은 것으로, 매우 소중했다. 그것들이 유럽인의 세계 팽창을 추동하고 기록 관리와 자료 수집의 새로운 시대를 연 동력이었기 때문이다. 포르투갈인들과 에스파냐인들 모두 지도, 해도, 항로, 상품 가격, 기상학, 언어, 지리학, 민족학의 형태로 열심히 지식을 추구했다. 인도로 가는 길에 오랫동안 탐험을 훈련한 포르투갈인들이 이 점에서 앞서갔다. 선장이 지도를 작성하고, 위도를 기록하고, 사람과 장소에 관한 설명을 축적하는 것은 국가로부터 부여받은 의무였다. 이러한 항해에서 모은 수입 물품과 지식을 중앙에서 통제하는 일련의 기관이 설립되었다. 15세기 말부터 기네미나청Casa da Guiné e Mina(1500년부터는 인도청으로 알려졌다)이 기준이 되는 원본 지도인 파드랑 헤알을 보관했다. 함대가 들어올 때마다 지속적으로 새로운 정보를 추가한 이 지도의 내용을 당국은 비밀로 유지하려 했다.

약간 뒤처진 에스파냐는 포르투갈의 방식을 따라 1503년 세비야에 경쟁 기구인 교역청(카사 데 콘트라타시온)을 세웠다. 교역청은 자체적으로 보유한 원본 지도 파드론 레알을 주기적으로 갱신해 연이은 탐험대의 조타수들에게 최신 항해 정보를 제공했다. 이베리아반도의 선구자들은 르네상스 시대의 자료 수집자로서 지식과 능력의 선순환을, 강력한 피드백 루프를 구축했다. 포르투갈인들이 배의 돛대 위에서 살필 수 있는 수평선에 한계가 있었음에도 불과 몇 년 만에 인도양의 교역 구조와 전략 구조를 파악할 수 있었던 것은 바로 아프리카 해안을 따라 내려가며 훈련을 반복할 때 습득한 이 막강한 기술 덕분이었다.

정보에는 비밀이 따랐다. 이 기관들이 보관한 정보는 국가 문서로 분류되어 국왕의 관료들이 엄히 지켰다. 일찍이 1505년 포르투갈 국왕 마누엘 1세는 지구의 제작과 해도 복제를 금지했다. 서로 경쟁한 이베리아반도의 군주들은 경쟁자에게 유용한 지식을 수정하고 왜곡하려 애썼다. 밀레르 지도책에 들어 있는 것 같은 지도는 선전의 도구가 되었다. 특히 향신료제도와 토르데시야스조약 분할선의 위치를 언급할 때 이러저러한 방식으로 소유권을 입증하는 데 이용되었다. 새로운 세계를 발견했다는 소식이 유럽에 퍼지면서 상인들, 군주들, 사상가들이 뜨거운 관심을 보였다. 향신료와 그 생산지에 관해 가장 많이 알고 있던 포르투갈인들은 그것에 대해 16세기 전반에는 거의 아무것도 밝히지 않았다. 비록 필사본 형태로 정보가 돌고 있었지만, 그들은 신중하게 침묵 정책을 유지했다. 말루쿠제도에 관한 갈방의 신뢰할 만한 설명은 당대에는 결코 빛을 보지 못했다. 발견의 역사에 관해 유일하게 출간된 그의 저작은 향신료제도를 전혀 언급하지 않았다. 16세기 중반에 활동한 포르투갈 역사가 페르낭 로페스 드 카스타네다의 첫 저서는 '정정訂正'을 이유로 수거되었으며, 마지막 두 저서는 왕의 명령에 따라 발간이 완전히 금지되었다. 중국에서 사망한 토메 피르스의 《수마 오리엔탈》은 동양의 무역에 관한 상세한 설명인데 향신료 교역에 관한 내용은 빠져 있다. 그 부분은 1944년에 와서야 복원된다.

그러나 포르투갈이 최선을 다해 노력했음에도, 경쟁자인 에스파냐도 마찬가지로 노력했지만, 비밀을 완벽하게 유지하기란 불가능했다. 비밀은 조금씩 새나갔다. 포르투갈인들은 그 모험적 사업에서 외부인에게 크게 의존했다. 지식은 팔 수 있는 상품이었고, 에스파냐 국경 너머에는 포르투갈의 지적 자본에 기꺼이 돈을 지불할 시장이 형성되어 있었다. 탐험에서 돌아온 선원들에게 뇌물을 주기도 했고, 지도와 항해일지를 돈을 주고 사거나 빌리기도 했고, 사본도 만들 수 있었고, 조타수와 지도제작자가 세비야로 탈주하기도 했고, 밀정이 리스본으로 잠입하기도 했다. 에스파냐로 넘어간 자들 중에는 마젤란 항해의 주된 조직자인 우주학자 후이 팔레이루와 동양에 관한 책의 저자로 필리핀에서 죽음을 맞는 박식한 두아르트 바르보자, 지도제작자 페드루 헤이넬과 루이스 테이슈라, 전문 지식을 열심히 연마한 포르투갈 조타수들이 있었다.

상인으로 위장한 베네치아의 밀정 레오나르도(루나도르) 다 카마세르는 1504년 리스본의 해안가에서 상당히 많은 것을 알아냈다. 그는 본국에 이렇게 알렸다. "나는 인도로 가는 항로의 해도를 보았고, 그것이 포르투갈인들이 교역하고 거래한, 그들이 발견한 모든 장소를 어떻게 보여주는지 알아냈다."[27] 거의 같은 시기에 포르투갈이 만든 세계지도의 아름다운 사본인 칸티노 세계지도가 이탈리아의 페라라에 등장했다. 갈방이 말루쿠제도에 관해 쓴 논문의 유일한 초고는 에스파냐 왕실 우주학자 알론소 데 산타 크루스가 획득했고, 시간이 오래 지난 뒤에야 세비야의 기록보관소에서 발견된다. 카마세르는 본국에 보고할 때 암호를 사용했다. 16세기는 암호기술의 황금기였다. 암호로 작성된 메시지가 유럽의 여러 궁정을 오갔다. 국제 외교라는 복잡한 세계에서 무수히 많은 비밀, 전략, 음모가 궁금증을 불러일으키는 기호의 형태로 퍼져나갔다.

르네상스 시대 유럽의 발견의 항해에 관한 호기심에 불을 지핀 것은 인쇄의 폭증이었다. 글을 읽고 쓸 줄 아는 대중이 점차 늘어나면서 세계에 관해 더 알고 싶은 욕구도 커졌다. 마르코 폴로의 《일 밀리오네》는 여러 언어로 번역되고 인쇄되었다. 1505년에 화보를 곁들여 제작된 아메리고 베스푸치 서한의 브로드시트 broadsheet 인쇄물은 몇 년 만에 25쇄를 찍었다. 특히 상인들이 잠재력을 평가하는 독일어권에서 많이 인쇄되었다. 베네치아, 리스본, 세비야, 안트베르펀, 리옹, 런던 등 교역 중심지는 동시에 인쇄 중심지였다. 새로운 세계를 직접 목격한 자들이 내놓은 설명은 수요가 많아 값이 비쌌고, 기회를 포착한 인쇄업자들은 각 나라 언어로 이를 인쇄했다. 16세기 중반 이탈리아 지리학자 조반니 라무시오는 여행자들의 설명을 모아 《항해와 여행Navigationi et Viaggi》이라는 제목의 여러 권의 책으로 발표했다. 그중에는 비록 라무시오가 저자의 이름은 몰랐지만 토메 피르스의 《수마 오리엔탈》도 포함되었다. 《수마 오리엔탈》에는 향신료제도에 관한 가장 은밀하고 귀중한 설명이 빠져 있었다. 지도를 소유하고 싶은 열망은 강렬했고, 지구의가 제작되면서 유럽인들은 지구를 하나의 실체로서 살펴보고 경험할 수 있었다. 이는 세계 속의 인간의 위치를 바꾸는, 정신을 강타하는 재조정이었다. 1548년 이탈리아의 지도제작자이자 천문학자 자코모 가스탈디는 최초의 '포켓북' 지도책을 제작했다. 이제 세계를 손 안에 쥐고 있을 수 있게 된 것이다. 지구의에서는 세계를 돌릴 수도 있었다. 세계를 하나의 실체로 이해할 수 있게 된 것이다. 그 과정에서 세상의 가장 먼 곳까지도 눈으로 볼 수 있게 되었다. 마르코 폴로의 중국과 향신료제도까지도. 가스탈디의 지도는 처음으로 일본을 마르코 폴로가 쓴 지명인 치팡구 대신 가이탐Gaitam이라고 표기했다. 이렇게 지도 제작이 급증하면서 세계는 말 그대로 형태가 바뀌었다. 1569년에 헤라르뒤스 메르카토르의 세계지도가 나왔고, 이듬해 최초의 진정한 근대 지도책인 아브라함 오르텔리우스(아브라함 오르텔스)의 《테아트룸 오르비스 테라룸Theatrum Orbis Terrarum》(세계라는 극장)이 간행되었다. 둘 다 태평양의 광대한 범위를 표현했다.

 16세기 전반에 시작된 정보 혁명으로 약 1000만 권의 책이 인쇄되었다. 후반에 가면 아찔할 정도로 더 많은 책이 쏟아져 나온다. 16세기 한 세기에 간행된 책은 총 1억 5000만 권에서 2억 권 사이로 그 이전에 인류 역사에서 나온 책은 전부 다 합쳐도 초라할 정도다. 포르투갈인들과 에스파냐인들이 열어놓은 이 팽창 일로의 새로운 지식 세계는 유럽인의 세계 이해와 발견과 정복의 가능성을 빠르게 늘렸다.

포르투갈인들은 첩보 활동을, 그리고 인쇄의 효과를 두려워했다. 옳은 판단이었다. 결국 그들의 향신료 독점은 어떤 책을 쓴 밀정에 의해 깨졌다. 1580년대에 고아 주교의 비서로 일한 네덜란드인 얀 하위헌 판 린스호턴이 포르투갈인들의 교역상의 비밀을 훔쳤다. 그는 동양으로 가는 항해와 그곳의 교역을 상세히 알려주는 해도, 지도, 항해 정보를 은밀히 복제했다. 네덜란드어로 곧이어 영어로도 출간된 그의 《여행기Itinerario》는 무기가 되어 네덜란드가 향신료 교역을 공격하는 데 쓰였다. 말루쿠제도와 반다제도의 포르투갈제국을 해체하는 데에는 한 권의 책이면 충분했다.

그러나 이베리아반도 국가들의 세계에 대한 권리 주장을 무효화하려는 시도는 훨씬 일찍 시작되었다. 1530년대에 세비야의 북유럽인들이 이미 그 획득할 가치가 있는 것에 눈독을 들이고 있었다.

3부

연결: 세계를 잇다

1553-1571

12
죽음의 피항지

1553-1556

1520년대에 세비야는 유럽에서 가장 역동적인 도시 중 하나가 되었다. 아메리카에서 성장하던 에스파냐제국의 수도이자 신세계로 가는 관문이었다. 바로 그곳에서 마젤란이 출발했고, 빅토리아호의 선원들이 유령처럼 비틀거리며 상륙해 유럽을 깜짝 놀라게 한 것도 그곳이었다. 세비야는 과달키비르강 상류로 60마일〔약 96킬로미터〕 올라간 지점에 있어서 불리한 점이 있었지만 해상 공격으로부터 안전했다. 세비야는 야심가, 모험가, 가난뱅이를 끌어들이는 자석이 되었다. 항해사, 선원, 지도제작자, 상인, 성직자, 신비주의자, 한탕 노리는 자, 도둑, 매춘부가 모여든, 화려함과 폭력과 빈곤의 도시였다. 세비야에는 주기적으로 대포 소리가 터져 나오며 아메리카로 떠나는 배들의 출항을 알렸다. 도시의 부두에서는 향신료, 귀금속, 목재, 노예가 하역되었다. 어마어마하게 큰 고딕 양식의 대성당은 모스크를 바꾼 것으로, 그 첨탑이었던 히랄다탑에서는 종소리가 울려 퍼졌다. 오렌지 향기와 타르 냄새, 안달루시아의 사라진 문명에 대한 기억을 품고 있는 세비야는 여러 세계를 떠올리게 했다. 세비야의 계관시인 페르난도 데 에레라는 이렇게 쓴다. "그대는 도시가 아니다. 그대는 세계다."[*1]

이 도시의 상인 활동에서 중심이 된 것은 으리으리한 교역청이다. 동인도제도와 서인도제도의 교역을 담당한 기관인 교역청은 에스파냐의 새 제국에서 벌어지는 상업 활동과 해상 활동을 규제했다. 교역청은 또한 항해 학교의 역할도 했는데, 국왕이 임명한 항해장이 해상 탐험의 계획과 실행의 전문가로서 항해 학교를 감독했다.[**] 항해사를 교육하고 국왕의 기본 지도 파드론 레알을 관리하는 것도 항해장의 책임이었다.

왕실의 지도는 국가 기밀이었지만, 탐험이 급증하는 세계에서 비밀을 유지하기는 어려웠다. 선구자들인 이베리아반도 사람들의 위업과 아메리카와 향신료제도의 잠재적 부에 관한 소식이 유럽 전역에 퍼지고 있었다. 다른 나라들은 에스파냐와 포르투갈과의 무역 경쟁에서 배제될까봐 두려웠다. 베네치아는 자신들의 향신료 교역의 파멸을 예감했다. 제노바는 이렇게 불평했다. 포르투갈인들은 "향신료 교역을 전

---

[*] 에스파냐어 원어는 "No ciudad, eres orbe"다.
[**] 항해장piloto mayor, pilot major은 교역청의 중요한 관료로 1508년 항해에서 혼동을 피하기 위해 다양한 해도를 기반으로 기준이 되는 지도인 파드론 레알을 제작하면서 지도 제작과 항해사 양성의 책임을 맡은 직책으로 설치되었다. 초대 항해장은 이탈리아인 아메리고 베스푸치였다.

부 장악해 향신료를 에스파냐로 들여보내면서도 다른 유럽 사람들에게는 이전에는 들어보지 못한 부담스럽고 감내하기 어려운 가격에 판매한다."[2] 포르투갈처럼 에스파냐도 교역과 지도의 지식을 감추려고 부단히 노력했지만, 새어나가는 것을 막기란 불가능했다. 에스파냐와 포르투갈의 모험적 사업은 성격상 범유럽적인 것으로 타국 출신의 숙련된 선원, 기술자, 중개인들에게 의존했다. 포르투갈인 마젤란의 선원들 중에는 그리스인들, 베네치아인들, 제노바인들, 포수인 독일인 한 명, 선원인 브리스틀 출신 한 명이 포함되었으며, 30년 동안 에스파냐 사업의 핵심을 차지한 항해장은 베네치아인 세바스티아노 카보토〔세바스티안 카보토〕였다. 지식은 더없이 소중했다. 경험 많은 항해사들은 언제든 떠날 수 있었다. 이를 카보토 가족만큼 생생하게 보여준 사례는 없다. 세바스티아노 카보토와 그의 아버지 조반니 카보토〔존 캐벗〕는 당대의 전형적인 모험가로 발 빠르게 충성의 대상을 바꾸었고 험난한 항해와 발견의 시대에 기회가 엿보이면 장소를 불문하고 그 기회를 잡으려 했다. 조반니 카보토는 1480년대에 가족을 이끌고 잉글랜드로 건너와 부산스러운 항구 브리스틀에 정착하고 잉글랜드 왕들을 위해 항해했다. 그는 아메리카의 북쪽 해변에 튜더왕조의 깃발을 꽂고 뉴펀들랜드Newfoundland〔새로 찾은 땅〕라는 이름을 붙이고는 그곳이 잉글랜드 영토임을 주장했다. 세바스티아노 카보토도 브리스틀을 출발해 이 해안으로 항해했다. 그는 솜씨 좋은 지도제작자요 항해사라는 명성을 얻었다. 카보토 부자의 항해로 잉글랜드는 이 북쪽 해안의 땅에 대해 권리를 주장할 수 있었다.

 1527년 어느 때, 세비야에서 살고 있던 잉글랜드인 로버트 손은 그 도시를 방문한 헨리 8세의 잉글랜드 대사에게 편지를 보냈다. 브리스틀의 상인 손은 세비야에 정착한 그곳 주민으로, 에스파냐인 협력자들과 공동으로 합작 사업을 수행할 수 있는 허가를 받았다. 손은 브리스틀 시절부터 세바스티아노 카보토를 알았고 그의 항해에 투자했다. 손은 과달키비르 강둑에서 펼쳐지는 세계를 목격했다. 그는 후안 세바스티안 엘카노가 돌아왔을 때 세비야에 있었고, 아메리카로의 쇄도를 목도했으며, 말루쿠제도를 둘러싼 에스파냐와 포르투갈 간의 충돌을 면밀히 지켜보았다. 손은 잉글랜드 대사 에드워드 리에게 보낸 편지에 이렇게 썼다. "각하에게 황제의 새로운 향신료 교역에 관하여. 언급된 섬들에 정향, 육두구, 메이스, 계피가 풍부하다는 사실에는 의심의 여지가 없습니다. 언급된 섬들과 그 주변의 다른 섬들에 금, 루비, 다이아몬드 … 기타 보석과 진주가 많다는 사실도 분명합니다."[3] 그의 편지에는 '카드card'가 동봉되어 있었다. 세계지도였다. 손은 세비야에 사는 다른 잉글랜드 상인 로저 발로와 함께 잉글랜드가 이베리아반도 국가들의 독점을 깨고 세계무대의 경쟁자로 등장해 동양이 주는 기회에 참여하는 것을 보고 싶었다. 그 지도는 잉글랜드의 당연한 권리인 항로가, 다시 말해서 이베리아반도의 문지기들을 피해 가는 더 짧은 항로가 있음을 증명하려는 의도에서 건넨 것이다. 그의 지도는 아메리카와 아시아의 윗부분을 잘라냈다. 그 끝이 어디인지 아직 알려지지 않았기 때문이다. 그렇지만 지도는 정북 방향으로 열린 유망한 해로를 보여주었다. 실제로 손은 그 방향에서 인도로 가는 항로 세 개를 추정해 제시했다. 첫 번째는 아시아의 북쪽 땅을 돌아 "동양을 향해" 동쪽으로 가는 것이었고, 두 번째는 아메리카를 돌아 "서양을 향해" 서쪽으

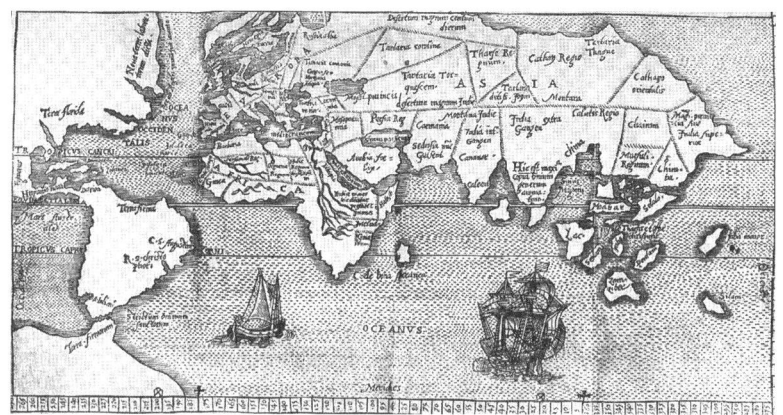

로버트 손의 카드. 필시 카보토가 교역청에서 훔쳤을 것이다. 이용하기 쉽게 윗부분을 잘라낸 이 지도는 아시아를 돌아가는 북동쪽 해로의 가능성에 관해 제기된 곤란한 질문을 회피한다.

로 가는 것이었고, 세 번째는 정북 방향으로 "남극을 향해 바로" 가는 것이었다.[4] 손은 북쪽으로는 "바다가 전부 얼음이고 너무 추워서 아무도 견뎌낼 수 없다"는,[5] 많은 사람이 제기한 반대를 완전히 피할 수는 없었지만, 약간의 복잡한 논리와 절대적 확신으로 이를 무시했다. "내가 판단하기에 사람이 거주할 수 없는 땅이나 항해할 수 없는 바다는 없다."[6] 게다가 그 항로 중 하나를 취하면 "우리가 이른바 향신료제도까지 가는 거리는 황제나 포르투갈 왕보다 거의 2000리그[약 9600킬로미터]가 짧을 것이다."[7] 불완전한 지도의 유혹이었다. 이는 10년 전 마젤란의 모험적인 제안과는 정반대였지만 동일하게 근거 없는 낙관론에 의지했다.

손의 지도는 간첩 행위의 소산이었기에, 그는 편지에서 비밀 엄수를 간청했다. "이 카드와 제가 쓴 편지는 그[에스파냐] 궁정의 여러 사람에게 보여서도 알려서도 안 됩니다. … 일등항해사로 임명되어 허용된 몇몇을 제외하면 그 누구도 이러한 카드를 만들 수 없습니다. … 외국인이 그 비밀을 알거나 찾아낸다면, 그들이 이를 좋게 볼 일은 없습니다. 제가 우리 바다를 통해 향신료제도로 질러가는 길을 이야기하고 있다는 것이 알려진다면 최악일 것입니다."[8]

손과 발로는 남쪽 항로에서 이베리아반도 국가들과 경쟁하는 것은 가능하지 않다는 점을 분명하게 이해하고 있었다. 손의 편지는 북쪽 항로를 통해 동양으로 갈 수 있다고 제안했다. 이삼 년 뒤 두 사람은 같은 취지로 헨리 8세에게 직접 편지를 보냈다. "아직 발견되지 않은 항로가 하나 남았습니다. 북쪽으로 가는 길입니다. … 위험한 것이 사실이지만 에스파냐와 포르투갈에는 길고 우리에게는 더 짧은 길입니다."[9] 긴 여름이 항해를 쉽게 해줄 것이며, 따라서 의심할 여지 없이 그들은 "그곳에서 금, 귀금속, 향유, 향신료, 기타 우리가 이곳에서 매우 높이 평가하는 것들로 가득한, 세상에서 가장 풍요로운 여러 육지와 섬을 찾게 될 것입니다."[10] 손에게 지도를 유출해 그러한 계획을 고취한 자는 누구인가? 십중팔구 에스파냐의 항해장이었을 것이다.

세바스티아노 카보토는 쉽게 이해할 수 없는 복잡한 인물이었다. 여러 나라(에스파냐, 잉글랜드, 베네치아)를 오간 사람으로 자금은 부족했고 마젤란과 같은 명성은 얻기를 열망했다. 그가 자신의 출생지와 항해에 관해 내놓은 여러 설명은 서로 다르고 모순이었다. 그는 1520년대에 남아메리카를 통해 태평양으로 나가는 짧은 항로를 찾으려 한 에스파냐의 재앙 같은 탐험을 이끌고 후안 디아스 데 솔리스를 죽인 라플라타강 상류로의 여정을 그대로 따라가보았다. 그러나 지도제작자요 항해사로서의 그의 능력은 널리 인정을 받았다.

카보토는 거의 30년 동안 카를 5세의 항해장으로 고용되어 일했지만, 에스파냐와 잉글랜드를 오가며 출세를 모색하고 상충하는 항해 계획들을 제안했다. 마젤란해협을 통과하는 항로가 고된 것은 분명했다. 동인도제도에 도달할 더 짧은 길이 있었나? 이베리아반도 국가들의 독점을 깨뜨릴 길이 있었나? 탐색을 거듭했지만 그때까지 아메리카를 관통하는 해로는 나오지 않았다. 그러나 카보토는 수십 년 동안 지속적으로 손의 북쪽 항로를, 잉글랜드의 합법적인 특권으로 여길 수 있고 이베리아반도 국가들의 독점권에서 벗어나 있는 이 항로를 찾을 방법을 알고 있다며 이를 다양한 형태로 제안했다. 카보토는 카를 5세가 높이 평가해 좋은 급여를 준 전문가였지만 잉글랜드에 촉수를 내뻗지 않을 사람은 아니었다. 그는 자신만이 알고 있는 비밀이 있다고 넌지시 알렸다. 그는 이베리아반도 국가들이 남쪽 항로를 장악했기에 그 길에서 배제된 나라인 잉글랜드와 베네치아에서 기회와 성공 가능성이 더 크다고 이해했다. 베네치아에 카보토는 이렇게 주장했다. "나는 이 항해에서 베네치아를 동반자로 만들고 베네치아에 진실로 큰 이익을 얻게 해줄 항로를 알려줄 수 있다. 내가 그것을 발견했기 때문이다."[11]

손과 발로의 제안에 숨은 발상은 20년 동안 더디게 이곳저곳에서 입에 오르내렸고, 카보토는 잉글랜드 상인들 앞에 계속 그 제안을 흔들어댔다. 1548년 카보토는 항해장 자리에서 잠시 휴가를 얻어 독일에서 다섯 달 동안 머물며 황제와 만나기로 했다. 그는 끝내 [독일에] 나타나지 않았다. 얼마 뒤 황제는 여전히 에스파냐에서 급여를 받고 있는 카보토가 브리스틀에 거주하면서 잉글랜드 국왕 헨리 8세로부터도 급여를 받고 있다는 사실을 알았다. 잉글랜드에 이는 큰 성공이었다. 그때까지 잉글랜드는 자국 수역 너머에서는 항해를 외국인 항해사에게 의존해왔다. 이제 잉글랜드에도 자국 태생의 항해사를 양성할 수 있는 자가 생겼다. 카보토는 에스파냐 교역청의 비밀을 가져와 새 후원자들의 관심을 자극하는 데 효과적으로 이용했다. 그가 가져온 세계지도는 잉글랜드인들의 흥미를 돋우려고 교묘히 개조한 것으로, 북동 항로를 통해 동양에 도달할 가능성이 있음을 암시했다. 이는 그의 구직 광고였다. 카보토는 필시 잉글랜드의 교역이 위험스러울 정도로 과도하게 직물 수출에 의존하고 있음을 알고 있었을 것이다. 이제 훨씬 더 풍요로운 시장에서 경쟁할 기회가 눈앞에 어른거렸다.

카를 5세는 격노했다. 1550년 초 그는 잉글랜드 주재 대사 프랑수아 판데르델프트에게 서한을 보냈다. 카보토는 "우리에게 그의 봉사가 필요하고 이를 요구할 권리가 있다는 사실을 분명히 이해하고 있을 것이다."[12] 카보토는 자신에게 급여를 주는 에스파냐에 슬쩍 암시를 던지며 정교한 게임을 했다. 그는 판데르델프트와 만나 다양하게 이야기했다. 기꺼이 돌아갈 생각이지만 잉글랜드가 제지하고 있다고 했고, 안전하게 사면을 받는다면 자신이 갖고 있는 큰 비밀을 황제에게 알려주겠다고 하면서도, 자신은 "늙어서 이제 다시 일을 하고 싶지 않고 조용히 편하게 살고 싶어 이곳[잉글랜드]을 피난처 삼아 왔다고 말했다." 판데르델프트는 "카보토가 두 나라에서 다 이익을 얻어내려 한다고 의심했다."[13] 그의 판단이 필시 옳았을 것이다.

판데르델프트와 그의 밀정들은 황제의 항해장이 어떤 계략을 꾸미고 있는지 정확하게 알아내는 임무를 맡았다. 카보토는 여전히 그 의도를 파악하기 어렵고 이상하고 비밀스러운 사람이었다. 잉글랜드가

"동인도제도로 가는 길을 모색하고" 있다는 징후와 소문이 무성했다.[14] 1550년 6월, 잉글랜드에 파견된 카를 5세의 다른 대사 얀 스헤이버는 이렇게 썼다. "잉글랜드가 동인도제도로 가는 길을 찾고 있다는 몇몇 사람의 견해에 관해 나는 아무것도 확인해줄 수 없다. 〔잉글랜드〕 국왕이 동양으로 큰 배 두 척을 보내고자 한다는 말이 있지만 〔그것이〕 언제인지는 아무도 모른다. … 그렇지만 잉글랜드인들이 무엇인가 계획하고 있다는 사실은 명백하다. … 〔우리의〕 폐하께서 여러 차례 항해사 카보토를 데려가려고 사람을 보냈는데도 그들이 여전히 그를 붙잡아두고 있기 때문이다."[15]

스헤이버는 잉글랜드가 프랑스 항해사 장 리보도 고용했다는 말을 들었다. 그는 "어느 모로 보나 훌륭한 항해사이자 능숙한 조타수다. … 게다가 어떤 사람들의 말에 따르면 국왕은 금이 풍부하다는 어떤 섬을 발견하고자 북방 항로를 통해 아이슬란드로 배 몇 척을 보낼 의도를 갖고 있다."[16]

스헤이버는 이렇게 확신한다고 덧붙였다. "리보는 카보토와 함께 항해 경험이 많은 잉글랜드인 몇몇을 대동하고 북극 항로를 통해 몇몇 섬을 발견하거나 동인도제도로 가는 길을 찾으려 한다. 이를 위해 배 대여섯 척이 준비를 갖추고 있으며, 그중 두 척은 거의 준비를 마쳤다."[17] 스헤이버의 판단은 완전히 옳았다고는 할 수 없지만 거의 정확했다.

1553년 5월 초, 신형 선박 세 척이 런던탑 아래 템스강에 닻을 내리고 조류가 바뀌기를 기다리고 있었다. 많은 비용을 들여 튼튼하게 건조한 배들로 갯지렁이로 인한 피해를 막기 위해 선체에 납을 입혔다. 이 배들에는 왕실 자금만 투입된 것이 아니었다. 상인 240명이 25파운

드씩 출자한 합자회사를 설립해 자금을 조달했다. '미지의 지역, 영토, 섬, 장소의 발견을 위한 상인 모험가들'[이 합자회사의 명칭]은 유럽 자본주의의 급성장하는 힘을 보여주는 혁신적 사례였다. 잉글랜드의 주된 수출품은 모직물이었고(대외무역의 85퍼센트를 차지했다), 이 상인들은 중국에서 자신들의 생산품을 판매할 새로운 시장을 찾고 말루쿠제도에서 향신료를 구매할 수 있기를 기대했다. 이들은 해협을 통과한다는 마젤란의 제안과 유사한, 북방 항로의 전망에 속아 넘어갔다. 세바스티아노 카보토에게, 로버트 손의 카드 같은 미완성 지도에, 아시아의 육괴陸塊, landmass 위 북동쪽으로 열린 바닷길을 보여주는 메르카토르 지구의에 속아 넘어간 것이다.

탐험대는 휴 윌러비라는 인상적인 귀족이 이끌기로 했다. 키가 크고 용맹하며, 스코틀랜드 원정에서 보여준 영웅적 행위로 기사 작위를 받은 군인인 윌러비는 런던 상인들에게 믿음을 심어준 타고난 지도자였다.* 그러나 그는 뱃사람은 아니었다. 그는 항해 경험이 거의 전무했다. 물론 잉글랜드가 항해 기술에서 이베리아반도의 경쟁국들에 크게 뒤처진 당대에 그러한 지휘가 이례적이지는 않았다. 진정한 비장의 한 수는 탐험대의 일등항해사 리처드 챈슬러였다. 그는 왕실 천문학자 존 디가 "비할 데 없는 인물 리처드 챈슬러The incomparable Richard Chancellor"라고 말할 만큼 지적으로 빈틈없는 근대적 항해사였다. 수학자, 천문학자, 조타수, '기계공'으로서 그는 태양과 별들을 기준으로 항로를 표

---

* 휴 윌러비는 이른바 '거친 구애Rough Wooing'라는 잉글랜드-스코틀랜드전쟁 중 1544년의 에든버러파괴Burning of Edinburgh에 종군해 기사 작위를 받았다.

세바스티아노 카보토.

시하는 혁신적 천문 도구를 제작한 노련한 사람이었다.

    세바스티아노 카보토도 탐험대의 출발을 보기 위해 템스강 둑에 모인 군중 속에 있었다. 일흔 살을 넘겨 이제 새 항해에 나설 수 없는 카보토는 그 탐험대의 대부였다. 윌러비는 기함 보나에스페란사호를 지휘했다. 이에 더해 열다섯 살 된 잉글랜드의 프로테스탄트 국왕 에드워드 6세에게 경의를 표해 명명된 에드워드호와 그보다 약간 더 작은 보나콘피덴티아호가 함께 갔다. 에드워드호는 챈슬러가 지휘했다. 함대는 그리니치의 왕궁을 지나며 예포를 쏘았다. 그곳에는 에드워드 6세가 필시 결핵 때문이었을 텐데 누워서 죽어가고 있었다. 에드워드 6세는 두 달 안에 죽으며(1553년 7월) 잉글랜드는 종교적 혼란에 빠진다.

출발하는 배들에는 시간이 대단히 중요했다. 그들은 추위와 어둠이 닥치기 전에 북쪽 지방의 긴 낮을 최대한 이용해 항해하려면 서둘러야 한다는 것을 알고 있었다. 시작은 좋지 않았다. 그들은 잉글랜드 동부 해안의 역풍에 3주 동안 붙들려 좌절을 맛보았다. 탐험대는 죽어가는 에드워드 6세가 "강력한 캐세이제국에 면한, 세계의 북동부 지역에 거하는 왕들, 제후들, 유력자들"에게 보내는 서한을 갖고 갔다.[18] 서한이 전하는 내용은 친교와 교역을 통한 상호 이익이었다. "우리에게 부족한 것을 찾고 또한 그들에게 없는 우리 지역의 산물을 전하기 위해"[19] 이는 잉글랜드 왕을 위해서 외국 영토에 대해 잉글랜드의 권리를 주장하거나 원주민을 개종시킨다는 목표가 없는 상업상의 모험적 사업이었다. 탐험대는 항해 규정에서 "어떤 나라에도 우리의 종교 상황을 알리지 말고 그것에 관해 아무런 고지도 하지 말고 조용히 지나가라"는 엄한 명령을 받았다.[20] 에스파냐인들은 자신들이 동양의 유력자들에게 보내는 편지들을 아랍어로 번역해 복제했던 반면, 이 편지들은 그리스어와 여러 다른 언어로 복사되었다.

에스파냐 쪽의 얘기를 해보자. 카를 5세는 스헤이버가 잉글랜드인들이 정확히 무엇을 하려는지 계속 조사해 알아내주기를 간절히 원했다. 그 배들이 출발하기 직전, 스헤이버는 여전히 복잡한 게임을 하고 있는 카보토를 통해 답을 알아냈다. "세 척의 배가 … 북방 항로의 얼어붙은 바다를 따라 대국 참차이나Chamchina와 그 인접 국가들을 향해 항해할 것입니다. … 저들은 그 항로가 더 짧다고, 그리고 잉글랜드왕국이 그 멀리 떨어진 나라들에 커지kersey[모직물]를 유통하고 이와 맞바꾸어 향신료와 기타 귀중한 상품을 가져오기에 매우 편리하다고 믿고 있습니다. 저는 그[카보토]에게 이 항해가 겉으로 보이는 것만큼 확실한지 물었습니다. 그는 그렇다고 답했습니다."[21]

동시에 카보토가 작성한 상세한 항해 규정은 어려운 과제, 위험, 보상을 현실적으로 제시했다. 카보토는 "바다에서의 위난, 빙하의 위험성, 견디기 힘든 추위"와 의심하는 자들이 노골적으로 거론한 "이런저런 장애물"을 언급했다. 그러나 탐험은 "직접 부딪쳐봐야 할" 경험적 모험이었다. 그는 "동인도제도와 서인도제도가 황제[카를 5세]와 포르투갈 왕들에게 큰 이익이 될지, 그 신민, 산업, 해상의 수고가 그들을 부자로 만들어줄지"에 관해 비슷한 의구심이 있었다고 지적했다.[22]

6월 23일(1553년) 마침내 탐험대는 잉글랜드 해안을 벗어나 북해에 진입했다. 그러나 바람은 여전히 변화가 심했고 끊임없이 항해 진로를 바꿔놓았다. 윌러비의 항해일지에는 탐험대의 갈지자 행보가 기록되어 있다. 처음에는 북쪽으로, 뒤이어 "북쪽에서 약간 서쪽으로, 북북서로, 다음은 남서로, 기타 여러 진로로, 온갖 역풍 때문에, 바다를 가로지르고 방향을 더듬어 찾아갔다."[23]

챈슬러조차도 흔들리는 갑판에서 관찰한 것만으로는 배들의 위치를 판단하기가 어려움을 분명히 알았을 것이다. 그들은 얼마나 멀리 왔는지 알 수 없었지만, 바다에서 22일을 보낸 후 7월 14일 노르웨이 해안과 사람이 사는 흔적을 발견했다. 상륙해서 살펴보니, 버려진 오두막들이 있었고, 사람들은 "우리가 두려워 … 도망갔다." 19일 그들은 뢰스트섬에 도달했다. 그곳에서 그들이 만난 사람들은 겁을 덜 먹고 그들을 맞이하러 나왔다. 물품을 보충할 기회였다.

탐험대는 북쪽으로 계속 전진했다. 그 진로는 윌러비의 항해일지에 기록되어 있다. 해안선은 매우 험했다. 내륙 깊이 들어간 피오르들, 점점이 흩어지는 섬들, 바다로 곤두박질치는 봉우리들은 빙하로 뒤덮인 미궁과도 같았다. 그 뒤편으로는 나무가 없는 단조로운 툰드라였다. 그들은 사람이 사는 작은 만 몇 곳에 멈추어 위도를 정확하게 파악할 수 있었다. 윌러비는 다른 선장들에게 흩어지지 않고 함께 있는 것이 중요하다는 점을 강조했다. 또한 날씨 때문에 서로 떨어질 경우를 대비해 집결지를 정할 필요가 있었다. 그들은 스칸디나비아반도 북단 근해의 요새 섬으로 "핀마르크에서 가장 견고한 피난처"인[24] 바르되휘스(영어로는 워드하우스Wardhouse) 요새에서 모이기로 했다. 북대서양의 날씨를 감안하면 현명한 사전 대비책이었다. 8월 2일 그들은 세니아섬에 가까워졌다. 한 남자가 노를 저어 다가와 그들에게 말을 걸었고, 윌러비는 핀마르크까지 인도해줄 안내인을 구할 수 있는지 물었다. 이런 답변이 돌아왔다. "우리가 견딜 수 있다면 좋은 피항지를 찾을 것이고 다음 날 우리를 핀마르크의 바르되휘스까지 데려다줄 안내인을 찾을 것이다."[25] 그들이 돌출한 바위땅을 지나 그 작은 배를 따라가려 했을 때, "가공할 회오리바람"이 일었다.

챈슬러는 이렇게 회상했다. "4시쯤 돌연 거대한 폭풍우가 일고 바다가 심히 성나 배들은 원래 의도한 진로를 유지할 수 없었다. 일부는 이쪽으로 일부는 저쪽으로 밀려나며 그들은 큰 위험과 위난에 빠졌다."[26] 바다로 나가는 수밖에 없었다. 윌러비는 챈슬러에게 가까이 붙으라고 소리쳤지만, 이는 불가능한 일이었다. 에드워드호는 폭풍이 닥치자 돛을 내렸다. 챈슬러로서는 이해할 수 없게도, 윌러비의 배는 여전히 돛을 완전히 펴고 있었다. "엄청난 힘으로 매우 빠르게 떠밀려가서 머지않아 시야에서 사라졌다. 세 번째 배도 그 맹렬한 폭풍에 멀어져 보이지 않게 되었다."[27]

보나에스페란사호와 보나콘피덴티아호는 사라졌다. 챈슬러 홀로 "함대가 뿔뿔이 흩어져 멍하니 슬픔에 잠겨 쓰라린 마음"이었다. 그는 두 배가 어떤 운명을 맞닥뜨렸을지 고심했다. "바다의 격한 분노가 그 선량한 자들을 삼켜버렸을지 아니면 그들이 아직 살아 있을지 …. 어쨌거나 나는 그들이 더 나은 운명을 맞이할 가치가 있는 사람들이라고 말해야 한다. 그들이 살아 있다면, 안전하게 돌아올 수 있기를 기도하자. 그러나 그들이 잔혹한 파멸에 붙잡혔다면, 부디 신께서 그들에게 기독교도의 죽음과 무덤을 허락하시기를."[28] 그는 윌러비를 다시는 보지 못한다.

챈슬러는 바르되휘스 요새로 가서 기다리는 수밖에 달리 대안이 없었다. 그는 그곳에 한 주 동안 머물렀다. 사라진 배들의 흔적은 없었다. 챈슬러는 요새에서 더 진행하지 말기를 간청하는 몇몇 스코틀랜드인의 조언을 무시하고 계속 전진하는 수밖에 없다고 결정했다. 그는 분명코 선원들의 지지를 받고 있다는 확신을 품었다. 이에 상응해 그는 무거운 책임도 느꼈다. "실수라도 하면 승무원 전체의 안전이 위험에 처할 것"이기 때문이었다.[29] 이들은 이제 바렌츠해에 진입했다. 챈슬러는 동쪽 해안선을 따라 진로를 잡았다. 북극권의 여름이 한창이어서 "그는 마침내 밤이 전혀 없고 태양의 밝은 빛이 광대한 바다에 끊임없이 비치는 곳에 도달했다."[30]

그런데 윌러비는 죽지 않았다. 돛을 펴고 있던 두 배는 강력한 바람에 북쪽으로 밀려났다. 너무도 빠르게 이동해 그 거리를 계산할 수 없었다. 폭풍이 잦아들자 두 배는 다시 모였다. 자신들이 여전히 노르웨이 해안 근처에 있다고 생각한 그들은 "앞서 논의 끝에 결정한 대로 바르되휘스에서 합류하기 위해" 방향을 틀었다.[31] 그런데 섬이라고는 보이지 않았다. 당황스럽고 난감했다. 윌러비는 안쓰럽게도 항해일지에 이렇게 적었다. "우리는 뭍이 지구의에 그려진 대로 놓여 있지 않음을 깨달았다."[32] 그들은 자신들도 모르는 새에 노르웨이의 북쪽 곶을 지나쳐 바렌츠해의 한가운데에 들어와 있었다. 육지가 시야에 들어왔을 때에도 상황은 좋지 않았다. 빙하와 모래톱 때문에 해변에 내릴 수 없었고, 사람이 살고 있는 흔적도 없었다. 그곳은 필시 바렌츠해 깊숙한 곳의 노바야 제믈랴 섬이었을 것이다. 나흘 뒤인 8월 18일, 이들은 육지를 찾아 조사할 수 있기를 바라며 남남동쪽으로 방향을 잡아 되돌아갔다. 보나콘피덴티아호는 물이 샜기에 항구가 필요했다. 8월 23일 그들은 서쪽으로 방향을 틀었다.

같은 날, 에드워드호는 남쪽으로 200마일(약 320킬로미터) 떨어진 곳에 있었다. 곧 바르되휘스에서 동쪽으로 진행해 스칸디나비아반도 북부 해안을 따라 러시아의 수역에 들어가고 있었다. 8월 24일, 챈슬러는 지름이 100마일(약 160킬로미터) 되는 거대한 만의 입구에 도착해 그 안으로 들어갔다. 풍파가 심하지 않은 광대한 바다로 러시아인들이 백해

白海라고 부르는 곳이었다. 한두 주 뒤 9월 초, 다른 항로로 서쪽을 향하고 있던 윌러비는 그 입구를 가까이서 지나친 것이 분명하다. 어떻게 된 일인지 입구를 놓쳤다. 9월 18일, 해안에서 멀리 떨어지지 않은 채 항해하던 윌러비도 정박지로 쓸 만한 만의 안으로 들어갔다. 윌러비는 식별가능한 해안선을 찾으려다가 이상한 길로 가는 바람에 6주를 허비했다. 그는 몰랐겠지만 에드워드호로부터 이삼 일 정도 항해하면 닿을 곳에 있었다.

챈슬러는 위도는 측정할 수 있었지만 자신이 정확이 어느 곳에 있는지는 알지 못했다. 에드워드호는 백해를 조심스럽게 전진하다가 어선 한 척을 발견했다. 챈슬러는 보트를 내려 그 어선을 나포했다. 어부들은 낯선 선박에 두려움을 느껴 챈슬러의 발아래 머리를 조아렸다. 챈슬러가 안심시키자, 현지 주민들이 그들에게 식량을 가져다주었다. 챈슬러는 이러저러한 방법을 통해 러시아인들이 왕의 허락 없이 외국 상품을 구매할 수 없다는 사실을 알게 되었다. 그들은 차근차근 조사해 왕이 차르 이반 4세라는 사실을 알아냈다. 챈슬러는 교역과 교류를 모색하기 시작했다. "그들은 최고로 훌륭한 왕 에드워드 6세가 보냈다. 그의 명령에 따라 그들(현지 주민들)의 왕에게 전할 물건을 갖고 왔으며 그의 친선과 친교, 그의 신민과의 교류 이외에 다른 것은 원하지 않는다. … 그로써 … 두 왕국의 신민에게 많은 상품과 이익이 돌아갈 것이다."[33] 챈슬러는 드비나강 상류로 100마일(약 160킬로미터)가량 올라간 도시 홀모고리의 지역 촌장들의 허가가 필요하다는 사실을 알았다. 챈슬러는 배에서 보트를 내려 고급선원과 상인 열 명의 작은 무리를 이끌고 상류로 출발했다. 배와 선원들은 강어귀에 닻을 내리고 대기했다. 챈슬러는 차르에게 파견된 대사 역할을 할 수 있는지 알아보기로 결심했다.

그 지역의 촌장들은 잉글랜드인들의 방문에 극도로 긴장했다. 이 외국인들을 어떻게 대해야 하는가? 그들은 공식 사절이 아니었다. 차르의 허락 없이는 그 어떤 외국인도 러시아 땅에 들여서는 안 되었고, 600마일〔약 960킬로미터〕 떨어진 모스크바와 협의하지 않고는 아무것도 할 수 없었다. 잉글랜드인들은 가을이 다 지나갈 때까지 기다리고 또 기다려야 했다. 소식의 지연에 이러저러한 변명이 제시되었다. 몇 주 지난 뒤 챈슬러는 부득이 움직이지 않을 수 없었다. 허가가 떨어지지 않으면 "그는 출발해 여정을 이어가야 했다."[34] 차르의 명령과 차르에게서 중요한 방문객들을 빼앗을 가능성 사이에서 결정을 내리지 못한 촌장들은 도박을 하기로 결정했다. 그들은 챈슬러가 여행을 계속하도록 떠나게 놔두었다.

한편 윌러비의 배들은 챈슬러의 배에서 서쪽으로 하루 항해 거리밖에 떨어지지 않은 바르지나강의 아늑한 만에 닻을 내리고 있었다. 윌러비는 항해일지에 이렇게 썼다. "우리는 피항지에 들어가 6패덤〔약 11미터〕 깊이로 닻을 내렸다." 야생 생물이 놀라웠다. "바다표범과 이런저런 큰 물고기가 많았고 … 곰, 큰사슴, 여우, 우리가 모르는 갖가지 기이한 짐승이 있었는데 … 마찬가지로 멋졌다." 온도계가 떨어지고 있었다. "한 해가 거의 다 지나갔고 마치 한겨울에 들어선 것처럼 서리, 눈, 우박이 쏟아져 날씨가 매우 나빴기에, 우리는 그곳에서 겨울을 나는 것이 최선이라고 생각했다."[35] 그는 우선 소집단 세 무리를 꾸려 사나흘간 여정으로 원주민을 찾아보라고 서로 다른 방향으로 내보냈다. 그들은 "부락의 흔적 비슷한 것"도 찾지 못하고 돌아왔다. 이동 어로에 나온 어부들이 이미 떠난 뒤였다. 그들은 겨울을 나기 위해 출입구에 판자를 덧댔다. 멀지 않은 곳에 있는 에드워드호의 선원들도 똑같이 대비하고 있었다. 선실 밖은 기절할 정도로 추웠다. 에드워드호에 남은 자들이 출입구를 열어 갑판으로 나갈 때면, 갑자기 추위가 닥쳐 숨을 쉴 수가 없었다. 그들은 자주 "거의 죽은 사람처럼" 쓰러졌다.[36] 그러나 모든 배에 따뜻한 의복, 식량, 목재가 충분했다. 그들은 봄을 기다리며 북극권의 긴 밤을 꼼짝 않고 버텼다. 11월 25일부터 12월 29일까지 그들은 완전한 암흑 속에서 지냈다. 봄이 오기까지 항해의 가능성이 전무한 그 시점에 윌러비의 항해일지는 중단된다.

챈슬러도 모스크바로 가는 도중에 혹독한 겨울을 버티고 있었다. 추위는 "매우 극심해 끔찍했다."[37] 도로는 지나가기 어려웠지만 얼어붙은 세상에서 썰매로 빠르게 이동할 수 있었다. 그들은 눈으로 뒤덮인 툰드라를 체계적으로 조직된 역참을 거쳐 빠른 속도로 지나갔다. 도중에 그들은 왕의 특사를 만났다. 특사는 먼 나라의 왕이 파견한 신비스러운 사절을 만나보고자 하는 마음을 표현한 차르의 서한을 갖고 왔다. 이제 그들은 힘 들이지 않고 황제의 방문객이라는 위세를 안고 이동할 수 있었다. 그들은 즉각 지위가 높아졌다. 휴식을 위해 멈출 때마다 썰매에 새로운 말을 매야 하는 역참 소년들이 서로 먼저 나서려고 거칠게 싸움을 벌일 정도였다.

챈슬러는 새로운 세계를 목도하고 있었다. 그는 자신이 여행한 나라에 관해 관찰로서, 그리고 언어의 장벽을 뛰어넘어, 많은 것을 알아낼 기회를 가졌다. 그 나라는 단조롭다 싶을 정도로 평탄했고 지극히 황량했다. 거대한 전나무 숲의 황무지에 곰, 검은 늑대, 그가 버펄로(들소)라고 부른 짐승이 돌아다녔다. "그들은 대체로 말을 타고 버펄로를 사냥했지만, 곰은 나무로 만든 갈래창을 지니고 걸어 다니면서 사냥했다."[38] 추위가 극심해 불에 얹은 땔감이 한쪽 끝은 타고 있는데도 다른 한쪽 끝은 완전히 얼어 있었다. 보통의 사람들은 전나무로 지은 튼튼한 네모꼴 목조주택에 살았다. 널빤지 사이의 틈은 이끼로 메웠고, 방에 긴 의자를 놓고 그 위에서 잤다. "침대를 사용할 줄 몰랐기 때문이다."[39] 좁은 창문을 반투명의 동물 가죽으로 막아놓았고, 그곳을 통해 약간의 빛이 들어왔다. 그들의 옷은 양털로 만들어졌다. 남자의 지위는 그가 쓴 모자의 높이로 알 수 있었다.

챈슬러는 또한 러시아정교회의 예배 형식, 예배 순서, 성상 숭배, 수도원, 보통의 사람들이 주기도문을 모른다는 사실, 정기적 단식을 (단식이 끝난 후에 "그들은 오래된 폭주 습관으로 되돌아갔다. 그들은 술고래로 유명했다")[40] 독실한 프로테스탄트의 눈으로 면밀하게 관찰했다. 그의 포용력은 무한정 이어지지 않았다. "그들의 생각에 우리는 절반만 기독교인이다. 자신들만이 참되고 완벽한 교회였다. 이러한 것들은 무지한 야만인들의 바보 같고 유치한 맹목적 사랑이다."[41]

챈슬러와 그의 선원들은 "이 길고 지루한 여정에서 법석을 떨며 크게 고생한 뒤"[42] 모스크바에 가까이 다가갔다. 실제로 썰매를 이용한 이동은 매우 빨랐다. 두 주 만에 600마일(약 960킬로미터)을 주파했다. 그들 앞에 모습을 드러낸 도시는 상당히 컸다. "크기는 런던시만 했으며" "많은 큰 건물"로 가득했다. 그러나 챈슬러는 "멋이라고는 조금도 없이 무질서하게 지어진" 초라한 궁궐이 눈에 들어왔고 이를 비판적으

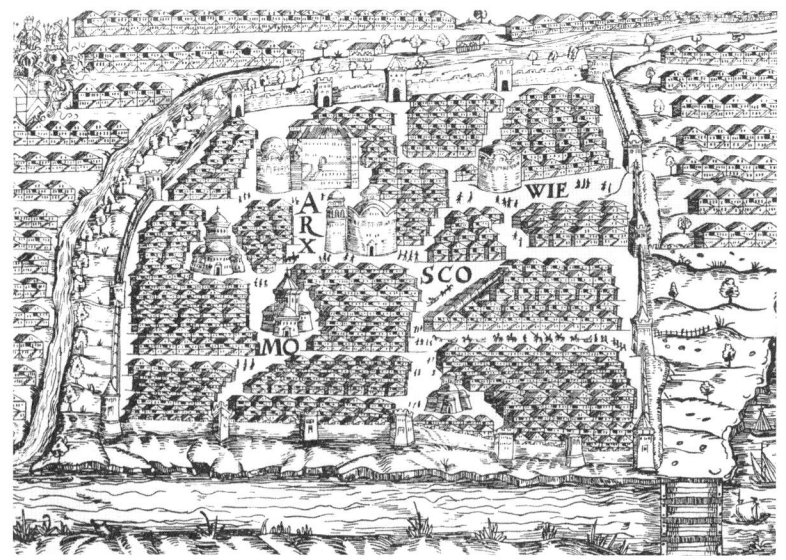

16세기 판화에 묘사된 모스크바.

로 비교했다. 네모꼴로 지어진 차르의 궁궐은 "잉글랜드 왕의 궁전에 보이는 아름다움과 우아함"이 부족했다.[43] 그렇지만 그들의 방문객을 맞이하는 의식은 놀라웠다.

챈슬러 일행은 숙소를 제공받아 머물며 차르의 뜻을 기다렸다. 열이틀 후 사자가 와서 그들을 궁으로 불러들였다. 그들은 여러 문을 지나 궁궐에 들어갔다. 첫 번째 방에는 일백 명의 궁정 신하들이 벽을 따라 늘어선 긴 의자에 하나같이 금빛의 긴 관복을 입고 앉아 있었다. 당황스럽게도 그들은 너무도 조용하고 움직임이 없어서 마치 금빛 조각상처럼 보였다. 챈슬러가 알지 못한 것은 이들이 고도의 안무로 연출된 구경거리에서 역할을 맡은 배우였다는 사실이다. 곧 행사를 위해 데려와 왕실의 의상을 입힌 모스크바 사람들이었다. 잉글랜드인들은 그곳에서 안내를 받아 알현실로 들어갔다. 차르는 황금색 예복 차림에 금관을 쓴 채 높은 옥좌에 앉아 그들을 내려다보았다. 손에는 홀笏을 들었는데 "귀금속을 박아 장식했다. … 용모에는 고귀한 신분에 어울리는 위엄이 보였다."[44] 잉글랜드인들이 "외경심을 불러일으키는 자The Terrible"라고 부르는 사람과의 첫 번째 만남이었다.* 이반 4세의 옆에는 재상과 친위대〔오프리치니키oprichniki〕 대장이 역시 금빛 관복을 입고 있었다. 특선特選위원회〔이즈브란나야 라다Izbrannaia rada, 자문기구〕를 구성하는 일백오십 명이 긴 의자에 앉아 있었다. 그들도 금빛 의상을 입고 있었다.

챈슬러는 확실히 이 위압적 광경 속에서도 정신을 바짝 차렸다. 그는 국왕의 서한을 전달하고 선물을 바쳤다. 선물에는 질 좋은 잉글랜드 면직물이 포함되었다. 교역이라는 큰 목표를 가진 '상인 모험가들'의 중요한 명함과도 같은 것이었다. 차르는 서한을 읽고는 몇 가지 질문을 한 뒤 그들을 저녁 식사에 초대했다. 챈슬러 일행은 배운 대로 뒷걸음질로 물러났다.

두 시간 뒤 잉글랜드인들은 '황금의 방'으로 인도되었다. 챈슬러의 판단으로는 "그다지 멋지지 않았지만 그들은 그렇게 불렀다."[45] 정찬은 또 다른 난해하고 혼란스러운 의식의 상연이었다. 차르는 챈슬러 일행보다 위쪽에 "높고 장중한 의자"에[46] 앉았고, 이번에는 은색 예복에 다른 관을 썼다. 차려놓은 그릇과 술잔은 전부 금이었고, 그중 몇몇은 길이가 5피트〔약 1.5미터〕나 되었다. 다른 손님들은 "색깔 짙은 피부"[47] 위

---

* 이반 4세의 별칭은 러시아어 grozny(그로즈니)로 "두려움을 불러일으키는" "강력한"의 뜻이다. 별칭을 붙여 칭할 때는 "외경제畏敬帝"라고 옮겼다.

이반 4세 바실리예비치, "이반 외경제".

로 아마포로 만든 옷을 입었다. 식탁에는 금으로 된 그릇들이 놓여 있었고, 시중을 드는 140명의 하인도 역시 금빛 옷을 입었으며, 긴 시간 동안 의식처럼 진행된 연회에서 "의복"을[48] 세 차례나 갈아입었다. 연회 중에 차르가 호의의 표시로 빵을 들어 보여주었는데 당혹스러울 정

12 | 죽음의 피항지

도로 독특한 모양을 한 것도 있었다.

챈슬러의 소규모 일행은 12월 9일경에 모스크바에 도착했다. 그들은 그곳에 석 달 동안 머물렀다. 그동안 그들은 문화, 지리, 재정에 관한 정보를 최대한 많이 수집했다. 상인 존 하세는 교역의 가망성을 평가했으며 '상인 모험가들'을 위해 도량형, 화폐, 상품, 유망한 시장이 서는 도시, 교역 경쟁자에 관해 상세한 보고서를 작성했다. 그는 이렇게 결론 내렸다. "네덜란드인들이 러시아인들에게 공급한 상품들을 우리 상인들이 공급해야 마땅하다."[49] 이반 4세에게 잉글랜드와의 교류는 상호 이익이었다. 그는 자신이 수행 중인 군사 원정에 필요한 군수품과 전쟁 물자 제조 기술의 확보를 희망했다.

잉글랜드인 방문객들은 또한 차르의 외교 사절이 타국으로 파견될 때 거행되는 장엄한 의식을 구경할 기회를 가졌다. 그들은 폴란드 국왕에게 보내는 사절단의 출발을 지켜보았는데, 멋진 말 500필이 동반되었고 사람들은 대체로 금빛과 은빛의 옷을 입었다. "최악의 복장은 푸른색의 긴 옷이었다. 말들에는 금빛과 은빛의 장식용 마구를 장착했다."[50] 사절단이 전하고자 하는 메시지는 무엇으로도 구속되지 않는 권력과 위엄이었다.

챈슬러 일행은 마침내 3월 15일에 떠났다. 4월에 들어설 무렵에 그들이 에드워드호에 돌아왔을 때 선원들은 아직 살아 있었다. 탐험대는 중국으로 가는 길을 개척하는 데 아무런 진전을 이루지 못했지만, 그들은 적어도 에드워드 6세에게 보내는 이반 4세의 서한을 갖고 출발하게 되었다. 잉글랜드와 통상 관계를 맺고 싶다는 이반의 뜻이 담긴 편지였다. '상인 모험가들'은 투자의 성과를 어느 정도 거둔 것 같았다.

빙하가 녹고 있었고, 윌러비의 흔적은 보이지 않았기에 그들로서는 출발하지 않을 이유가 없었다. 에드워드호는 북해를 가로질러 귀환했다. 항해에 사고가 없지는 않았지만(도중에 플란데런 해적들에게 상품 일부를 빼앗겼다), 에드워드호는 1554년 여름 템스강을 거슬러 올라가 카보토의 환영을 받았다. 선원들이 도착해서 보니 잉글랜드는 발칵 뒤집혀 있었다. 프로테스탄트 국왕 에드워드 6세는 사망했고, 가톨릭 군주 메리 여왕은 에스파냐의 펠리페 2세와 결혼했다.

바렌츠해의 남쪽 해안에서는 해빙기가 되면 이동 어로에 나서는 사미족sámi이 바르지나강으로 들어가 연어를 잡았다. 그곳에서 봄날의 햇빛에 그들은 해안에 닻을 내린 이상한 배 두 척을 보았다. 조심스럽게 다가가보니 생명의 징후는 감지되지 않았다. 너무나 조용했다. 눈앞에 펼쳐진 오싹한 광경에 분명히 당혹스럽고 두려웠을 어부들은 나란히 함께 다가갔다. 여전히 움직임이 없었다. 그들은 뱃전을 기어올랐다. 선실 출입구는 닫혀 있었다. 지렛대를 써서 억지로 출입구를 연 그들은 내부의 상황에 입이 쩍 벌어졌다. 모든 선원이 꽁꽁 얼어 죽은 채 선실에 누워 있었다. 그들이 정확히 어떤 일을 겪었는지는 모른다. 윌러비의 선박들에 닥친 운명의 소식이 1555년에 런던에 전해졌을 때, 엉뚱한 이야기들이 퍼졌다. 베네치아 대사가 본국의 통치자에게 보낸 보고서는 소름 끼치는 참상을 묘사했다.

두 번째 항해에서 돌아온 선원들은 그들이 얼어 죽은 모양에 관해 이상한 애기를 합니다. 몇몇은 의자에 앉아 손에 펜을 든 채 탁자에 놓인 종이에 글을 쓰는 상태로, 다른 이들은 식탁에서 손에 접시를 들고 입에 숟가락을 문 채로 발견되었다는 것입니다. 또 어떤 이들은 창고를 열다가, 다른 이들은 마치 누가 맞춰놓은 조각상처럼 다양한 자세로 얼어붙어 있었답니다. 그들은 배에 태워진 개들도 똑같은 현상을 보였다고 말합니다. 그들은 원주민들이 전부 온전한 상태로 챙겨둔 소지품과 상품을 배에 실어 가져왔습니다.[51]

선원들은 돌연 극적인 파국을 맞았다. 그것은 사람들을 전율케 하기에 충분했다. 다른 곳에서는 그들이 "동굴을 파고 난로를 만든 경험이 없어서" 죽었다는 말이 나왔다.[52] 그러나 에드워드호의 선원들은 온전하게 생존했고, 죽음의 선박들의 창고에는 따뜻한 겨울옷과 아직 다 사용하지 않은 식량이 있었다. 베네치아 대사의 윤색된 이야기의 진실이 무엇이든지, 그 선원들은 실패한 북극 탐험에서 서서히 몇 명씩 죽어나간 것이 아니라 전부 동시에 사망한 듯하다. 가장 그럴듯한 설명은 일산화탄소 중독에 의한 사망이다. 아마도, 땔감이 떨어지자 그들은 바다에서 역청탄을 주워 연료로 사용했을 것이다. 선실 출입구를 꽉 닫은 상태에서, 유독성 증기가 선원들을 집어삼켜 느닷없이 북극의 폼페이를 연출했을 수 있다. 정확히 언제 그런 일이 벌어졌는지는 모르지만, 윌러비는 1554년 1월에도 살아 있었다. 배에서 발견된, 날짜가 적힌 유언장에 그가 증인으로 서명했기 때문이다.

소스라치게 놀란 어부들은 배에서 쓸 수 있는 물건을 모조리 챙겨 지역의 촌장에게 전달했고, 그 물품들은 그곳에서 봉인되었다. 죽음의 선박들은 드비나강 어귀로 밀려났다. 1555년 챈슬러는 에드워드호를 타고 탐험대를 이끌어 다시 백해로 갔다. 잉글랜드의 새 군주들의 이름을 따서 명명한 필립앤드메리호가 모스크바로 파견된 다른 사절단을 태우고 동행했다. 챈슬러가 윌러비의 운명을 알게 된 것이 바로 그 때였다. 챈슬러는 또한 차르와의 관계를 개선하려 애쓰는 중에 중국으로 가는 북방 항로의 가능성을 계속 타진했다. 이듬해 이 배들은 보나에스페란사호와 보나콘피덴티아호를 잉글랜드로 견인할 선원들을 더 태우고 다시 러시아를 향해 항해했다. 그들은 그해 7월에 귀환항해에 나설 때 잉글랜드와의 교역과 정치적 유대를 강화하려는 러시아 대사와 몇몇 상인을 태우고 왔다. 선박들은 밀랍, 모피, 펠트, 기름, 이런저런 귀중한 상품을 가득 실었다. 보나에스페란사호의 선창에는 다른 것이 실려 있었다. 매장하려고 실은 휴 윌러비의 시신이다.

윌러비는 바다에서 두 번째로 죽을 운명이었다. 노르웨이 근해에서 낡아빠진 보나에스페란사호와 보나콘피덴티아호는 폭풍에 선원들과 함께 사라졌다. 부패하는 윌러비의 시신과 함께 깊은 바다 속으로 가라앉은 것이다. 챈슬러는 잘 헤쳐 나갔지만, 스코틀랜드 해안에는 재난이 기다리고 있었다. 에드워드호는 바위투성이 해변으로 밀려나고 있었다. 챈슬러는 배에서 보트를 내려 러시아 대사를 상륙시키려 했다. 보트는 해변으로 가다가 거대한 파도에 뒤집혔다. 탑승자들은 전부 밀려오는 파도에 곤두박질쳤다. 챈슬러는 경험을 쌓으라고 데려온 자신의 장남과 함께 익사했다. 러시아 대사는 요행히 해변까지 떠밀려 살아남았다.

"비할 데 없는 인물" 챈슬러의 사망은 깊은 슬픔이었다. 그는 잉글랜드의 항해 기술과 지도 제작법을 발전시킨 혁신자였다. 잉글랜드는 카보토의 지도, 그리고 교역과 탐험에 자금을 공급할 수 있는 새로운 금융 구조의 발전에 힘입어 대양에서 이베리아반도 국가들에 도전장을 내민 참이었다. 개인들이 자금을 모아 만든 합자회사 '상인 모험가들'은 '모스크바회사'로 개편되어 러시아에서 눈부실 정도는 아닐지언정 건실하게 교역을 수행했다. 1570년대와 1580년대에 아메리카와 아시아의 끝을 돌아가는 북서 항로와 북동 항로의 탐색이 더 진행되었지만 북방 항로의 개척은 실패했다. 그러나 잉글랜드의 야심은 더욱 뜨겁게 불타올랐다. 1570년 다방면에 박식한 잉글랜드 학자 존 디는 해상팽창에 관한 환상적 제안을 발표했다. "완벽한 항해 기술에 관한 일반적 기록과 진귀한 기록General & Rare Memorials pertaining to the Perfect Art of Navigation"이다. 글에서 그는 '영국제국British Empire'이라는 용어를 처음으로 썼다. '상인 모험가들'에 뒤이어 1600년에 다른 합자회사가 설립되었다. 의욕적으로 향신료 교역에 나서 세계무역과 세계적인 제국에서 강력한 인자가 될 동인도회사다. 그러나 단기적 관점에서 보면 중국과 향신료제도는 여전히 아주 멀리 떨어져 있었다.

윌러비의 항해일지는 보나에스페란사호에서 회수되어 전해진다. 선원들이 일산화탄소 중독으로 갑자기 사망하기 전에 남긴 흐릿한 항해 기록이다. 그 마지막 쪽의 여백에는 누군가 다른 필적으로 이렇게 덧붙여놓았다. "죽음의 피항지The Haven of Death."

13
"우리의 위대함을 경외하고, 우리의 힘을 존중하라"

1530-1555

잉글랜드는 전설적인 캐세이에 도달하는 데 실패했지만, 포르투갈은 성공했다. 포르투갈인들의 중국과의 초기 만남은 가혹했다. 포르투갈인들은 무력과 외교를 결합해 교역 독점권을 확보한다는 발상을 갖고 갔지만 거부당했다. 그들은 중국이 외국을 동등한 국가로 인정하지 않는다는 사실을 이해하지 못했다. 고두가 상징하는 복종만이 있을 뿐이었다. 포르투갈인들의 초기의 공격은 재앙으로 귀결되었다. 토메 피르스의 대표단은 두 세계관의 충돌을 목도했다. 유럽인 침입자들은 중국이 여태껏 본 다른 종속국 사람들과 매우 달랐고, 고도로 중앙집권화한 이 국가는 불랑기[포랑지]의 정체를 파악하는 데 더뎠다. 장기적으로 보면, 이 첫 번째 접촉이 역사의 전환점으로 밝혀진다.

그 즉각적인 결과는 포르투갈인들의 중국 해안 접근이 금지된 것이다. 광저우는 모든 대외 교역에 문을 닫았다. 1530년 광저우가 다시 개방되었을 때, 중국 정부는 여전히 불량기를 특별한 단속 대상으로 유지했고 현지 주민들에게 그 사실을 각인시켰다. 광저우의 관문에는 금색 글자로 두드러지게 경고문이 새겨져 있었다. "턱수염을 기르고 눈이 큰 자들은 이 왕국에 들일 수 없다."[1] 광둥성은 포르투갈인들이 얼굴을 드러내기에는 너무 더운 곳이었지만, 동시에 교역의 기회를 포기하기에는 너무나 매력적이었다. 믈라카에서 4두카트에 팔리는 후추가 중국에서는 15두카트에 팔렸다. 대외 교역에 의존하는 중국 남부 해안 지역도 수난을 당했다. 베이징의 명나라 관료들이 엄밀히 단속했지만 이 지역이 베이징에서 너무 멀리 떨어져 있어서 구멍을 다 막지는 못했다. 그러한 상황에서 동쪽의 해안을 따라, 인접한 푸젠성과 저장성에서도 불법 교역이 지속되었다. 포르투갈인들은 눈에 띄지 않게 숨었다. 근해의 섬들에 은신해 말레이 상인이나 시암 상인을 대리인으로 내세워 교역 활동을 수행한 것이다. 이러한 교역은 뇌물과 현지 관료들의 묵인으로 이루어졌다. 그 섬들에 일시적 계절시장(거적으로 만든 가설 오두막)이 들어서 상품들이 거래되었다. 밀수꾼들은 어느 정도 호의적인 대접을 받았다. 기록에 따르면, "여기 온 불량기는 후추, 소방목蘇方木, 상아, 백리향百里香 기름, 알로에, 백단白檀, 온갖 향료를 갖고 와서 변방 사람들과 교역하려 한다. 그들의 물건 값은 매우 저렴했다. 그들은 매일 우리 주민에게서 술과 음식을 구해 먹고 마셨다. ⋯ 그들이 값으로 지불한 금액은 일반적인 금액의 두 배였다. 따라서 변경 주민들은 그들에게 기꺼이 시장을 제공했다."[2]

이 비공식적 교역은 거래하는 양측 모두로부터 환영받았지만, 여기에는 불법과 무력이 동반되었다. 교역과 해적질은 종이 한 장 차이였다. 포르투갈 밀수꾼들의 활동과 나란히, 심한 혐오의 대상인 일본 해적 즉 왜구倭寇("난쟁이 도적떼")의 약탈이 있었다. 왜구는 동해와 남중국해의 섬들을 근거지로 삼아 명나라와 조선의 협력자들과 함께 중국 해안 지역을 지속적으로 침탈했다. 이는 일종의 풍토병 같은 재앙이었다. 명나라의 기록을 보면, 포르투갈인 밀수꾼들과 왜구가 때때로 서로 협력했고, 이를 단속하기가 어려웠음을 알 수 있다. "외국인들이 닻을 내린 그 순간부터, 각 성省의 관료들은 현지 주민들의 [외국인들과의] 거래를 막을 수 없었다. 그들은 조정이 멀리 떨어져 있다고 생각하고 다시 한 번 외국인들의 불법 체류를 받아들여 그들에게 정박을 허용했다. 외국인들은 현지의 사악한 불한당을 고용해 아무런 제한 없이 거래했다."³ 이 무법 지대에서 이루어진 활동으로 상품은 유통되었지만, 인내심이 결국 바닥났다. 1547년경 점점 심해지는 황제 칙령의 위반 행위가 조정의 주목을 받았다.

명나라는 푸젠성과 저장성에서 무질서와 법규에 대한 조롱을 이미 충분히 겪었다. 중국 정부는 포르투갈인 밀수꾼들, 왜구, 그들의 협력자 명나라 사람들을 해안에서 쓸어버리기 위해 절민해방군무제독浙閩海防軍務提督이라는 특별한 직책을 신설해 주환朱紈을 임명했다(주환은 뒤이어 절강순무浙江巡撫를 겸했다). 중국인은 외국인과의 모든 거래가 금지되었다. 이후 2년 동안 침입자와 중개인을 척결하려는 운동이 활발하게 전개되었다. 봉쇄 탓에 포르투갈인들은 실질적으로 교역을 할 수 없었다. 그들은 습격을 당해 섬에 마련한 임시 정착지를 빼앗겼다. 포르투갈인들과 현지 협력자들의 반격으로 갈등은 더욱 증폭되었다.

1549년 주환의 해안 군대가 포르투갈인들의 은신처를 완전히 파괴했다. 이 싸움에서 많은 포르투갈인과 중국인이 체포되었다. 본보기 삼아 그중 네 명을 우스꽝스러운 옷을 입히고 우리에 가둬 해안 도시들을 순회하며 구경거리로 만들었다. 이들에게는 "믈라카의 왕들"이라는 조롱 섞인 문구의 표찰이 달려 있었다. 다른 사람들은 여러 중국인과 함께 사형에 처해졌다.

주환의 토벌에 일소되어 처형을 기다린 자들 중에는 갈레오트 페레이라라는 포르투갈인 용병이 있었다. 그는 푸젠성의 취안저우로 끌려가 죽음을 기다렸다. 그런데 운명이 그의 편이었다. 지나치게 의욕적이었던 주환이 권한을 남용한 것이다. 그의 이러한 발언은 견강부회였다. "외국에서 온 약탈자들을 죽이기는 쉽지만, 우리 땅에서 생긴 약탈자들을 제거하기는 어렵다."[4] 그는 향신鄕紳을 가리키고 있었다.[5] 밀수는 이윤이 많이 남는 사업이었고, 조정에 보복성 보고가 들어가면서 주환은 몰락했다. 주환은 포르투갈인을 포함해 96명을 일거에 처형했는데, 그가 권한을 남용해 마땅히 지켜야 할 절차를 지키지 않고 처신한 죄가 있다는 주장이 제기되었다. 주환은 다른 고관들과 함께 처벌을 기다리다가 감옥에서 자결했다. 갈레오트 페레이라는 살아남았다. 그때까지 생존한 포르투갈인들은 작은 무리로 나뉘어 중국 전역으로 흩어졌다. 그렇게 갈레오트 페레이라는 중국을 직접 관찰할 기회를 가지게 된다.

주환의 몰락은 사실상 외국인과의 교역을 완전히 금지하는 해금海禁의 종식을 알렸다. 전반적으로 명나라는 필수품이 전혀 부족하지 않았다. 완전한 자급이 가능했다. 도미니쿠스회 선교사 가스파르 다 크루스는 이렇게 썼다. 명나라의 대외 교역은 "나라의 거래량이 엄청난 데 비해 너무 규모가 작아서 거의 없다고 할 정도로 눈에 띄지 않는다."[6] 그러나 중국 남부 해안 지역의 경제는 사치품을 중심으로 하는 대외 교역에 의존했다. 황실에서 수요가 많은 향신료, 상아, 방향성 목재가 비단, 자기, 사향과 교환되었다. 부피는 작고 가격 수준은 높은 시장이었다. 주환이 몰락한 결과로 포르투갈인들은 이윤을 낼 수 있었다. 양측에서 똑같이 문제는 이것이었다. 어떻게 명나라 영토와 황실 위상을 해치지 않으면서 조공 체계 밖의 존재인 이 무허가 상인들에게 큰 가치가 있는 교역을 허용할 것인가?

실용적으로 도출된 해법은 광저우 근해에서 나왔다. 포르투갈인들은 푸젠성과 저장성에서 사실상 추방당한 뒤 서쪽으로 돌아가 주장강 입구의 섬들에서 활동을 재개했다. 광저우는 중국 해안의 요충지였지만 엄격히 출입이 금지된 곳이었다. 도시의 관문에는 여전히 칙령이 내걸려 있었다.

마카오에 교역소가 설치된 정황은 모호하다. 그 명칭의 기원조차도 확실하지 않다. 아마도 '여신 마조媽祖의 만灣이나 사당媽閣廟'에서 전와轉訛되었을 것이다. 불랑기 상인들은 처음에는 앞서 했듯이 이 섬들 중 몇 곳에 자그마한 계절시장을 열었다. 동양에서 새로이 개종자들을 찾으려고 온 제수이트회 선교사 프란시스코 하비에르가 1552년에 사망한 곳이 바로 그중 하나인 상촨도. 포르투갈이 간절히 원한 것은 안전한 교역소였다. 요새 건설은 포르투갈의 팽창 모델에서 불변의 요소였지만, 그들은 명나라로부터 어떤 식으로든 영토 사용을 허락받기는 불가능하다는 사실을 고통스러운 시행착오를 겪으며 깨달았다. 그들은 여전히 광저우가 원하는 교역을 할 수 없었다.

이러한 교착 상태는 1554년에 일본을 향해 가던 포르투갈 함대의 수증受贈관료 레오넬 드 소자가 포르투갈 왕실이나 명나라 조정의 관여 없이 극복했다.* 그것은 상인 공동체들 간의 비공식적 협정이었다. 드 소자는 광저우의 해도부사海道副使 왕백汪柏과 통상 협정을 체결하는 데 성공했다. 뇌물, 흥정, 세금 납부 동의(교묘한 재주를 부려 약간 줄였다), 상당한 기지가 섞인 협정이었다. 상인이 아니었던 드 소자는 명나라를 존중해 외부인의 입장에서 문제를 바라보았다. 그는 아시아의 다른 모든 상인이 세금 납부를 조건으로 교역 허가를 받았음에 주목했다. "유럽의 포랑지〔불랑기〕만 예외였는데, 그들은 음흉한 속내를 지닌 자들이요 자신들의 왕에게 복종하지 않은 도둑이자 반란자였기 때문이다. … 그들은 어느 나라를 여행하든지 옳게 행동하지 않는다. 그들은 정의롭게 통치되는 평화로운 나라인 중국의 규칙을 지키지 않는다."7 드 소자는 국왕 주앙 3세의 남동생 베자 공작에게 보낸 편지에서 자국민의 끔찍한 평판과 이를 개선할 전략을 설명했다. "저는 선박들을 최선을 다해 관리했고 저와 동행한 포르투갈인들에게 말썽을 일으키거나 실수하지 말라고 당부했습니다. 저들〔중국인들〕이 우리의 과거 행적에 충격을 받았기 때문입니다." 드 소자는 포르투갈 선박 조사의 수용, 중국 관례와 위계에 대한 이해, 그리고 약간의 뇌물이 수반된 연회로써 현지 관료들을 설득했다.

---

* 수증관료Capitão-donatário는 국왕으로부터 식민지의 사법권과 세입에 대한 권리를 부여받은 관료를 말한다.

우리는 몇 차례 공식적으로 공평한 만남을 가졌습니다. 해도부사로 임명된 명나라 관료가 배에 올랐습니다. 그럭저럭 대화가 잘되었고 아무런 문제도 없었습니다. 제가 그들의 복잡한 관습과 예법이 중요하다는 점을 인정하고 그것을 존중할 줄 알았기 때문입니다. 저는 그들을 환영하고, 그들에게 연회를 베풀고 약간의 선물을 주었습니다. 그들은 은밀히 받았는데 그 사실이 발각되면 중한 처벌을 받을 수 있기 때문입니다. 그들은 세세한 내용을 캐묻기를 좋아합니다. 제가 상인의 수장인지 아니면 정부의 관료인지 밝히라고 강력히 요구했습니다. 제가 정부의 관료라면 신임장과 증표를 보여주어야 한다는 것이었습니다. 그들은 알아보지도 못했는데도 이에 만족하고 제가 폐하의 관료임을 납득하고는 예를 표했습니다. 그들은 포르투갈인들뿐만 아니라 다른 국가 출신자들에 대해서도 저의 권한을 완전히 인정했습니다. … 그들은 간섭하고 싶지 않았고 또 제가 모든 것을 책임지고 있었기 때문입니다.[8]

현지 중국 관료들은 말썽이 이는 것을 원하지 않았다. 모든 책임은 레오넬 드 소자에게 맡겨야 했고, 법적 계약은 없었다. 현지 차원에서 이루어진 협정은 순전히 구두 협정이었다. "법률상 구속력이 발생하지 않도록 아무것도 문서화하지 않았다."[9] 소자는 이렇게 자기만족의 말로써 결론 내렸다. "이 협정으로 내가 말로는 설명할 수 없는 수많은 성가시고 어려운 일이 해결되었다." 그러나 그는 실제로 합법적인 거래, 황제의 칙령에 걸리지 않았기에 최소한 절반은 합법적인 거래의 물꼬를 텄다. 이는 중국 조공 제도의 규칙에서 벗어난 변칙적 교역이었다. 유럽 상인들은 이제 주장강 입구의 섬들에서 광저우와 교역할 수 있었다. 1557년 어느 때쯤, 명확하지 않은 정황에서, 포르투갈인들은 좁은 둑길로 본토와 연결된 작은 반도의 임차권을 획득했다. 마카오로 알려지는 곳이다. 그 지대地代는 처음에는 곧장 해도부사의 손에 들어갔지만 나중에는 출처에 대한 언급 없이 황실 금고로 들어갔다.

포르투갈인들이 족적을 남긴 그 작은 땅은 위상이 기묘했다. 중국인들은 천조天朝의 일부인 그 땅의 권리를 결코 포기하지 않았다. 그 도시는 해마다 지대를 납부했다. 도시가 반도의 비좁은 위치에 자리하고 있어서 중국인들이 그곳을 통제할 수 있었다. 그 도시는 식량을 생산할 수 없는 곳이어서 외부에 의존해야 했다. 중국인들의 이 유용한 식객들에 대한 지배력은 1573년 지협을 가로지르는 성벽이 구축되면서 더욱 강해졌다. 성벽에는 문이 하나 있었는데 포르투갈인들에게는 포르타스 두 세르쿠Portas do Cerco〔관갑關閘〕로 알려졌다. 그 성문은 한 달에 두 차례 열려 식량과 이런저런 물품이 도시로 들어왔다. 성문이 닫혀 있을 때에는 길쭉한 종잇조각 여섯 개로 문을 봉인했고, 문에는 중국어로 다음과 같이 적혀 있었다. "우리의 위대함을 경외하고, 우리의 힘을 존중하라." 이러한 협정은 〔중국과 포르투갈〕 양측에 똑같이 편리했고, 매우 비공식적이어서 명나라 황제는 자신의 왕국에 유럽인이 살고 있다는 사실을 전혀 몰랐다.

그러나 마카오는 유용했다. 명나라의 입장에서 마카오는 체면이 깎이거나 영토를 잃는 일 없이 양쪽으로 물자의 이동을 가능하게 한 투과성 세포막과도 같았다. 변덕스럽게 마음이 바뀔 가능성이 있어서 위험이 내재한 곳이기는 했지만, 마카오는 자율적으로 번성했으며 멀리 떨어져 있는 포르투갈 왕의 통제도 받지 않았다. 그곳의 기능은 단 한 가지였다. 마카오는 상인들이 자신들을 위해 운영한 도시로 동양의 베

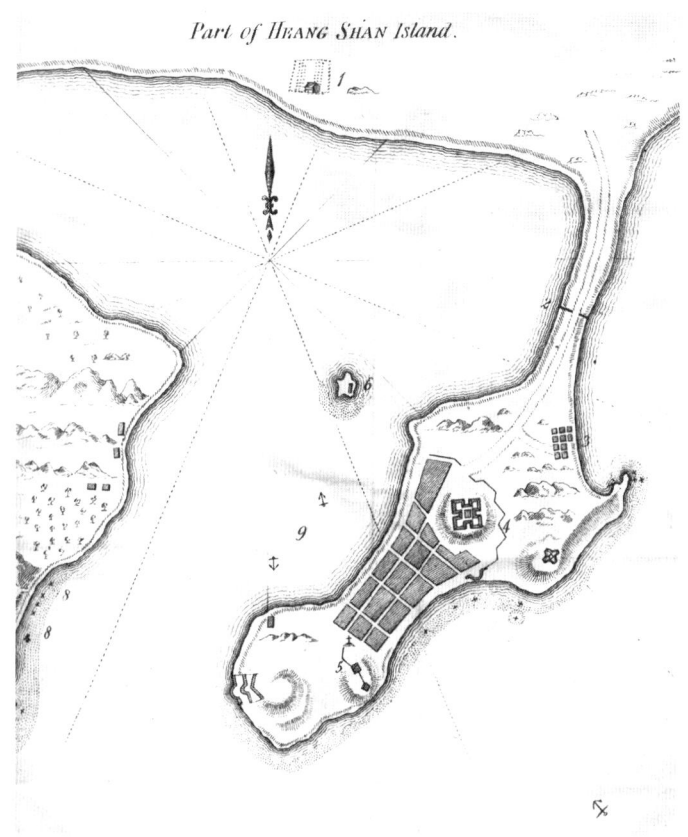

19세기에 제작된 영국의 마카오 지도. 마카오는 비좁은 반도에 자리 잡고 있다. 명나라는 좁은 지협(지도에 2로 표시)에 관문을 세워 이 포르투갈 식민지를 엄격히 통제했다. 마카오는 선박이 피하기 좋은 항구를 갖추었다(지도에 9로 표시).

네치아라고 할 수 있었다. 오로지 교역에만 의지해 유지된 도시였던 것이다. 1638년에 그 도시에는 포르투갈인 가구가 850개가 되었다고 한다. 동양에 정착해 적응한 그들은 "세계 각지와 온갖 보물과 귀중품을 거래하는 풍부하고 매우 장대한 상업으로 동양에서 가장 웅대해진 도시 중 한 곳에" 살았다. "혼인한 가구주casado와 부자富者가 이 나라의 다른 어떤 곳보다 많다."[10] 16세기 후반 마카오는 믿을 수 없을 만큼 부유해졌다. 이는 대체로 일본과 관련이 있었다.

드 소자가 첫 협정을 체결할 당시 일본으로 가는 길이었다는 사실은 10년 전의 사건들에서 비롯한다. 마르코 폴로가 중국에서 들었던 시팡구는 유럽인의 상상력의 변두리에 어른거렸다. 콜럼버스는 자신이 시팡구에 가까이 갔다고 생각했으며, 엘카노는 로아이사 탐험대의 방향을 틀어 그곳을 방문하고 싶었다. 토메 피르스는 시팡구를 언급했지만 소문으로 들은 얘기를 아주 짧게 말했을 뿐이다. 그는 일본 남서쪽의 작은 섬들인 류큐제도에 관심이 더 많았다. 그곳이 중요한 교역 거점으로 보였기 때문이다.

유럽의 일본과의 접촉에 관한 기본적 설명은 지금까지 밝혀진 바로는 1543년에 시작한다. 중국 남부 해안에서 밀무역에 관여한 것으로 추정되는 포르투갈 상인들이 중국의 정크선을 타고 가다 폭풍에 휩쓸려 일본 서부의 다네가섬 해변으로 떠밀려갔다. 현지 주민들이 보니 몇몇 이상한 사람이 해변에 상륙했다. '거짓말쟁이' 페르낭 멘드스 핀투는 자신이 일익을 담당했다고 주장했지만, 이 일에 관여한 세 사람은 안토니우 두 모타, 프란시스쿠 제이모투, 안토니우 페이쇼투였을 가능성이 크다. 일본인들에게 그들은 난반진南蠻人(남쪽의 야만인)으로 맨손으로 음식을 먹고 음료를 마실 때 잔을 쓰지 않는다는 꼴사나운 사람들이었다. 그들의 도착은 큰 소동을 일으켰다. 현지 다이묘大名 다네가시마 도키타카種子島時堯에게 즉각 보고가 올라갔다. 도키타카는 그들을 초대했고 배의 수리를 명령했다. 포르투갈인들이 가져온 물건이 다이묘의 시선을 잡아끌었다. 이중의 통역을 거쳐 도키타카는 그것이 무엇이냐고 물었다. 포르투갈인들은 시연을 보여주었다. 그들은 일백 보 떨어진 곳에 표적을 세웠다. 포르투갈인 한 사람이 자신의 어깨 높이로 화승총을 들어 올려 발사했다. 섬광이 번쩍하고 굉음이 났다. 표적이 명중되었다. "폭발은 번개 같았고 소리는 우레 같았다."[11] 연대기는 벽이나 쇠를 뚫을 수 있고 은 덩어리를 박살낼 수 있는 장치가 있다고 기록했다. 일본의 역사가 나아갈 진로를 바꾸는 데는 단 한 발이면 족했다.

도키타카는 깜짝 놀라고 큰 인상을 받았다. 15세기 일본은 다이묘들 간의 내전이 만연한 시대였고, 그는 즉각 화승총의 잠재력을 알아보았다. 그는 큰돈을 주고 화승총 한 정, 어쩌면 두 정을 구입해 섬의 대장장이이자 도공刀工〔토코〕 야이타 킨베이八板金兵衛에게 복제품을 만들게 했다. 킨베이는 몇 가지 기술적 어려움이 있었지만 복제에 성공했다. 난반진의 무기에 관한 소문은 급속하게 퍼졌다. 주조의 어려움을 극복했고, 화약 제조의 필수 원료인 초석과 유황, 그리고 총탄에 쓸 납까지도 확보되었다. "다네가시마 총種子島銃"〔다네가시마 뎃포種子島鉄砲〕으로 알려진 이 신식 무기는 일본 전역에 급속하게 확산되어 널리 사용되었다. 1560년대가 되면 전투에서 화기가 쓰이는 일은 흔했다. 1575년 나가시노長篠전투에는 3000명의 화승총병이 참여했다. 1592년 일본이 조선을 침공했을 때는 4만 명의 화승총병이 참전했다고 한다. 한양은 열흘 만에 점령되었다. 시간이 지나면서 기술적 개선이 이루어졌다. 구경이 확대되었고, 점화 장치가 젖는 것을 막기 위한 방법이 고안되었으며, 적에 지속적으로 총탄을 퍼붓는 일제사격부터 야간 발사 장치, 보호 덮개 등 소총 전투 전술이 개선되었다. 일본인들은 화약의 이점을 너무도 열렬히 수용해서 17세기가 되면 소총을 유럽 전체보다도 더 많이 생산했을지도 모른다.

포르투갈인들도 일본인들에게 깊은 인상을 받았다. 일본인은 열대의 심장부에서 마주친 자들과는 매우 달랐다. 사무라이 문화는 상무적 기풍과 그것에 어울리는 명예와 위업의 규범에서 이베리아반도의 문화와 비슷했다. 특히 프란시스코 하비에르가 포르투갈인의 첫 번째 일본 상륙 소식에 크게 흥분했다. 그는 일본에서 기독교 선교의 큰 가능성을 보았다. 하비에르는 1549년에 일본에 도착했고 비록 직접적 의사소통은 불가능했지만 곧바로 일본 사람들에게 몰입했다. "내가 새로이 발견해 함께 지낸 모든 사람 중에서 이 섬 주민들이 가장 좋다. 어떤 이교도도 일본인들에 비할 수 없다."[12] 이 우연한 만남으로 그 나라는 한 세기 동안 기독교 선교에 문이 열리게 된다.

포르투갈인들이 교역을 위해 일본에 엄청나게 많이 들어오면서 일본은 유럽 세계와 만나게 되었다. 이 만남으로 기술이 전래되었다. 중국 본토에서도 포르투갈의 원본을 토대로 머스킷총과 후장식後裝式 선회포旋回砲를 제작했지만, 이것이 그 사회에 미친 영향은 상대적으로 극적 면모가 덜했다. 일본과 중국은, 그 문화의 지배적 힘이 굳건했지만, 그래도 남방 야만인들이 보여준 관념과 생산물에 흥미를 느꼈다. 아스트롤라베, 관측기구, 기계적 시계는 매력적인 물건이었고, 제수이트회 선교사들은 이를 이용해 일본과 중국의 엘리트들을 개종시키려 했다. 난반가쿠南蠻學는 일본에 영향을 미쳤다. 제수이트회의 일본어 인쇄기를 통해 천문학, 지리학, 항해학, 수학이 전파되었다. 외부에서 들어온 사람들은 세상이 평평하고 인도에서 끝난다는 일본인의 관념을 뒤집

일본인들이 화약무기의 사용에 관해 제작한 교범. 그림에서 병사들이 야간 사격 훈련을 하고 있다.

었다. 그 과정에서 상인들과 선교사들은 일본의 고립을 영구히 끝내버렸다.

16세기에 일본의 제수이트회 선교사들은 자신들의 터무니없는 희망을 뛰어넘는 큰 성공을 거두었다. 약 10만 명을 개종시킨 것이다. 결국 그들은 도가 지나쳤다. 위협으로 인식된 그들은 박해를 받고 추방되었으며, 이는 새 강력한 쇼군將軍들의 등장으로 오랜 내전이 종결되고 나라가 통일되는 시기와 겹쳤다. 역설적이게도 유럽인의 기술은, 즉 압도적 화력은 도쿠가와 바쿠후德川幕府의 성공 요인 중 하나였다. '다네가시마 총'이 일본의 변화에 일조했다.

일본은 포르투갈 탐험의 가장 먼 지점이요 가장 큰 이익을 가져다준 곳의 하나로 판명된다. 1557년 명나라가 공식적으로 일본과의 직접적 교역을 완전히 금지했기 때문이다. 이는 고아와 믈라카의 교역을 중국과 일본에 연결한 포르투갈 상인들에게는 좋은 기회가 되었다. 마카오와 필리핀제도의 마닐라가 그 교역의 요충지가 된다.

거의 같은 시기에 포르투갈인 여행자들은 중국에서 상세한 보고서를 보내오고 있었다. 한 사람은 중국 남부 연안에서 밀수 단속에 걸린 용병 갈레오트 페레이라였고, 다른 한 사람은 도미니쿠스회 선교사 가스파르 다 크루스였다. 다 크루스는, 비록 중국에 한 달밖에 머물지 않았지만, 중국에 관해 마르코 폴로 이후 가장 예리하고 설득력 있는 설명을 내놓았다. 그에게는 중국의 모든 것이, 그 크기와 창의력, 세부적인 것에 주목하는 중국인들의 태도가 다 놀라웠다. 중국은 경이로운 세계였다. 그 나라에서는 서로 다른 말을 쓰는 민족들이 공통의 문자 기반 언어로 소통했고, 베이징 같은 도시들은 "매우 커서 일정한 속도로 천천히 걷는 말을 타고서는 성곽 도시를 해가 뜬 후 지기까지도 다 돌아보기가 어렵다." 외부인들은 석조 주택, 멋진 교량, 포장도로의 수준 높은 솜씨에 깜짝 놀랐다. 페레이라는 이렇게 쓴다. "이를 보니 우리는 이 세상에서 중국 주민들보다 더 낳은 건축 장인들은 없다는 생각이 들었다."¹³ 다 크루스는 그 나라의 '무한함'에, 곧 그 선박, 그 인구, 그 생산품, 그 독창적 발명품의 무한함에 충격을 받았다. 그의 글에서 "무한함"은 빈번하게 등장한다. 태평양을 건너며 배에 스며드는 물을 빼내려고 고된 노동을 해야 했음을 생각하면, 중국인의 기술은 듣도 보도 못한 것이었다. "배가 그렇게 클 수 없고 새는 물도 그렇게 많을 수 없다. 그렇지만 양수기를 얼마나 교묘하게 만들었는지 단 한 사람이 앉아서 마치 계단을 올라갈 때처럼 발을 놀린다. 그는 아주 좁은 공간에서 물을 빼낸다. 그러한 양수기는 수차水車를 만드는 방식과 같이 많은 부품으로 이루어져 있다."¹⁴

다 크루스는 또한 그 나라의 비옥한 토지와 풍부한 생산량에 크게 놀랐다. "땅은 매우 풍요롭고, 식량을 비롯해 생명을 유지하는 데 필요한 온갖 것이 넘쳐난다. … 거리마다 고기, 생선, 채소, 과일, 필요한 것은 모조리 판다."¹⁵ 모든 것에 다 쓰임새가 있었다. "이 나라에서는 매우 불쾌한 것이라도 버리는 일이 없다. 개의 뼈는 물론이고 다른 짐승의 뼈도 상아 대신에 새겨 장난감을 만든다. … 상태가 아무리 나빠도 넝마 조각 하나 버리지 않는다."¹⁶ 경작가능한 토지는 남김없이 짐승과 사람의 분변으로 거름을 준다. 놀랍게도 내륙으로 멀리 들어간 곳에서도 신선한 생선을 구할 수 있다. 기름 먹인 종이로 틈을 메운 바구니에 물을 담아 보트로 강을 따라 운반한 것이다. 다 크루스는 이 방대한 내륙 수계가 특히나 놀랍고 유쾌했다. "강을 따라 오가는 수많은 배를 보자니 매우 즐겁다. 시야가 트인 곳까지 멀리 논벌이 펼쳐져 있듯, 멀리서 돛을 펴고 출발한 수많은 배가 마치 육지를 지나 다가오는 것 같다."¹⁷ 그는 그러한 배들의 몇몇에서 생활하는 사람들의 삶을 관

유럽인이 중국에 관해 쓴 첫 번째 책. 가스파르 다 크루스가 포르투갈어로 쓴 책으로 1569년에 간행되었다.

찰했다. 배들은 정리가 아주 잘되어 있어서 그들은 돼지 한 마리와 암탉 여러 마리를 기르고 채마밭도 가꾸었다. 오리를 키우며 그 알을 온기가 있는 분변에 묻어 부화시키고 가마우지의 목에 고리를 묶어 물고기를 잡는 배들도 있었다. "온갖 종류의 물건이 매우 많고 아주 완벽하다."[18]

　다 크루스에게 중국은 경이로운 세계였다. 그에게 중국인들은 "재간과 솜씨가 매우 뛰어나다. … 그들은 온갖 분야에 많은 발명품을 갖고 있다."[19] 그는 자기瓷器의 품질, 제작 과정, 부자와 빈민의 의복, 다채로운 종이 장식이 함께하는 축제, 재판, 전족纏足, 처형, 귀족, 과거시험, 인형극, 개의 식용, 시민 생활의 관행에 관해 조사했다. "여기에 이 나라가 얼마나 조심스럽고 신중하게 통치되는지, 평화를 유지하려고 얼마나 애를 쓰는지 적어야만 한다. … 중국이 오랫동안 안정적으로 나라를 유지하고 통치했으며 지금도 내전 없이 평화롭게 지내는 이유가 바로 거기에 있기 때문이다."[20] 다 크루스가 유일하게 비판한 것은 중국인의 외모였다. 그가 생각하기에 그들은 "못생기고, 눈이 작으며, 얼굴과 코가 납작하고, 수염이 없다."[21] 중국인들이 유럽인을 보고 내린 판단과는 정반대였다. 그들이 보기에 유럽인은 수염이 덥수룩하고 눈이 컸다.

　다 크루스는 마르크 폴로의 근대판처럼 그 나라의 경이를 과장하기란 불가능하다고 생각했다. "사람들이 나의 말을 믿지 않을 것임을 나는 알고 있다. … 그렇지만 이는 중국을 직접 본 사람이라면 허무맹랑한 이야기가 아닐 것이다."[22] 그리고 그는 사리분별이 뛰어난 사람이라서 굳이 필요하지 않은 소수의 사치품을 제외하면 유럽이 중국인들이 원할 만한 것은 거의 갖고 있지 않다는 사실을 알아보았다. "포르투갈인들이 가져온 주된 물품은 후추와 상아인데, 그들은 이것들 없이도 잘 지낼 수 있다."[23]

그러나 가스파르 다 크루스는 중국의 자급자족에 관해서는 틀렸다. 그는 중국에는 화폐가 없고 오직 금과 은을 무게로 달아 쓴다고 썼다. "그래서 누구나 집에 천칭과 저울추를 갖고 있다." 금과 은의 무게를 재기 위한 것이다. "화폐 대신 일반적으로 쓰이는 것이 중량을 단위로 하는 은이기 때문이다."[24] 중국에서는 은이 제왕이었는데, 그 양이 충분하지 않았다. 이는 유럽인에게 엄청난 기회를 제공하게 되는데, 그 행운은 에스파냐에 돌아가게 된다.

14
난제 해결

1557-1571

누에바 에스파냐 현지의 부왕들은 태평양으로의 팽창과 중국과의 교류라는 꿈을 계속 갖고 있었다. 멕시코 해변에서 볼 때, 포르투갈의 극동 진출(마카오에 마련한 거점, 일본과의 접촉)은 근심의 원천이었다. 부왕들은 말루쿠제도를 둘러싼 싸움의 반복을, 패배를 떠올릴 수 있었다. 그들은 다섯 차례에 걸쳐 죽도록 고생하며 시도한 뒤에도 태평양을 거쳐 되돌아오는 귀환항해의 문제를 해결하지 못했고, 언젠가 되찾을 수 있다고 해도 황제 카를 5세가 향신료제도에 대한 권리를 저당 잡힌 데 분개했다.

 카를 5세는 에스파냐를 자주 찾지 않아서 에스파냐에서는 온전히 좋은 평판을 얻은 적이 없었다. 그는 기본적으로 외국인이었다. 프랑스어가 그의 모국어였다. 국가들의 통합과 왕위 계승이라는 행운을 통해 그는 카롤루스 대제 이후로 가장 큰 제국의 명목상 통치자가 되었다. 카를 5세는 보편제국의 황제로 치켜세워졌다. 그의 통치 영역은 북해에서 빈까지, 태평양 연안에서 북아프리카 해안까지 뻗어 있었다. 그러나 그렇게 물려받은 제국은 골치 아픈 일로 가득했다. 프랑스와의 거듭된 전쟁, 네덜란드의 반란, 골칫거리인 루터파, 오스만제국과의 큰 싸움, 에스파냐와 이탈리아를 겨냥한 무슬림의 만연한 습격. 그는 돈이 생기자마자 바로 써버렸다. 신세계는 고마운 자금원이었지만 (잉카제국과 아스테카제국의 금, 안데스산맥과 멕시코의 은) 그것으로는 결코 충분하지 않았다. 돈은 모래밭에 쏟아진 물처럼 사라졌다. 그의 제국은 유지하기 힘든 부담이었다. 카를 5세는 엄청나게 큰 돌덩이로 저글링을 하는 처지에 놓였다. 1556년 그는 아들 펠리페 2세에게 에스파냐 왕위를 물려주고 수도원으로 은퇴했다.

펠리페 2세는 잘 적응해 에스파냐인이 되었고 신세계 제국의 사정에 더 집중해 귀를 기울였다. 멕시코에서 보내온 고무적인 소식에 그는 태평양 프로젝트를 되살렸다. 1557년 누에바 에스파냐의 부왕 루이스 데 벨라스코에게 공식 허가가 떨어졌다. "우리는 그대에게 그대의 영역 안에 있는 바다 저편의 섬들과 나라들로 탐험 항해를 수행할 권한을 부여하기로 결정했다."[1] 1559년 벨라스코는 현지에서 수소문해 전문가들을 찾았으며 태평양을 횡단하는 새 계획을 수립했다. 국왕〔펠리페 2세〕의 태도는 단호했다. "어떤 이유로도 배들이 포르투갈 국왕과의 협정을 위반해 말루쿠제도로 들어가는 일은 없어야 한다. 배들은 그 지역에 인접한 섬들로, 예를 들면 경계선의 우리 쪽에 있고 향신료가 나온다고 알려진 필리핀제도로 향해야 한다."[2] 펠리페 2세는 이 점에서 착각했다. 민다나오섬에서 계피가 약간 나는 것을 제외하면, 이 섬들은 말루쿠제도를 대신해 풍부한 향신료를 제공할 곳이 아니었으며, 필리핀제도는 비록 조약 문서에 구체적으로 언급되지는 않았어도 포르투갈 영토 안에 있었다. 그러나 그 탐험대의 주된 목적은 "우리 주님께 예배를 드린 후 '서쪽 제도'를 출발해 누에바 에스파냐로 되돌아오는 것이다."³ 이에 성공하지 못한다면 서부 태평양에서는 어떤 교역도 어떤 정착도 가능하지 않았다. 그리고 마르코 폴로의 중국에 닿을 수도 없었다. 미국항공우주국NASA의 과학자들이 우주로 내보낸 인간을 지구로 귀환시키고자 해결하려 애쓰는 지구 궤도 재진입의 문제처럼, 이것은 에스파냐의 달 탐사선 발사가 되었다.

이 프로젝트에 반드시 필요하다고 여겨진 사람은 안드레스 데 우르다네타였다. 벨라스코는 이미 우르다네타와 의논했다. 언제나 헌신적인 사람인 우르다네타는 1552년 성직자가 되어 아우구스티누스회에 입회했지만 여전히 태평양 탐험에 관심이 깊었다. 국왕은 그 경험 많은 여행자에게 매우 정중하게 부탁했다. 우르다네타의 답변은 놀랍게도 승낙이었다. "저는 이제 쉰두 살이고 어릴 때부터 지속적으로 고된 생활을 하여 건강이 나쁜 점을 고려할 때 얼마 남지 않은 삶을 여유롭게 지내기를 바랍니다만, 그럼에도 이 혹독한 항해에 과감히 맞설 준비가 되어 있습니다. 이번 항해가 우리 주 하느님과 거룩한 가톨릭 신앙의 전파를 위해 일하려는 폐하의 크나큰 열정에서 계획된 일임을 알기 때문입니다."⁴

우르다네타는 태평양을 횡단하는 귀환항해 문제를 여러 해 동안 연구했다. 그 문제를 해결하려면 두 가지가 반드시 필요했다. 매우 튼튼하고 식량을 충분히 갖춘 선박과, 북서풍의 좋은 바람을 타고 멕시코로 돌아올 수 있는 정확한 귀환 시점이었다. 그는 또한 물자 보급과 출항 항로에 관해서도 오랫동안 모든 사항을 열심히 검토했다. 그렇지만 수도사로서 양심의 문제가 있었다. 토르데시야스조약의 경계선이라는 해결하기 어려운 곤란한 문제였다. 우르다네타는 필리핀제도가 포르투갈 영역 안에 있다고 확신했으며, 그 영역의 계획적인 침범을 묵과할 준비는 되어 있지 않았다. 우르다네타는 기지 건설의 목적지로 뉴기니를 지지했다. 벨라스코도 비슷하게 마음에 걸리는 것이 있었다. "누구든 당신이 원하는 우주학자에게 물어보라. … 필리핀제도에 상륙하는 것이 [사라고사]조약에 위배되지 않는지."[5] 빠져나갈 구멍이 하나 있기는 했다. 두 사람 다 기독교적 시각에서 가치 있는 목적을 위해서라면, 다시 말해 그곳에 갇혀 있을지도 모르는 난파한 배의 선원들을 구출하기 위해서라면 포르투갈 영토에 진입해도 된다고 믿었다.

이 새 모험을 준비하는 데 7년의 시간과 막대한 자금이 들었고 엄청난 인력이 투입되었다. 선박들은 태평양 연안의 바라 데 나비다드 항구에서 건조하기로 했으며, 세계 곳곳에서 원자재를 가져와야 했다. 생긴 지 얼마 되지 않은 신생 식민지에서 기간시설 건설과 원자재 확보는 늘 힘겨운 과제였다. 숙련된 노동자는 항상 부족했다. 어느 관료는 이렇게 불평했다. "지금 선박 건조에 투입된 숙련노동자 스물여덟 명 내지 서른 명을 찾는 것도 매우 어려웠다. 그보다 더 많은 사람이 과로의 부담으로 죽었다."[6] 신세계에서 만들 수 없는 필수적 제품이 많았다. 대포, 닻, 무기, 범포는 세비야에서 대서양을 건너 큰 항구인 베라크루스로 가져온 다음 다른 배에 실어 해안을 따라 내려와 200마일

[약 320킬로미터]에 가까운 지협의 가장 좁은 부분을 가로질러, 처음에는 강에 바지선을 띄워, 그다음에는 황소가 끄는 짐마차에 싣고 운반해야 했다. 서쪽 해안의 테우안테펙까지 밀림을 헤치며 대충 쓸 만한 도로를 내야 했다. 그런 다음 해안을 따라 북쪽으로 650마일[약 1000킬로미터] 올라간 지점의 바라 데 나비다드까지 배에 실어 운반했다. 돛대는 니카라과의 숲에서 마련해 조선소로 가져왔다. 식량을 모으는 일은 고됐다. 벨라스코는 이렇게 설명한다. "우리는 비스킷을 만드는 데 필요한 밀의 수확을 1년 내내 기다려야 했다. 다른 식량은 바라 데 나비다드 항구까지 먼 거리를 운반해야 했고, 어떤 것들은 바짝 말려야 부패하지 않기 때문에 … 계획된 항해 기간인 2년 동안 소비에 적합하도록 배에 싣기 전에 건기를 기다려야 했다."[7] 멕시코시티에서 가져온 식량은 리오 발사스 강[아토약강]에 임시변통으로 만든 부실한 뗏목을 띄워 가져와야 했다. 그리고 선원을 모집하는 문제도 있었다. 필시 앞선 항해에 대해 충분히 알려져 있었던 터라 선원 모집이 어려웠을 것이다. 선원 모집인들이 나팔과 북을 동원해 도시를 돌아다니며 전망이 좋다고, 많은 급여를 받고 부자가 될 기회가 있다고 외쳤다. 그렇게 했어도, 위험을 무릅쓰고 신세계로 온 유럽인 부랑자들을 강제로 데려오는 것은 불가피했다. 이처럼 자기 의사에 반해 끌려온 자들은 언제나 폭동이나 이탈의 위협 요소가 되었다.

이 탐험은 물류의 놀라운 업적이었고 달 탐사선 발사처럼 많은 비용이 들었다. 몇 년간의 계획, 준비, 건설 사업에 50만 금 페소가 들었는데, 펠리페 2세는 여전히 할 만하다고 생각했다. 함대는 이전의 태평양 항해에서 축적된 경험과 우르다네타의 세심한 조언을 토대로 전례 없이 신중하게 구성되었다. 벨라스코는 이렇게 전한다. "지금까지 태평양에 진수한 것으로는 가장 잘 만들어진 배들이다. 튼튼하고 장비를 잘 갖추었다."[8] 그는 비록 살아서 함대가 그 결실을 맺는 것을 지켜보지는 못했지만, 엄청난 준비의 성취를 자랑스러워할 만했다. 함대는 정확히 우르다네타가 구체적으로 얘기한 것과 일치했다. 두 척의 튼튼한 배 즉 500톤급의 기함 산페드로호와 부사령관이 지휘하는 400톤급의 산파블로호, 그리고 좀 더 작은 배 두 척 즉 80톤급의 산후안호와 40톤급의 경정찰선인 함재정艦載艇 산루카스호로 이루어졌다. 전부 식량과 장비를 잘 갖추었다.

탐험대를 이끌 사령관으로 선정된 인물 미겔 로페스 데 레가스피는 우르다네타처럼 바스크인이었고, 우르다네타의 천거를 받았다. 레가스피는 다소 의외의 선택이었다. 그는 누에바 에스파냐에서 29년간 행정의 경험을 쌓았지만 군대나 항해의 경험은 전혀 없었다. 그 직책을 두고 레가스피와 경쟁한 자는 레가스피를 오른손과 왼손도 구별하지 못하는 자라고 비웃었지만, 레가스피는 훌륭한 지휘관으로 판명된다.

"[1564년] 11월 21일 화요일 일출 네 시간 전, 기함이 대포를 한 발 발사하며 주범을 바람에 펴고 바라 데 나비다드를 출항해 멜레사만을 따라 내려갔고 다른 배들이 뒤따랐다."[9] 선임조타수 에스테반 데 로드리게스는 기분이 좋았다. 레가스피는 이렇게 썼다. "다짐하건대 나는 이 모험을 성공으로 이끌기 위해 할 수 있는 일을 다 할 것이다."[10] 우르다네타도 새로운 세계에 기독교 신앙을 전파하는 사명을 떠안은 아우구스티누스회 수도사 세 명과 함께 배에 올랐다. 복음의 전파는 핵심적 요소였다. 국왕은 탐험대에 "그 섬들의 가장 외진 곳까지 성스러운 인도자들을 보내 그리스도의 깃발을 펼쳐 흔들게 하고 오랫동안 그곳을 장악한 악마의 폭압적 지배를 끝내라"고 명령했다.[11] 항로는 비얄로보스가 밟은 길을 정확히 따라갔다.

이 모험의 최우선 임무는 귀환항해라는 문제를 최종적으로 해결하는 것이었고, 우르다네타의 참여는 이 점에서 지극히 중요했다. 레가스피는 이를 조금도 의심하지 않았다.

안드레스 신부는 국왕이 직접 내린 명령에 따라 이 항해에 참여한다. 그러므로 때가 되면, 그대나 다른 고급선원이 귀환항해에 나설 선박 한 척을 선택하고 선원들을 선발하고 우르다네타 신부가 그 배에 오르도록 해야 한다. 우리는 그가 그 지역에서 계절에 따라 어떤 바람이 부는지 경험해 알고 있기 때문에 하느님의 인도를 받아 이 노력의 성공에 주된 역할을 할 사람임을 확신하고 있다. 따라서 어떤 배를 보내든 **반드시 우르다네타 신부가 그 배에 그가 직접 선택한 선장과 함께 올라야 한다.** 다른 해법은 용납할 수 없다.[12]

그렇지만 이 거창한 계획을 자세히 들여다보면 불편한 점이 있었다. 누에바 에스파냐의 부왕은 펠리페 2세에게 이 점을 지적하지 않을 수 없었다. "논의 중에 … 우르다네타 수사는 우리에게 탐험대를 필리핀 제도로 보낸다면 자신은 가지 않겠다고 말했으며, 그가 가기를 거부한다면 그가 말한 다른 아우구스티누스회 수사들도 전부 그를 따를 것입니다."[13] 그러나 탐험대는 우르다네타에게는 알리지 않은 채 향신료 교역과 상설 기지 건설의 목적을 갖고 바로 그곳으로 가려 했다. 이를 위해 레가스피는 비밀 엄수를 서약했고 함대가 먼바다로 나갈 때까지 이를 누설하지 말라는 봉함 명령서를 받았다.

이번 항해는 탐험대에 일종의 과학적 실험 비슷한 것이 될 터였다. 우르다네타는 조타수들에게 천체 관찰로 위도를 측정해 그 위치를 완벽하게 기록하고 최선을 다해 경도를 알아내라고 강력히 요구했다. 정확성에 진심이었던 우르다네타는 그들의 작업을 점검했다. 이는 그들의 자존심을 건드리는 모욕적인 처사였다. 이 과도한 해상 관측의 목적은 에스파냐 영토와 포르투갈 영토의 경계선을 어디에 그어야 하는가의 문제를 최종적으로 해결하는 것이었다. 익숙한 혼란이 나타났다. 출발하고 여드레가 지난 뒤 정찰선 산루카스호가 종적을 감추더니 더는 보이지 않았다. 이 작은 선박은 큰 배로는 감히 들어갈 수 없는 얕은 수역을 탐사하는 데 더없이 소중했다. 산루카스호는 그러한 상황에서 상륙해 식량을 확보할 능력이 있었기 때문이다. 산루카스호의 실종은 상당한 타격이었다.

함대가 바다 멀리 나갔을 때, 레가스피는 고급선원들과 사제들을 함께 불러 모아 봉함 명령서를 읽어주는 불쾌한 임무를 수행했다. 그들은 "예를 들면 필리핀제도처럼 말루쿠제도와 인접한 섬들과 … 폐하의 영토의 일부로 향신료가 나온다는 다른 섬들에 상륙해야" 했다. "… 그대는 그 섬들로 곧바로 가는 항로를 잡아 … 교역과 상업과 기타 적법한 수단을 통해 카스티야왕국의 팽창을 위해 일해야 한다. … 원한다면 그곳에 정착촌을 건설해도 좋다."[14] 우르다네타와 다른 수사들이 이에 관해 어떻게 생각했든, 돌아갈 수는 없었다. 어디로 가든 자신들이 기독교 신앙을 증진할 수 있음을 알았기에 그들이 느낀 배신감은 다소 누그러졌다.

함대는 비얄로보스의 항해 궤적을 따라 별 탈 없이 항해했다. '도둑섬'인 괌에 멈추었을 때는 돌 세례를 받았다. 거래도 했는데, 주민들은 물물교환을 하면서 듣던 대로 외부인들을 속이려 했다. 상자를 모래나 풀로 채운 뒤 위에만 쌀로 살짝 덮었다. 코코넛 기름에는 물을 섞었다.[15] 출발 전야에 그들은 선실급사가 사라진 것을 알았다. 그가 난도질된 시신으로 발견되자, 에스파냐인들은 응징에 나서 마을을 습격해 집들을 불사르고 범인으로 생각되는 자들을 목매달았다.

탐험대는 민다나오섬의 해변에 상륙해 배를 곯았던 비얄로보스의 실수에서 배운 바가 있었다. "2월 13일 오전 9시경 우리는 뭍이 눈앞에 가까워지는 것을 보았다."[16] 그들은 목표로 삼은 바로 그 지점에 도착했다. 앞서 항해한 자들이 라스 필리피나스(필리핀제도)라는 이름을 붙여준 쌍둥이 섬 사마르와 레이테였다. 초기의 접촉은 안심이 되었다. "이튿날 배에서 보트 몇 척을 내려 각각 스무 명가량이 타고 노를 저어 해변으로 갔다. 자그마한 집들이 보였는데 버려진 것 같았다. 그러나 몇 시간 지난 후 약 쉰 명이 나와 우리를 맞이했다. 그들은 허리춤에 천을 둘러 사타구니를 가렸을 뿐 거의 벌거벗었고 전신에 문신을 했다. 그들은 방패와 잘 만들어진 쇠 날을 단 투창을 들고 있었다. 몇몇은 발목에 금팔찌를 찼다. 그들은 평화로웠고, 타인을 잘 믿었으며, 점잖게 처신했다."[17]

그렇지만 버려진 집들은 다른 이야기를 했다. 외부에서 온 자들이 섬을 뒤져 식량을 찾아다닐 때, 주민들은 그들을 깊은 의심의 눈초리로, 때로는 노골적으로 적의를 드러내며 바라보았다. 주민들은 종종 식량과 세간살이를 전부 챙겨 마을을 버리고 밀림 속으로 숨어들었다. 해변에서 공격적으로 대치가 벌어지는 경우도 있었다. 물물교환으로 식량을 확보하는 문제가 점점 더 중요해졌고, 탐험대로서는 말레이인 통역을 거쳐 현지인과 의사를 소통할 수 없어서 장애가 있었다. 레가스피의 접근 방식은 지속적으로 호의와 평화의 의지를 보여주는 것이었지만, 굶주리는 선원들을 말리기는 어려운 것으로 드러났다. 마침내 그는 죽음에 직면해 무력을 써서 식량을 확보하는 것이 허용되는지를 동행한 수사들에게 물었다. 우르다네타는 난국에서 벗어날 이 해법을 수용했고, 습격이 이루어졌다. 말레이어와 현지 언어 둘 다 할 수 있는 무슬림 통역의 도움을 받고서야 갈등이 진정되었고 노골적인 적의의 이유가 해명되었다. 이전에 흉포한 포르투갈인 무리가 습격해 현지 주민들을 죽이고 납치한 바 있었는데, 이번에 새로 도착한 사람들〔에스파냐인들〕과 그들이 구분되지 않은 것이다. 이제 이중 통역을 통해 의사소통이 가능해지고 현지 족장들에게 선물을 전하면서 긴장이 완화되었다. 한편 함대의 목수들은 귀환항해의 시도를 위해 산페드로호를 수리하고 있었다.

　배가 준비되었을 때, 중대한 결정이 남았다. 그 섬들에 정착지를 만들어야 하는가? 수사들은 두 가지 이유로 반대했다. 첫 번째는 그 섬들이 포르투갈 영역 안에 있다는 우르다네타의 믿음이었다. 그러나 더 뿌리 깊은 두 번째 반대의 이유가 있었다. 원주민의 권리를 존중해야 한다는 것이었다. 원주민이 그들의 진입과 정착의 권리를 자유롭게 받아들이거나 거부할 수 있어야 했다. 유럽인들이 의기양양하게 전진한 팽창의 시대에, 세계 곳곳을 돌아다니며 외국의 해변에 깃발을 꽂고 자국 왕의 이름으로 자동적인 소유권을 주장한 그 시대에, 이는 거의 들어보지 못한 사소한 장애였다. 그렇지만 왕의 명령이 있었기에 결론은 바뀔 수 없었다. 따라서 레가스피는 선물과 화평의 조치로써 현지 족장들의 지지를 얻으려 애썼다. 이 문제는 그렇다 치고, 정착지 후보로 가장 적합한 곳은 어디였나? 그들은 세부섬을 살펴보려고 소규모 탐험대를 내보냈다.

세부는 에스파냐인들에게는 추억과 흥조의 장소였다. 바로 그곳에서 마젤란이 전투 중에 사망했고 스물일곱 명의 다른 선원이〔족장이 연〕연회에서 목숨을 잃었다. 그러나 정찰대는 돌아와서 희망적으로 보고했다. 주민이 많이 살고 있고, 토양이 비옥하며, 좋은 항구가 있다는 내용이었다. 대체로 온화한 사람인 레가스피는 지난 일과 욕망에 움직여 지난 일을 사후에 정당화하기에 이른다.

> 나는 함대를 이끌고 그 섬으로 가기로 결정했다. 그곳 주민들에게 선린과 우호를 요청하고 동시에 적당한 가격으로 식량을 판매할 것을 부탁하려는 의도였다. 그들이 거부한다면 전쟁을 하기로 결심했다. 나는 이러한 조치가 그들이 보기에도 합당하다고 생각했다. 바로 그 항구 도시에서 마젤란과 그의 배들이 환영을 받았고 족장과 주민들이 세례를 받았는데 … 나중에 마젤란과 서른 명[원문 그대로]이 넘는 선원이 살해되었고 … 남은 소수의 에스파냐인이 그곳에서 쫓겨났기 때문이다.[18]

레가스피는 신앙심 깊은 사람이었고 아우구스티누스회 수사들과 친밀했지만, 절대군주에 대한 흔들리지 않는 충성심이 종교적 도덕관념을 압도했다. 수사 마르틴 데 라다는 후에 그러한 전술에 계속 반대했다. "이 섬들에서 무력을 행사함으로써 얻어낸 정복은 무엇이든 그럴 만한 이유가 충분하다고 해도 정당하지 않다."[19] 그러나 이러한 이의 제기는 효과가 없었다.

  1565년 4월 22일 부활절 다음 날 월요일Easter Monday, 함대는 세부가 시야에 보이는 곳으로 진입했다. 마젤란이 도착한 지 거의 44년만이었다. 해변에서 이를 지켜본 현지 주민들은 오직 위협만을 느꼈다. 함대는 길고 복잡한 과정을 거쳐 섬의 족장 투파스와 접촉했다. 그는 내지에서 전갈을 보내 나오겠다고 알려왔지만 나타나지 않았다. 그는 외국인의 배에 오르기는 두렵고 더군다나 몸이 아프다고 전했다. 그는 카스티야인들의 이 두 번째 방문에 어떻게 대처해야 할지 확신하지 못한 것이 분명하다. 마젤란에 대한 기억은 확실히 비사야제도 주민들의 기억 속에 오래 남아 있었다. 통역들이 투파스에게 그가 약속을 어겼으며 밖으로 나와 에스파냐 국왕의 대표에게 경의를 표하고 화친해야 한다는 내용의 최후통첩을 전달했다. 해변의 분위기는 점점 더 험악해졌다. 많은 사람이 무장한 채 모여 달갑지 않은 방문객들과 대치했다. 이제 실망하고 안전이 염려된 레가스피는 마을을 공격하라고 명령했다. 대포의 굉음과 파편에 모인 주민들은 공포에 휩싸였다. 주민들은 가재도구와 식량을 챙겨 가축, 여자, 아이들을 데리고 숲으로 달아났다. 에스파냐인들이 상륙해보니 마을은 완전히 버려져 있었다. 굶주린 자들에게는 더 애석하게도 약탈할 식량이라고는 전혀 없었다. 그렇지만 기이한 발견이 침울한 분위기를 걷어갔다. 어느 병사가 마을의 오두막에서 비단에 싸인 물건을 하나 발견했다. 그 안에는 "작은 소나무 상자 안에 자그마한 플란데런 아마포 셔츠를 입고 벨벳 모자를 쓴 채 누워 있는 아기 예수 조각상"이 있었다. "그가 손에 쥐고 있는 지구의의 꼭대기에 있어야 할 십자가가 없어진 것을 빼고 나면 모든 것이 온전하게 보존되어 있었다."[20] 그것은 카스티야인들이 세부에 교회를 세우고 정착지를 건설하기를 하느님이 원하신다는 섭리의 증표로 해석되었다. 마젤란이 기독교로 개종한 후마본의 아내 후아나에게 준 조각상이 분명했다. 그들은 세부에서 이 지역의 귀한 교역망이라는 발상을 얻었다. 그 섬은 중국과 말루쿠제도에서 물품을 받기에 좋은 위치에 있었다. 중국의 정크선들은 정기적으로 비단, 상아, 비취, 자기를 가져왔고 말루쿠제도에는 향신료가 풍부했다.

에스파냐인들에게 당장 최우선으로 필요한 것은 식량이었다. 그들은 식량을 확보하기 위해 습격을 단행했다. 침입자들은 사기가 충천했지만 상황은 녹록지 않았다. 야간의 반격 때문에 그들은 끝없이 불안했다. 안전이 보장되지 않자 레가스피는 해변에 방어용 목책을 구축하라고 명령했다. 하루하루 지나면서 긴장된 분위기는 서서히 풀렸다. 주민들도 식량이 떨어졌고 이제는 만에서 물고기를 잡을 수 없게 되었다. 강경한 태도, 선물, 호의의 표시가 결합되어 족장과 주민들의 마음을 누그러뜨렸다. 레가스피는 마젤란과 선원들을 해친 일에 대해 공식적인 사면을 제안했다. 십중팔구 주민들은 이 유럽인의 법률 용어를 이해하지 못했을 것이다. 결국 투파스가 모습을 드러냈다. 그는 다른 족장 타무냔과 함께 나타났고, 이들은 레가스피와 혈맹 관계를 체결하는 의식을 수행했는데, 각자 자신의 가슴에 상처를 내 피를 받은 뒤 그것을 물을 담은 잔에 섞어 나누어 마셨다. 이것은 세부 주민들이 인정한 유일한 조약이었다. 그 의미에 관해서 중대한 오해가 있었다. 비사야제도 주민들에게 그것은 단지 평화로운 교역의 허용이었을 뿐이다. 에스파냐인들에게 그것은 교역소의 설립 허가에 그치지 않았다. 그들은 교황의 명령을 근거로 자신들이 섬 주민들에 대한 지배권을 받았다고, 섬 주민들은 에스파냐 국왕의 적법한 신민이라고 믿었다. 섬 주민들은 에스파냐의 아량으로 마젤란과 그의 선원들을 학살한 일에 대해 사면을 받을 수 있었다. 레가스피는 명민한 사람이어서 협상 과정에 어떤 문화적 간극이 있음을 알아챘지만 주민들의 반응을 그들의 타고난 배신 기질로 해석했다. "그들은 얼굴을 마주하고 모든 것에 동의했다. 어떤 제안에도 '아니'라고 말하지 않았다. 그러나 그들은 등을 돌리고 나면 약속을 지키지 않으며 정직과 성실이라는 개념이 없다."[21] 현실적으로 비사야제도 주민들에게 유럽인은 거듭된 근심의 원천으로 드러났다. 그들은 유럽인이 자신들의 땅에서 떠나기만을 원했지만 군사적 자원의 불균형에 직면해 현실적으로 '아니'라는 말은 선택지에 없었다.

선린의 의식을 치렀는데도 말썽은 사라지지 않았다. 이후 며칠 동안 족장은 다시 나타나지 않았다. 얼마 지난 후 에스파냐인 한 명이 매복에 당해 살해되었다. 에스파냐인들이 반격해 현지 주민들을 잡아들였다. 족장 투파스의 남자 형제의 아내와 딸들도 잡혀갔다. 그들은 협상 수단으로 억류되었고 정중한 대우를 받았다.

에스파냐인들은 목책을 튼튼하게 구축했지만, 장기적인 체류는 산 페드로호의 귀환항해 성공 여부에 달려 있었다. 레가스피는 누에바 에스파냐로 보내는 서한에 이렇게 썼다. "이곳에는 누에바 에스파냐의 즉각적 지원이 절실하다."[22] 실제로 탐험 전체가 풍전등화의 처지에 놓었다. 우르다네타는 앞서 다섯 차례의 항해가 실패로 돌아간 곳에서 성공을 거둘 수 있을까? 그럴 수 없다면 탐험은 실패할 운명이었다. 세부섬의 해변에서 서서히 무너지든지 말루쿠제도의 포르투갈인들에게 항복해 한 번 더 굴욕을 당하든지 둘 중 하나였다.

  1565년 6월 1일, 산페드로호는 닻줄을 풀었다. 우르다네타가 귀환 항해를 요청한 배였다. 이제 그 배와 귀환 계획을 세운 자는 시험대에 올랐다. 산페드로호는 넉넉하게 식량을 비축했다. 잘 먹지 못한 시기에도 비스킷을 상당량 저장해놓은 것이다. 산페드로호는 생존의 수단이자 탐험대의 유일한 탈출구였으며, 우르다네타는 항해가 여덟 달 동안 지속되리라고 계산했다. 과거의 모든 경험을 토대로 효율성을 개선하는 데 나섰다. 승선한 200명은 거의 전원이 선원이었다. 불필요한 잉여 인력이란 있을 수 없었다. 긴 항해에는 희생이 따르기 마련이어서 살아남아 누에바 에스파냐의 해안까지 배를 이끌고 갈 사람이 충분해야 했다. 임무의 중요성에 대한 강조를 감안하면 선장이 열일곱 살이라는 사실은 이상했다. 펠리페 데 살세도는 레가스피의 손자였다. 이는 얼핏 보기에 어리석은 족벌주의의 결과물이었지만, 우르다네타의 지시를 그대로 따르리라고 믿을 수 있는 레가스피에게 전적으로 충성할 사람을 선발하려는 의도에서 비롯했다. 최고로 노련한 조타수 두 명도 승선했다. 에스테반 데 로드리게스와 일등항해사 로드리고 데 에스피노사였다. 이전과 마찬가지로 두 조타수는 날마다 상호 간의 의논 없이 상세하게 항해일지를 작성하라는 명령을 받았다. 항해를 정밀하게 기록해 만약 귀환에 성공하면 향후 항해의 청사진으로 쓰려 한 것이다.

산페드로호는 필리핀제도의 미궁 밖으로 항로를 잡아 정북으로 진행한 다음 북동쪽으로 방향을 틀었다. 우르다네타에게는 타이밍이 전부였다. 그의 전략은 먼저 남서 계절풍을 타서 고위도로 올라간 다음 서풍을 잡아 아메리카로 가는 것이었다. 뭍을 본 지 3주가 지났다. 그나마 암초로 둘러싸인 외딴 바위 덩어리였을 뿐이다. 이후 고정된 목적지는 없었다. 배는 서로 약간 다른 두 항해사의 계산에만 의지해 동쪽으로 수천 마일의 대양을 건넜다. 그들은 태양과 텅 빈 수평선 이외에 다른 기준점 없이 날마다 항해를 계속해 더 높은 위도로 올라갔다. 북위 39도에 다다르니 지독히도 추웠다. 모든 것은 우르다네타의 흔들림 없는 확신이 결정했다. 9월 3일 월요일 에스피노사는 항해일지에 이렇게 기록했다. "저녁에 우리는 날씨가 우중충하고 어두워져 전진을 멈추어야 했다. 자기 나름대로 항해일지를 적고 있던 몇 사람은 자신의 해도에 의하면 우리가 누에바 에스파냐의 해안에 가까워졌다고 생각했다."[23] 기대감은 희망사항이기도 했다. 선원들은 점점 더 약해지고 있었고, 식량은 한정되어 있었으며, 괴혈병이 만연했다.

9월 13일 에스테반 데 로드리게스의 항해일지는 갑자기 끝난다. 그는 죽어가고 있었다. 같은 날 이등조타수 로드리고 데 에스피노사는 이렇게 썼다. "우리는 뭍에 가까워질 것이라고 전망했기에 그 항로를 계속 유지했다."[24] 18일 멋진 풍경이 시야에 들어왔다. "오전 7시 항해사 자리에 앉아 있던 나는 우현에서 육지를 보았다." 그들이 "오랫동안 기다려온 것"이라는 뜻의 "데세아다Deseada"라는 이름을 붙여준 섬이었다. 산타 바버라 해안 근해의 샌 미겔 섬이다.

남쪽으로 방향을 돌리고 닷새가 지나니 아메리카대륙이 보였다. 그들은 캘리포니아 해안을 계속 바라보며 남쪽으로 향했다. 이때쯤 선원들은 마지막 숨을 헐떡이고 있었다. 9월 26일 배의 일등항해사 마르틴 데 이바라가 사망해 바다에 수장했다. 이튿날 선임조타수 에스테반 데 로드리게스가 뒤따라 사망했다. 10월 1일 그의 후임자 로드리고 데 에스피노사는 이렇게 적었다. "동이 틀 무렵 우리는 나비다드 근처에 도달했다. 지난 일을 돌아보고 계산해보니 세부 항구에서 나비다드 항구까지 1892리그(약 9000킬로미터)를 왔다. 나는 선장에게 가서 어디에 닻을 내리고 싶은지 물었다. … 그는 내게 아카풀코로 가겠다고 말했다." 이는 분명히 우르다네타의 조언을 따른 것이었다. 우르다네타는 그 편이 가능성이 훨씬 더 크다고 인식했다. 인기 있는 결정은 아니었다. "나는 그의 명령을 따랐지만 당시 배를 움직일 수 있는 건강한 사람은 고작 열여섯밖에 없었다. 다른 사람들은 전부 아팠고, 실제로 항해 중에 열여섯 명이 사망했다. 배에 남은 모든 사람이 엄청난 고생을 하며 항해한 끝에 10월 8일 월요일에 아카풀코 항구에 도착했다."[25]

아직 일할 수 있는 자들도 대부분 너무 약해서 닻을 내리지 못했다. 항해에 123일이 걸렸는데, 그때까지 유럽인의 탐험 시대에서 가장 긴 대양 항해였다. 그들은 육지에 내리는 일 없이 지구 반 바퀴에 해당하는 1만 1160마일(약 1만 8000킬로미터)을 이동했다. 얼룩진 피부에 악취를 풍기는 피투성이 잇몸으로 아카풀코 해변에 살아서 기어내린 자들은 운이 좋았다. 비타민C 결핍으로 인한 괴혈병으로 48일이 지나면 선원들이 죽기 시작할 것이고 111일이 지나면 모두 죽을 것으로 예상되었지만, 열여섯 명만 죽었다. 연로한 우르다네타는 불사의 몸처럼 보였다. 이는 계획과 식량 비축에 관해 많은 것을 이야기해준다.

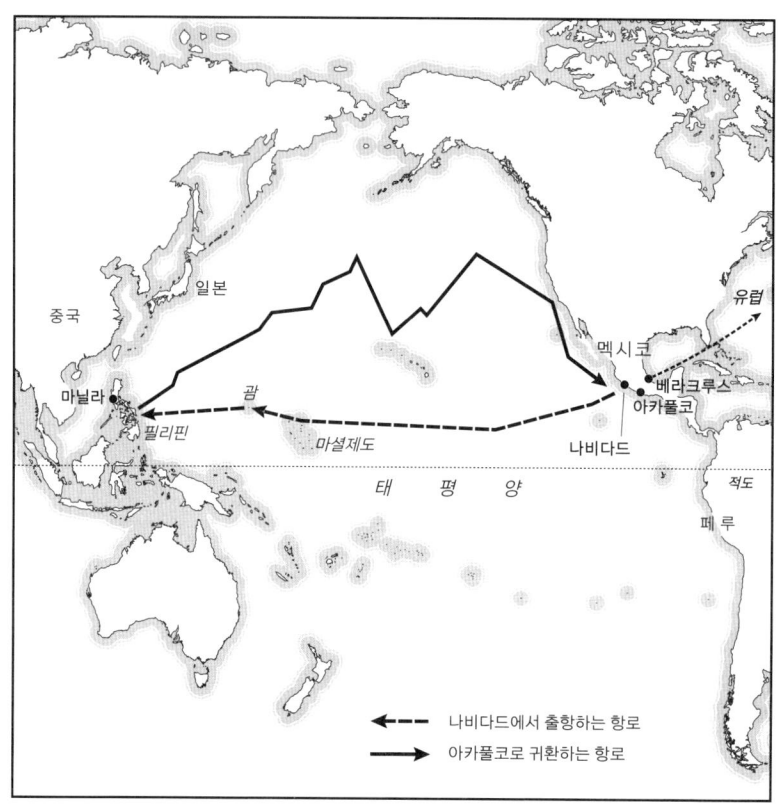

지도 7. 갤리언선의 항로 개척.

　우르다네타는 항해에 여덟 달이 걸릴 것으로 계산했는데, 그들은 넉 달 만에 끝냈다. 그 과정에서 우르다네타는 유럽인의 16세기 항해에 남은 마지막 큰 수수께끼를 풀었다. 조타수들의 항해일지와 해도에 태평양 귀환항해의 청사진이 들어 있었던 것이다. 그 의미는 거의 즉각 인지되었다. 그것은 세계 일주 항로의 마지막 연결고리로서 모든 방향으로 사람, 물자, 교역의 흐름을 가능하게 했다. 그러나 세계 여행자 우르다네타에게 그 항해는 아직 끝나지 않았다. 그는 마드리드의 펠리페

2세에게 직접 보고해야 했다.

10월 말 어느 때쯤 우르다네타와 그의 동료들은 멕시코시티에서 승리의 축포 소리와 교회의 종소리가 들리는 가운데 많은 군중의 환영을 받았다. "사람들은 항해의 성공에 기뻐 날뛰며 이제 자신들의 도시가 세계의 중심이 될 것이라고 서로 즐겁게 이야기했다."[26] 1566년 1월 우르다네타는 아바나에서 배를 타고 떠났다. 지원과 보급품을 바라는 레가스피의 요청과 함께 그 소식이 세비야에 전해졌을 때, 우주학자들은 필리핀제도가 틀림없이 에스파냐 영역 안에 있다고 편리하게 판단하고 그 점령지를 방어하기 위해 증원 인력의 파견과 식량 보급을 허가했다.

우르다네타는 세간의 이목에서 한 발짝 뒤편에 있었다. 그는 강건하고 대단한 여행자였다. 당대의 그 누구보다도 더 많은 것을 보고 경험했으며, 열일곱 살 소년일 때 처음으로 세비야에서 출항한 배에 올랐고, 말루쿠제도에서 10년간 거친 삶을 살았으며, 포르투갈의 호의 덕분에 세계 일주 항해를 완성하고 당대의 큰 항해 문제들에 관해 그 누구보다도 더 깊게 관찰하고 숙고해 글을 남겼고, 이듬해 아우구스티누스 수사로서 멕시코 귀환항해에 나섰다. 그는 필리핀으로 돌아가 선교사업을 계속 하겠다며 허락을 구했다. 이 요청은 나이 때문에 거부되었다. 그는 1568년 6월 3일 멕시코시티의 수도원에서 사망해 그곳에 묻혔다. 예순 살이었다. 고된 삶을 생각하면 놀랍도록 장수한 셈이다.

우르다네타의 성공을 알지 못한 레가스피와 그의 선원들은 세부에서 목책 뒤에 숨어 있었다. 레가스피의 처지는 위험했다. 그는 현지 주민과의 교섭에 유연한 태도로 나섰지만 절망적 상황에 그 효과는 반감

되었다. 식량이 부족해 촌락들과 인접 섬들을 습격할 수밖에 없었기 때문이다. 그동안 일부 선원이 배를 탈취해 떠나려 한 반란의 시도가 있었지만 저지되었고, 그 주모자들은 교수형에 처해졌다.

1566년 10월 1일, 레가스피는 군도를 정찰하던 중에 고난에 처한 배를 우연히 발견했다. 산헤로니모호가 아카풀코를 출발해 태평양을 횡단한 것이다. 그 선원들은 식량도 식수도 없이 여러 날을 보낸 터라 지쳐 있었다. 그렇지만 헤로니모호는 우르다네타가 이끈 산페드로호가 귀환항해에 성공했다는 소식을 갖고 왔다. 레가스피는 성공 소식에 고무되었겠지만 실망하기도 했다. 산헤로니모호는 보급품도 갖고 오지 않았고 국왕이 레가스피에게 무엇을 기대하는지 에스파냐의 지시도 없었다. 세부는 머물기에 불편한 장소, 당장에 먹을 식량도 없이 높은 산들로 막힌 막다른 골목이 되고 있었다. 테르나테에서 포르투갈 함대가 다가와 그들을 막아서자 상황은 위기로 치달았다. 봉쇄는 철저했고, 포르투갈 지휘관 곤살루 드 페레이라는 에스파냐인들이 포르투갈의 영역을 침범했다고 지적했다. 카를 5세가 필리핀제도와 그 섬들이 자신이 포르투갈에 넘긴 것에 포함되어 있다는 이유로 비얄로보스를 책망한 서한의 사본을 페레이라가 지니고 있었기에, 상황은 명료해졌다. 봉쇄는 지속되었고, 에스파냐인들은 굶주렸다. 그렇지만 페레이라는 전면적 공격을 주저했다. 두 달 간의 봉쇄 이후 그는 배들을 이끌고 돌아갔다. 그렇지만 경고는 남았다. 세부는 쥐덫이었던 것이다.

레가스피는 국왕이 자신에게 무엇을 바라는지 전혀 알 길이 없었다. 펠리페 2세는 7000마일〔약 1만 1260킬로미터〕 떨어져 있었고, 선원들은 굶어 죽어가고 있었으며, 포르투갈인들이 다시 돌아올 수도 있었다.

레가스피는 자신들이 버려졌다고 생각했다. 그는 필사적인 도박으로 비범한 인물 후안 데 라 이슬라를 파견했다. 데 라 이슬라는 이미 많이 손상되어 쓰기에 적합하지 않은 80톤급의 자그마한 배 산후안호를 타고 출항했다. 태평양을 건너는 귀환항해를 다시 시도한 것이다. 그 모험은 에스파냐의 왕들이 광범위한 제국을 관리하려고 내린, 놀랍도록 길게 이어진 명령들을 보여주었다. 데 라 이슬라는 대양을 건넜고(8900마일〔약 1만 4300킬로미터〕), 아카풀코에서 베라크루스까지 지협을 횡단했으며(450마일〔약 725킬로미터〕), 배를 타고 대서양을 건너 세비야에 도착했고(3800마일〔약 6100킬로미터〕), 마드리드의 펠리페 2세 궁정까지 가서(250마일〔약 400킬로미터〕) 국왕에게 상황을 조리 있게 설명했다. 자신들이 직면한 위태롭고 위험한 처지, 정기적으로 보급품과 병사를 지원받을 필요성, 그 섬들에 정착지를 건설할 전반적 전략, 그리고 하나를 더 하자면 속도였다. 데 라 이슬라는 정중하게 호소했다. "어떤 조치든 빨리 취해주십시오." 그러지 않으면 탐험대는 소멸할 것이었다.

펠리페 2세는 유럽의 전쟁과 오스만제국 해적의 위협을 감당하느라 힘겨웠지만 멕시코로 보급품을 나를 범선의 출항을 신속히 허락했다. "그대가 직접 '남쪽 바다'에 있는 그대의 배에 올라 지체 없이 필리핀제도로 출발하라."[27] 데 라 이슬라는 구비해야 할 물품을 능률적으로 모았고 이를 운반할 선박을 마련해 다시 대서양을 건너고 지협을 가로질러 아카풀코까지 날랐다. 1570년 1월 말, 그는 필리핀제도로 출발할 배를 세 척 마련했다고 펠리페 2세에게 서한을 보낼 수 있었다. "2월 2일에 출항할 수 있을 것입니다. 증원할 병사와 선원, 그리고 결혼한 부부, 수사, 포수, 머스킷총병, 대장장이, 누출방지공, 목수 등 150명을 데리고 갑니다. … 저는 이제껏 늘 해왔던 대로 그 섬에서 국왕에 봉사하고자 제 아내와 자식들을 함께 데리고 갑니다."[28] 이는 그들이 필리핀제도에 영구 정착지를 건설하려는 의도를 보여주는 것이었다. 데 라 이슬라는 7월에 필리핀제도에 도착했다. 왕복 항해에 3년이 걸렸다.

펠리페 2세의 서한에서 정착지 문제는 어느 정도 명확했다. "그대는 우리에게 굴복한 섬들의 마을들을 제국인도법률에 따라 최선이라고 생각하는 대로 할당해 배정하라.* 다만 주요 도시나 항구, 완전한 에스파냐 정착지는 할당하지 말라. 그것들은 국왕에게 따로 남겨진 것이기 때문이다."[29] 레가스피는 거창한 직함을 받았다. 그는 필리핀제도의 총독이었고 그보다는 의미가 없는 직책인 라드로네스제도〔마리아나제도/괌섬〕 총독이기도 했다. 여기에 더해 그는 2000두카트에 달하는 많은 급여를 받기로 했다. 급여는 실제로는 헛된 약속이었다. 레가스피가 그 돈을 받지 못했기 때문이다. 그는 피지배 주민들로부터 직접 돈을 빼내야 했다. 펠리페 2세는 늘 돈에 쪼들렸고, 필리핀제도의 피정복민은 예속의 대가를 지불해야 했다. 에스파냐 왕실의 가장 현명하고 신중한 종복 중 한 사람인 레가스피는 답신에서 정중한 태도를 지키면서 추가 지원과 지시를 요청했다. 다른 점에서는 더 기탄없이 말했다. "후안 데 라 이슬라는 궁정에서 폐하나 교역청으로부터 어떤 성격의 서한이나 전언도 받아 오지 않고 이곳에 도착했습니다. … 저희의 질문에 대한 답변은 한 마디도 없었습니다. 이곳에 있는 자들에게는 지극히

---

* 제국인도법률Leyes de las Indias, Laws of the Indies은 에스파냐 왕실이 아메리카와 아시아의 제국 영토를 관리하기 위해 제정한 여러 법률의 총칭이다.

실망스러운 일입니다. 우리가 어떤 정책을 취해야 할지 단 하나의 지침도 없습니다. 8년 동안 국왕께서 보내신 서한이 단 한 통이라니, 상상이나 할 수 있겠습니까!"[30] 불굴의 데 라 이슬라는 섬을 한번 둘러볼 겨를도 없이 다시 멕시코를 향해 떠났다.

데 라 이슬라가 첫 번째 3년간의 왕복 항해에서 돌아왔을 때, 레가스피는 포르투갈인들이 돌아오지는 않을지 염려했고 식량 부족으로 근심이 많았기에 다른 섬으로 기지를 옮긴 상태였다. "쌀이 풍부하고, 바다로 그 누가 다가와도 아무도 우리가 강을 통해 내륙의 산지로 들어가는 것을 막을 수 없는"[31] 곳으로 묘사된 파나이섬이다. 그들은 우호적이기도 하고 적대적이기도 한 현지 주민들과의 만남을 이어가며 섬의 북쪽으로 정찰했을 때 그 군도의 가장 큰 섬 루손섬과 그곳의 가장 중요한 교역 중심지 마닐라만에 관한 이야기를 거듭 들었다.

"수련睡蓮이 자라는 곳" 마닐라는 아시아의 여러 민족과 상품을 연결하는 광범위한 교역망의 큰 중심지로 역사가 오랜 곳이었다. 마닐라는 일본과 중국, 향신료 산지인 말루쿠제도, 브루나이 술탄국, 자와, 수마트라의 교역로를 인도양으로 이어지는 다른 중심지인 믈라카로 가는 바닷길과 연결했다. 무슬림 상인들은 필리핀제도의 깊은 곳까지 들어가 이슬람교와 술탄의 통치를 전파했다. 마닐라는 그러한 술탄국의 하나로 보르네오의 말레이인 술라이만 3세가 라자(군주)로서 통치하고 있었는데, 현지의 타갈로그족은 이를 다소 불쾌하게 여겼다. 마닐라는 중국의 비단과 자기, 일본의 은, 말루쿠제도와 반다제도의 정향과 육두구가 유통되는 지점이었다. 그곳에서부터 루손의 산악 지대에서 채굴된 금, 쌀, 목재가 믈라카로 보내졌다. 에스파냐인들은 이 풍요로운 교역망을 차츰 이해하게 되었다. 그들은 탐험 중에 "비단, 금실, 사향, 유약 바른 자기 그릇을 싣고 … 갑판에 옹기와 도기를 가득 채운" 중국의 정크선들을 우연히 마주쳐 약탈했다.[32] 이제 레가스피에게 필요한 것은 방어하기 좋은 항구가 있고 현지의 식량을 보급할 수 있는 안전한 기지였다. 그들은 원주민의 요새들을 무력으로 점령하며 군도 안으로 점점 더 깊이 들어갔고, 레가스피는 탐문과 정찰을 통해 루손섬의 마닐라가 가장 유망한 곳이라고 확신했다.

1570년, 조사를 위해 선단이 파견되었다. 익명의 증인은 첫 인상을 이렇게 기록했다. "마닐라 항구로 들어가는 입구는 서쪽으로 나 있으며, 그곳의 바다는 30리그〔약 144킬로미터〕 길이의 거대한 만을 이룬다. 그 만 안에 마닐라와 그 해안을 따라 다른 많은 마을이 있다. 마닐라는 강과 바다 사이의 곶 위에 있다. … 만 주변의 육지는 정말로 경이로웠다. 완만한 비탈에 밀림을 개간했고 도처에서 땅을 잘 갈아 작물을 재배했다. 이 섬들 어느 곳에서도 그처럼 멋진 광경을 보지 못했다."[33]

대포를 배치해 방책을 요새화한 라자 술라이만 3세에게 레가스피가 사절단을 파견했지만, 팽팽한 교착 상태가 이어졌고 양측 다 주저하고 서로 불신했다. 술라이만 3세가 에스파냐의 선단에 포격을 가하자, 에스파냐인들은 방책을 뛰어넘어 곶에 자리 잡은 도읍을 불태웠다. 그러나 처음 나간 에스파냐인들의 정찰대는 마닐라가 레가스피의 목적에 이상적이라고 확인했다. 이듬해 봄, 레가스피는 보고를 따르기로 결정했다.

레가스피는 훗날 이렇게 쓴다. "1571년 4월 17일 나는 새로 건조한 소형 갤리선에 올라 파나이를 떠났다. 함재정 산루카스호와 오래된 프리깃함 한 척, 방카bangka[필리핀 선박] 한 척, 스물세 명이 노를 젓는 원주민의 배 몇 척과 함께 갔다. 에스파냐인은 210명이었다."[34] 비사야족과 타갈로그족 사람들이 협력자로 항해에 동행했다. "강가에 사는 사람들"인 이들은 브루나이의 강압적 무슬림 통치가 전혀 달갑지 않았다. 이들이 지원을 확보하며 마닐라까지 가는 데 한 달이 걸렸다. 이 소규모 타격대는 5월 17일에 상륙했다. 현지 부족장 몇몇은 이들을 보자마자 항복했다. 술라이만 3세는 굴복하지 않았다. 레가스피의 병사들은 그 전해에 자신들이 불태운 반도에 내려 그곳이 에스파냐 영토임을 주장했다. 두 주 후 라자는 반격을 개시했다. 그는 대포를 갖추었지만 에스파냐인들의 적수가 되지 못했다. 에스파냐인들이 사격 훈련이 더 잘 되어 있었고 원주민 협력자들의 지원까지 받았기 때문이다. 술라이만 3세를 포함해 필리핀 사람 300명이 사망했다. 이 통렬한 패배가 결정적이었다. 주변 지역의 부족장들이 나와 항복했다.

 1571년 6월 24일 세례 요한 축일, 레가스피는 공식적으로 에스파냐 도시 마닐라의 기초를 세웠다. 비사야족과 타갈로그족 사람들이 신속히 전통적인 방식으로 주택 건설에 착수했다. 에스파냐인들은 마닐라에 머물 수 있게 되었다. 에스파냐의 서진西進이 정점에 도달한 때였다. 때때로 에스파냐인들은 어렵게 버티다가 멕시코에서 증원 인력이 도착하고서야 구조를 받았지만, 레가스피의 단호하면서도 인내심 있는 외교적 방침과 우월한 군사 기술의 제한적 사용은 효과적이었다. 아메리카를 정복한 콩키스타도르들의 기준에 따르면, 필리핀제도 정복은 기껏해야 부분적 정복이었을 뿐이며, 무력의 사용은 많지 않았다. 그랬는데도 아우구스티누스회의 가톨릭 선교단의 목소리는 골칫거리였다. 아우구스티누스회 선교사 마르틴 데 라다는 에스파냐의 정복 사업에 반대하는 많은 목소리 중 하나였을 뿐이다. "병사들이 이 땅을 점령하는 것은 옳지 않다. 그들은 이 나라의 이익을 전혀 생각하지 않고 빨리 부자가 되어 집에 돌아갈 생각만 하고 있기 때문이다. 그들은 일이 잘되지 않으면 그저 파괴하고 약탈한다."[35] 화약의 이점만큼 결정적이었던 것은 필리핀제도의 사회적, 정치적 구조에 내재한 약점이었다. 촌락들의 느슨한 연합체들만 있을 뿐, 강력한 통치자들이 좌우하는 통합된 권위는 없었다. 작은 공동체들 간의 만연한 갈등 때문에 에스파냐인들은 특정 집단과 연합할 수 있었고 그 덕에 적을 물리치고 모두의 항복을 받아낼 수 있었다. 에르난 코르테스가 멕시코에서 매우 효과적으로, 훨씬 더 큰 규모로 이용한 바로 그 전술이었다.

마닐라의 건설로 에스파냐인들은 정착지와 기지를 확보했다. 1571년 여름은 세계사의 중대한 전환점이었다. 에스파냐인들은 우르다네타의 항해 지침을 청사진 삼아, 비록 어려움이 없지 않았지만, 태평양을 건너는 귀환항해를 빠르게 되풀이해 레가스피를 도울 수 있었다. 이로써 아시아와 아메리카의 연결이라는 에스파냐의 꿈이 실현되었다. 마닐라는 누에바 에스파냐의 위성도시가 되고 태평양을 에스파냐의 호수로 만들 것이었다. 적어도 잠시 동안은.

레가스피는 불과 한 해 뒤에 사망했지만(1572년) 자신이 무슨 일을 했는지 이해했다. 마닐라는 이제 에스파냐에 어마어마하게 부유한 동양과의 교역에서 대단한 화물집산지가 되었다. 그들은 대단한 일을 앞두고 있었다. 레가스피는 펠리페 2세에게 보낸 서한에 이렇게 썼다. "우리는 세계에서 가장 운 좋은 나라들, 아주 멀리 떨어진 나라들 … 대국인 중국, 브루나이, 자와, 루손, 수마트라, 말루쿠, 믈라카, 시암, 류큐 제도, 일본, 기타 부유하고 큰 지역 근처에, 그 문 앞에 와 있습니다."[36]

 1571년은 우연찮게도 세계 곳곳에서 여러 세력이 동시에 한곳에 모이는 해였다. 레가스피가 마닐라에 영구 정착지를 건설하고 있을 때, 펠리페 2세의 대규모 갤리선단은 지중해 건너 레판토 앞바다에서 오스만제국 함대와 지극히 중요한 일전을 벌이고자 돌진하고 있었다. 일본에서는 포르투갈인들이 나가사키에 교역소를 세우고 있었다. 베이징에서는 명나라 황제가 조세 제도를 전반적으로 철저하게 개편하고 있었다. 시간과 공간에서 서로 분리된 이 사건들을 연결한 상품이 있다. 교역, 환전, 전쟁 수행에 사용된 은이다. 에스파냐가 우연히도 이 귀금속의 세계 최대 산지를 소유한 것은 그 제국에 행운이면서 동시에 저주였다.

15
욕망의 갤리언선

1545-1571

볼리비아의 안데스산맥 꼭대기 외진 곳, 나무가 자라지 않는 메마르고 황량한 고산 지대에 포토시산이 자리 잡고 있다. 해발 1만 6000피트(약 4880미터)가 넘는, 녹슨 쇠붙이처럼 붉은 원뿔 모양의 산이다. 16세기에 그 산은 페루 부왕령副王領에 속해 있었다. 에스파냐인들은 간단히 "세로 리코Cerro Rico"("풍요의 언덕")라고 불렀다. 1545년 그곳에서 어느 현지 시굴자가 산의 흙에 은이 매우 풍부하게 함유되어 있음을 발견했다. 이후 벌어진 일은 역사상 최대의 채광 붐이었다. 수백 개의 횡갱도(여러 갈래로 갈라지는 수평갱도)가 뚫려 산은 벌집이 되었다. 갱도는 최고로 잔인한 유형식민지였다. 이 작업에는 최대 1만 명의 원주민이 강제노동에 투입되어 습하고 산소가 부족한 땅속에서 땀에 절어 일했다. 이들은 위험하기 짝이 없는 사다리를 오르내리며 은광을 채굴해 지상

지옥 같은 산의 내부. 케추아족 인부들이 흐릿한 촛불에 의지해 곡괭이를 휘둘러 땅을 팠다. 그들은 손가락에 불 켠 초를 묶은 채 등에 무거운 광석을 지고 소가죽으로 만든 흔들거리는 사다리를 오르내렸다. 짐을 잠시 내려놓기 위해 이들은 바위를 파서 앉을 자리를 마련했다.

으로 날랐다. 매일 귀금속이 포함된 흙자루 25개를 밖으로 날라야 했는데, 무게가 각각 45킬로그램이었다. 신선한 공기를 마실 수 있는 곳으로 나오면 살을 에는 듯한 칼바람과 얼음장 같은 추위가 덮쳤다. 산이 눈으로 뒤덮이는 겨울에는 최저 기온이 영하 16도까지 내려갔다. 음식은 대체로 얼어붙은 감자와 코카coca 잎이었다. 어느 광산 십장은 이렇게 기록했다. "건강한 원주민 스무 명이 월요일에 들어오면, 토요일에 그 절반은 불구가 되어 나타난다."[1] 인간 노동력의 멸실로 주변 지역의 인구는 급감했다. 이 유럽 팽창의 시대에 어느 곳에서나 볼 수 있는 잔인한 원주민 착취였다. 포토시산을 가리키는 현지 케추아어 명칭은 간명했다. "사람을 잡아먹는 산." 책을 좋아하는 유럽인이라면 단테의 지옥을 떠올렸을 것이다.

포토시산 발치에, 티베트의 라사만큼이나 높은 해발 1만 3000피트〔약 4000미터〕의 고도에 광산 붐을 타고 도시가 생겨났다. 17세기 초 포토시의 인구는 16만 명까지 폭증했다. 포토시는 기독교 세계에서 네 번째로 큰 도시로 런던이나 파리의 크기와 거의 비슷했고, 세비야와 밀라노보다 더 컸으며, 에스파냐제국의 중심인 마드리드의 두 배 크기였다. 포토시는 유럽 전역과 그 너머에서 사람들을, 바스크인, 포르투갈인, 이탈리아인, 플란데런인, 노예가 된 아프리카인을 끌어들여 운명과 종족의 도가니가 되었다. 포토시는 세계 그 어느 곳과도 유사하지 않은 놀랍도록 기형적인 도시였다. 포토시는 골드러시로 탄생한 캘리포니아 도시들의 원형으로 그 규모가 훨씬 더 방대했다. 넘치는 부, 갱단의 싸움, 종교 축제, 대저택, 매춘, 살인으로 미쳐 돌아가는 벼락 경기의 도시였다. 17세기에 들어설 무렵, 포토시에는 성당이 스무 개가 있었고 제곱마일당 매음굴은 에스파냐의 그 어느 도시보다도 많았다. 도시는 순식간에 유명해져 부의 대명사가 되었다. "포토시만큼의 가치가 있다valer un Potosí"는 말은 상상할 수 없는 부를 떠올리게 했다. 카를 5세는 그 도시에 '세상의 보물'이라는 별명을 붙여주었다. 그 명성은 순풍을 탄 배처럼 빠르게 퍼졌다. 초기 여행자 페드로 시에사 데 레온이 1553년에 제작한 판화는 유럽의 상상력을 잘 포착했다. 포토시산에 대한 그의 설명은 빠르게 독일어, 프랑스어, 네덜란드어, 이탈리아어, 영어로 번역되었다. 세계 도처에서 자성磁性이라고는 거의 없는 이 금속의 마력에 이끌려 사람들이 포토시에 모여들었다. 대체로 남자

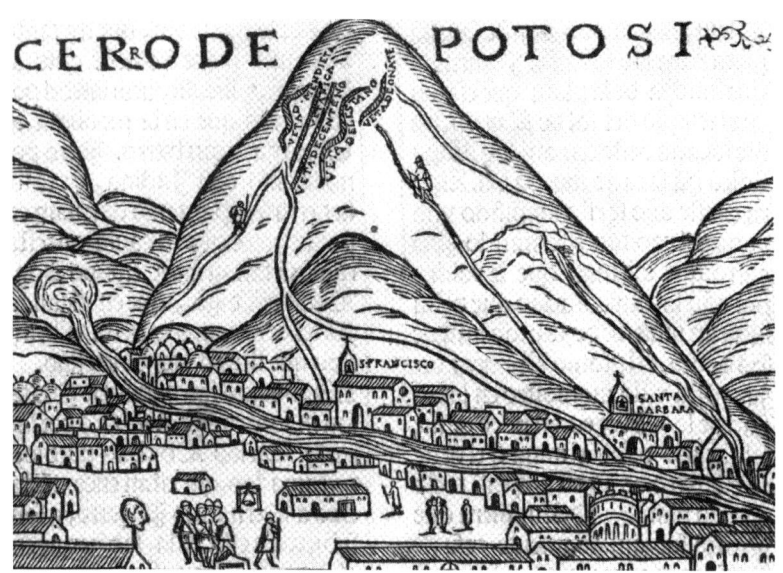

포토시산의 명성을 유럽에 전파한 페드로 시에사 데 레온의 포토시 목판화.

였다. 초기에 그곳에는 점잖은 여인이 거의 없었다.

포토시는 다양한 모습을 보여주었다. 환경의 재앙지, 기술 혁신의 중심지, 온 세계 여러 민족의 도가니, 남자들이 제 운명을 바꾼 곳, 악의 소굴, 세계적인 도시였다. 1000마일(약 1600킬로미터) 떨어진 우안카벨리카산에서 채굴되어 강제노동에 동원된 현지인들에게 똑같이 재앙을 안겨준 수은을 야마llama로 해안까지 옮긴 뒤 배에 실어 남쪽으로 보내 혁신적인 은광 제련 과정에 사용했다. 전하는 말로는 "수은 없이는 은도 없고, 은(수은 채굴 비용) 없이는 수은도 없었다."[2] 22개의 댐에서 나오는 수력의 공학적 이용으로 140개의 방아가 광석을 분쇄했다. 수은과 중금속을 여과하면서 토양이 오염되었고, 밤이면 수백 개의 용광로가 내뿜는 붉은빛이 산을 점점이 물들였다. 이렇게 산을 광적으로 약탈하는 행위는 결코 멈추지 않았다. 은은 계속 채굴되었고 도시의 조폐창에서 은괴와 8레알 은화real de a ocho로 찍혀 나와 태평양 연안의 항구들로 운반되거나 '은의 강(라플라타강)'을 따라 '은의 땅(아르헨티나)'을 통해 동쪽의 대서양 연안으로 밀수되었다. 그곳에서 은은 세계 곳곳으로 흘러나갔다. 포르투갈 상인들은 은을 리스본으로 가져와 아프리카 해안에서 노예와 맞바꾸었고 그들을 다시 신세계로 들여왔다. 그 도시의 문장紋章에는 이러한 문구가 적혀 있었다. "나는 부유한 포토시, 세상의 보물, 산들의 왕, 왕들의 선망의 대상." 포토시는 잉카제국의 신만큼이나 게걸스럽고 무자비한 백일몽과 악몽의 장소였다.

포토시 은광은 급격하게 호황을 누렸다가 서서히 쇠락하지만, 개발 후 첫 100년 동안에는 전 세계 은의 절반을 생산했고 적절한 때에 최대한으로 가동되었다. 포토시 은광의 호경기는 명나라의 세제 정비와 시기적으로 맞물렸다. 당시 명나라 지폐 대명통행보초大明通行寶鈔는 과잉 발행으로 가치가 폭락했다. 그래서 세금은 쌀과 부역負役 등 다양한 형태로 지불되었지만 이러한 방식은 불편했다. 1570년대 포토시가 발전해나가는 때에, 명나라 황제는 온갖 세금 납부 방식을 중앙에서 관리하는 효율적인 개혁안으로 대체했다. 곧 일조편법一條鞭法이다.* 이후로 모든 세금은 은으로 납부해야 했다. 이제 명나라는 전 세계 은 광산의 산출량을 빨아들였다. 명나라의 그 번쩍이는 금속에 대한 수요는 끝이 없었다. 포토시는 은을 생산했고, 마닐라는 은의 중추적 교환 지점이었다.

---

* 일조편법은 현물세와 부역 등의 여러 세역稅役을 일조로 간편하게 정비해 은으로 징수한, 중국 명나라 때의 세법이다.

그때 이후로 인도에 추월당하고 있는 지금까지 거의 내내 중국은 세계에서 인구가 가장 많은 나라였다. 16세기에 중국의 인구는 전 세계 인구의 4분의 1을 차지했다. 1600년경 유럽인은 상상할 수 없는 크기의 도시들이 있던 중국의 인구는 약 2억 3000만 명이었다. 난징의 인구는 100만 명이 넘었고 베이징의 인구는 66만 명이었다. 당시 런던의 인구는 20만 명이었다. 16세기 말에 세계 인구의 25퍼센트인 중국인들이 은을 화폐로 사용하기 시작했고 그 과정에서 세계무역이 빠르게 출현했다. 명나라에서 은의 수요는 엄청났다. 은은 세계 시장보다 명나라 시장에서 두 배로 비쌌다. 그때까지 유럽의 물질적 생산에 아시아는 거의 관심이 없었고(오직 러시아만 잉글랜드 직물의 거래에 관심이 있었다), 가스파르 다 크루스가 지적했듯이 중국은 전혀 관심이 없었다. 그런데 은 혁명이 판도를 바꾸었다. 명나라는 세계 시장에서 크게 선호되는 다양한 소비재를 판매하고 세계의 은을 사정없이 빨아들이는 진공 펌프가 되었다. 포토시의 광산들이 멕시코와 일본의 광산들과 더불어 은을 공급했다. 명나라에서 은의 가격이 높았기 때문에 그것에서 비롯하는 이윤은 막대했다. 그 이윤은 명나라의 산업 생산이 제공할 수 있는 사치품의 형태로 돌아왔으며, 은과 상품 둘 다 대체로 유럽의 선박이 운반했다.

은은 사방팔방으로 유통되었다. 아메리카의 광산에서 생산된 은의 일부는 아카풀코에서 태평양을 건너 마닐라를 거쳐 중국으로 흘러들어갔다. 아메리카에서 생산된 은의 대부분은 에스파냐 선박들의 선창에 실려 대서양을 건너 동쪽으로 운반되거나 포르투갈 선박을 통해 밀수되었다. 에스파냐에서 은은 제국의 전쟁 자금으로 쓰였다. 세비야에 들어온 주화는 레판토해전의 에스파냐 갤리선과 펠리페 2세가 북유럽의 프로테스탄트 국가들과 벌인 지루한 전쟁의 비용으로 쓰였지만, 물처럼, 은도 저절로 제자리를 찾아갔다. 은이 명나라 사람들에게 유럽인들에 비해 두 배 귀했기에, 대부분의 은은 다시 동쪽으로 흘러들어 갔다. 곧 포르투갈 선박들의 선창에 실려 희망봉을 돌아 믈라카, 말루쿠제도, 마카오를 거쳐 명나라로 들어갔다. 은은 세계무역의 탄생을 촉진하는 통화가 되었다. 성능 좋은 범선과 화약을 보유한 유럽인들이 은의 운반자요 명나라 상품의 구매자이기는 했지만, 사방팔방으로 퍼진 교역망의 경제적 동력은 명나라에서 나왔다. 그때도 지금처럼 중국은 생산했고 유럽은 소비했다. 마치 원자原子의 충돌에서 볼 수 있는 것처럼 부수적 효과들이 세계 곳곳으로 퍼졌다. 멕시코시티가 엄청나게 부유한 도시가 되면서, 펠리페 2세는 유럽에서 벌인 여러 전쟁의 자금을 조달할 수 있었다. 은은 노예무역을 용이하게 했다. 포르투갈 노예상들은 사로잡힌 아프리카인들을 남아메리카로 수출하고 브라질로 밀수된 은을 대금으로 받았다.

 필리핀에는 자체적으로 개발할 수 있는 자원이 거의 없었지만(계피, 금, 밀랍, 경질목재가 조금 있었다), 마닐라는 교역로와 생산지의 네트워크에서 중심을 차지했다. 레가스피는 그 만을 점령하는 것이 왜 그렇게 중요한지 거의 즉시 알아차렸다. 정착지의 기능은, 그 유일한 기능은 화물집산지, 중국과 일본에서, 포르투갈령 마카오에서, 말루쿠제도, 자와, 수마트라에서, 믈라카, 시암, 캄보디아에서 오는 상품들이 전시되는 회전반의 구실을 하는 것이었다. 마닐라는 인기 있는 상품을 담은 상인들의 궤짝을 열어젖혔다. 중국 상품 즉 비단, 자기, 융단, 장난감, 솜씨 좋은 장인들이 신기에 가까운 기술로 만든 여러 제품이 들어왔고, 말루쿠제도에서는 향신료가, 일본에서는 동, 구리, 호박, 가구가, 인도차이나에서는 상아, 사향, 루비, 사파이어가, 인도에서는 면제품이, 보르네오에서는 캠퍼가 들어왔다.* 전부 은과 교환되었다. 마닐라는 연간 약 스무 척에서 서른 척의 중국 정크선이 입항해 호황을 누렸다. 도시에는 곧 많은 중국인이 성벽 밖의 집단거주지에 모여 지내게 된다.

우르다네타의 항로는 에스파냐의 이익과 세계적인 상품 유통에 필수적 요소였다. 그 항로를 통해 에스파냐는 멕시코와 남아메리카를 거쳐 동양의 가장 먼 곳까지 연결되었다. 우르다네타의 청사진을 따라 정기선이 운항한 것이다. 1565년 우르다네타는 마닐라를 출발해 아카풀코 항구에 도착했다. 1571년부터 1815년까지 몇 차례 눈에 띄는 예외가 있기는 했지만 거의 해마다 6월이면, 카비테에 있는 마닐라의 조선소에서 엄청난 양의 현지 경질목재로 만든 갤리언선 한두 척이 동양의 화물을 싣고 아카풀코를 향해 출항했으며 그 이듬해 계절풍과 무역풍에 의지해 교역의 순환에 필요한 은을 가득 싣고 돌아왔다. 이렇게 왕복한 갤리언선은 마음을 빼앗긴 유럽인들의 상상력 속에서, 그리고 시간이 지나면 불법적 해적들의 상상력 속에서 부와 욕망을 실어 나르는 신화적 운송수단이 되었다.

갤리언선들은 벌크화물을 수송한 당대의 컨테이너선이었다. 무겁게 화물을 실었지만 무장의 수준은 낮았다. 대포는 종종 갑판 아래에 설치한 까닭에 위급할 때는 거의 사용할 수 없었다. 바다에서 다툴 일이

---

* 캠퍼camphor는 방부제로 쓰이는 장뇌 기름이다.

18세기 동판화 속의 에스파냐 갤리언선. "이 배는 용기 있게, 목적의식을 갖고, 열정적으로 포세이돈에게 돛을 펼쳐 보인 채 최악의 폭풍우가 몰아치는 바다를 건넌다."

없다고 가정한 것이다. 마닐라를 출발한 갤리언선은 시장성이 좋은 아시아의 산물을 빽빽한 묶음으로 포장해 배에 가득 채웠다. 선창의 공간은 그 자체가 이윤이었고 통째로 팔렸다. 선창 구석구석마다 상품이 점령했다. 선원들은 갑판에서 잤고, 선실은 5제곱피트[약 0.5제곱미터]의 작은 독방이었다. 부의 유혹 때문에 갤리언선은 밀수, 비리, 사기의 수단이 되었다. 과적은 갤리언선의 위험요소였다. 1693년 이탈리아 모험가 제멜리 카레리가 마닐라에서 갤리언선에 올라 동쪽으로 항해할 준비를 했는데, 출항이 중단되었다. 용적량은 분명히 1500베일bale인데 2200베일을 선적했기 때문이다. 그래서 다시 하역된 것은 일반 선원들의 개인 짐이었다. 그랬는데도 고급선원들은 더 많은 저장 공간을 원했고, 그래서 배에 실린 물항아리의 수가 줄어들었다. 그럼에도, 바다에 나갔을 때 상품 더미 속에서 '물 항아리' 몇 개가 발견되자 이를 배 밖으로 던져버렸다. 식수 공급은 항해 내내 문젯거리로 남았다.

에스파냐 왕실은 배의 안전과 조종을 이유로 선박의 크기를 제한하려 했지만 성과는 없었다. 갤리언선은 그저 점점 더 커지만 갔다. 처음에는 300톤, 이어 500톤, 700톤으로 늘더니 최대 2000톤에 달하는 배도 만들어졌다. 배가 크면 클수록 경제적이라는 주장의 근거는 명확했지만, 조종의 어려움 때문에 난파의 위험이 커졌고, 나중에는 해적의 주된 약탈 표적이 되었다. 출항하는 배의 승객들은 때때로 너무 불안해서 다시 돌아가자고 요구했다. 한번은 선장이 이를 거부했다가 배가 영영 사라진 적도 있다.

바로 이러한 선박들에 마닐라 사회의 생존 가능성과 그 도시의 행운이나 파산이 달려 있었다. 아카풀코, 멕시코시티, 베라크루스 주민들의 운명도 마찬가지였다. 난파나 항해 실패의 장기적인 경제적 충격파는 세비야에서도 감지되었다. 마닐라를 떠나는 출항은, 대체로 6월이었는데, 상업적 요소와 종교적 요소가 한데 어우러진 장엄하면서도 흥겨운 행사였다. 교회의 종소리가 울리고, 향의 냄새가 퍼지고, 성인들에게 기도하고, '평온과 안전한 항해의 성모 마리아Nuestra Señora de la Paz y Buen Viaje'의 나무 조각상을 들고 도시를 행진한 다음 배에 그 상을 모셨고, 대주교가 선박에, 승객들과 선원들에게 축복을 내렸다.* 승객들과 선원들은 300명에서 500명 사이였다. 배에 자신의 친척이 탔거나 선창에 자기 자산이 들어가 있는 자들은 기도문 "디오스 예반돌로엔 살바멘토Dios llevandolo en salvamento"를 외었다. "신이여 이 배를 안전하게 이끄소서"라는 뜻의 이 기도문은 배의 적하 목록에도 쓰여 있었다. 갤리언선은 일곱 발의 축포를 울리며 출발했다. 7이 행운의 숫자로 여겨졌기 때문이다. 선박이 돌아오면 불꽃놀이, 음악, 미사가 함께하는 축제가 벌어졌다.

항구가 주는 이점이 있기는 했어도, 마닐라에서 출항하기는 지극히 까다로웠다. 배들은 산 베르나르디노 해협을 통해 섬들을 빠져나가야 했기 때문이다. 산 베르나르디노 해협은 통과에 두 달이 걸리는 항해하기 힘든 곳으로, 항해 도중에 난파한 배가 대략 스무 척은 되었다. 무역풍을 타려면 그곳에서 북동쪽으로 진로를 잡아야 했다. 전체 항해에는 최소 여섯 달이 걸렸고 길면 여덟 달까지 소요되었다. 마닐라에서 아카풀코까지는 9000마일〔약 1만 4500킬로미터〕이 되는 거리였고, 갤리언선들은 가는 길에 내내 물을 퍼내야 했다.

이탈리아 모험가 제멜리 카레리에게 1693년 마닐라에서 출발한 귀환항해는 끔찍했다.

필리핀제도에서 아메리카로 가는 항해는 세상에서 가장 길고 두려운 항해라고 할 수 있다. 지구의 거의 절반에 해당하는 광대한 대양을 늘 역풍을 맞으

---

* 마닐라와 아카풀코를 오가는 갤리언선은 성인의 조각상을 모시는 것이 관례였는데, '평온과 안전한 항해'라는 이름은 얻은 조각상만 여덟 번의 성공적 항해 기록을 갖고 있다.

며 건너야 하는데, 지독한 폭풍우가 연이으며, 무서운 질병이 덮쳐 선원들은 때로는 적도 근처에서, 때로는 춥고 때로는 더운 바다에서 일곱 달이나 여덟 달 동안 누워 있다. 활력 넘치는 강철 같은 사람도 무너뜨리기에 충분하다. 그들도 바다에서 변변치 않은 음식만 섭취하기 때문이다.³

카레리는 태평양의 어느 섬 해변에 내렸을 때 원주민의 매복이 두려워 화승총 한 자루를 휴대했다. 항해가 계속되면서 물을 배급해야 했다. 물 상황은 폭우가 내릴 때에만 나아졌다. 모두가 빗물을 받으려고 서둘러 용기를 찾았다. 카레리에게 태평양은 경이와 두려움으로 가득했다. 태평양은 때로는 평온했고, 때로는 사나웠다. "마치 뜨거운 불 위에서 끓는 물처럼 움직이는 바다를 보자니 놀라움과 두려움에 몸이 떨렸다."⁴ 폭풍은 소름 끼치도록 오싹했다.

2일 화요일 바닷바람이 무섭게 몰아친다. … 바다가 우리를 거세게 때렸다. 앞 돛에 의지해 누워 있어야 했다. 파도가 키를 무섭게 강타해 휩스태프가 부러졌다.* … 산처럼 거대한 파도에 배가 높이 떴다가 다시 깊은 심연으로 가라앉는 것 같았다. 배 위에서 파도가 부서졌다. … 한밤중이 되니 머리에 화승총 두 발을 맞은 것 같았다.⁵

지극히 절망적인 상황에 닥치자, 성 프란시스코 하비에르의 조각상을 들고 배를 한 바퀴 도는 의식이 치러졌고, 선장은 바다를 진정시키

---

* 휩스태프whipstaff 는 키를 조종하는 손잡이다.

고자 8레알 은화 200개를 제물로 바쳤다.

때때로 극심한 추위가 엄습했다. 선원들이 맥없이 조용하게 앉아 있기도 했다. 카레리는 경험 많은 선원들로부터 난파했거나 흔적도 없이 사라진 배들의 이야기를 들으며 고무되었다. 이야기를 들으니 애초에 지녔던 믿음은 더욱 굳어졌다. "이 항해는 언제나 위험하고 무서웠다."[6] 곤충은 참기 힘들었다. "작은 해충이 배에 들끓었다. … 비스킷을 갉아 먹고 번식했고, 매우 빨라서 선실, 침대, 선원들의 음식 접시를 순식간에 오갈 뿐만 아니라 알아채지도 못하게 사람의 몸에 달라붙는다." 수프에는 파리 떼가 몰려들고 "그 안에서 여러 종류의 벌레가 헤엄친다."[7] 조용한 시간에는 춤과 연극 같은 오락과 여흥을 즐겼다. 이는 길게 이어진 지루함을 잠시 거두어갔다.

카레리는 이렇게 쓴다. "욕망의 땅 누에바 에스파냐를 향하는 갤리언선의 선실에 갇힌 불쌍한 자들은 이스라엘 자손들 못지않게 고생했다. … 무섭게 뱃전을 때리는 파도의 끔찍한 충격 말고도 … 굶주림, 갈증, 질병, 추위, 끊임없는 경계, 이러저러한 힘든 일을 겪어야 했다."[8] 그는 아무리 많은 부를 준다고 해도 그러한 고생을 하고 싶지 않다고 생각했다. "나로 말하자면 이런 기대나 다른 큰 희망도 내게 이 항해를 다시 하게 설득하지는 못할 것이다. 이런 항해는 사람을 죽이고도 남고, 살아남는 자가 있다고 해도 그는 아무것도 할 수 없을 것이다."[9] 카레리는 이 고난의 횡단을 정확하게 계산했다. 204일 다섯 시간이었다. 그는 약속의 땅에 도착한 경험에도 이렇다 할 감명을 받지 못했다. "아카풀코에 관해 말하자면, 나는 '남쪽 바다'의 주된 시장이자 중국으로 가는 항해의 출항지라기보다는 가난한 어촌 마을이라고 하는 편이 더 적절하다고 생각한다. 집들은 나무, 진흙, 밀집만으로 지어져 너무나 초라하고 하찮았다."[10]

비교하자면, 한 세기 전에 그 반대 방향으로 아카풀코에서 마닐라로 여행한 다른 이탈리아 모험가 프란체스코 카를레티에게 태평양 횡단 경험은 상당히 달랐다. 그것은 내내 안락의자에 앉아 있는 지루한 여정이었지만 피가페타의 경험과 유사하게 평온했다. "우리는 돛을 움직이거나 활대를 느슨하게 풀지도 않고 언제나 순풍을 타고 순조롭게 매우 행복한 항해를 했다."[11] 불과 66일밖에 걸리지 않았다. 이 방향으로 간 것은 주로 포토시산과 멕시코의 광산에서 채굴된 은이었다.

주기적으로 태평양을 오가는 갤리선이 아카풀코에 모습을 드러내면 도시는 생기를 띠었다. 갤리언선의 도착 소식은 멕시코시티로 급속히 전해졌다. 카레리는 도시의 종소리가 흥겹게 울리고 상인들이 화려한 계절 견본시장見本市場을 찾아 서둘러 항구로 모여들었다고 전한다. 아카풀코는 두세 달의 짧은 기간 동안 활력 넘치는 시장으로 변모했다. 그곳에서 이른바 차이나로드China Road를 통해 멕시코시티로 상품이 운반되었다. 그 어느 것도 쉽지 않았다. 카를레티가 보았듯이, 도중에 리오 파파가요 강을 건너기는 위험했다.

강을 건너는 데 도움이 될 만한 시설은 없다. 다리도 없고 나룻배도 없다. 우리는 다른 사람들이 한 것처럼 건너야 했다. 막대기를 그물 모양으로 엮어 두꺼운 호리병박 말린 것을 잔뜩 집어넣고 묶은 뒤 그 위에 말안장을 얹고 올라탔다. 말은 헤엄쳐 건넜다. 우리는 안장 위에 앉았다. 호리병박을 묶어 만든 뗏목의 네 귀퉁이에 원주민이 한 명씩 자리 잡고 헤엄치면서 물살을 헤치며 반대편 강둑으로 뗏목을 밀었다. 지루한 만큼이나 위험한 일이었다. 해마다 그 강을 건너는 상품의 양과 가치가 상당했기에 특히 더 위험했다. 그럼에도 반드시 해야만 했다. 부왕도 멕시코에서 아카풀코 항구로 가서 배를 타고 페루로 넘어갈 때 똑같이 힘들고 위험하게 그 길을 지나간다.[12]

일부 상품은 비슷하게 어려운 과정을 거쳐 대서양 연안의 베라크루스로 운반되어 거래와 축제를 촉발했다. 그곳에서 갤리언선은 상품을 싣고 대서양을 건너 다시 에스파냐로 갔다.

카레리는 태평양 횡단을 되풀이할 뜻이 없었지만, 다른 사람들은 기꺼이 다시 가려 했다. "이 엄청난 항해에 무서운 고난이 따르기는 했지만, 많은 사람이 이익을 얻고 싶은 마음에 위험을 무릅쓰고 항해에 나섰다. 네 차례, 여섯 차례, 몇몇은 열 차례까지도."[13] 그 수익은 상당했으며, 그들은 부자가 되었다. 카레리는 항해에서 나오는 이익을 150퍼센트에서 200퍼센트로 계산했다. 에스파냐 왕실이 세금을 부과하는 합법적 거래에 더해 밀수와 과소 신고도 규모가 상당했다. 갤리언선 교역과 관련된 비리는 놀랄 정도였다.

그러나 교역의 대가는 컸다. 400차례가량 시도된 갤리언선 항해 중 적어도 50척은 성공하지 못했고 대체로 인명의 손실도 많았다. 승선원이 전부 사망한 경우도 있었다. 태평양에서 태풍과 난파로 배들은 박살났고, 승객들은 익사했으며, 해변으로 기어 나온 자들은 현지 주민들이 죽이고 약탈했고, 괴혈병이 배를 휩쓸었다. 조리용 화구나 등잔과 촛불로 인한 화재도 배를 파괴했다. 태평양의 해저 곳곳에는 아시아의 보물들이 흩어져 있다. 위험한 산 베르나르디노 해협에 진입하거

리오 파파가야 강의 도하. 멕시코 여정의 어려움을 보여준다.

나 그곳을 빠져나갈 때가 특히 위험해 많은 손실이 발생했다. 몇몇 갤리언선은 그냥 사라졌다. 1657년, 산호세호는 마닐라를 출발하고 한 해가 지났을 때 아카풀코 근해에서 발견되었는데 살아 있는 사람이 없었다. 선창에는 비단이 가득했지만 시신이 들어 있는 관만 떠다녔다. 이따금 침입자들이 에스파냐의 호수(태평양)에 들어왔다. 보물을 실은 에스파냐 갤리언선에 관한 소식은 곧 북유럽 해적의 상상력에 불을 댕겼다. 1579년 프랜시스 드레이크는 세계 곳곳을 돌아다니던 중에 마닐라로 가는 배를 한 척 나포해 투자자들에게 4700퍼센트의 이익을 돌려주었다. 거의 200년 후, 영국과 에스파냐가 전쟁을 벌이고 있을 때, 영국 제독 조지 앤슨은 마닐라로 가던 누에스트라세뇨라데코바동가호를 나포했다. 당시 그 배에는 대포가 60문이 있었지만 겨우 10문만 사용이 가능했다. 앤슨은 8레알 은화 131만 3843개와 은괴 35톤을 빼앗아 떠났다. 군중이 눈을 희번덕거리며 지켜보는 가운데 이 전설적 노획물의 일부를 런던 거리를 통해 운반하는 데 마차 32대가 필요했다. 영국인들에게 그것은 "모든 대양의 포상금"이었다.

중국에서 에스파냐로 이어지는 긴 사슬의 연결고리인 마닐라와 아카풀코, 멕시코시티, 베라크루스에, 연간 갤리언선 운항에 따르는 그러한 총손실은 놀라울 정도였다. 1638년, 에스파냐가 건조한 마닐라 갤리언선으로는 가장 컸던 2000톤급의 세뇨라데라콘셉시오호가 마리아나제도를 지나다가 암초에 부딪혔다. 배는 중국의 비단과 자기, 인도의 면직물, 캄보디아의 상아, 보르네오의 캠퍼, 향신료제도의 계피와 후추와 정향, 버마(미얀마)와 실론과 시암의 보석을 싣고 있었다. 손실은 엄청났지만 어느 정도였는지 계산은 불가능했다. 마닐라에 적하 목록이 없다는 사실은 대대적 비리를 암시했다. 그다음, 아카풀코에서 은을 싣고 돌아오던 산암브로시오호는 루손섬 인근에서 침몰했다. 그다음으로 마닐라에서 출항한 갤리언선이 일본 인근에서 침몰해 불운의 악순환이 심화되었다. 이 삼중의 재난으로 마닐라는 마비가 되었다. 수만 톤의 은이 도착하지 못한 것이다. 이로 인해 중국의 정크선에 실려 마닐라로 들어온 상품의 대금을 치를 수가 없었다. 교역은 중단되었다. 그 결과로 중국인 거류지에서 폭동이 일어났고, 에스파냐 총독이 학살을 자행해 도시가 거의 파괴될 지경에 이르렀다.

들어오고 나가는 물동량의 규모는 어마어마했다. 17세기 전반에 태평양을 건너 마닐라에 들어온 은은 100만 킬로그램의 4분의 3 정도로,

약 800톤으로 추산되었다. 밀수가 성행했음을 감안하면 실제로는 그 두 배는 되었을 것이다. 그 반대 방향으로 나간 물품은 다른 무엇보다도 비단이었다. 세뇨라데라콘셉시오호가 난파할 당시 갤리언선은 한 번에 약 30톤에서 50톤 사이를 운송했다. 고급 직물의 수요는 그치지 않았다.

비단과 은의 교환은 16세기 세계의 역동적 교역의 발달을 관통하는 씨줄과 날줄이었다. 포르투갈인들이 세계적인 공급망의 다른 고리를 제공했다. 1557년 명나라가 일본과의 직접 교역을 금지했을 때, 마카오는 이익을 거두기에 좋은 장소였다. 일본에는 은광이 가동 중이었고, 명나라에는 일본이 원하는 질 좋은 비단이 있었다. 그 사이를 포르투갈 상인들이 비집고 들어와 교역을 촉진했다. 그들은 이제 연간 두 차례 열리는 광저우 견본시장에 정기적으로 참가해 물건을 사고 팔 수 있었다. 1571년 포르투갈 상인들은 제수이트회와 협력해 나가사키 항구를 사용할 권리를 획득했다. 마닐라의 갤리언선에 상응하는 포르투갈 선박 즉 '아마콘亞媽閣(마카오)의 큰 배'는 에스파냐 항해의 거선과 맞먹는 크기의 벌크 화물 수송선이었다. 그 배는 해마다 왕복 항해를 했다. 고아에서 출발해 마카오에 들러 비단과 이런저런 상품을 싣고 일본으로 갔고, 은을 싣고 돌아오는 길에 명나라 시장에서 무기와 세련된 공예품 즉 검, 창, 칠기, 금박 병풍을 구입했다. 은은 명나라로 흘러들어갔고, 다른 상품들은 마닐라로 왔다가 다른 곳으로 밀수되거나 긴 뱃길을 지나 포르투갈로 흘러들어갔다. 마카오는 엄청난 이익을 내는 짧은 거리의 삼각무역(중국-마카오-나가사키-마카오-중국)에서 중심지가 되었다.

16
세계화

 명나라 시대의 어느 관리는 내륙의 수로를 통한 수송이 육상 수송보다 비용이 30퍼센트에서 40퍼센트까지 적게 든다고 계산했다. 해상으로 운송하면 그 비용이 70퍼센트에서 80퍼센트까지 줄어들었다. 선박으로 운송하면 고대 실크로드를 터벅터벅 걸어간 낙타로 운송하는 것보다 더 빠르고 경제적이었다. 16세기에는 연결의 속도가 더욱 빨라졌다. 1600년경 지구상의 모든 대륙은 세계를 일주하는 해로가 등장하고 중국의 주도로 은이 세계 통화로 부상하면서 서로 교역할 수 있었다. 그 핵심적 연결점은 리스본, 고아, 믈라카, 마카오, 광저우, 나가사키, 마닐라, 아카풀코, 멕시코시티, 베라크루스, 세비야였다. 태평양을 건너는 확실한 귀환항로의 발견이 이 해상 연결의 마지막 단추였다.
 잠시도 가만히 있지 못한 유럽인들이 여러 대양을 한데 엮는 데는 불과 80년밖에 걸리지 않았다. 콜럼버스부터 시작해 바스쿠 다가마, 마젤란, 우르다네타, 그리고 포르투갈인들의 중국과 일본 항해까지, 유럽인들은 지구상의 항해할 수 있는 바다는 다 돌아다녔다. 유럽인들은 북위 70도부터(윌러비와 챈슬러의 북극권 탐사) 남위 54도까지(마젤란의 항해) 지구상의 바다를 정밀하게 조사했다. 에스파냐인들의 마닐라 건설은 이와 같이 유럽이 유럽 밖으로 폭발적으로 퍼져나간 과정의 정점이었다. 이는 해상에서의 통신과 교통의 기술이 가져온 성취였다. 그 과정에서 유럽인들은 지도를 제작했고 지구가 구체라는 사실을 지도책과 지구의에 모사했다. 인간은 이제 세계를 시각적으로 표현하고 그 범위를 파악할 수 있게 되었다.

거의 하룻밤 새에, 마닐라는 주요한 화물집산지가 되었다. 마닐라는 전통적 역내 교역망에 이미 접속되어 있었지만, 이제는 더 넓은 세계에 연결되었다. 1620년경 마닐라의 인구는 4만 2000명으로 마르세유나 바르셀로나의 인구와 비슷했다. 마닐라는 아주 먼 곳까지 연결되었고, 그 주민들은 세계주의적이었으며, 그 상업 활동의 일정은 대양의 바람이 지배했다. 마닐라는 소비자의 욕구를 자극하기에 알맞은 위치에 있었다. 10월부터 4월까지 일본의 배들이 칠기, 은, 고운 비단을 싣고 왔다. 포르투갈인들은 믈라카에서 인도산 직물과 오스만제국의 양탄자와 보석을 가지고 왔다. 현지에 깊이 뿌리 내린 아시아 교역 상대국들(보르네오, 캄보디아, 시암)에서 코뿔소 뿔, 야자나무 잎으로 정교하게 짠 돗자리, 흑자黑磁를 실은 배들이 도착했다. 아르메니아 상인들도 왔으며, 비단과 자기 같은 핵심 상품에 더해 금, 사향, 상아, 호박단琥珀緞, taffeta, 능직綾織, 루비, 사파이어, 살아 있는 동물을 실은 중국 정크선들이 특히 많았다. 아카풀코에서 많은 양의 은을 싣고 온 갤리언선이 마닐라의 항구인 카비테에 정박하면, 주민들이 모여들어 뜨겁게 거래했다. 6월 말이면 갤리언선 한두 척이 소비자들에게 인기가 많은 상품을 싣고 누에바 에스파냐로의 귀환을 시작한다. 생사生絲, 자기와 더불어 향신료(정향, 후추, 계피), 상아, 일본의 병풍과 검, 페르시아의 양탄자와 비단, 벨벳, 능직, 호박단 같은 호화로운 완제품 직물을 같이 실었다. 동시에 일본인들도 중국산 비단, 사슴가죽, 금, 꿀을 싣고 본국으로 돌아갔다. 마닐라 도시 자체는 소비가 헤프고 복장의 혁신이 나타난 곳이 되었다. 마닐라에서는 캠퍼, 유향, 방향수제 같은 이국적인 향수를 사용했고, 만틸라mantilla, 머릿기름, 수놓은 숄, 일본식 부채, 단추, 주머니 같은 혁신이 등장했다.* 중요한 것은 중국 시장에 쓸 은이었다. 은이 세계무역의 바퀴를 돌렸다.

이 과정의 반향은 세계 곳곳에서 감지되었다. 은의 길이 닿지 않은 곳은 없었다. 어디서나 은의 존재가 느껴졌다. 멕시코시티에서는 부가 뚜렷하게 드러났다. 그 도시는 온 세계와 연결되어 있다는 느낌을 주었다. 멕시코시티의 계관시인 베르나르도 데 발부에나는 그곳을 "유명한 도시, 완벽의 중심, 세계의 경첩"이라고 불렀다.** 잉글랜드인 여행자 토머스 게이지는 1625년 멕시코시티를 방문하고는 눈이 어찔어찔해 휘청휘청했다.

---

* 만틸라는 에스파냐, 멕시코, 이탈리아 등지에서 여성이 의례적으로 머리에서부터 어깨까지 덮어쓰는 쓰개다.
** 에스파냐어 원어는 "ciudad famosa, centro de perfección, del mundo el quicio"다.

교역청은 예외겠지만, 그곳은 세계에서 가장 부유한 도시 중 하나였다. 에스파냐뿐만 아니라 기독교 세계 대부분의 최고 상품을 실은 배가 매년 스무 척이 에스파냐를 출발해 '북쪽 바다'(대서양)를 건너 그곳으로 온다. '남쪽 바다'(태평양)를 통해서는 페루 곳곳에서 그 도시로 물자가 들어온다. 특히 그 도시는 동인도제도와 교역하며, 그뿐만 아니라 일본과 중국은 물론이고 포르투갈인들이 거주하는 곳에서도 상품이 들어온다. 그 도시는 해마다 커다란 갤리언선 두 척과 좀 더 작은 배 두 척을 필리핀제도로 보내며 매년 그러한 배들이 그곳으로 돌아온다.[1]

멕시코시티의 구조는 웅장했다. "그 건물들은 돌과 매우 단단한 벽돌로 지어졌다. … 거리는 매우 넓고, 가장 좁은 길에서도 마차 세 대가 지나갈 수 있으며, 넓은 길에서는 여섯 대가 횡으로 지나간다." 마차 자체도 사치스럽게 장식했다. "그들은 마차를 호화롭게 치장하는 데 은이든 금이든 어떤 귀금속이든 아끼지 않는다. 금사金絲 직물도 중국 최고의 비단도 아낌없이 쓴다. … 기독교 세계의 거리는 너비나 청결함에서 그곳의 거리와 비교가 되지 않는다. 특히 그곳을 인상적으로 보이게 하는 상점들의 화려함에는 비할 수 없다." 분별력 있는 프로테스탄트였던 게이지는 사치스럽게 꾸민 그 주민들의 겉모습에 큰 충격을 받았다. "남녀를 불문하고 옷을 과하게 차려입었다. 모직물과 면보다 비단을 더 많이 쓴다. 귀금속과 진주는 이 헛된 과시의 수준을 한층 더 높인다. 신사의 모자에는 흔히 띠가 둘려져 있고 다이아몬드로 만든 장미가 부착되어 있다." 모자에 진주로 만든 띠를 두른 상인들은 좀처럼 눈썹을 치켜올리지 않는다. 게이지는 여성 의복의 직물 소재, 장식,

착용 방식을 상세히 묘사하면서 못마땅해 한다. 심지어는 하인으로 일하는 흑인 노예들까지도 한껏 꾸몄다. "열두 명에서 여섯 명이 그들을 시중들었는데, 금과 은으로 된 레이스를 묵직하게 매단 멋지고 화려한 제복을 입었고 검은빛의 다리에는 긴 비단 양말을 신었으며, 발에는 장미꽃을 매달았고, 허리춤에는 검을 찼다." 금세공인들의 거리에는 상점들이 있었는데, "한 시간이 채 지나지 않아도 수백만 파운드에 값하는 금, 은, 진주, 보석을 한눈에 볼 수 있다." 그는 교회의 부에 대해서도 비슷하게 놀랐다. "아름다운 건물들, 내부의 제단을 장식한 부는 가격으로 보나 가치로 보나 엄청났다. … 성인들에게 속한 보석, 금관과 은관, 금과 수정으로 된 벽감실 … 이 모든 것은 어지간한 은 광산 하나의 가치가 있다." 게이지는 부에 충격을 받았고 과시에 질렸다. 그는 이렇게 신랄하게 썼다. "나는 멕시코에서 마차, 말, 거리, 여인, 의복이 많은 것이 매우 불안정하며 그 자부심 강한 주민들이 미끄러지고 넘어지리라는 것을 의심하지 않는다."[2]

거미줄처럼 얽힌 교역의 지도는 통상의 바퀴에 기름을 칠한 은과 더불어 점점 더 확대되었다. 그 잔잔한 물결은 유럽까지 퍼졌다. 그 과정을 지배한 것은 중국 경제의 쌍둥이 같은 요소였다. 은을 갈구하는 욕망과 그 막대한 제조 능력이다. 중국의 상징적 제품으로 투명과 반투명의 멋진 광택과 청명한 푸른빛이 도는 자기는 그 누구도 모방할 수 없는 것으로서 세계를 사로잡았다. 1573년, 상품을 실은 갤리언선이 처음으로 태평양을 건너고 2년이 지난 후, 마닐라 갤리언선 두 척이 아카풀코에 중국산 자기 2만 2000개를 하역했다. 톱카프궁전의 오스만 제국 술탄들은 중국산 자기를 병적으로 집요하게 수집했다. 1608년,

네덜란드동인도회사가 그 시장에 진입해 10만 개를 대량으로 주문했다. 1614년이 되면 중국산 자기는 암스테르담에서 일상적으로 쓰였으며 네덜란드 정물화에 빠지지 않는 기본 요소가 되었다. 네덜란드의 중국산 자기 수입량은 반세기 만에 300만 개에 가까워졌다. 1623년 이 자기를 가리키는 말로 '차이나china'가 영어사전에 등재되었다.

세계 곳곳에 흩어져 있는 명나라 도자기 파편이 그 편재성을 증언한다. 그 파편은 해발 1만 5000피트(약 4570미터)의 안데스산맥 고지대에서, 케냐의 해안에서, 인도 서부의 해상 무역 교역소에서, 누에스트라세뇨라데라콘셉시온호가 극적인 난파로 침몰한 태평양의 섬 사이판의 해변에서 발견되었다. 중국 자기는 동남아시아, 시리아, 이라크, 이집트에도 있었다. 중국 제조업의 규모는 방대했다. 18세기, 100만 명의 인구를 가진 중국의 자기 도시 징더전에는 3000개의 가마가 있었다. 중국인들은 시장을 이해했으며 빠르게 적응했다. 그들은 오스만제국을 위해 쿠란의 구절을 새긴 그릇을 제작했으며, 포르투갈 국왕 마누엘 1세를 위해 그의 문장을 새겨 넣은 식기류를 제작했다. 일찍이 1530년대에 포르투갈의 귀족들은 구체적인 요구 사항을 담아 식기류를 주문했다. 당시 포르투갈은 연간 4만 개에서 6만 개의 자기를 수입했으며, 귀족들은 중국의 다른 주요 수출품인 비단옷을 입고 중국산 차를 마셨다. 1580년대에 리스본의 거리에는 중국 자기만 전문으로 판매하는 상점이 최소한 여섯 군데 있었다.

16세기가 끝날 무렵 세계경제가 출현하고 있었고, 그 통화는 은이었다. 요하너스 페르메이르가 1664년경에 델프트의 집에서 그린 〈저울을 들고 있는 여인Vrouw met weegschaal〉은 백 년 전 가스파르 다 크루스가 중국인들이 하는 것을 보았듯이 은의 무게를 재고 있다. 제수이트 회 선교사 마테오 리치가 1602년 명나라 황제를 위해 세계지도인 곤여만국전도坤輿萬國全圖를 제작했을 때, 그 지도는 중국에 처음으로 아메리카를 보여주었을 뿐만 아니라 포토시산도 표시했다. 에스파냐의 은화인 《보물섬Treasure Island》(로버트 루이스 스티븐슨, 1883)의 8레알 은화는 휴대하기 가장 좋은 은이 되었다. 그것은 세계 통화였다. 미국의 달러는 그 후손이다.

동시에 '콜럼버스의 교환'(아메리카와 유럽 사이에서 작물과 인간이 이동한 것)은 중국까지 연장되었다. '마젤란의 교환'이라고 할 수 있겠다. 선박들은 식물 이동의 매개체였다. 중국으로의 경로는 둘이었다. 누에바에스파냐에서 마닐라 갤리언선을 이용하는 경로와, 포르투갈에서 인도양을 거쳐가는 경로였다. 다른 곳과 마찬가지로, 그러한 교환은 중국에도 생태학적으로 새로운 상황을 가져왔다. 멕시코에 정향을 이식하려던 에르난 코르테스의 앞선 시도는 잘 진척되지 않았지만, 다른 방향으로 이동한 식물들은 그보다 더 성공적이었다. 마닐라 갤리언선은 필리핀제도에 카카오, 옥수수, 파파야, 땅콩, 고추, 호박, 사탕수수, 담배, 토마토를 들여왔다. 아카풀코에서 서쪽으로의 항해가 더욱 빨라졌기에 말과 신대륙의 가축도 마닐라로 운송되었다. 새 주요 곡물 일부는 중국에도 도입되어 그 나라의 식생활을 급격하게 바꿔놓는다. 고구마, 옥수수, 땅콩은 큰 도움이 되었다. 중국의 인구는 18세기에 1억 5000만 명에서 3억 명으로 두 배가 되었다. 조생종 볍씨의 보급으로 연간 쌀 수확량이 증가했으며, 아메리카에서 새로 수입된 작물들이 쌀 수확기 사이에 중국의 식생활을 뒷받침하면서 이를 보충했다. 경작지는 50퍼센트 증가했다. 17세기에는 담배가 마카오와 필리핀을 거쳐 중국과 일본에 전해져 널리 받아들여졌다. 니코틴의 유행은 더욱 해로운 흡입제로 이어졌다. 얼마 지나지 않아 네덜란드인들이 인도에서 그 지역으로 아편을 들여왔다. 이는 향후 장기간에 걸쳐 중국에서 사회적, 정치적 귀결을 낳는다.

생산물, 식료품, 조리법, 유전 물질의 원거리 교역은 일종의 연쇄반응을 통해 사방으로 확산되었다. 제수이트회는 포르투갈에 중국 돼지를 들여왔다. 북아프리카의 파이filo pastry는 인도에서 사모사samosa가 되고 중국에서 춘권春卷이 되었다. 칠리chilli는 중국 요리에 새로운 요소를 첨가했다. 중국 남부의 장군풀[대황大黃]과 일본의 온주밀감溫州蜜柑은 유럽으로 건너갔다. 일본의 전통 조리법 덴푸라天婦羅(반죽해 튀기는 요리 기법)는 채소를 튀기는 포르투갈의 기술을 거쳐 전래되었다. "다네가시마 총"보다 더 좋은 선물이다. "덴푸라"는 라틴어 "템포라tempora"가 전와되었을 가능성이 크다. "템포라"는 사순절 기간에 육식을 금하는 "기간"이라는 뜻인데, 그 나라에 선교사의 영향력이 미쳤다는 증거다 이 미감味感과 식료품은 선박을 통해 급속히 퍼졌다.

유럽인들은 아시아의 깊이 뿌리 내린 여러 교역 형태에 진입해 그것들을 확장했다. 교류의 네트워크는 점점 더 복잡해져, 여러 문화와 시각적 이미지, 민족을 혼합했고, 기술과 질병을, 즉 천연두와 아스트롤라베, 매독과 해도를 혼합했다. 역사가 존 러셀우드는 당시에 나타난 복잡한 성격의 교역을 사례를 들어 복원했다. 플란데런에서 제작된 시계는 리스본을 통해 수출될 수 있었다. 포르투갈의 요충지 고아로 운송된 그 시계는 구매자를 찾지 못하고 말레이반도의 믈라카로 들어간 뒤 백단과(십중팔구 티모르에서 온 목재일 것이다) 교환되었다. 백단은 마카오로 운송되어 금을 받고 판매되었다. 그 금은 포르투갈 중개인들이 나가사키로 가져가 귀한 공예품과 그림병풍을 구매하는 데 쓰였다. 그 공예품은 다시 고아로 운반되었고, 종국에는 리스본으로 들어갔다. 모로코에서 팔린 정향은 테르나테를 출발해 믈라카와 코친을 거쳐 리스본에 도착했고 밀과 교환되어 서아프리카까지 갔다. 베네치아의 유리구슬과 플란데런의 변기는 아프리카 서부 해안으로 운송되어 고추, 금, 원숭이와 교환되었고, 이것들은 브리스틀, 안트베르펀, 제노바로 선적되었다.

이러한 교역의 이익은 엄청났다. 16세기 상인의 상상력에 불을 댕긴 것은 원래 향신료에서 나온 이윤이었다. 광범위한 해상 연결은 돈으로 돈을 버는 것이 가능하다는 사실을 증명했다. 세계 곳곳에서 금과 은의 가치가 상대적으로 차이가 난다는 사실이 인식되면서 재정거래裁定去來〔차익거래〕라는 새로운 기회가 열렸다. 이는 오늘날의 통화 시장의 예고편이었다. 중국에서 은의 가격은 유럽에 비해 두 배였다. 유럽에서 금을 매입한 뒤 은으로 바꿔 중국으로 가져가면 처음보다 갑절 많은 금을 갖고 돌아올 수 있었다.

배는 식료품과 통화뿐만 아니라 사람도 실어 날랐다. 마치 명나라 도자기 파편처럼, 인간의 DNA도 혼혈인 사회, 시장 개척, 우연한 만남을 통해 세계 곳곳으로 퍼지고 있었다. 선원들은 가는 곳마다 흔적을 남겼다. 폴리네시아의 어느 환초에서 청동 대포들이 발견된 것은 그곳 섬들에 바스크인이 있었음을 보여주는 단서일 수 있다. 아마도 폭풍우로 로아이사 함대에서 떨어져나간 카라벨선 산레스메소호의 대포들일 것이다. 16세기에 사람의 대규모 이동은 강압으로 시작되었다. 포르투갈인들이 라플라타강을 통해 밀수한 포토시의 은은 대양 노예무역의 첫 번째 물결에서 중요한 역할을 했다. 아프리카인의 아메리카 수출에 대금으로 지급된 것이다. 토머스 게이지가 멕시코시티에서 목격한 노예가 된 흑인 하인들은, 부유한 에스파냐인 소유주들이 화려한 옷을 입혀 색다른 인간 장난감으로 삼은 흑인 하인들은 은의 세계적 효용이 낳은 희생자였다. 17세기에 멕시코시티에는 2만 명에서 4만 명 사이의 노예가 된 아프리카인이 있었다. 많은 사람이 브라질의 숲과 플랜테이션 농장에서 등골이 휘는 노동으로 착취를 당했으며, 안데스산맥의 원주민들은 포토시의 지옥 같은 구덩이에 갇혀 헤어나지 못했다. 그들의 강제노동으로 채굴된 은이 노예제라는 기계를 돌렸다. 은은 세계 곳곳으로 서서히 퍼져나가 변화를 일으켰다. 일본에서는 '다네가시마 총' 덕분에 도쿠가와 바쿠후의 쇼군이 경쟁자들을 물리치고 나라를 통일할 수 있었겠지만, 그 승리는 나라의 은광을 장악한 때문에 가능했다.

해상 연결은 또한 세계의 여러 민족을 서로 만날 수 있게 했다. 유럽인들이 중국인들을 다르게 보았다면, 가스파르 다 크루스의 눈에 비쳤듯이 작은 눈에 수염이 없는 넓적한 얼굴이어서 못생겼다고 생각했다면, 중국인들은 같은 말로 되갚아주었다. 유럽인들은 눈이 둥글고 수염이 덥수룩한 추한 짐승이었다. 일본인들은 난반진을 자세히 조사했다. 아름답게 채색된 병풍에서 유럽인들의 선박, 부풀어 오른 판탈롱, 기이한 모자를 우스꽝스럽게 세세히 묘사했고, 검은색의 긴 옷을 입은 제수이트회 수사들의 이상한 겉모습은 물론이고 그들의 몸에 박인 버릇과 커다란 코를 풍자했다. 교역이 이루어진 세계 도처에서 동반구와

서반구가 서로 연결되어 있다는 인식을 반영하는 이미지와 공예품이 나타났다. 유럽인이 건너간 곳의 많은 문화가 복합적 성격의 예술품을 만들어냈다. 분명히 중국인처럼 보이는 성모자 조각상, 힌두교의 신들에 유럽 왕들의 모습과 알브레히트 뒤러의 그림에 나타난 이미지를 혼합한 스리랑카의 상아 조각 상자, 고아 미술에 표현된 1인용 가마를 탄 포르투갈 귀족과 무굴제국의 세밀화로 표현된 포르투갈 대사들, 베냉의 청동 십자고상十字苦像과 머스킷총과 석궁을 들고 있는 유럽 병사들의 청동상, 위쪽에 절묘하게 서양의 범선을 조각해 넣은 상아 소금 그릇. 중국 장인들의 창의력과 그들의 제품을 복제하고 시장에 적합하게 바꾸는 능력은 이미 전설적이었다. 마닐라에 있는 종교적 조각상(나무나 상아를 조각해 만든 성모자상, 금으로 된 십자고상, 제단 뒤 벽장식)은 대부분 그 도시의 중국인들이 제작한 것이다. 뒤러는 유럽 밖의 민족들이 보여준 예술성에 감탄했다. "내 평생 이러한 것들보다 더 내 마음을 기쁘게 한 것을 보지 못했다. 그중에는 경이로운 예술 작품들이 있다. 나는 외국 땅에 사는 사람들의 섬세한 창의력에 경탄을 금지 못했다. 정말이지 그곳에서 생각한 것을 말로 다 표현할 수 없다."[3]

유럽은 거대한 대륙들의 가장자리에서 접전을 벌이고 있었다. 16세기 말에 낙관론자들은 마닐라를 거쳐 중국을 침공한다는 발상을 내놓기도 했지만, 믈라카에 발판을 마련한 포르투갈도 마닐라에 거점을 설치한 에스파냐도 거대한 육상 제국들에 상처를 입힐 능력은 없었다. 결국, 상식이 승리했다. 펠리페 2세는 그런 생각을 버렸다. 그는 이미 잉글랜드를 침공하려다 무적함대를 잃었고 더는 어리석은 짓에 돈을 투자할 기분이 아니었다.

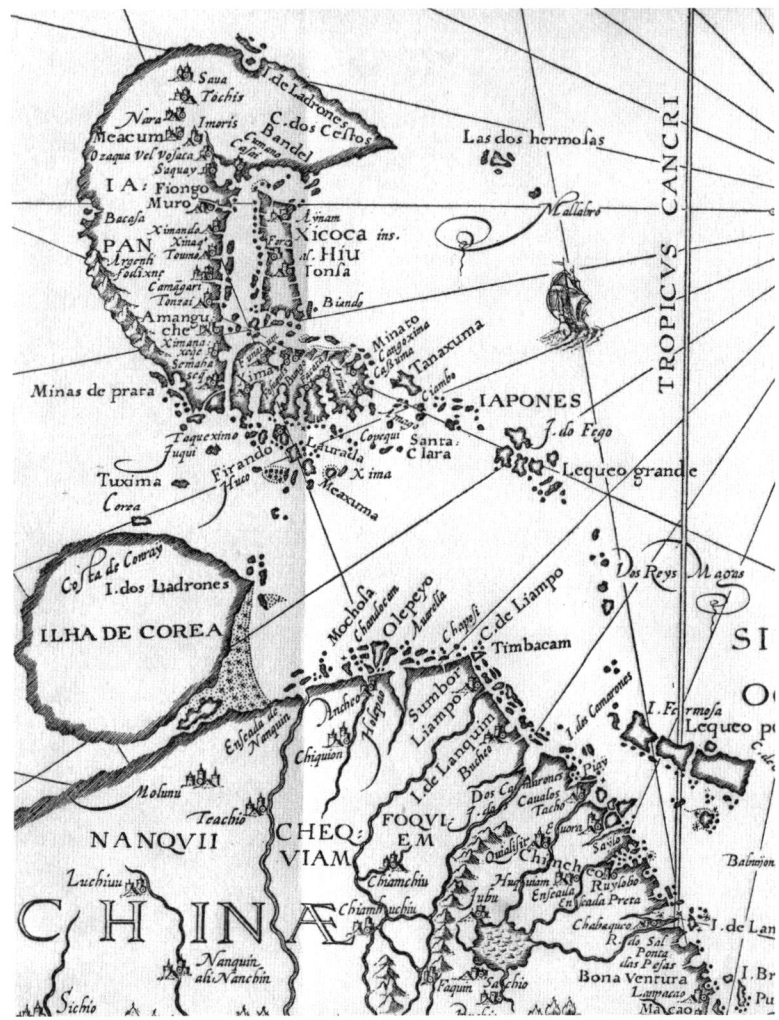

동양으로 가는 항해도. 얀 하위헌 판 린스호턴이 포르투갈인들에게서 훔친 정보를 토대로 제작한 지도에 그려진 중국 해안과 일본으로 가는 해로다. 오른쪽 밑에 마카오가 보인다. 한국은 섬으로 묘사되어 있다. 지도에는 일본의 '은광들Minas de prata'이 표시되어 있다. 다네가시마섬種子島(타나주마Tanaxuma)은 일본 연안 오른쪽에 있다.

16세기는 다른 무엇보다도 정보의 시대였다. 유럽의 인쇄기는 지도와 지구의, 수많은 모험, 용기, 고난, 죽음의 설명을 찍어냈다. 놀라운 이야기들, 수많은 이야기들, 인간의 목소리들이었다. 포르투갈인들에게 난파의 서사는 하나의 장르였다. "비극적인 바다의 역사"였다. 그러나 탐험에 소동이 있기는 했지만 세상의 중심은 중국이었고, 유럽인들은 중국이 원하는 것과 그 산업을 중심으로 돌아갔다. 산업혁명이 오기까지 유럽 강국들은 거대한 육상 제국들의 섬들과 그 주변부를 벗어나지 못했다.

에스파냐와 포르투갈은 16세기 내내 그들만의 축소판 향신료 전쟁을 치렀고 가상의 토르데시야스조약 분할선을 두고 격하게 싸웠다. 그 싸움과 유럽인의 탐험을 촉발한 것은 포르투갈 식물학자 가르시아 드 오르타의 기억에 진하게 남은, 말루쿠제도 해변에서 날아온 향신료의 향기였다. 이베리아반도 국가 간의 경쟁은 1578년 반도에서 멀지 않은 모로코의 전장에서 갑자기 종결되었다. 무슬림을 겨냥한 포르투갈의 망상과도 같은 성전聖戰이 재앙으로 끝난 시점이다. 포르투갈의 젊은 국왕 세바스티앙 1세와 포르투갈 귀족 대부분이 알카세르키비르전투에서 죽음을 맞이했다. 세바스티앙 1세의 직계 후손이 없었기에 그 여파로 포르투갈에서는 왕위 계승 위기가 발생했다. 1580년 펠리페 2세가 에스파냐와 포르투갈 두 나라의 통치자가 되었다. 아시아에서 두 나라의 상업적 이해관계는 여전히 면밀하게 구분되었지만, 양국 간의 경쟁은 종료되었다. 시간이 지나면서 토르데시야스조약 구분선은(쿼크quark처럼 포착하기 어렵다) 무의미해져 사라졌고 지도에 흐릿한 흔적만 남겼다. 이듬해 포르투갈인들은 테르나테에서 쫓겨난다.

이 모든 과정을 촉발한 것은 향신료의 유혹이었다. 향신료는 최초의 전 세계적 교역 상품이자 이상적 상품이었다. 건조된 향신료는 가볍고, 부가가치가 높으며, 긴 항해 동안 선창에 넣어두어도 쉽게 상하지 않는 상품이었다. 그 이윤은 막대했다. 1515년, 리스본에 하역된 향신료 화물의 수익률은 700퍼센트였다. 근대 세계에서 향신료 생산은 세계 곳곳으로 확산된다. 진화생물학의 변덕으로 정향과 육두구는 이제 더는 말레이군도의 몇몇 자그마한 화산섬에 국한되지 않는다. 둘 다 인도네시아 전역과 그 너머의 플랜테이션 농장에서 널리 재배된다. 열대 지방의 다른 나라들도 콜럼버스의 교환과 마젤란의 교환으로 시작된 이러한 식물 전파를 목도했다. 인도와 과테말라는 인도네시아보다 더 많은 육두구를 재배한다. 스리랑카, 마다가스카르, 탄자니아, 베트남, 중국도 부엌의 조미료 찬장을 채운 다양한 향신료 중 몇몇을 생산한다. 이러한 사정을 고려하면, 향신료는 이제 시시해진 것 같다. 과거의 사람들에게 향신료가 그토록 중요했다는 사실이 당혹스럽다. 가스파르 다 크루스는 당시에 향신료가 필수품이 아닌 사치품이라고 생각했다. "후추와 상아는 포르투갈인들이 운반하는 주된 상품이지만 사람들은 그것들 없이도 살 수 있다." 포르투갈인들은 굶주림과 전염병의 빈약한 시대인 중세에서 벗어나면서 사람들을 격려한 것이 아닐까. 그들은 더 나은 삶을 어렴풋이 보여주었다.

16세기 마지막 25년이 되면 말루쿠제도는 참을 만큼 참았다. 포르투갈 총독이 비열하게 테르나테 술탄을 살해했을 때, 말루쿠제도 주민들은 봉기해 포르투갈인들의 요새를 공격하고 그들을 쫓아냈다. 포르투갈인들은 다시 돌아와 티도레에 소소하게 발판을 확보했다. 이번에는 정복자라기보다는 상인으로서. 1579년 프랜시스 드레이크가 테르나테에 도착했을 때, 그는 섬들에 안정을 가져온 신임 술탄 바불라로부터 환대와 큰 감명을 받았다. 말루쿠제도와 반다제도에는 불운하게도 최악의 상황은 아직 오지 않았다. 네덜란드인들의 도착이다.

에필로그

피해

지도가 나오기 전에는 세상은 끝이 없었다. 세상에 형태를 부여하고 영토처럼 보이게 한 것은, 세상을 파괴하고 약탈할 수 있을 뿐만 아니라 소유할 수 있는 것처럼 보이게 한 것은 지도였다. 지도 덕분에 상상력의 언저리에 있는 장소들이 파악할 수 있고 인지할 수 있는 곳처럼 보였다. 나중에 필요성이 생기니, 지리학은 생물학이 되었다. 다가가기 어려운 곳에 원시 상태에 사는 사람들을 지도 위의 다른 곳에 표시할 수 있는 위계적 질서를 구축해야 했기 때문이다.

— 압둘라자크 구르나

몇백 년 뒤, 다른 대양.
1844년 6월 3일, 욘 브란손, 시구르두르 이슬레이프손, 셰틸 셰틸손

세 사람이 아이슬란드 해안에서 조금 떨어진 암석 무인도 엘데이섬에 상륙했다. 이들의 임무는 표본을 원하는 어느 상인의 요청에 따라 바닷새를 포획하는 것이었다. 이슬레이프손은 그날을 잘 기억한다.

> 바위섬은 온통 바다오리[guillemot] 천지였고, 큰바다오리geirfugl도 있었다. … 그들은 천천히 걸었다. 욘 브란손은 두 팔을 벌리고 살금살금 올라갔다. 욘이 잡은 새는 구석으로 숨었지만 [내가 잡은 새는] 벼랑 끝으로 가고 있었다. 마치 사람처럼 걸어갔지만 … 발의 움직임이 빨랐다. [나는] 수 패덤[10여 미터] 높이로 급경사를 이룬 벼랑 가까이에서 그 새를 잡았다. 두 날개는 몸통 옆에 바짝 붙어 있었다. 바깥쪽으로 돌출해 있지 않았다. 목을 잡으니 날개를 퍼덕거렸다. 울지는 않았다. 나는 목을 졸라 죽였다.[1]

이러한 행위로 이 세상의 마지막 큰바다오리는 울음소리도 없이 죽었다. 셰틸손은 그 새의 알을 장홧발로 짓이겼다. 날지 못하는 이 커다란 바닷새는 한때 북대서양 해안에서 수백만 마리를 헤아렸지만 주로 선원들에 의해서 멸종에 내몰렸다. 역설적이게도 큰바다오리의 마지막 번식지는 지구 자체의 배신으로 사라졌다. 큰바다오리들은 게이르퓌글라스케르(큰바다오리 바위섬)라는 자그마한 섬에서 안전하게 지냈다. 바다 위로 우뚝 솟아 있어서 인간이 들어갈 수 없는 곳이었다. 1830년 그 섬은 화산 폭발로 없어졌고, 새들은 인근의 엘데이섬으로 이동했다가 최후를 맞았다.

큰바다오리의 운명은 좀처럼 잊히지 않는다. 그 일은 멸종의 상징이 되었다. 앞으로 닥칠 일을 미리 경고한 것으로 생태학적 범죄의 시작이었다. 작가 허레이쇼 클레어에게 큰바다오리를 잃은 것은 이제는 인간이 여러 대양을 완전히 장악하고 있음을 보여주는 신호였다. 큰바다오리의 소멸은 지구의 포위라는 긴 과정의 종장終章에 닥쳤다. 16세기의 탐험은 그 과정의 시작을 알리는 순간이었다. 유럽인의 항해가 외부 세계와 만나 그 가장 먼 곳까지 탐험하고 착취하던 때였다. 역사가 데이비드 아불라피아의 말을 빌리자면 '대大가속Great Acceleration'의 순간이다. 유럽인들의 이야기에는 자신들을 놀라게 하고 자극하고 기쁘게 한 자연 세계와 만난 이야기가 많지만, 그들은 그 세계를 전리품으로, 고갈되지 않는 천연자원으로 보기도 했다. 큰바다오리는 당시 이미 그 수가 줄어들고 있었다. 1553년 큰바다오리는 공식적으로 보호를 받게 되었다. 이는 앞을 내다본 조치였지만 무용지물이었다. 큰바다오리는 베갯속으로 쓰기에 너무도 이상적인 깃털을 갖고 있었기 때문이다.

19세기 박물학자 앨프리드 러셀 월리스는 말루쿠제도와 말레이군도에 여덟 달 동안 머물면서 찰스 다윈과는 별개로 진화론을 개진했다. 그는 그 자연 세계의 놀라운 생식력을 연구하고 찬미했다. 이 경우에도 모순은 있다. 월리스는 부자가 아니었다. 그는 표본을 사냥하거나 덫으로 잡아 영국의 대리인에게 보내 박물관과 수집가에게 팔아서 열대의 한가운데에서 지내는 데 필요한 자금을 충당했다.

서식지의 파괴와 함께 사람도 죽어나갔다. 은의 벼락 경기와 세계경제의 팽창을 추적한 18세기 영국 경제학자 애덤 스미스는 이러한 손실을 분명하게 이해했다. "그러나 원주민들에게, 동인도의 원주민과 서인도의 원주민 모두에게, 그러한 사건들의 결과로 생긴 상업적 이익은 그들이 빈번히 겪은 끔찍한 불행 속에 잠겨 잊혔다."[2] 중국과 일본은

자연 세계를 무한한 자원이라고 인식한 뱃사람들의 펭귄 사냥. 초기 유럽 탐험대는 전부 대양, 대륙, 섬들의 놀라운 풍요로움을 뜯어내 생계를 유지할 수 있으리라고 생각했다. 나중에 포경과 벌목 같은 대규모 자원 수탈은 산업화한 공정이 된다.

범선 기술과 화약 무기를 앞세운 유럽인들의 진격에 저항했다. 저항하지 못한 자들도 있었다. 유럽인들은 그들을 차례대로 제거했다. 말레이군도와 태평양 섬들 주민들의 혈맹 의식을 그곳을 찾아간 자들은 잘못 이해했다. 현지 주민들에게 그것은 교역을 가능하게 할 수 있는, 동등한 자들 간의 친선 조약이었다. 그들의 땅에 깃발을 꽂은 유럽인들에게 그것은 복종에 이르는 첫 걸음이었다. 섬사람들은 촌락이나 부족보다 큰 정치적 단위를 이루지 못하고 문화와 언어가 통일되지 못한 탓에 유럽인의 손쉬운 먹이가 되었다. 섬사람들은 흩어져 있는 화산섬들에 자생하는 정향과 육두구만큼이나 통합된 개체를 형성하지 못했다. 이는 진화 과정의 문화적 표현이었다. 제수이트회의 어느 수사는 펠리페 2세에게 이렇게 설명했다. "하느님이 그들을 작게 나누어 차례대로 먹히도록 한 것 같습니다."³ 이는 원주민의 운명이 기독교 신의 의로운 계획이라고 암시하는 것이다. 많지는 않았지만 몇몇은 시비를 걸었다. 아우구스티누스회 수사 마르틴 데 라다는 필리핀 사람들을 약탈하는 데 반대했다. 그는 원주민이 유럽인의 도래에 관해 스스로 결정해야 한다고 주장했다.

당대에 목소리를 높여 가장 집요하게 비판한 사람은 바야돌리드에서 마젤란을 인터뷰한 바르톨로메 데 라스 카사스였다. 그는 아메리카에서 이미 발생한 잔학 행위를, 강제노동, 노예제, 집단학살, 파멸적 질병을 직접 목도했다. 이러한 것들이 합해서 초래한 원주민 인구 붕괴는 거의 절대적이었다. 인구의 90퍼센트가 100년 만에 소멸했다. "나는 보았다. … 그 누구도 보지 못했고 앞으로 보리라고 기대할 수도 없는 대규모의 잔학 행위를."⁴ 그는 원주민을 옹호했다. 원주민을 인류의 등급에서 낮은 칸에 밀어 넣어서는 안 된다는 것이었다.

> 우리의 동인도와 서인도에 사는 모든 사람은 인간이다. 자연적으로 보나 인간적으로 보나, 믿음의 빛이 없어도 그들은 인간이다. 그들만의 많은 공화국, 장소, 마을, 도시를 갖고 있으며 형편도 좋다. 정치적으로나 사회적으로 살아가는 데 부족한 것이 없으며 행복한 문명 생활을 누리고 있다. … 그들은 문명을 갖추었다고 널리 알려진 이 세계의 여러 민족과 동등하며 다른 많은 민족보다 우월하고 그 어떤 민족보다 열등하지 않다. 그들은 그리스인과 로마인과 비등하며, 여러 좋고 훌륭한 관습에서 이들보다 뛰어나다.⁵

남아메리카와 말레이군도에서 부족 사회를 연구할 기회를 충분히 가졌던 앨프리드 러셀 월리스는 이와 유사한 비교를 했다. 그는 빅토리아 시대의 우월감에 젖은 사람이지만 산업화한 19세기 금권정치의 불평등에 찬성하지 않았다.

이제 매우 낮은 단계의 문명에 사는 사람들 중에서 그렇게 완벽한 사회 상태에 근접한 자들을 발견하다니 무척 신기하다. 나는 남아메리카와 동양의 야만인 사회에서 지냈다. 그들은 법이나 법정이 없지만 촌락의 여론은 자유롭게 표현된다. 모든 사람은 양심적으로 다른 사람의 권리를 존중하며, 그러한 권리를 침해하는 일은 드물거나 전혀 발생하지 않는다. 그러한 사회에서는 모두가 거의 평등하다. 크게 구분되는 사람들이 없다. 교육받은 사람과 무지한 사람, 부자와 가난한 사람, 주인과 하인의 구분도 없다. 그런 것은 우리 문명의 산물이다. 널리 퍼진 노동 분업도 없다. 그것은 부를 늘리기는 하지만 또한 이해관계의 충돌도 낳는다. 문명국에 조밀하게 모여 사는 사람들이 불가피하게 겪을 수밖에 없는 생존이나 부를 위한 극심한 경쟁과 투쟁도 없다.[6]

향신료제도에는 포르투갈인들이 축출된 후 더 나쁜 일이 닥친다. 이베리아반도 사람들이 국왕의 후원을 받아 진출한 시기는 대체로 잔혹했고 결코 효율적이지 않았다. 그 뒤를 이은 것은 '문명화'나 개종의 임무가 없는, 더 가혹한 사사로운 상인 회사들이었다. 다음 세기에 이들을 밀어내고 들어온 네덜란드동인도회사는 폭력의 체계적 사용을 통해 향신료 시장을 완전히 독점하려 했다. 네덜란드동인도회사는 국가

안의 국가로 움직였다. 엄청난 힘과 재원을 갖춘 자율적인 다국적기업의 전신이었다. 그 집중적이고 무자비한 접근 방식은 원주민과 우호적 관계를 모색하는 것은 쓸데없다는 믿음에서 비롯했다. 그러한 정책의 입안자인 냉혹한 인물 얀 피터르송 쿤은 동료 투자자들에게 아주 노골적으로 말했다. "신사 분들, 아시아에서의 교역은 무기의 보호와 도움으로 수행하고 유지해야 한다는 것을 경험으로 배워야 합니다. 그러한 무기는 교역으로 획득한 이윤으로 휘둘러야 합니다. 그러하니 교역은 전쟁 없이 유지할 수 없고 전쟁은 교역 없이 유지할 수 없습니다."[7]

네덜란드동인도회사는 반다제도 주민을 학살했고, 경쟁 관계에 있는 섬들의 육두구 플랜테이션 농장을 파괴했으며, 몰래 거래했다는 이유로 원주민을 가혹하게 처벌했다. 그들은 향신료 교역을 거의 완벽하게 독점했기에 막대한 이익을 거두었다. 네덜란드의 황금시대는, 그 시대의 건물, 운하, 렘브란트의 그림, 과학, 프로테스탄트 계몽운동은 부분적으로는 말레이군도 사람들의 고통으로 일궈낸 것이다.

앞서 포르투갈인들은 더 이상적으로 원거리 교역의 상호 이익을 옹호했다. "국왕 동 마누엘이 그러한 발견을 하고 싶었던 주된 의도는 그 지역의 왕가들과 생각을 주고받아 교역을 발전시키는 것이었다. 그것은 인간의 필요에서 비롯한 행위요 상호 간의 의사소통을 통한 선린 관계에 의존하는 행위다."[8] '상인 모험가들'도 챈슬러에게 맡긴 과제에서 그렇게 주장했다. 챈슬러의 임무는 "세계의 북동쪽 지역에 거하는 왕들, 군주들, 여타 유력자들"과 교섭해 "… 우리에게 부족한 것을 찾고 또한 그들에게 없는 우리 지역의 산물을 전하는 것"이었다. 두 경우에 공히 상호 간에 사회 발전과 정치 조직의 수준이 어울린다는 가정이 전제되었다. 향신료제도나 필리핀제도의 주민들에게는 그 어떤 가정도 적용되지 않았다.

16세기의 세계가 본격적으로 연결된 것은 분명코 이익을 낳았다. 작물의 이동을 통해 식생활이 개선되었고, 지식과 기술과 물자가 전래되어 여러 민족에 큰 편리함과 번영을 가져다주었으며, 초기에 아메리카 원주민이 끔찍한 참화를 겪었지만 질병에 대한 면역이 생겨나 인구가 탄력적으로 회복되었다. 그러나 이러한 혜택은 불평등하게 분배되었고, 향신료 교역과 더불어 시작된 운송 기술과 세계 통화는 그다음으로 나타난 미각 취향의 발달을 촉진한다. 유럽의 설탕 욕구를 채울 장치가 마련된 것이다. 선박, 노예 인력, 플랜테이션 농장, 그 비용을 치를 은이 전부 준비되어 기다리고 있었다.

은은 16세기와 17세기 내내 인간의 통제를 벗어나 들불 번지듯이 번져나갔다. 과잉생산으로 가치는 떨어졌다. 100년 만에 3분의 2가 줄었다. 극심한 인플레이션이 경제를 해쳤다. 생산하는 물품은 너무 적고 은광에 지나치게 의존한 에스파냐는 세계 강국의 지위를 잃었다. 일조편법으로 세금을 은으로 받은 명나라도 무너졌다.

유럽의 초기 항해자들은 태평양을 두려움과 경외심으로 바라보았다. "태평양은 "인간의 정신으로 상상할 수 없는 광대한" 바다였다. 그 크기를 파악하는 데 몇백 년이 걸렸다. 16세기 선원들이 실수로 들어간 섬들, 배가 난파해 표류한 섬들은 19세기에 세계 강국들이 '소유권' 영역으로 분할해 점령했다. 20세기에 태평양은 다시 거대한 싸움터가 되었다. 연합국과 일본 사이 전쟁으로 널리 이름이 알려진 곳들이 있다. 괌, 진주만, 과달카날(태평양의 스탈린그라드), 미드웨이, 이오지마.

테르나테섬의 북쪽 해안에 있는 포르투갈 요새.

에스파냐인들과 포르투갈인들이 자일롤로섬으로 알았던 할마헤라섬에는 6만 2000명의 일본군 병력이 주둔해 작은 전투를 여러 차례 치렀다. 섬은 맥아더 장군의 폭격으로 항복했다. 그 인근의 모로타이섬은 필리핀제도의 일본군 진지를 파괴하러 이륙하는 미국 폭격기 B-29 슈퍼포트리스의 기지가 되었다. 이러한 싸움을 상징적으로 보여주는 것이 몇몇 있다. 침몰한 일본군 전함들은 수많은 종의 물고기에게 안식처를 제공하고 다이버들에게 재미를 안겨준다. 녹슨 대공포와 장갑차의 뼈대는 다시 밀림으로 덮이고 있고, 부서져 가루로 변하고 있는 포르투갈과 네덜란드의 요새들은 향신료를 차지하려는 초기의 치열한 경쟁을 증언하고 있다.

태평양은 그렇게 광대하지만, 대양의 아마존이지만, 무진장하지는 않다. 그 텅 빈 공간은 자원 채굴의 원천이자 전 세계 더러운 산업의 쓰레기장이 되었다. 미국은 1940년대 말과 1950년대 초에 비키니환초에서 스물세 차례 핵실험을 실시했다. 오스트레일리아 주변의 대보초大堡礁는 수백 년을 버틴 역전의 용사지만 기온이 상승하면서 백화白化 현상을 보이고 있다. "태평양의 거대한 쓰레기장Great Pacific Garbage Patch"으로 알려진 플라스틱 조각들의 대류對流는 그 대양의 북동쪽 모퉁이에서 순환하며, 밤이면 오징어잡이 선단에서 내뿜는 백만 킬로와트의 전등 불빛은, 먹잇감을 속이려는 가짜 달빛은 우주에서도 볼 수 있다.

사람을 잡아먹는 포토시산, 세로 리코는 지금도 남아 있다. 유럽인의 정복이 낳은 비극의 유적이다. 수백 년 동안 300만 명의 케추아족 원주민이 노예가 되어 산소가 희박한 광산에서 노동에 시달렸으며, 지금도 거의 개선되지 않은 채 과거와 다를 바 없는 조건에서 채굴이 이루어지고 있다. 1만 6000명의 광부가 헤드램프의 가는 불빛에만 의지해 어둠을 밝히며 간단한 도구를 손에 들고 바위를 파고 있다. 그 수익은 불평등하게 분배된다. 쉰 살이 되면, 그들은 몸이 망가진다. 미세먼지로 인한 폐 질환에 많은 사람이 죽어나갔다. 산 자체는 환경 재앙의 고비에서 흔들거리고 있다. 60마일(약 95킬로미터)에 걸쳐 산속 구석구석 갱도가 퍼져 마치 스위스치즈처럼 구멍이 뚫려 있다. 기술자들은 산 전체가 안으로 붕괴될 가능성을 가늠해보려 한다. 식민지 시대가 한창일 때 지어진 멋진 건축물이 있는 도시 포토시는 그 그늘 속에 웅크리고 있다.

세부에서는 해마다 4월 27일이 되면 필리핀 사람들이 막탄섬전투(1521년)를 재연한다. 지금은 외국인의 지배에 저항한 족장의 이름을 따 이날을 라푸라푸의 날이라고 부른다. 그들에게 막탄섬전투는 창설의 서사, 국민정체성의 토대지만, 유럽인의 침입이 가져온 영향은 복합적이다. 동시에 마젤란(페르난도 데 마가야네스)은 필리핀 사람들에게 기독교를 전해주었다는 영예를 받는다. 그의 도착을 상징하는 특별한 유물, 즉 에스파냐인들이 가져온 것으로 나중에 다시 발견된 자그마한 아기예수 조각상 '산토 니뇨 데 세부'는 깊은 존경의 대상이다. 마가야네스Magallanes는 필리핀 사람의 흔한 성姓이다. 비록 그 수는 줄어들고 있지만 지금도 마카오에는 포르투갈인들이 있다.

윌리엄 셰익스피어는 장기長期 16세기(1450~1640년)가 끝나가는 시절에 이렇게 썼다. "세계는 나의 굴, 나는 검으로 그 껍데기를 열어젖힐 것이다."[9]

지은이의 말

이 책의 집필 초기 단계에서 코로나19로 인한 격리가 잠시 중단되었을 때, 나는 중세의 큰 건물 중 하나인 글로스터대성당의 중앙 통로에 서 있었다. 육중한 로마네스크 양식의 열주列柱에는 여전히 정으로 쪼아낸 틈과 석공이 남긴 표시가 희미하게 남아 있다. 테니스코트만 한 크기의 동쪽 창문은 당시 세계에서 가장 큰 창문이었다. 그 창문은 1350년대 초에 완공되었다. 너무 늦었다. 흑사병이 이미 잉글랜드를 덮쳐 그 눈부신 채색 유리를 만든 거장들을 죽이며 그 대단한 프로젝트는 중단된다. 그 전염병은 마치 코로나19처럼 세계적 연결의 소산이었다. 아시아의 심장부에서 베네치아와 제노바의 선박들을 통해 전파된 것이다.

그 중앙 통로에서 올려다보니 세계가 하나로 연결되었음을 보여주는 증거가 말 그대로 바로 내 위에 있었다. 우리의 행성이 하늘 높이 천천히 돌고 있었다. 우주에서 찍은 미국항공우주국의 사진을 토대로 만든 지구의였다. 그 특대형 설치미술은 너무도 커서 그것을 품고 있는 거대한 건물까지 왜소하게 만든다. 북반구 출신인 우리들에게 그것은 통념을 뒤집는 것으로 이전에는 갖지 못한 시각을 제공했다. 우리는 밑에서, '남쪽 바다'에서 위를 올려다보았다. 우리의 세계가 70퍼센트가 물이라는 사실을 시각적으로 일깨우는 장면이다. 그 기저에 남극의 만년설이 있다. 오스트레일리아가 시야 안으로 돌아 들어왔다. 용서의 비forgiving rain가 닿지 않은 섬뜩한 갈색이다. 그다음은 태평양의 푸른 바다가 나온다. 굽이치는 흰 구름이 띠를 이루고 있다. 무서운 바람이 충돌해 일으키는 소용돌이다. 유럽은 사실상 보이지 않았다.

흑사병이 세계적 연결의 전조라면, 16세기에는 하나의 세계라는 이해가 더욱 빠르게 확산했다. 폭발적으로 일어난 탐험, 지도 제작, 인쇄, 원거리 교역으로 경이로운 일들, 기회들, 그리고 세계화의 비용에 관한 많은 설명과 인식 증대가 나타났다. 글로스터대성당에서 이 같은 사실이 자명하게 드러났다. "우리는 두 세계가 있다고 생각했지만, 세계는 하나뿐이다."

감사의 말

이 책은 유럽인이 명명한 대로 '발견의 시대Age of Discovery'에 관해 여러 세대에 걸쳐 쏟아져 나온 연구에 의지한다. 나는 내게 배움을 준 그 많은 역사가의 연구와 그들의 통찰력에, 그리고 직접 목도한 자들이 모험과 재난과 인류학에 관해 설명한, 놀라울 정도로 풍부한 16세기 기록보관소의 문서와 인쇄된 자료에 대해 내가 느끼는 것보다 더 깊이 감사한다. 나는 이 광활한 지식의 바다에 이제 막 손가락을 담갔을 뿐이다. 내게 도움이 된 많은 책 중에서도 내가 특별히 높이 평가하는 것은 획기적인 태평양 탐험의 역사인 오스카 스페이트Oscar Spate의 《에스파냐의 호수The Spanish Lake》, 유럽인의 필리핀 도착을 생생하게 설명한 마틴 J. 눈Martin J. Noone의 《섬들은 보았다The Islands Saw It》, 세계화의 탄생에 관한 피터 고든Peter Gordon과 후안 호세 모랄레스Juan José

Morales의 짧지만 깊은 감흥을 주는 《은의 길The Silver Way》이다. 눈의 책은 어디서 펴냈는지 알아낼 수 없었고, 내 책의 앞면에서 인용한 잉카 가르실라소 데 라 베가의 말은 《은의 길》에 인용된 것을 빌려왔다.

이 책이 출간되기까지 도움을 준 이들에게 감사를 드린다. 예일대학교출판부의 열정과 세심한 배려에, 출간을 의뢰해준 줄리언 루스Joolian Loose에게, 나의 에이전트 앤드루 로니Andrew Lownie에게, 케임브리지대학교도서관을 둘러볼 수 있게 환대해준 론 모턴Ron Morton과 리타 모턴Rita Morton에게, 없어서는 안 될 런던도서관에, 그리고 늘 그렇듯이 잰Jan에게 감사한다.

옮긴이의 말

제목이 보여주듯이 책은 16세기에 정향과 육두구의 원산지인 말루쿠제도를 차지하려는 포르투갈과 에스파냐의 경쟁을 이야기한다. 그 연장선상에서 포르투갈은 중국과 일본과도 교역하는 데 성공했다. 저자는 포르투갈의 경우에는 중국과 교역하기 위한 노력을, 에스파냐의 경우에는 향신료제도를 지배하려는 노력을 중심으로 다룬다. 1494년 두 나라는 토르데시야스조약을 체결해 아메리카뿐만 아니라 아시아에서도 세력권을 확정했지만 저마다 말루쿠제도를 자신들의 영역 안에 있다고 주장해 합의를 이루지 못했고, 따라서 실질적인 지배를 위해 힘을 쏟았다. 인도의 고아를 거쳐 1511년에 믈라카를 점령한 포르투갈은 말루쿠제도의 테르나테섬을 동맹자로 삼아 먼저 향신료 교역을 장악했고 에스파냐의 도전을 막으면서 동시에 중국 교역의 문을 여는 데 힘을 집중했다. 에스파냐는 포르투갈을 피해 서쪽으로 대서양과 태평양을 건너는 방법을 택했다.

서쪽으로 향신료제도로 가는 길을 처음 시도한 사람은 마젤란이다. 일찍이 믈라카 점령에 참여했던 포르투갈인 마젤란은 에스파냐 왕을 위해 일했다. 그는 남아메리카 남단을 돌아 태평양을 횡단하는 험난한 항해 끝에 1521년 필리핀에 도착한 뒤 세부의 막탄섬전투에서 원주민들과 싸우다 사망했고, 함대의 빅토리아호가 에스파냐로 귀환해 처음으로 세계 일주 항해에 성공했다. 이후 에스파냐는 지속적으로 이 항로의 안정적 항해를 위해 노력한다. 요행으로 누에바 에스파냐로 귀환한 배도 있었지만, 이 귀환항해의 성공을 위해 출발한 함대는 연이어 실패하고 포르투갈의 도움을 받아 리스본을 거쳐 에스파냐로 가야 했다. 그렇게 모진 고난을 거치며 결국 에스파냐는 태평양 귀환항해에 성공한다. 에스파냐가 마닐라를 점령해 기지로 삼고 누에바 에스파냐의 아카풀코로 돌아가는 항해에 연이어 성공하면서 멕시코시티까지 이어지는 새로운 교역로가 탄생했다. 물론 항해의 성공률은 낮았지만 일단 성공하면 이익은 매우 컸다.

포르투갈의 중국 교역은 1517년 광저우에 상륙 허가를 받고 교역한 뒤 믈라카로 귀환한 페르낭 페르스 드 안드라드로부터 시작한다. 이후 몇 차례 함대가 파견되어 황제를 알현하고 교역을 열려고 했지만 관료 폭행과 명나라에서는 불가능한 일이었던 선원 처형 등의 문제로 나쁜 인상을 받아 실패한다. 포르투갈인들은 주장강 하구의 툰먼섬에 보루를 구축하고 불법적으로 교역을 하고 있었는데, 이로 인해 푸젠성과 저장성을 중심으로 무질서와 불법행위가 만연했다. 중앙정부가 이를 일소하기 위해 임명한 관리 주환이 외국인과의 교역을 금지하고 포르투갈인을 여럿 체포해 처형했다. 그러나 주환은 밀수로 이익을 얻는 자들로부터 권력을 남용했다고 고발당하면서 몰락했고, 이후 교역은 재개되었다. 문제는 합법적인 교역이 불가능했다는 것이었는데, 포르투갈인들과 현지 상인들이 일종의 비공식적 협정을 체결해 조공 제도를 벗어난 변칙적 거래를 성사시킴으로써 문제를 해결했다. 그래서 탄생한 것이 마카오다. 일본과의 교역은 1543년 포르투갈 상인들이 폭풍에 떠밀려 우연히 일본 서부에 닿은 것이 시발점이었다. 포르투갈인들은 이 교역으로 큰 이익을 보았으며, 일본이 받아들인 화승총과 서양 학문은 그 역사에 지대한 영향을 미쳤다.

  책은 주로 이렇게 항해와 교역을 위한 노력을, 그리고 그 과정에서 포르투갈과 에스파냐 두 나라가 말루쿠제도에서 벌인 싸움과 이에 연결된 현지의 적대적 관계를 설명한다. 유럽인과 현지인을 가리지 않고 많은 희생자를 낸 싸움이다. 이에 더해 두 나라의 해상 탐험에서 쌓인 정보가 다른 나라들로 유출되어 동양으로 가려는 시도를 촉진한 것이 설명된다. 항해에 참여한 자들이 여정과 중국에 관해 남긴 상세한 기록은 책의 서술에서 중요한 부분을 차지하거니와 당대에 선구자 격인 포르투갈과 에스파냐의 간섭을 피해 부를 얻으려는 자들을 자극했다. 로아이사 함대와 레가스피 함대에 참여한 안드레스 데 우르다네타의 기록이나 안토니우 갈방의 『말루쿠제도에 관한 논설』 등은 유럽인의 팽창을 추동한 동력이었다. 포르투갈인들과 에스파냐인들 모두 지도와 해도, 상품, 기상, 언어, 민족지의 형태로 열심히 지식을 추구했고 엄격히 비밀을 유지하려 했지만 이러한 정보의 시장은 컸다. 잉글랜드의 북쪽 항로 탐험과 네덜란드의 동인도 진출은 그러한 과정의 결과였다. 세바스티아노 카보토는 황제 카를 5세에 고용된 상태에서 동시에 잉글랜드에서도 급여를 받으며 탐험을 지원했고, 그 결과로 러시아에 관해 비교적 상세한 정보가 서유럽에 전해졌다. 1580년대에 고아 주교의 비서로 일한 네덜란드인 얀 하위헌 판 린스호턴은 포르투갈인들로부터 동양으로 가는 항해 정보를 훔쳤고, 이는 네덜란드의 번성에 토대가 된다.

이러한 항해의 결과도 간략히 제시된다. 중국과 동남아시아, 아메리카 사이에 세계적인 교역망이 확립되었고, 사람과 작물, 질병 등이 전파되었다. 팔 것이 많았던 중국은 마닐라를 중심으로 이루어진 세계적 교역을 통해 온 세상의 은을 빨아들였다. 마닐라에서는 중국의 비단과 자기, 일본의 은, 말루쿠제도와 반다제도의 정향과 육두구, 필리핀의 금과 쌀과 목재가 교역되었다. 인간이 당한 고초도 언급된다. 유럽인에게 학살당한 말루쿠제도의 주민들과 포토시의 은광에서 중노동에 시달린 원주민이 대표적이다. 유럽인들은 기본적으로 교역과 정복이 목적이었기에 현지인을 존중할 뜻이 없었다. 에스파냐인들은 아메리카에서 했듯이 자신들이 교황과 국왕의 이름으로 섬을 지배한다고 믿었고 그렇게 선언했다. 포르투갈의 목적은 필요하다면 무력을 써서라도 해안 요충지에 기지를 마련해서 교역을 통해 이익을 내는 것이었다. 이 과정에 동양의 비기독교도에 대한 유럽인의 인식이 드러난다. 그것은 기본적으로 부정적이었다. 말루쿠제도의 원주민은 악의적이고 정직하지 못한 야만인이자 살인자였다. 포르투갈의 테르나테 요새 지휘관 조르즈 드 메네즈스는 개를 데려가 말루쿠제도 주민들을 물어뜯게 했고, 말루쿠제도의 포르투갈 총사령관 트리스탕 드 아타이드는 원주민의 손, 코, 귀를 잘랐다. 바르톨레메 데 라스 카사스와 마르틴 데 라다처럼 유럽인들이 오로지 경제적 이익만 생각한다며 점령과 잔학 행위를 비판한 신부도 있었지만, 유럽인들에게 원주민의 비참한 운명은 대체로 신의 계획이었을 뿐이다.

책은 16세기 세계화를 가능하게 한 항해와 그것이 가져온 번영, 그 파괴적인 이면을 이야기한다. 폭력으로써 이익을 얻으려 한 유럽인의 행태가 어떻게 원주민 사회를 파괴했는지는 그 점을 집중적으로 다룬 책들이 도움이 될 것이다. 이 책에서 상세히 다룬 것은 중국과 향신료 제도와의 교역을 위해 고난이 확실하게 예상되는, 무모해 보이는 항해이다. 그 항해를 따라가면서 스릴을 느끼는 독자가 있을 것으로 생각한다.

조행복

주

* 도서명을 비롯한 자세한 서지사항은 〈참고문헌〉을 참조할 것.

프롤로그
1   Wallace, vol. 1, 3.
2   Ibid., 4.

1 | 프란시스쿠 세랑의 천국
1   Pires, vol. 1, lxxxviii and lxxix.
2   Ibid.
3   Ibid., lxxix.
4   Castanheda, 155-6.
5   Barros, 584.
6   Pires, vol. 2, p. 302.
7   Barros, 587.
8   Ibid., 586.
9   Villiers, 'Trade and society', 743.
10 Barbosa, vol. 2, 203.
11 Ibid., 199.
12 Pires, vol. 1, 215.
13 Lagoa, vol. 1, 155.
14 Pires, vol. 1, 208.
15 Ibid., 206.
16 Barbosa, vol. 2, 201-2.

2 | 지도와 추측

1. Fernández-Armesto, 72.
2. https://en.wikipedia.org/wiki/Johannes_Sch%C3%B6ner_globe (accessed 6 November 2023).
3. Guillemard, 71.
4. Morison, 319.
5. Ibid.
6. Ibid.
7. Fernández-Armesto, 43.
8. Bergreen, 33.
9. Ibid., 34.
10. Ibid., 46.
11. Ibid., 58.
12. Pigafetta, vol. 1, 36.
13. Guillemard, 80.
14. Ibid., 81.
15. Ibid., 82.
16. Ibid., 83.
17. Ibid.
18. Ibid., 82.
19. Ibid., 127.
20. Fernández-Armesto, 117.

3 | 말루쿠함대

1. *Magellan*, 354.
2. Pigafetta, vol. 1, 33.
3. Ibid., 35.
4. Ibid.
5. Bergreen, 90.
6. Pigafetta, vol. 1, 37.
7. Ibid., 45.
8. Ibid., 43.

9   Ibid.

10 Ibid., 47.

11 Ibid., 49.

12 Mitchell, *Elcano*, 179.

13 Transylvanus, in *Magellan*, 392.

14 Ibid., 392.

15 Ibid., 393.

16 Navarette, vol. 4, 190.

17 Ibid., 192.

18 Guillemard, 122.

19 Morison, 319.

20 Transylvanus, in *Magellan*, 394.

21 Ibid.

22 Albo, in *Magellan*, 338-9.

23 Pigafetta, vol. 1, 65.

24 Ibid.

25 Ibid., 67.

26 *Descripción de los reinos*, 193.

27 Bergreen, 187.

28 Navarette, vol. 4, 43.

29 Pigafetta, vol. 1, 73.

30 Ibid., 69-71.

31 Mafra, in *Magellan*, 193.

32 Barros, 641.

33 Ibid., 641-2.

34 Ibid., 643-5.

35 Pigafetta, vol. 1, 83.

36 Mafra, in *Magellan*, 197.

37 Ibid., 195.

4 | 향신료제도를 향하여

1   Fernández-Armesto, 217.

2 Transylvanus, in *Magellan*, 396.
3 Pigafetta, vol. 1, 85.
4 Ibid., 89.
5 Ibid., 83-5.
6 Ibid., 85.
7 *Descripción de los reinos*, 196.
8 Pigafetta, vol. 1, 85.
9 Ibid.
10 Ibid., 93.
11 Ibid.
12 Ibid., 95.
13 Ibid., 91.
14 Ibid., 99.
15 Ibid., 103.
16 Ibid.
17 Ibid., 109.
18 Ibid., 111.
19 Ibid., 113.
20 Ibid., 119.
21 Ibid.
22 Ibid., 123.
23 Ibid., 135.
24 Ibid.
25 Ibid., 137-41.
26 Ibid., 157.
27 Ibid.
28 Ibid., 163.
29 *Descripción de los reinos*, 201.
30 Ibid., 202.
31 Pigafetta, vol. 1, 171.
32 *Descripción de los reinos*, 201.
33 Pigafetta, vol. 1, 171.

34 Ibid., 173.
35 Ibid., 173.
36 Ibid., 175.
37 Ibid., 177.
38 Ibid.
39 Ibid., 179.
40 Ibid., 181.
41 Morison, 439.

5 | 세계 일주 항해자들

1 Pigafetta, vol. 2, 65.
2 Ibid., 79.
3 Ibid., 69.
4 Ibid., 105-7.
5 Ibid., 67.
6 Ibid., 105.
7 Ibid., 111.
8 Barros, 587.
9 'La Letre d'Antonio de Brito', 13-14.
10 Pigafetta, vol. 2, 161.
11 Mitchell, 89.
12 Ibid., 80.
13 Bergreen, 380.
14 Mitchell, *Elcano*, 89.
15 Pigafetta, vol. 2, 185-7.
16 Mitchell, *Elcano*, 89.
17 Ibid., 158.
18 Ibid., 85.
19 Ibid., 106.
20 Ibid.

6 | 주장강의 포화

1. Crowley, *Conquerors*, 41.
2. Ferguson, 1-2.
3. Schuman, 144-5.
4. Ferguson, 1-2.
5. Pires, vol. 1, xxv.
6. Ibid., 116.
7. Ibid.
8. Ibid., 120-1.
9. Ibid., 122.
10. Ibid., 123.
11. Ferguson, 5-6.
12. Ibid., 7.
13. Pires, vol. 1, xxviii.
14. Ibid., xxxi.
15. Ibid., xxxii.
16. Barros, 213, trans. Clive Willis.
17. Ibid., 214.
18. Pires, vol. 1, xxxiii.
19. Ibid., xxxiv.
20. Ibid., xxxv.
21. Barros 301 and 307-8.
22. Pires, vol. 1, xxxvii.
23. Willis, xix.
24. Chang, 36
25. Ferguson, 103.
26. Ibid., 104.
27. Ibid.
28. Ibid.
29. Ibid., 106.
30. Chang, 51.
31. Ibid., 52.

32 Ibid., 50.
33 Ferguson, 104.
34 Ibid., 107.
35 Ibid., 107.
36 Ibid.
37 Ibid., 107-8.
38 Ibid., 109.
39 Ibid., 112.
40 Ibid., 113.
41 Ibid., 117-18.
42 Ibid., 157-8.

7 | 에스파냐의 대응

1 *Alguns documentos*, 462.
2 Navarette, vol. 4, 304.
3 Ibid.
4 Ibid.
5 Ibid., 341.
6 d'Anghiera, 273.
7 Uncilla, 317.
8 Markham, 31-3.
9 Uncilla, 318.
10 Ibid., 319.
11 Ibid., 320.
12 Ibid., 321.
13 Ibid.
14 Ibid., 321-2.
15 Ibid., 323.
16 Ibid.
17 Ibid.
18 Ibid., 324.
19 Ibid.

20 Ibid.
21 Ibid.
22 Markham, 44.
23 Ibid., 45.
24 Uncilla, 327.
25 Ibid.
26 Ibid.
27 Mitchell, *Elcano*, 138.
28 Markham, 48.
29 Uncilla, 331.
30 Ibid.
31 Ibid., 332.
32 Ibid.
33 Ibid.
34 Ibid.
35 Navarette, vol. 5, 42.
36 Uncilla, 333.
37 Ibid.
38 Ibid.
39 Ibid.
40 Uncilla, 333.
41 Ibid., 342.
42 Markham, 49.
43 Uncilla, 344.
44 Ibid., 343.
45 Mitchell, *Elcano*, 146.
46 Markham, 50.
47 Ibid.
48 Uncilla, 345.
49 Markham 51.
50 Ibid., 51.
51 Uncilla, 348.

52 Ibid., 352.
53 Ibid., 353.
54 Markham, 52.
55 Uncilla, 355.
56 Ibid., 356.
57 Mitchel, *Elcano*, 32.

8 | 아주 작은 전쟁들

1   Uncilla, 356-7.
2   Ibid., 357.
3   Mitchell, *Urdaneta*, 25.
4   Ibid., 35.
5   Uncilla, 361.
6   Ibid., 363.
7   Ibid., 364.
8   Ibid., 363
9   Wallace, vol. 2, 100.
10 Uncilla, 364-5.
11 Ibid.
12 Ibid., 368.
13 Ibid., 367.
14 Ibid., 368.
15 Ibid.
16 Ibid.
17 Ibid., 370.
18 Ibid., 371.
19 Ibid., 376.
20 Ibid., 374.
21 Fernández de Oviedo, 151.
22 Ibid.
23 Ibid., 104.
24 Ibid., 151.

25 Ibid., 376.
26 Ibid., 374.
27 Ibid., 380.
28 Ibid., 378.
29 Ibid., 381.

9 | 플로리다호의 항해

1 Noone, 161.
2 Markham, 103.
3 Ibid.
4 Ibid., 104.
5 Ibid.
6 Navarette, vol. 5, 445.
7 Ibid., 453.
8 Markham, 113.
9 Ibid.
10 Ibid., 113-14.
11 Ibid., 114.
12 Ibid., 115.
13 Navarette, vol. 5, 477.
14 Markham, 116.
15 Ibid., 120-1.
16 Ibid., 121.
17 Ibid., 127.
18 Fernández de Oviedo, 152.
19 Ibid., 153.
20 Ibid., 157.
21 Ibid., 166.
22 Ibid

10 | "고통을 끝내자"

1 Kelsey, 63.

2 Ibid., 80.
3 Ibid.
4 Ibid., 85.
5 Ibid.
6 Ibid.

11 | '지옥의 미궁'

1 Galvão, 39.
2 Ibid., 71.
3 Coleridge, vol. 1, 372.
4 Diffie and Winius, 375.
5 Galvão, 75.
6 Ibid., 327.
7 Miller, 2.
8 Galvão, 285.
9 Ibid., 71.
10 Crowley, *Conquerors*, 365.
11 Diffie and Winius, 374.
12 Galvão, 73.
13 Barros, 385.
14 Galvão, 291.
15 Ibid., 86.
16 Ibid., 67.
17 Ibid., 43.
18 Ibid., 137-9.
19 Ibid., 87.
20 Ibid., 159.
21 Ibid., 161.
22 Ibid., 157.
23 Ibid., 159.
24 Ibid., 147.
25 Ibid.

26 Ibid., 6.
27 Crowley, *Conquerors*, 174.

12 | 죽음의 피항지

1 Thomas, *Rivers of Gold*, 458.
2 Pires, vol. 1, xxxi.
3 Hakluyt, vol. 1, 217.
4 Skelton, 102.
5 Hakluyt, vol. 1, 228.
6 Ibid.
7 Ibid., 218.
8 Ibid., 230.
9 Ibid., 215.
10 Ibid., 216.
11 Williamson, 102.
12 Evans, 38-9.
13 Dalton, 180.
14 Ibid.
15 Pires, vol. 1, liv.
16 Ibid.
17 Dalton, 181.
18 Hakluyt, vol. 1, 241.
19 Mayers, 54.
20 Hakluyt, vol. 1, 237-8.
21 Mayers, 54.
22 Hakluyt, vol. 1, 239-40.
23 Ibid., 249.
24 Ibid., 250.
25 Ibid.
26 Ibid., 272.
27 Ibid., 273.
28 Ibid., 273.

29　Ibid., 274.

30　Ibid.

31　Ibid.

32　Ibid.

33　Ibid., 275.

34　Ibid., 276.

35　Ibid., 253.

36　Ibid., 279.

37　Ibid., 276.

38　Ibid., 278.

39　Ibid., 292.

40　Ibid., 290.

41　Ibid., 291.

42　Ibid.

43　Ibid., 279-80.

44　Ibid.

45　Ibid., 281.

46　Ibid.

47　Ibid.

48　Ibid., 282.

49　Ibid., 298.

50　Ibid., 285.

51　Gordon, 243.

52　Hakluyt, vol. 2, 265.

13 | "우리의 위대함을 경외하고, 우리의 힘을 존중하라"

1　Chang, 71.

2　Pereira et al., xxiii.

3　Ibid., xxiii-iv.

4　Chang, 83.

5　Ibid.

6　Pereira et al., xxxii.

7   Braga, 'The First Sino-Portuguese Treaty'.
8   Ibid.
9   Willis, xxiii.
10 Villiers, 'The Origins of the First Portuguese Communities'.
11 Lidin, 71.
12 Diffie and Winius, 395.
13 Pereira et al., 8.
14 Ibid., 121.
15 Ibid., 131.
16 Ibid., 120.
17 Ibid., 116.
18 Ibid., 131.
19 Ibid., 146.
20 Ibid., 110.
21 Ibid., 137.
22 Ibid., 138.
23 Ibid., 112.
24 Ibid., 128-9.

14 | 난제 해결

1   Noone, 264.
2   Ibid., 265.
3   Mitchell, *Urdaneta*, 115-16.
4   Noone, 267.
5   Ibid., 270.
6   Ibid., 273.
7   Ibid., 272.
8   Ibid., 276.
9   Ibid., 289.
10 Ibid., 287.
11 Mitchell, *Urdaneta*, 103-4.
12 Noone, 287.

13 Ibid., 284.
14 Ibid., 287-8.
15 Ibid., 297.
16 Ibid., 299.
17 Ibid., 300.
18 Ibid., 319.
19 Ibid.
20 Ibid., 322.
21 Ibid., 326.
22 Ibid.
23 Ibid., 334.
24 Ibid., 335.
25 Ibid., 336-7.
26 Ibid., 338.
27 Ibid., 384.
28 Ibid., 385-6.
29 Ibid., 400.
30 Ibid., 415.
31 Ibid., 388.
32 Ibid., 375.
33 Ibid., 393.
34 Ibid., 405.
35 Ibid., 416.
36 Spate, 104.

15 | 욕망의 갤리언선

1 Greenfield.
2 Spate, 191.
3 Careri, 478.
4 Ibid., 481.
5 Ibid., 487.
6 Ibid., 489.

7   Ibid., 490.
8   Ibid., 490.
9   Ibid., 492.
10 Ibid., 502.
11 Carletti, 71.
12 Ibid., 57.
13 Ibid., 491.

16 | 세계화

1   Gage, 55.
2   Ibid., 56-9.
3   Crowley, 'The first global empire', 40.

에필로그

1   Fuller, 217.
2   Giráldez, 30.
3   Ibid., 57.
4   Frankopan, 212.
5   Las Casas, in Wagner and Parish, 203-4.
6   Wallace, vol. 2, 243.
7   Giráldez, 40.
8   Crowley, *Conquerors*, 181-2.
9   *The Merry Wives of Windsor*, Act II, Scene 2.

참고문헌

Abulafia, David. *The Boundless Sea*, Allen Lane: London, 2019.

Alguns documentos do archivio nacional da torre do tombo acerca das navagacoes e conquistas portuguguezes, Lisbon, 1892.

Atwell, William. 'Ming China and the emerging world economy c.1470-1650', in *The Cambridge History of China*, vol. 8, *The Ming Dynasty, Part 2: 1368-1644*, ed. Denis C. Twitchett and Fredick W. Mote, Cambridge University Press: Cambridge, 1998.

Barbosa, Duarte. *The Book of Duarte Barbosa*, 2 vols, Hakluyt Society: London, 1918.

Barlow, Roger. *A Brief Summe of Geographie*, Hakluyt Society: London, 2010.

Barros, João de. *Décadas da Ásia*, vol. 3, Part 1, Lisbon, 1777.

Bergreen, Laurence. *Over the Edge of the World*, Harper Collins: London, 2003.

Boxer, C.R. *Fidalgos in the Far East 1550-1770*, Martin Nijhoff: The Hague, 1948.

_____. *The Great Ship from Amacon*, Centro do Estudos Históricos Ultramarinos: Lisbon, 1959.

Braga, J.M. 'The first Sino-Portuguese treaty made by Leonel de Souza in 1554', https://www.icm.gov.mo/rc/viewer/20001/747 (accessed 6 November 2023).

_____. *The Western Pioneers and their Discovery of Macau*, Instituto Português de Hong Kong: Hong Kong, 1950.

Brook, Timothy. *Vermeer's Hat*, Profile Books: London, 2009.

Burnet, Ian, *Spice Islands*, Rosenberg: New South Wales, 2013.

Careri, Gemelli. *A Voyage round the World*, London, 1704.

Carletti, Francesco. *My Voyage around the World*, Methuen: London, 1965.

Castanheda, Fernão Lopes de. *Historia do descobrimento e conquista da India pelos Portugueses*, Lisbon, 1833.

Catz, Rebecca D. *The Travels of Mendes Pinto*, University of Chicago Press: Chicago, 1989.

Chang, T'ien-Tse. *Sino-Portuguese Trade*, Brill: Leyden, 1934.

Clare, Horatio. *Orison for a Curlew*, Little Toller Books: Beaminster, 2015.

Coleridge, Henry. *The Life and Letters of St. Francis Xavier*, 2 vols, Burns and Oates: London, 1872.

Crowley, Roger. *Conquerors: How Portugal Seized the Indian Ocean and Forged the First Global Empire*, Faber: London, 2015.

_____. 'The first global empire', *History Today*, vol. 65, no. 10 (October 2015).

d'Anghiera, Pietro Martire. *The First Three English Books on America*, trans. Ricard Eden, Birmingham, 1885.

Dalton, Heather. *Merchants and Explorers: Roger Barlow, Sebastián Cabot, and Networks of Atlantic Exchange, 1500-1560*, Oxford University Press: Oxford, 2016.

De Sousa, Ivo Carneiro. *The First Portuguese Maps of China in Francisco Rodrigues' Book and Atlas (c.1512)*, ResearchGate, 2013, https://www.researchgate.net/ publication/279192054_The_First_Por tuguese_Maps_of_ China_in_ Francisco_Rodrigues'_Book_and_Atlas_c1512 (accessed 6 November 2023).

Descripción de los reinos, costas, puertos e islas que hay desde el Cabo de Buena Esperanza hasta los Leyquios por Fernando de Magallanes, Madrid, 1920.

Diffie, Bailey W. and Winius, George D. *Foundations of the Portuguese Empire, 1415-1580*, University of Minnesota Press: Minneapolis, MN, 1977.

Evans, James. *Merchant Adventurers*, Phoenix: London, 2013.

Ferguson, Donald, ed. and trans. *Letters from Portuguese Captives in Canton, Written in 1534 and 1536*, Byculla, 1902.

Fernández de Oviedo y Valdés, Gonzalo. *Spanish and Portuguese Conflict in the Spice Islands: The Loaysa Expedition to the Moluccas 1525-1535*, Hakluyt Society: London, 2021.

Fernandez-Armesto, Felipe. *Straits: Beyond the Myth of Magellan*, Bloomsbury: London, 2022.

Flynn, Dennis O. and Arturo Giráldez. 'Born with a "silver spoon": The origin of world trade in 1571', *Journal of World History*, vol. 6, No. 2 (Fall 1995), pp. 201-21.

_____. 'Cycles of silver', *Journal of World History*, vol. 13, no. 2 (2002), pp. 391-427.

Frankopan, Peter. *The Silk Roads: A New History of the World*, Bloomsbury: London, 2015.

Fuller, Errol. *The Great Auk*, privately published: Southborough, 1999.

Füssel, Stephan. *Gutenberg and the Impact of Printing*, Ashgate: Aldershot, 2005.

Gage, Thomas. *The English-American his Travail by Sea and Land*, London, 1686.

Galvão, António. *A Treatise on the Moluccas*, Jesuit Historical Institute: Rome, 1971.

Gaskell, Jeremy. *Who Killed the Great Auk?*, Oxford University Press: Oxford, 2000.

Ghosh, Amitav. *The Nutmeg's Curse*, London: John Murray, 2021.

Giráldez, Arturo. *The Age of Trade*, Rowman and Littlefield: Lanham, MD, 2015.

Gordon, Eleanora C. 'The fate of Sir Hugh Willoughby and his companions: A new conjecture', *Geographical Journal*, vol. 152, no. 2 (July 1986), pp. 243-7.

Gordon, Peter and Juan José Morales. *The Silver Way*, Penguin Random House: Australia, 2017.

Greenfield, Patrick. 'Story of cities #6: how silver turned Potosí into "the first city of capitalism"', https://www.theguardian.com/cities/2016/mar/21/story-ofcities-6-potosi-bolivia-peru-inca-first-city-capitalism (accessed 6 November 2023).

Guillemard, F.H.H. *The Life of Ferdinand Magellan*, George Philip & Son: London, 1891.

Hakluyt, Richard. *The Principal Navigations, Voyages, Traffiques and Discoveries of the English Nations*, vols 1 and 2, J.M. Dent: London, undated.

Hamel, Iosif. *England and Russia: Comprising the Voyages of John Tradescant the Elder, Sir Hugh Willoughby, Richard Chancellor, Nelson, and Others, to the White Sea, etc.*, Richard Bentley: London, 1854.

Humayun Akhtar, Ali. *1368: China and the Making of the Modern World*, Stanford

University Press: Stanford, CA, 2022.

Kelsey, Harry. *The First Circumnavigators*, Yale University Press: New Haven, CT and London, 2016.

Krondl, Michael. *The Taste of Conquest*, Ballantine Books: New York, 2008.

Lach, Donald F. *Asia in the Making of Europe*, vol. 1, *The Century of Discovery*, University of Chicago Press: London, 1965.

Lagoa, João António de Mascarenhas. *Fernão de Magalhãis: A sua vida e a sua viagem*, 2 vols, Seara Nova: Lisboa, 1938.

Lane, Kris. *Potosí: The Silver City that Changed the World*, University of California Press: Oakland, CA, 2019.

Langdon, Robert. *The Lost Caravel Re-explored*, Brolga Press: Melbourne, 1988.

'La letre d'Antonio de Brito', *La Géographie* (January-February 1928), pp. 1–16.

Lidin, Olaf G. *Tanegashima: The Arrival of Europe in Japan*, NIAS Press: Copenhagen, 2002.

Lyon, Eugene. 'Track of the Manila galleons', *National Geographic* (September 1990).

Magalhães-Godinho, Vitorino. *L'Économie de l'empire Portugais aux XVe et XVIe siècles*, SEVPEN: Paris, 1969.

Magellan (collection of sources), Dodo Press: Moscow, undated.

Markham, Clement. *Early Spanish Voyages to the Strait of Magellan*, Hakluyt Society: London, 1911.

Mathers, William M. 'Nuestra Señora de la Concepción', *National Geographic* (September 1990).

Mayers, Kit. *North-East Passage to Muscovy: Stephen Borough and the First Tudor Explorations*, Stroud: Sutton, 2005.

Miller, George, ed. *To the Spice Islands and Beyond*, Kuala Lumpur: Oxford University Press, 1996.

Mitchell, Mairin. *Elcano: The First Navigator*, Herder Publications: London, 1958.

_____. *Friar Andrés de Urdaneta, OSA*, Macdonald and Evans: London, 1964.

Morison, S.E. *The European Discovery of America: The Southern Voyages*, New York: Oxford University Press, 1974.

Muller, Kal. *Spice Islands: The Moluccas*, Periplus Editions: Berkeley, CA, 1990.

Navarette, Martín Fernández de. *Colección de los viajes y descubrimentos que hicieron por mar los españoles desde fines del siglo XV*, vols 4 and 5, Imprenta Nacional: Madrid, 1837.

Noone, Martin J. *The Islands Saw It*, Helicon Press: Baltimore, undated.

Pereira, Galeote et al. *South China in the Sixteenth Century: Being the Narratives of Galeote Pereira, Fr. Gaspar da Cruz, Fr. Martín de Rada (1550-1575)*, ed. and trans. C.R. Boxer, Hakluyt Society: London, 1953.

Pettegree, Andrew. *The Book in the Renaissance*, Yale University Press: New Haven, CT and London, 2010.

Pigafetta, Antonio. *Magellan's Voyage around the World*, 2 vols, ed. and trans. James Alexander Robertson, Arthur H. Clark Company: Cleveland, OH, 1906.

Pires, Tomé. *The Suma Oriental of Tomé Pires*, 2 vols, Hakluyt Society: London, 1944.

A Precursor to Globalisation: The Galleon Trade between Manila and Acapulco (1564-1815), film of a Yale NUS College panel discussion, 89 mins, https://www.youtube.com/watch?v=52FFtKONaio (accessed 9 October 2023).

Russell-Wood, John. *A World on the Move*, Palgrave Macmillan: London, 1993.

Schuman, Michael. *Superpower Interrupted: The Chinese History of the World*, Public Affairs: New York, 2020.

Skelton, R.A. *Explorers' Maps: Chapters in the Cartographic Record of Geographical Discovery*, Routledge and K. Paul: London, 1960.

Spate, O.H.K. *The Spanish Lake*, Croom Helm: London, 1979.

Taylor, E.G.R. *Tudor Geography: 1485-1583*, Methuen: London, 1930.

Thomas, Hugh. *Rivers of Gold: The Rise of the Spanish Empire 1490-1522*: Allen Lane: London, 2004.

_____. *World without End: The Global Empire of Philip II*, Allen Lane: London, 2014.

Thomaz, Luís F.R. 'Atlas Miller: Cartographic secrets and the Magellan expedition', https://www.moleiro.com/en/press/atlas-miller-cartographic-fake-news.py (accessed 6 November 2023).

Torodash, Martin. 'Magellan historiography', *Hispanic American Historical Review*, vol. 51, no. 2 (May 1971), pp. 313-35.

Uncilla y Arroitajáuregui, Fermín de. *Urdaneta y la conquista de Filipinas*, University of Michigan: Michigan, MI, 2007.

Villiers, John. 'The origins of the first Portuguese communities in Southeast Asia', https://www.icm.gov.mo/rc/viewer/20004/800 (accessed 6 November 2023).

_____. 'Trade and society in the Banda islands in the sixteenth century', *Modern Asian Studies*, vol. 15, no. 4 (1981), pp. 723–50.

Wagner, H.R. and Parish, H.R. *The Life and Writings of Bartolomé de las Casas*, University of New Mexico Press: Albuquerque, NM, 1967.

Wallace, Alfred. *The Malay Archipelago*, 2 vols, Dodo Press: Moscow, undated.

Williamson, James Alexander. *The Cabot Voyages and Bristol Discovery under Henry VII*, Hakluyt Society: Cambridge, 1962.

Willis, Clive. *China and Macau*, Ashgate: Aldershot, 2002.

Winchester, Simon. *Pacific: The Ocean of the Future*, William Collins: London, 2015.

Wright, Iona Stuessy. 'The first American voyage across the Pacific, 1527–1528: The voyage of Álvaro de Saavedra Cerón', *Geographical Review*, vol. 29, no. 3 (July 1939), pp. 472–84.

Wyman, Patrick. *The Verge*, Twelve: New York, 2021.

도판 출처

화보

1. 밀레르 지도책, 1519년경. The Print Collector / Alamy.
2. 반다제도의 항공사진, Fabio Lamanna 촬영. Shutterstock.
3. 알론소 산체스 코엘료Alonso Sánchez Coello, 〈세비야 전경Vista de sevilla〉, 1576-1600년경.
4. 마젤란의 초상화, 16세기(추정). Art Collection 3 / Alamy.
5. 산토 니뇨 데 세부, 1520년경.
6. 아브라함 오르텔리우스가 제작한 지도의 일부, 1590.
7. 리처드 챈슬러가 이반 외경제에게 신임장을 전달하고 있는 모습. *The Illustrated Chronicle of Ivan the Terrible*, 16세기.
8. 갤리언선 안달루시아호를 복원한 배, 2010.
9. 아카풀코 항구, 석판화, 1628.
10. 멕시코시티 전경, 1700년경.
11. 볼리비아의 포토시에 있는 제수이트회 성당 종탑에서 바라본 전경, Noradoa 촬영. Shutterstock.
12. 요하너스 페르메이르, 〈저울을 들고 있는 여인〉, 1664년경. Widener Collection / National Gallery of Art.
13. 청나라 연채軟彩(파미유 로즈famille rose) 자기 접시의 제작 과정. Lou-Foto / Alamy.
14. 머리글자 IHS와 혼천의, 포르투갈 국왕의 문장이 그려진 접시, 1520-40년경. Helena Woolworth McCann Collection, Purchase, Winfield Foundation Gift, 1967 / Metropolitan Museum of Art.
15. 가노 산라쿠狩野山樂, 6폭 병풍, 17세기 초. Album / Alamy.
16. 계피, 육두구, 정향, 대나무, *Les Indes Orientales et Occidentales et autres lieux*, 1708. Penta Springs Limited / Alamy.

본문

3쪽 육두구, Pietro Andrea Mattioli, *Noce Moscata*, 16세기.
25쪽 테오도르 드 브리Theodor de Bry 지도의 일부, 16세기.
31쪽 자와섬 해안을 따라 줄 지어 늘어선 화산, *The Suma Oriental of Tomé Pires*, 1944, vol. 2.
35쪽 테르나테섬과 그 화산, Sir Henry Middleton, *The Voyage of Sir Henry Middleton*, 1855.
37쪽 육두구와 그 씨앗의 겉껍질인 메이스, F. H. H. Guillemard, *The Cruise of the Marchesa to Kamchatka & New Guinea*, 1889.
39쪽 정향나무의 열매 송이, F. H. H. Guillemard, *The Cruise of the Marchesa to Kamchatka & New Guinea*, 1889.
46쪽 1515년 요하네스 쇠너 지구의에 묘사된 아메리카와 아시아, *Historia da Colonizacao do Brasil*, 16세기.
55쪽 후안 세바스티안 엘카노의 서명, Clements Markham, *Early Spanish Voyages to the Strait of Magellan*, 1911.
62쪽 테오도르 드 브리Theodor de Bry, 〈산루카르 데 바라메다에서 신세계로 가는 출항 Departure for the New World from Sanlúcar de Barrameda〉, 1594.
69쪽 16세기 브라질 지도, W. H. Koebel, *The Romance of the River Plate*, 1914.
74쪽 푸에르토 산 훌리안 만, W. H. Koebel, *The Romance of the River Plate*, 1914.
89쪽 안토니오 데 피가페타의 마젤란해협 스케치, *The First Voyage Round the World, by Magellan*, trans. Lord Stanley of Alderley, 1874.
97쪽 전형적인 프로아, W. H. Koebel, *The Romance of the River Plate*, 1914.
114쪽 〈정향 자생지 말루쿠제도Ílhas de Maluco que tem Cravo〉, 1615, Erédia Codex of S. Julião da Barra.
126쪽 엘카노의 문장, Clements Markham, *Early Spanish Voyages to the Strait of Magellan*, 1911.
133쪽 주장강 삼각주의 초기 지도, Armando Cortesão, *The Suma Oriental of Tomé Pires*, 1944, vol. 2.
149쪽 테오도르 드 브리Theodor de Bry 지도의 일부, 16세기.
168쪽 마젤란해협으로 진입하는 장면, W. H. Koebel, *The Romance of the River Plate*, 1914.
169쪽 마젤란 해협을 떠나는 장면, W. H. Koebel, *The Romance of the River Plate*,

1914.
182쪽　말루쿠제도의 코라코라, W. H. Koebel, *The Romance of the River Plate*, 1914.
187쪽　테르나테섬에서 바라본 티도레섬, F. H. H. Guillemard, *The Cruise of the Marchesa to Kamchatka & New Guinea*, 1889.
239쪽　아브라함 오르텔리우스,《테아트룸 오르비스 테라룸Theatrum Orbis Terrarum》〔세계라는 극장〕, 1570.
245쪽　로버트 손의 카드〔세계지도〕, 1527.
251쪽　세바스티아노 카보토, 새뮤얼 롤Samuel Rawle이 한스 홀바인Hans Holbein의 작품을 모사한 판화, 1824.
261쪽　16세의 모스크바, 지기스문트 폰 하버슈타인Sigismund von Herberstein의 판화, 1549.
263쪽　이반 4세 바실리예비치, '이반 외경제', 한스 벵겔Hans Wengel의 판화, 1590.
277쪽　19세기에 제작된 영국의 마카오 지도, Andrew Ljungstedt, *An Historical Sketch of the Portuguese Settlements in China*, 1836.
281쪽　화약무기에 관한 일본의 교범, S. Yoshioka Collection, Tokyo.
284쪽　유럽인이 중국에 관해 쓴 첫 번째 책, 가스파르 다 크루스, *Tractado em que se côtam muito por estêso as cousas da China*의 표지, 1569-70.
316쪽　포토시 광산, 테오도르 드 브리Theodor de Bry의 판화, 1590.
318쪽　포토시, 페드로 시에사 데 레온의 목판화, 1553.
323쪽　에스파냐 갤리언선, González Cabrera Bueno, *Navegación especulativa y practica*, 1734.
330쪽　리오 파파가야 강의 도하, 테오도르 드 브리Theodor de Bry의 판화, 16세기.
344쪽　동양으로 가는 해로, 얀 하위헌 판 린스호턴의 지도, F. C. Weider, *De Reis van Mahu en de Cordes door de Straat van Magalhães naar Zuid-Amerika en Japan 1598-1600*, 1923-25.
352쪽　펭귄 사냥, Dutch School engraving, 1598.
357쪽　테르나테섬의 포르투갈 요새, F. H. H. Guillemard, *The Cruise of the Marchesa to Kamchatka & New Guinea*, 1889.

찾아보기

* "(도)"는 도판 정보를, "화"는 화보 정보를, "(지)"는 지도 정보를 말한다. ("화" 뒤의 숫자는 화보 번호나.)

ㄱ

가르실라소 데 라 베가, 잉카 Inca Garcilaso de la Vega 7, 364
가스탈디, 자코모 Giacomo Gastaldi 237
가이탐 Gaitam → 치팡구
갈레구, 바스쿠 Vasco Gallego 83
갈방, 안토니우 António Galvão 225, 227~233, 235~236
　《말루쿠제도에 관한 논설 Tratado das Ilhas Molucas》 230
　식민지 관료 중 돋보이는 인물 230
갑문 閘門 139
갤리언선 galleon 화보 8, 322~325, 323(도)
　— 교역 상품 337~338
　— 크기 324
　— 항로 304(지), 322~323
　에스파냐 — 323(도)
게라, 헤로니모 Geronimo Guerra 75
게바라, 산티아고 데 Santiago de Guevara 157~158
게이르퓌글라스케르섬 Geirfuglasker (큰바다오리 바위섬) 350
게이지, 토머스 Thomas Gage 335~337, 342
경덕진 景德鎭 → 징더전
경도 longitude 43, 49, 153~154, 214
고메스, 에스테방 Estêvão Gomes 83~84

찾아보기　　　397

고아 Goa 148, 227, 231
과달키비르강 Guadalquivir 61, 122, 241, 244
과디아나강 Guadiana 153, 154
과테말라 Guatemala 216, 346
괌섬 Guam 94, 98
　　―과 민다나오섬 173~174
　　―에 닻을 내린 마젤란 탐험대 94
　　―에서 사냥해 마젤란 탐험대에 실은 돼지 98
　　―과 레가스피 탐험대 295
　　마젤란 탐험대에 대한 ― 원주민들의 이상한 환대 172~173
　　제2차세계대전 356
　　플로리다호를 맞는 ― 원주민들 203
　　또한 "도둑 섬"을 보라
광저우 廣州 / 캔톤 Canton 128~134, 133(도)
　　―를 상상으로 표현한 지도 133(도)
　　―에서의 포르투갈인 첩자 148
　　―에서의 포르투갈인들의 무례 134
　　―에서의 피르스 일행 129, 138~144
　　― 해도부사 海道副使 274
　　대외 교역 금지 270, 272~273
　　대외 교역 재개 275
　　후추와 지폐 128
괴혈병 scurvy 93, 118, 171, 302~303, 329
'교역의 섬' 'ilha da Veniaga' 131
교역청, 카사 데 콘트라타시온 Casa de Contratación 48, 56, 59, 234, 242, 248, 308
구눙아피 Gunung Api 30, 31(도)
구르나, 압둘라자크 Abdulrazak Gurnah 349
구아나바라 Guanabara 66
귀환항해 → 토르나비아헤
그레식 Gresik 29
그로즈니 grozny → 이반 4세 (바실리예비치)
그리스도교 → 기독교

기네미나청 Casa da Guiné e Mina / 인도청 Casa da Índia 234
기독교, 그리스도교 Christianity
　― 신앙 전파의 목적을 띤 비얄로보스 탐험대 101
　―의 도시들 317
　러시아정교회 260
　믈라카제도에 ― 신앙을 촉진하려는 카를 5세 125
　세비야 성당 123
　일본 280~282
　필리핀 사람들에게 ―를 전해주었다는 마젤란의 영예 359
　하비에르 224, 280~282

ㄴ

나가사키 長崎 313, 332, 333, 341
나가시노전투 長篠戰鬪 (1575) 279
나오스 naos 31
낙원의 새 117, 124, 125
난반진 南蠻人 278~279, 342
난징 南京 138~139, 320
남극 Antarctica 42, 45, 245
남아메리카 South America 43~44, 46(도), 85, 216, 246, 321, 322, 354
'남쪽 바다' 'Mar del Sur' 43, 68, 80, 86, 160, 215, 307, 327
남중국해 南中國海 271
넓은 수역 Broad Reach 81, 167, 168(도)
네덜란드 Nederlands
　―의 향신료 교역을 공격하는 데 쓰인 《여행기 Itinerario》 238
　―의 황금시대 Golden Age 355
　―인들에 의한 극동 지역에 아편 유입 340
　말루쿠제도와 반도제도에 ―인들의 도착 347
　향신료와 관련한 ―의 요새 357
네덜란드동인도회사 VOC, Vereenigde Oostindische Compagnie 338, 354~355
노바야 제믈랴 섬 Novaya Zemlya 256

노스트라 도나 데 바라메다 Nostra Dona de Barrameda 62
누에바 기네아 Nueva Guinea 223
누에바 에스파냐 Nueva España 117, 198~201, 205~206, 210, 212, 214~224, 287~289, 292~293, 300~302, 312, 327, 335, 339
　　—의 마닐라 지배 311~312
　　태평양을 —의 호수로 만들 기회 201
　　또한 "멕시코"를 보라
누에스트라세뇨라데코바동가호 Nuestra Señra de Covandonga 330
눈의 해협 Strait of the Snows → 산타 아나 갑
뉴펀들랜드 Newfoundland 243

ㄷ

다가마, 바스쿠 Vasco da Gama 23, 49, 334
다네가섬 種子島 278~279, 344(도)
다네가시마 도키타카 種子島時堯 278~279
다네가시마 총 種子島銃 / 다네가시마 뎃포 種子島鉄砲 279, 340, 342
대명률 大明律 136
대서양 Atlantic Ocean
　　—에서 무역풍 타기 63
　　— 통과를 피한 마젤란 63
　　— 항해 유경험자들 91
　　남대서양의 겨울 159, 161, 165
　　북대서양의 날씨 254
　　세계지도 42
　　토르데시야스조약과 — 42~43
덴푸라 天婦羅 340
도둑 섬 Las Islas de los Ladrones 97~98, 172~173, 203, 295 ; 또한 "괌섬"을 보라
독일인 German 23, 44, 243
동아프리카 East Africa → "아프리카"를 보라
동인도회사 East India Company 268 ; 또한 "네덜란드동인도회사"를 보라
동해 東海 271

뒤러, 알브레히트 Albrecht Dürer 343
드레이크, 프랜시스 Francis Drake 339, 347
드비나강 Dvina 257, 266
디, 존 John Dee 250, 268
  '영국제국' 'British Empire' 268
  "완벽한 항해 기술에 관한 일반적 기록과 진귀한 기록" "General & Rare Memorials pertaining to the Perfect Art of Navigation" 268
디우전투 Battle of Diu (해전, 1509) 47

ㄹ

라 고메라 섬 La Gomera 156
라 이슬라, 후안 데 Juan de la Isla 307~309
라 콘셉시온 만 La Concepción 167
라다, 마르틴 데 Martin de Rada 297, 312, 353
라무시오, 조반니 Giovanni Ramusio 237
라보섬 Rabo 175, 183
라스 카사스, 바르톨로메 데 Bartolomé de las Casas 50~51, 76, 353
라이아 술탄 만소르 Raia Sultan Manzor → 알-만소르
라자 콜람부 Rajah Kolambu 100
라코루냐 La Coruña → 아코루냐
라푸라푸 Lapulapu 105~107, 109, 359
라플라타강, 리오 데 라 플라타 강 Río de la Plata 44, 45, 51, 69(도), 70, 319, 342
러셀우드, 존 John Russell-Wood 340
러시아정교회 Russian Orthodox Church 260
런던 London 23, 237, 250, 260, 265, 331
레가스피, 미겔 로페스 데 Miguel López de Legazpi 292~294, 297~301, 305~313
레온, 페드로 시에사 데 Pedro Cieza de León 317, 318(도)
레이나, 페드로 산체스 데 Pedro Sánchez de Reina 78, 87
레이리아, 이네스 드 Inês de Leiria 148
레이테섬 Leyte 219, 295
레판토해전 Battle of Lepanto (1571) 313, 321

로드리게스, 에스테반 데 Ésteban de Rodriguez 292, 301~303
로로사, 페드루 드 Pedro de Lorosa 116, 119
로리아가, 치미고 데 Chimigo de Loriaga 173
로아이사, 가르시아 호프레 데 García Jofre de Loaísa 155~160, 164~167, 171~172, 197~198, 201~202, 205, 278, 341
론토르섬 Lonthor, Lontor → 반다 베사르 섬
뢰스트섬 Røst 254
루도비코 디 바르테마 Ludovico di Varthema 23
루손섬 Luzon 98, 309~310, 313, 331
루코피나제도 Lucopina Islands 33
루후 Luhu 33
류큐제도 琉球諸島 278, 313
리, 에드워드 Edward Lee 244
리마사와섬 Limasawa 100, 101, 219, 220
리보, 장 Jean Ribault 249
리스보아, 주앙 드 João de Lisboa 44
리스본 Lisbon
　—에서 출발한 탐험대 23
　—에서의 우르다네타 211
　— 해안가의 베네치아 밀정 236
　교역과 인쇄의 중심지 237
　마젤란과의 관련 56
　유럽인의 호기심을 자극한 —에서 흘러나오는 소식 44
리오 데 라 플라타 강 Río de la Plata → 라플라타강
리오 발사스 강 Rio Balsas 291
리오 산타 크루스 강 Rio Santa Cruz 78~79, 159~160, 165~166
리오 파파가요 강 Río Papagayo 328, 330(도)
리옹 Lyon 237
리우 데 자네이루, 히우 지 자네이루 Rio de Janeiro 66
리치, 마테오 → 마테오 리치

ㅁ

마가야네스, 페르난도〔에르난도〕 데 Fernando〔Hernando〕 de Magallanes → 마젤란
마갈량이스, 페르낭 드 Fernão de Magalhães → 마젤란
마누엘 1세 Manuel I
 ―를 화나게 한 마젤란의 성격 47
 교역과 정복 128
 밀레르 지도책 제작 주문 38
 신이 내린 '발견'의 사명 127
 알부케르크의 편지 27, 28
 원거리 교역의 이익 355
 지구의와 지도 복제 금지 234
 추가 원정 계획 142
 출세의 근원으로서 ―의 궁정 46
 카를로스 1세 누이와의 혼인 52
 포르투갈 첩자 세바스티앙 알바르스 56
마닐라 Manila
 ―에서 출항하기의 까다로움 325
 ―와 유럽의 유럽 밖으로의 팽창 334
 교역망 중심지 319~320, 334
 누에스트라세뇨라데라콘셉시온호 338
 성모자상 (종교적 조각상) 343
 포르투갈 상인들 교역의 중심지 ― 282
 포토시 은의 중추적 교환 지점 ― 319
마다가스카르 Madagascar 119, 120, 346
마드리드 Madrid 317
'마르 데 수르' 'Mar del Sur' → '남쪽 바다'
마르코 폴로 Marco Polo
 ―가 중국에서 들은 시팡구 278
 ―의 사라지지 않는 영향력 128, 213
 《일 밀리오네 Il Milione》 128, 236
 정향과 육두구의 원산지에 대한 ―의 생각 23

중국과의 직접적 교류라는 전망의 제시 28
마리아나제도 Mariana Islands 94, 118
마젤란 Magellan / 마가야네스, 페르난도〔에르난도〕데 Fernando〔Hernando〕de Magallanes / 마갈량이스, 페르낭 드 Fernão de Magalhães 화보 4, 45~60
　—의 항해 탐험대 61~63
　　국왕의 명령을 따르지 않음 63, 72~74
　　기러기 71
　　날씨 64, 70~73
　　반란 74~78
　　에스파냐인과 포르투갈인 간 긴장 64~66
　　카르타헤나에 대한 처리 78
　　투피족과의 마주침 66~68
　　피가페타의 충성 61
　　항해 준비와 자금 조달 53
　　해협을 찾아 계속 항해할지에 대한 여부 79~88
　　또한 "빅토리아호" "산안토니오호" "산티아고호(마젤란 탐험대)" "콘셉시온호" "트리니다드호"를 보라
　—이 받은 전형적인 교육 45~46
　개인사 48~49
　라스 카사스의 평의회 증언 50
　말루쿠제도에 대한 관심 46
　믈라카 점령에 참여 28
　세랑과 — 28
　세바스티앙 알바르스의 —의 임무 방해 시도 56~58
　에스파냐에서 —의 적극적 관여 40
　오락가락하는 —의 기분 82, 85
　죽음 88
　　—의 죽음과 관련한 섬 주민들 사면 299~300
　필리핀에서 누리는 영예 359
　해협을 통과해 태평양으로의 항해 91~111
　　—의 판단에 대한 도전 105
　　기독교 전도 103~104

섬 주민들의 우호와 적대 94~109
　　식단과 비타민C 92~93
　　적도를 통과해 필리핀제도로의 항해 94
'마젤란의 교환' 'Magellan exchange' 339, 346
마젤란해협 Estrecho de Magallanes, Strait(s) of Magellan / 파타고니아해협 Strait of Patagonia
　　14(지), 162~170, 168(도), 169(도)
　　―에 대한 두 번째 시도 155
　　―에서 말루쿠제도까지의 거리 90
　　―의 최초의 묘사 89(도)
　　―의 통과(1520) 14(지)
　　항해하기에 위험한 ― 101
마카오 Macau 227, 276
　　―에 교역소가 설치된 정황 273, 278, 282, 321
　　―와 포르투갈인 271~271, 359
　　중국과 나가사키와 ―의 삼각무역 332
　　지도 277(도), 344(도)
　　향신료제도와 ― 227
마키안섬 Makian 20, 21, 193
마테오 리치 Matteo Ricci 339
마프라, 히네스 데 Ginés de Mafra 82, 85, 88, 105, 116, 124, 218
막탄섬 Mactan 105~109
막탄섬전투 Battle of Mactan (1521) 358~359
만리장성 萬里長城 148
말라카 Malacca → 믈라카
말라카, 엔히크 드 Enrique de Malacca / 말라카, 엔리케 데 Enrique de Malaca 48, 50
말레이군도, 말레이제도 Malay Archipelago
　　―에서 머문 월리스 351~352, 354
　　―와 네덜란드의 유산 355
　　― 원주민들의 항해 기술 96~97
　　― 원주민들의 혈맹 의식 352
　　믈라카를 점령했다는 말이 ― 지역사회에 끼칠 효과 29
　　우주에서 본 ― 19

자오선이 — 어디를 관통하느냐의 문제 42
말레이반도 Malay Peninsula 19, 23, 28
말루쿠제도 Maluku Islands, Kepulauan Maluku, Moluccas 16(지) 114(도)
　—가 에스파냐 영토라는 카를 5세(카를로스 1세)의 확신 215
　— 경계선(토르데시야스조약) 152~154 ; 또한 "토르데시야스조약"을 보라
　—에 대한 서술 225~226
　—와 관련해 포르투갈에 유리하게 바뀐 힘의 균형 208
　—의 정향 생산 37~38
　—의 지리적 불안정 225~226
　16세기에 벌어진 큰 싸움의 진원 23
　갈방의 《말루쿠제도에 관한 논설 Tratado das Ilhas Molucas》 230
　맞바람 30
　적도가 —를 곧장 관통한다는 사실 94
　카를 5세(카를로스 1세)가 코르테스에게 쓴 편지 198
　포르투갈인들이 그린 초기 그림 속의 — 114(도)
　섬
　　마키안 20, 21, 193
　　모로타이 21, 357
　　바찬 21
　　테르나테섬 → 테르나테섬
　　티도레섬 → 티도레섬
《말루쿠제도에 관한 논설 Tratado das Ilhas Molucas》(갈방) 230
말루쿠함대 Armada de Molucca 61~90
메네즈스, 조르즈 드 Jorge de Meneses 189~191, 210
메르카토르, 헤라르뒤스 Grardus Mercator 237, 250
메리 1세 Mary I 265
메스키타, 알바루 드 Álbaro de Mesquita 65, 74~75
메이스 mace 32, 36, 37(도), 131, 231, 244
메이플라워호 Mayflower 217
메콩강 삼각주 Mekong Delta 148
멕시코 Mexico
　—에서 대양 항해 선박 건조 200~201

— 해안에서 비얄로보스 탐험대의 출발 218
　　— 해안에서 코르테스의 주도로 배 파견 198
　　은 288, 320
　　또한 "누에바 에스파냐"를 보라
멕시코시티 Mexico City 화보 10
　　—의 눈에 띄는 부유함 335
　　난파나 항해 실패가 —에 끼친 장기적인 경제적 충격 324
　　아카풀코와 '차이나로드' 328
　　엄청나게 부유한 도시 321
　　우르다네타가 —에서 받은 환영 305
　　코르테스의 말루쿠제도 항해 계획 200
멘도사, 루이스 데 Luis de Mendoza 75~77, 87
멘도사, 안토니오 데 Antonio de Mendoza 216
멜레사만 Melesa 292
명 明
　　곤여만국전도 坤輿萬國全圖 339
　　대명률 大明律 136
　　대명통행보초 大明通行寶鈔 319
　　산산조각 난 포르투갈의 —과의 합법적인 교역 희망 144
　　세금을 은으로 받은 —의 강국 지위 상실 356
　　세제 개편 313
　　일본과의 직접적 교역 완전 금지 282
　　일조편법 一條鞭法 319
　　해금 정책 130
　　해적에 대한 대응 271
모랄레스, 에르난도 Hernándo Morales 77
모로코 Morocco 47, 341, 345
모로타이섬 Morotai 21, 357
모스크바회사 Muscovy Company 268
모타, 안토니우 두 António do Mota 278
모티섬 Moti 21
몬순신부 monsoon bride 29

몰디브 Maldives 47

몰리노, 루이스 델 Luis del Molino 77

무슬림 Muslim 22, 34, 210, 232, 288, 309, 311, 345

무역풍 trade wind 63, 91, 171, 214

믈라카 Melaka / 말라카 Malacca
　—를 강탈한 포르투갈인들에게 도시를 되돌려놓으라는 중국인들 140
　—에서 정향과 육두구의 자생지를 찾아 나선 항해 23~24
　—에서 중국 상인들에게 질문할 기회를 얻은 피르스 129~130
　—와의 교역에 대한 중국의 허락 131
　—의 요새와 상인 31, 32, 35
　성 토마와 — 45
　포르투갈인들의 — 도달 23

미국 USA 358

민다나오섬 Mindanao
　—에서 나는 약간의 계피 289
　—와 비얄로보스 탐험대 219
　—와 우르다네타 탐험대 296
　— 주변으로의 빅토리아호 항해 111
　— 해변에서 산타마리아델파랄호의 난파 207

밀레르 지도책 Miller Atlas 화보 1, 38, 40, 113, 234

ㅂ

바다호스 Badajoz 153~154, 156

바라 데 나비다드 Barra de Navidad 290~292

바랑가이 balanghai 100

바렌츠해 Barents Sea 255~256, 265

바르되휘스 Vardøhus / 워드하우스 Wardhouse 254~256

바르보자, 두아르트 Duarte Barbosa 68, 76, 109~110, 236

바르보자, 디오구 Diogo Barbosa 48

바르지나강 Varzina 258, 265

바버리 Barbary 45

바불라 Baabullah 347
바스크 Basques 17, 155, 173, 341
바야돌리드 Valladolid 49, 76, 125, 211, 353
바얀 시룰라 Bayan Sirullah 34
바이아 데 로스 파토스 Bahía de los Patos 71
바이아 이누틸 Bahía Inútil 82
바찬섬 Bacan 21
바후스, 주앙 드 João de Barros 30, 118, 148, 230
반다 베사르 섬 Banda Besar / 론토르섬 Lonthor, Lontor 30
반다제도 Bandas 화보 2
　—를 찾아 나선 포르투갈인들 29
　—의 정치 조직 36
　—의 폭넓은 교역망 32
　네덜란드의 — 침공 238, 355
　알부케르크가 —에 관해 포르투갈 왕에게 보낸 편지 27
　우르다네타의 — 여행 211
　육두구의 유일한 자생지 21
반다해 Banda Sea 33
반란 mutiny (탐험대)
　—의 위협의 상존 201, 217
　레가스피에 대한 — 395
　로아이사 탐험대 158
　마젤란 탐험대 75~79, 84
발다야, 페르난두 드 Fernando de Baldaya 180, 184
발로, 로저 Roger Barlow 244, 246, 247
발보아, 바스코 누녜스 데 Vasco Núñz de Balboa 43
발부에나, 베르나르도 데 Bernardo de Balbuena 335
발트제뮐러, 마르틴 Martin Waldseemüller 44
방강가 Banganga 219
백해 白海 256~257, 266
베냉 Bénin 343
베네치아 Venezia

교역과 인쇄의 중심지 237
　　마카오와 — 276~277
　　세바스티아노 카보토 243
　　자신들의 향신료 교역 파멸에 대한 예감 242
　　푸첼레레 96
　　흑사병 361
베라, 페드로 데 Pedro de Vera 165
베라크루스 Veracruz 216, 307, 324, 329, 333
베르메호, 로드리고 Rodrigo Bermejo 171
베스푸치, 아메리고 Amerigo Vespucci 236
베이징 北京 128, 139, 142, 146, 270, 282, 313, 320
베자 공작 Duque de Beja 274
벨라스코, 루이스 데 Luis de Velasco 288~292
보나에스페란사호 Bona Esperanza 251, 255, 267~268
보나콘피덴티아호 Bona Confidentia 252, 255~256, 267
보르네오섬 Borneo 19, 111, 129, 309, 322, 331
《보물섬 Treasure Island》(로버트 루이스 스티븐슨) 339
부르고스 주교 Obispo de Burgos 52, 57 → 폰세카, 후안 로드리게스 데
부스타만테, 에르난도 데 Hernando de Bustamante 160, 192, 208
부엔 푸에르토 Buen Puerto 169
북극권 Arctic circle 23, 256, 259, 335
북아메리카 North America 46(도)
북해 北海 253, 265
불랑기 (포랑지) 佛郞機 (Folangji) (프랑크족)
　　—가 연 계절시장 273
　　—를 관대하게 보고 싶었던 정덕제 140
　　—의 의도에 대한 중국인들의 인지 143
　　—의 정체를 파악하는 데 더뎠던 중국 269
　　유럽인들에 대한 중국인들의 명칭 134
　　대명률에 전례가 없는 —의 전갈 136
　　판구이 犯規 (야만인 악마들) 139
불운의 섬 Las Islas Infortunatas 94

불의 고리 Ring of Fire 20

브라질 Brazil

　─로 밀수된 은 321

　─로의 일반적 항로가 아닌 마젤란의 경로 63

　─ 주위를 돈 포르투갈인들의 항해 45

　─ 주위를 돈 에스파냐인들의 항해 57

　1515년 쇠너의 지구의 46(도)

　16세기 지도 69(지)

　노예(제) 342

　알바르스가 마누엘 1세에게 보낸 편지에 언급된 ─ 57

브란손, 욘 Jón Brandsson 349

브루나이 Brunei 111, 309, 311

브리스틀 Bristol 243~244

브리투 파탈링, 후이 드 Rui de Brito Patalim 31

브리투, 안토니우 드 António de Brito 118~120

비고, 곤살로 데 Gonzalo de Vigo 173, 178

비사야제도 Visayas 298, 300, 311

비얄로보스, 루이 로페스 데 Ruy López de Villalobos 216~224, 295, 306

비에이라, 크리스토방 Cristóvão Vieira 139, 140, 142, 144, 146~147

비첸테 Vicente 202, 204, 205

비키니환초 Bikini Atoll 358

비타민C Vitamin C 85, 93, 169, 171, 303

빅토리아호 Victoria 화보 6

　─가 싣고 온 향신료 124~125

　거의 난파될 뻔함 70~71

　대양으로 이어지는 협수로를 따라 전진 88

　마젤란 탐험대 61

　반란 75~76

　새 선장 111

　세비야로의 귀환 151, 241

　일등항해사와 선실급사의 남색 행위 65

　정어리강 84

찾아보기　　　411

정향 선적 116~118
카보 프로어드 곶 82
폭풍 80

ㅅ

사라고사조약 Treaty of Zaragoza (1529) 209, 215
사랑가니섬 Sarangani 219, 222
사마르섬 Samar / 산 라사로 섬 San Lazaro 97~98, 295
사마포 Zamafo 175, 178, 222
사미족 Sami 265
사바이아호 Sabaia 29, 32
사베드라 세론, 알바로 데 Álvaro de Saavedra Cerón 194, 200~203, 205~207, 214
산 마르틴, 안드레스 데 Andrés de San Martín 77, 87, 110
산 마테오 섬 San Mateo (안노본섬) 158
산 바르톨로메 섬 San Bartolomé 172
산 베르나르디노 해협 San Bernardino Strait 325, 329
산 호르헤 San Jorge 168
산 후안 데 포르탈리나 St Joan de Portalina 170
산가브리엘호 San Gabriel 155, 157, 162, 164~165
산 라사로 San Lazaro → 사마르섬
산레스메스호 San Lesmes 155, 164, 171, 341
산루카르 데 바라메다 Sanlúcar de Barrameda 61~62, 62(도), 122
산루카스호 San Lucas 192, 294, 310
산안토니오호 San Antonio
　―가 에스파냐로 돌아갈 가능성 101~102
　―를 잃어버림 84~85
　반란 74~78
　조타수 고메스 83~84
　탐험대 식량과 비품의 대부분을 선적한 ― 61, 84
산암브로시오호 San Ambrosio 331
산업혁명 Industrial Revolution 345

산크리스토발호 San Cristóbal 220
산타 마리아 데 안티과 예배당 Santa María de Antigua 123
산타 아나 갑 Santa Ana / 눈의 해협 Strait of the Snows 167
산타 크루스 데 테네리페 섬 Santa Cruz de Tenerife 63
산타 크루스, 알론소 데 Alonso de Santa Cruz 236
산타마리아데라빅토리아호 Santa María de la Victoria 155, 159, 171, 174, 178~179, 183~185, 201
산타마리아델파랄호 Santa María del Parral 155, 157, 171, 205~207
산타카타리나호 Santa Catarina 29
산토 니뇨 데 세부 Santo Niño de Cebu 화보 5, 359
산티아고기사단 Orden de Santiago 53
산티아고섬 Santiago 121
산티아고호 Santiago (로아이사 탐험대) 155, 157, 164, 167, 198, 200
산티아고호 Santiago (마젤란 탐험대) 61, 70, 78~80
산티아고호 Santiago (비얄로보스 탐험대) 218, 223
산티아고호 Santiago (사베드라 탐험대) 201, 202
산파블로호 San Pablo 292
산페드로호 San Pedro 292, 296, 301~302, 306
산헤로니모호 San Geronimo 306
산호르헤호 San Jorge 221
산호세호 San José 339
산후안데레트란호 San Juan de Letrán 220~224
산후안호 San Juan 292, 307
살라사르, 토리비오 알론소 데 Toribio Alonso de Salazar 172, 173
살로몬, 안토니오 데 Antoni de Salomón 65, 68, 78
살세도, 펠리페 데 Felip de Salcedo 301
상기헤섬 Sangihe 221
상어섬 Tiburones 94
상인 모험가들 Merchant Adventurers 250, 262~264, 268, 355
상촨도 上川島 273
상크티-스피리투스호 Sancti-Spiritus 155, 158~161, 164
새 bird 30, 158~159, 169(도) : 또한 "낙원의 새"를 보라

샌 미겔 섬 San Miguel 302
서쪽 제도 Islas del Poniente 94, 97, 215~217, 289 ; 또한 "필리핀"을 보라
성모자상 Madonna and Child 343
세뇨라데라콘셉시오호 Señora de la Concepción 331~332, 338
세니아섬 Senja 254
세라노, 후안 Juan Serrano 75, 78, 109~110
세람섬 Seram 33
세랑, 프란시스쿠 Francisco Serrão 28~29, 33
　―의 말루쿠제도를 향한 항해 11(지)
　마젤란과 ― 28, 110
　믈라카 점령에 참여 28
　자와인 아내 29
　죽음 115
　향신료제도와 관련한 ―의 편지 47~48
세로 리코 Cerro Rico 315, 358
세바스티안 Sebastián 205
세바스티앙 1세 Sebastião I 345
세부섬 Cebu 102~104, 108, 116, 174, 282, 297~299, 305~306, 358, 359
세비야 Sevilla 화보 3
　―에 도착한 빅토리아호 선원들 123
　―에 잠입한 포르투갈인 첩자 56
　―에서 태평양을 건너 멕시코로 가기 위한 물자 290
　―에서 파견한 탐험대들 23
　―의 북유럽인들 238
　교역과 인쇄의 중심지 237
　마젤란의 ― 도착 48
　마젤란의 ― 출발 61
　베라크루스로부터 ―까지의 거리 307
　세계에서 가장 큰 기독교 건물 123
　유럽의 가장 역동적인 도시의 하나 241
　유럽인의 호기심을 자극한 ―에서 흘러나오는 소식 44
세사레아 카롤리 Cesarea Caroli 219

셰틸, 셰틸손 Ketill Ketilsson 349

소자, 레오넬 드 Leonel de Sousa 274~275, 278

소토, 프란시스코 데 Francisco de Soto 183, 189

손, 로버트 Robert Thorne 243~247, 245(도), 250

솔리스, 후안 디아스 데 Juan Díaz de Solís / 솔리스, 주앙 디아스 드 João Dias de Solis 44, 246

쇠너, 요하네스 Johannes Schöner 44~45, 46(도)

쇼군 將軍 282, 342

《수마 오리엔탈 Suma Oriental que trata do Mar Roxo até aos Chins》 (피르스) 129, 235, 237

수마트라 Sumatra 19, 23, 28, 47, 99, 313, 321

술라 Sula 105

술라이만 3세 Sulayman III 309, 310, 311

스미스, 애덤 Adam Smith 351

스페인 Spain → 에스파냐

스헤이버, 얀 Jan Scheyfve 249, 252

시망 Simão 145

시우아타네호만 Zihuatanejo 202

시팡구 Cipangu 172, 278 ; 또한 "일본"을 보라

식인종 cannibal / 식인 (풍습) cannibalism 67, 69(도), 70, 96

쑤저우 蘇州 128

ㅇ

아네스 Anes 218

아눈시아다호 Anunciada 162, 165

아란다, 후안 데 Juan de Aranda 48~49

아레이사가, 후안 데 Juan de Aréizaga 199~200

아루체토섬 Arucheto 120

아르고테, 롤단 데 Roldán de Argote 160

아르헨티나 Argentina 319

아마콘 亞媽閣 332

아메리카, 아메리카대륙 Americas
　—라는/이라는 장벽 23, 43, 50
　—를/을 돌아가는 마젤란의 비밀 항로 51
　—에서 발생한 잔학 행위의 가장 매서운 비판자 라스 카사스 353
　—에서 향신료제도로 가는 항로 198~199
　—와/과 남극을 분리하는 해협 45
　—와/과 아시아의 연결이라는 에스파냐의 꿈의 실현 312
　교역청 48
　밀레르 지도책 40
　세비야로부터 들어오는 배들 241
　손의 지도 244~245
　에스파냐에 —를 관통할 통로의 필요성 43
　은광 320
　카를 5세의 —의 영토 보유와 그가 상상한 자신의 운명 60
아불라피아, 데이비드 David Abulafia 351
아브레우, 안토니우 드 António de Abreu 28~29, 31
아스테카 Azteca (제국) 198, 213, 288
아시아 Asia
　—로 파견된 사제들 224
　—와 아메리카의 연결 312
　—의 끝을 돌아가는 북방 항로 개척의 실패 268
　—의 민족과 상품을 연결하는 교역망의 중심지 마닐라 309
　교역 형태의 뿌리 내림 340
　불완전한 지도 245
　손의 지도 245
　월리스라인 21
　중앙집권적 관료 정치의 중국 132
아우구스티누스회, 아우구스티누스수도회 Augustinians
　— 수사(사제) 비얄로보스의 죽음 223
　— 수사들의 우르다네타와의 항해 293
　—에 비얄로보스의 합류 217
　에스파냐 정복 사업에 대한 —의 반대 목소리 311~312

우르다네타의 ― 입회 216
아우트리거 카누 outrigger canoe 96, 97(도), 182~183, 182(도)
아카풀코 Acapulco 화보 9, 320~324
　　　―로부터 말과 가축의 운송 339
　　　―로부터 베라크루스까지의 거리 307
　　　―로 향하자는 우르다네타의 조언 303
　　　―에 대한 서술 328
　　　―에 중국 자기의 하역 337
　　　―와 주기적으로 태평양을 오가는 갤리언선 328
　　　갤리언선 운항에 따르는 ―의 손실 331
　　　산헤로니모호의 ― 출발 306
아코루냐 A Coruña / 라코루냐 La Coruña 154, 175
아쿠냐, 로드리고 데 Rodrigo de Acuña 157, 158, 165
아타이드, 트리스탕 드 Tristão de Ataide 229
아프리카 Africa
　　　―에서 무역풍을 타고 대서양 횡단 63
　　　― 해안에서 이베리아반도의 탐험 선구자들이 쌓은 훈련 234
　　　노예, 노예무역 317, 319, 321
　　　동아프리카 해안의 약탈 47
　　　포르투갈의 요새와 기지 35
　　　포토시와 ― 315~317
안노본섬 Annobón 158
안드라드, 시망 드 Simão de Andrade 137~139
안드라드, 페르낭 페르스 드 Fernão Peres de Andrade 134, 136~139, 141
알람브라 Alhambra 197
알랑구, 오르투뇨 드 Ortuño de Alango 202
알리 Alli (발란타족 Balanta) 145
알-만소르 Al-manzor (라이아 술탄 만소르 Raia Sultan Manzor) 115
알메이다, 안토니우 드 Antonio de Almeida 144
알메이다, 크리스토방 드 Cristóvão de Almeida 146
알바라도, 페드로 데 Pedro de Alvarado 216
알바르스, 세바스티앙 Sebastião Álvares 56~60

알바르스, 조르즈 Jorge Alvarez 146
알보, 프란시스코 Francisco Albo 79, 124
알부케르크, 아폰수 드 Afonso de Albuquerque
    마젤란에게 쓰던 갑옷을 준 — 47
    세랑과 관련해 쓴 편지 34~35
    자국 포르투갈 식민지 사업의 속성 파악 228
    중국에 페레스트렐로 파견 132
    포르투갈인들을 타락시키는 깊은 열대에 대한 인식 228
    향신료제도로 가는 지도와 관련해 국왕 마누엘 1세에게 쓴 편지 27~28
알카세르키비르전투 Battle of Alcácer Quibir (1578) 345
암본섬 Ambon 33~34, 223
암스테르담 Amsterdam 338
암스테르담섬 Amsterdam 121, 338
암호기술, 암호작성(해독)술, 암호학 cryptography 236
애드미럴티섬 Admiralty Island
앤드루 오브 브리스틀 Andrew of Bristol 97
앤슨, 조지 George Anson 330~331
야이타 킨베이 八板金兵衛 279
에드워드호 Edward
    겨울 보내기 258~259
    백해 256~257
    선원들의 생존 266
    잉글랜드로의 귀환 264~265
    챈슬러의 지휘 252
    폭풍 255
에레라, 페르난도 데 Fernando de Herrera 242
에사, 두아르트 드 Duarte de Eça 229
에스파냐 España / 스페인 Spain
    — 갤리언선 323(도)
    — 갤리언선의 출항 322~332
    —의 쇠락 356
    —인들이 처음으로 본 태평양 40

―인 선원들의 소심함을 비웃은 마젤란 74
　　16세기에 벌어진 큰 싸움의 진원 말루쿠제도 23
　　마젤란의 ―로의 귀화 48
　　마젤란의 포르투갈인 선원들에 대한 불안감 54~55
　　밀레르 지도책 40
　　숙련된 조타수들의 ―로의 이탈 153
　　아메리카대륙의 장벽을 관통할 수 있는지의 여부 50
　　은 320~321
　　인도로 가는 경재에서의 따라잡기 41
　　테르나테에서 포르투갈과의 힘겨루기 180
　　포르투갈 선박으로 본국에 귀환한 ―인들 210~211
　　포르투갈과의 해상 전투 184~185, 193~194
　　　　휴전의 시도 188~192
　　포르투갈과의 힘겨루기 64, 74, 85
　　향신료 교역의 판도를 바꾼 ― 178
에스피노사, 곤살로 고메스 데 Gonzalo Gómez de Espinosa 111, 118
에스피노사, 로드리고 데 Rodrigo de Espinosa 301~303
에스피리투산토호 Espiritu Santo 20
엔히크스, 동 가르시아 Dom Garcia Henriques 179, 180, 185, 188~189
엘데이섬 Eldey 350
엘로리아가, 후안 데 Juan de Elorriaga 75
엘바스 Elvas 153
엘카노, 후안 세바스티안 Juan Sebastián Elcano
　　―의 문장 126(도)
　　―의 서명 55(도)
　　―의 에스파냐 귀환항해 12(지)
　　귀환 항로에 대한 ―의 계획 120~121
　　두 번째 항해를 위한 ―의 기술 155, 167
　　마젤란 탐험대에 합류하는 계약서에 서명 55
　　말루쿠제도 관련 회의 참석 154
　　반란에 대한 ―의 처벌 78
　　빅토리아호 선장이 된 ― 111, 117

상크티-스피리투스호의 좌초 160~161
세상의 경이를 보여주는 증거들을 가지고 유럽으로 돌아온 — 125
시팡구를 경유하려 한 — 172
유언과 죽음 172
엠폴리, 조반니 다 Giovanni da Empoli 131, 132, 136
《여행기 Itinerario》 (판 린스호턴) 238
'영국제국' 'British Empire' (디) 268
예수회 → 제수이트회
오도리코 다 포르데노네 Odorico da Pordenone 23
오르타, 가르시아 드 Garcia de Orta 7, 345
오르텔리우스, 아브라함 Abraham Ortelius 237
　《테아트룸오르비스 테라룸 Theatrum Orbis Terrarum》 237
오스만 Osman (제국) 288, 307, 334, 337
오스트랄라시아 Australasia 21, 97(도)
오스트레일리아 Australia 20, 358, 362
"완벽한 항해 기술에 관한 일반적 기록과 진귀한 기록" "General & Rare Memorials pertaining to the Perfect Art of Navigation" (디) 268
왕들의 계곡, 왕가의 계곡 valley of the king 22
왕백 汪柏 274
왜구 倭寇 271
"외경심을 불러일으키는 자" "The Terrible" / 외경제 畏敬帝 → 이반 4세 (바실리예비치)
외스터라이히, 마르가레테 폰 Margarete von Österreich 125
우르다네타, 안드레스 데 Andrés de Urdaneta 154
　갤리언선 항로와 — 322
　당대의 항해 문제들에 관한 고찰 305
　리스본에 가장 마지막으로 도착 211
　민다나오섬 주민들에 대한 서술 174
　불사신 — 187, 190
　사실에 근거한 냉철한 보고 215
　식수 부족 163~164
　아우구스티누스회 입회 289
　일찍부터 가치가 있다는 인물평 162

자연사 관찰자 — 165~166
    죽음 305
    카를5세의 후속 탐험대에 대한 설명 154
    태평양을 지나 멕시코로 돌아가는 계획 287~311
        위치 기록의 정확성에 대한 요구 254
    황제에게 말루쿠제도를 포기하지 말 것을 권고 211~212
우르술라, 성 St. Ursula 80
우안카벨리카산 Huancavelica 318
우엘바, 후안 데 Juan de Huelva 173
워드하우스 Wardhouse → 바르되휘스
원주민의 권리 존중 296
월리스, 앨프리드 러셀 Alfred Russel Wallace 20, 183, 351, 354
월리스라인 Wallace Line 21
윌러비, 휴 Sir Hugh Willoughby 15(지), 250~251, 253~259, 265~268, 334
유럽 Europe
    —에서 가장 역동적인 도시의 하나 세비야 241
    —의 모든 강과 바다의 것보다 더 많은 어종이 있는 한 개의 섬 21
    —의 발견의 항해에 불을 지핀 인쇄 236~237
    —의 발견의 항해와 지도 236~237
    —의 시장 통로 믈라카 28
    —인의 강박관념인 "식인종"이라는 낱말 69(도)
    —인의 시각에서 가장 널리 쓰이는 언어 라틴어 202
    —인의 탐험 시대에서 가장 긴 대양 항해 303
    —인의 호기심을 자극한 리스본과 세비야에서 흘러나오는 소식 44
    60년간(1511~1571)의 성취 24
    세계를 조사하러 돌아다닌 —인들 148
    세계에 관한 정보를 모은 —인들 38
유프라테스강 Euphrates River 22
육두구 肉荳蔲, nutmeg 37(도)
    —를 누가 소유하느냐 42
    —에 대한 묘사 36~37
    —와 마르코 폴로 22

—의 생산에 대한 피가페타의 연구 116
　　—의 씨앗을 퍼뜨리는 새들 30
　　—의 원산지 22
　　—의 유럽 시장 통로 믈라카 28
　　— 자생지를 찾아 나선 항해의 시작 24
　　네덜란드동인도회사의 — 플랜테이션 농장 파괴 355
　　메이스와 — 32, 36, 37(도)
　　반다제도의 — 29
　　엘카노의 문장에 새겨진 — 125
은 silver 화보 12
　　—과 드레이크 339
　　—과 미국 달러 339
　　—과 비단의 교환 332
　　—과 스미스 351
　　—의 물동량 331~332
　　교역, 환전, 전쟁 수행에 사용된 — 313
　　인간의 통제를 벗어난 — 356
　　중국에서의 — 286
은행가들 bankers 24, 44
이바라, 마르틴 데 Martin de Ibarra 303
이반 4세 (바실리예비치) Ivan IV (Vasilyevich) / 이반 외경제畏敬帝, Ivan the Terrible 화보 7, 257, 262, 263(도), 264
이사벨 드 포르투갈 Isabel de Portugal 152, 197
이스마엘 Ismael 29
이슬람 Islam 23, 34, 309 ; 또한 "무슬림"을 보라
이슬레이프손, 시구르두르 Sigurður Ísleifsson 349
이탈리아 Italia 23, 131, 202
인도 印度
　　—에 도달할 수 있게 해준 희망봉 43
　　넌제품 322
　　방대한 인구 320
　　세상이 —에서 끝난다는 일본인의 관념 280

포르투갈제국의 영향 35
　　　후추 131
인도네시아 Indonesia 346
인도양 Indian Ocean 20, 121, 142, 177, 309
'인도제도' 'Indies' 23
인도제도협의회 Consejo de Indias, Council of the Indies 216
인도청 Casa da Índia → 기네미나청
《일 밀리오네 Il Milione》(마르코 폴로) 128, 236
일본 日本
　　　—에 포르투갈인들의 교역소 건설 313
　　　교역 상품 322, 334
　　　마카우와 — 278
　　　은 309, 320, 342, 344(도)
　　　제2차세계대전 356
　　　하비에르와 — 224, 280
　　　해적, 왜구 130, 271
　　　화기의 사용 279, 281(도) : 또한 "다네가시마 총"을 보라
잉글랜드 England 243~244, 247~253, 258, 261~268
잉카 Inca (제국) 288, 319

ㅈ

자와섬 Jawa
　　　공 gong (타악기) 32
　　　말레이군도와 — 19
　　　우르다네타의 — 여행 211
　　　육두구와 — 22~23
　　　일련의 화산 29, 31(도)
자일롤로섬 Jilolo, Gilolo / 할마헤라섬 Halmahera 178~179, 186, 189, 192~194, 222~223
　　　나중의 할마헤라섬 357
　　　말루쿠제도의 가장 큰 섬 175

말루쿠제도의 복잡한 부족 정치 178
　　사마포 222
　　에스파냐의 요새 건설 184
저장성 浙江省 270~273
정덕제 正德帝 137, 139~141
정보 information 233~238, 345
정어리강 Río de las Sardinas 85
정향 丁香, clove
　　―과 마르코 폴로 22
　　―나무의 열매 송이 39(도)
　　―에 대한 묘사 37~38
　　―을 누가 소유하느냐 42
　　―을 첨가한 원주민의 빵 124
　　―의 버티기 어려운 유혹 231
　　―의 생산에 대한 피가페타의 연구 116
　　―의 수확 과정 232
　　―의 원산지 22
　　―의 원산지 마키안섬을 차지하려는 싸움 193
　　―의 유럽 시장 통로 믈라카 28
　　―의 자생지를 찾아 나선 항해의 시작 24
　　1512년 이후 포르투갈 무역선들의 ― 교역 35
　　반다제도의 ― 30
　　빅토리아호와 트리니다드호의 ―의 선적 116
　　엘카노의 문장에 새겨진 ― 125
　　트리니다드호의 ― 선적 116~118
　　포르투갈인들이 그린 초기 그림 속의 ― 자생지 114(도)
제2차세계대전 Second World War 21
제국인도법률 Leyes de las Indias, Laws of the Indies 308
제노바 Genova 41, 242, 341
제수이트회, 예수회 Jesuits 화보 15, 226, 273, 280~281, 332, 340, 342
제이모투, 프란시스쿠 Francisco Zeimoto 278
주앙 3세 João III 151~152, 197, 224, 227, 274

주장강 珠江 131~135
　— 삼각주의 초기 지도 133(도)
　— 입구 137, 143, 275
　— 입구에서의 교역 274
　— 입구의 섬들에서 포르투갈인들의 활동 271~272
중국 中國
　— 경제의 쌍둥이 같은 요소 337
　—과 나가사키와 마카오의 삼각무역 332
　—과의 직접적 교류라는 유럽인들의 전망 28
　—에 의한 은의 세계 통화 부상 333
　—에서 마닐라의 중요성 320~321
　—의 중앙집권적 관료 정치 132
　—인들과 유럽인들의 서로에 대한 이미지 342~343
　—인의 식사 방법에 대한 유럽인의 기록 129~130
　— 장인들의 창의력 343
　— 체제에 고착된 시간의 지체 134, 137~138
　다 크루스의 —에 관한 서술 282~285
대명통행보초의 과잉 발행 319
마르코 폴로가 —에서 보았을 정향 22~23
문화 간 충돌 139~141
믈라카의 — 상인들 129
배에서 사용하는 양수기 283
비단 332, 334, 335
세상의 중심 — 345
세제 개편 313
시망 드 안드라드가 — 땅에서 벌인 위법행위 138
식량 공급 283~285
알바라도의 — 해안 탐사 계획 216
양립불가능한 두 세계관의 충돌 131
운송비 333
은 286, 319~320, 332, 341
인구 통계 320, 339

일본과의 직접적 교역 완전 금지 282
　　자기 瓷器 화보 14, 16, 334~335
　　작물의 도입 339
　　정향이 —에서 온다고 생각한 마르코 폴로 22
　　콜럼버스와 — 23
　　포르투갈 왕이 보낸 서한에서 비롯한 오해 139~140
　　포르투갈의 믈라카 점령 131
　　포르투갈의 원본을 토대로 총의 제작 280
　　포르투갈이 —에 보인 관심 127~128, 132
　　포르투갈이 툰먼섬에 구축한 요새 138
　　포르투갈인들의 —과의 초기 만남 269
　　포르투갈인들의 의도에 대한 파악 143~144
중세 Middle Ages 22
지도제작자 catographer 23, 44, 47, 153, 235, 241
지중해 Mediterranean Sea 181, 313
진금 陳金 134
징더전 景德鎭 화보 13, 338

ㅊ

차모로족 Chamorro 95
차이나로드 China Road 328
챈슬러, 리처드 Richard Chancellor 화보 7, 15(지), 250~268
　　두 번째 탐험대 266
　　러시아와 모스크바 관찰 259~264
　　백해와 에드워드호 257
　　빈틈없는 근대적 항해사 — 250
　　'상인 모험가들'이 —에게 맡긴 과제 355
　　죽음 267
춘권 春卷 340
취안저우 泉州 272 272
치팡구 Zipangu 237 ; 또한 "일본"을 보라

ㅋ

카나리아제도 Islas Canarias 62, 156
카레리, 제멜리 Gemelli Careri 323, 325~329
카롤루스 대제 Carolus 大帝 288
카르발류, 주앙 로페스 João Lopes Carvalho 66, 110~111, 117
카르키사노, 마르틴 이니게스 데 Martin Íñiguez de Carquizano 173, 180~181, 184, 187, 190~192
카르타헤나, 후안 데 Juan de Cartagena
    —의 마젤란에 대한 짧은 반란과 그 결과 75~79
    마젤란과의 힘겨루기 64~65
    산안토니오호의 세비야 귀환과 — 101
    폰세카가 심어놓은 인물 — 53, 58
카를레티, 프란체스코 Francesco Carletti 328
카를로스 1세 Carlos I / 카를 5세 Karl V
    —에 대한 마젤란의 태도 64, 73~74, 104~105
    —와 세바스티아노 카보토 247
    —와 티도레섬 178
    두 번째 탐험대 계획 125~126
    마젤란과 팔레이루에게 붙여준 경호원 56
    마젤란에게 내린 완전히 비현실적인 최종 지시 59
    말루쿠제도가 에스파냐의 적법한 영토라는 확신 215
    말루쿠제도로 가는 탐험대와 관련해 코르테스에게 보낸 서한 198
    물려받은 제국의 골칫거리 288
    부르고뉴 공작 — 49
    신성로마제국 황제에 선출 60
    신혼여행 197
    에스파냐에서의 좋지 않은 평판 287~288
    정향과 관련한 포르투갈의 불만 151
    포토시 317
    "플루스 울트라"("더 멀리") 60, 198
    항상 현금이 부족했던 — 209

혼인 협정에 서명 52
향신료 교역 허가 52
카를 5세 Karl V → 카를로스 1세
카마세르, 레오나르도 다 Leonardo da Ca'Masser 236
카몽이스, 루이스 드 Luís de Camões 47
카보 데세아도 곶 Cabo Dezeado 85, 89(도)
카보 비르헤네스 곶 Cabo Vírgenes 80, 89(도), 160
카보 프로어드 곶 Cabo Froward 82, 170
카보토, 세바스티아노 Sebastiano Caboto / 카보트, 세바스티안 Sebastian Cabot 243~252
　　—가 훔친 지도 245(도)
　　—의 배경 243
　　—의 초상화 251(도)
　　교역청의 비밀을 가져와 후원자들에게 이용 248
　　쉽게 이해할 수 없는 복잡한 인물 246
　　윌러비와 챈슬러의 탐험대 252, 264
　　세계지도 248
카보토, 조반니 Giovanni Caboto / 캐벗, 존 John Cabot 213
카부 지 산투 아고스티뉴 곶 Cabo de Santo Agostinho 66
카부 프리우 곶 Cabo Frio 57
카부 베르드 제도 Cabo Verde 42~43, 121, 124
카브리요, 후안 로드리게스 Juan Rodríguez Cabrillo 216~217
카비테 Cavite 322, 335
카사 데 콘트라타시온 Casa de Contratación → 교역청
카스타네다, 페르낭 로페스 드 Fernão Lopes de Castanheda 235
카스트루, 프란시스쿠 드 Francisco de Castro 179~180
카스티야 Castilla 23, 41~42, 48~49, 52, 56 ; 또한 "에스파냐"를 보라
카치케 Cacique 200
카타리나 폰 카스틸리엔 Katharina von Kastilien 152
카타이 Catai 128 → 또한 "중국"을 보라
칸디노 세계지도 Planisfero di Cantino 236
칼부, 디오구 Diogo Calvo 141
칼부, 바스쿠 Vasco Calvo 142, 145~148

캄보디아 Cambodia 321, 331, 334

캐롤라인제도 Carolines 207, 219

캐벗, 존 John Cabot → 카보토, 조반니

캐세이 Cathay 128 → 또한 "중국"을 보라

캔톤 Canton → 광저우

캘리컷 Calicut → 코지코드

캘리포니아 California 218, 303

케사다, 가스파르 데 Gaspar de Quesada 65, 74~75, 77

케추아족 Quechuas 316, 316(도), 358

코라코라 kora-kora 34, 182(도)

코레아, 가스파르 Gaspar Correa 63

코르테스, 에르난 Hernán Cortés 195, 198, 200~202, 213, 312, 339

코르트헤알 Côrte-Real 가문 58

코바루비아스, 디에고 데 Diego de Covarrubias 168

코지코드 Kozhikode / 캘리컷 Calicut 103

코친 Cochin 27, 142~143, 341

코티뉴, 마르팅 드 멜루 Martim de Melo Coutinho 143

콘셉시온호 Concepción
    —를 버리기로 결정 111
    —의 정찰 80
    마젤란 탐험대 61
    반란자들의 — 장악 75~78
    정어리강 85
    파타고니아해협 88, 89(도)

콜럼버스, 크리스토퍼 Christopher Columbus
    —가 서쪽으로 항해한 주목적 23
    —가 카리브해에 도착했을 때 염두에 두었던 목적지 중국 128
    —와 시팡구 278
    —의 먼 친척 132
    세계가 실제보다 작다는 —의 믿음 42, 88
    일본에 가까이 다가갔다는 —의 주장 41

'콜럼버스의 교환' 'Columbian exchange' 339, 346

콜론, 에르난도 Hernando Colón 154
쿤, 얀 피터르송 Jan Pieterszoon Coen 355
크라카타우섬 Krakatau 20
크루스, 가스파르 다 Gaspar da Cruz 272, 282~286, 284(도), 338
클레어, 허레이쇼 Horatio Clare 351
키칠 우나르 Quichil Unar 193

ㅌ

타갈로그족 Tagalogs 309, 311
타무냔 Tamuñan 299
탈라우트섬 Talaut 175
태국 泰國 / 타이 Thailand 28
태평양 Pacific Ocean
　─으로 침투해 말루쿠제도를 공격하려는 에스파냐의 시도 40
　─을 관통해 항해한 마젤란 91~111 ; 또한 "마젤란"을 보라
　─을 횡단해 멕시코로 귀환하기 287~302
　　─ 항해를 위한 7년의 시간과 막대한 자금 290
　　괌섬과 민다나오섬 295
　　세부섬 297~298
　　식량 조달과 선원 모집 291
　　원주민의 권리 존중 296
　─의 광대함 42, 88, 90, 123, 213
　─의 섬들에서 노예가 되기도 한 유럽인 탐험가들 148
　─의 텅 빈 공간 채우기 24
　─의 해안에 도달한 코르테스 198
　불의 고리 20
　에스파냐인들에게 한쪽 끝이 닫힌 바다 212
　'왕새우 통발' ─ 214
　우주에서 찍은 ─ 362
　제2차세계대전 21
　"태평양의 거대한 쓰레기장" "Great Pacific Garbage Patch" 358

태풍과 난파 329

"태평양의 거대한 쓰레기장" "Great Pacific Garbage Patch" 358

테데움 Te Deum 88

테르나테섬, 트르나테섬 Ternate

    —과 포르투갈 179~180

    —에서 바라본 티도레섬 187(도)

    —에서 쫓겨난 포르투갈인들 345

    —의 열악한 상태 228

    네덜란드 인쇄물의 —과 그 화산 35(도)

    아주 작은 5개 섬의 하나 21

    티도레섬과의 경쟁 관계 33~34, 115, 206~208

    포르투갈의 요새 178, 357(도)

    포르투갈인들을 몰살할 계획 210

    포르투갈인들이 그린 초기 그림 속의 — 114(도)

    화산 21, 33, 35(도), 181

《테아트룸오르비스 테라룸 Theatrum Orbis Terrarum》(오르텔리우스) 237

테우안테펙 Tehuantepec 216, 291

테이슈라, 루이스 Luís Teixura 236

테하다, 알바로 데 Álvaro de Tejada 171

토레, 에르난도 데 라 Hernándo de la Toree 167, 185, 192, 206, 208, 219

토르나비아헤, 귀환항해 tornaviaje 214

토르데시야스조약 Tratado de Tordesillas, Tratado de Tordesilhas (1494)

    —에 대한 포르투갈인들의 주장 154

    —에 따른 항해 지침 52

    —에 의한 탐험 영역 42

    —을 위반한 에스파냐의 불법 침입 30

    —의 분할선 42~43, 49, 52, 152~155, 182, 221, 235, 345

    마젤란의 에스파냐 합류 결정 48

    말루쿠제도 위원회 152

    경도의 문제 43

톱카프궁전 Topkapı Sarayı 337

투파스 Tupas 298~300

투피족 Tupi 66~68, 123
툰먼섬 屯門 131, 134, 138, 141~143
튜더 Tudor (왕조) 243
트르나테섬 Ternate → 테르나테섬
트리니다드호 Trinidad
    ―를 찾으라는 명령 156
    ―에서 소집된 선장 회의 65
    ―에서 이탈한 선원들이 나타남 174
    ―의 끊어진 닻줄 71~72
    ―의 마지막 항해 118
    대양으로 이어지는 협수로를 따라 전진 88
    마젤란 탐험대의 기함 ― 61
    반란 74~78
    새 선장 111
    에스파냐 귀환한 생존자들 124
    정어리강 84
    정향의 선적 116~118
    카보 프로어드 곶 82
    티도레섬에서 ― 수리 117~118
    폭풍 80
트리아나 Triana 123
티도레섬 Tidore
    ― 도읍의 파괴 178
    ―의 항구에 닻을 내린 마젤란 탐험대 114
    아주 작은 5개 섬의 하나 21
    테르나테섬과의 경쟁 관계 33~34, 115, 206~208
    테르나테섬에서 바라본 ― 187(도)
    트리니다드호의 수리 117~118
    포르투갈인들이 그린 초기 그림 속의 ― 114(도)
    화산 33, 181
티모르 Timor 31
티에라 델 푸에고 Tierra del Fuego 82, 168(도)

ㅍ

파나이섬 Panay 309, 310
파드랑 헤알 Padrão Real 234
파드론 레알 Padrón Real 234, 242
파셰쿠 페레이라, 두아르트 Duarte Pacheco Pereira 127
파이스섬 Fais 219
파타고니아해협 Strait of Patagonia 88, 89(도) : 또한 "마젤란해협"을 보라
판 린스호턴, 얀 하위헌 Jan Huygen van Linschoten 238, 344(도)
　《여행기 Itinerario》 238
판구이 犯規 139
판데르델프트, 프랑수아 François van der Delft 248
팔라완섬 Palawan 111
팔레이루, 후이 Rui Faleiro 49~50, 53~54, 56, 58, 236
페라라 Ferrara 236
페레스트렐로, 라파엘 Rafael Perestrello 132
페레이라, 갈레오트 Galeote Pereira 272, 282
페레이라, 곤살루 드 Gonçalo de Pereira 229, 306
페루 Peru 315
페르난도 2세 44
페르난드스, 안토니우 António Fernandes 136
페르메이르, 요하너스 Johannes Vermeer 화보 12, 338
페리에라, 곤살루 드 Gonçalo de Periera 209
페이쇼투, 안토니우 António Peixoto 278
펠리페 2세 Felipe II
　데 라 이슬라의 파견 207
　우르다네타의 사적 보고 304~305
　은을 북유럽 프로테스탄트 국가들과 벌인 전쟁의 자금으로 사용 320~321
　잉글랜드 메리 여왕과의 혼인 265
　중국을 침공할 생각의 포기 343
　카를 5세로부터의 양위 288
　포르투갈 왕 — 345

포르투갈 Portugal
　—과 마카오 276, 282, 359
　—과 말레이군도 29
　— 국왕의 문장을 새겨 넣은 식기류의 제작 338
　—에 유용했던 해상 팽창 모델 142~143
　—왕국과 에스파냐왕국 외교 관계의 복잡성 152
　—왕이 중국에 보낸 서한에서 비롯한 오해 139~140
　— 요새의 붕괴 346, 357(도)
　—인 노예상들과 은 321
　—인 밀수꾼들 270
　—인들로부터 세비야로의 전문적 지식의 일방적 흐름 42
　—인들을 타락시키는 깊은 열대 228
　—인들의 탐험 현지 적응 177~178
　— 탐험대의 남회귀선 통과 74
　'교역의 섬' 전투 144
　동전의 양면 같은 교역과 정복 129
　　　탐험과 정복 137
　리스본 지진으로 소실된 세랑의 편지 36
　마젤란이 — 국익에 해를 끼칠 수 있다는 염려 56
　말루쿠제도와 반다제도의 —제국 해체 238
　명나라에 대해 이해하지 못한 사실 269
　믈라카에 도달 23
　믈라카의 지원으로 — 기지의 수호 219
　믈라카 장악, 점령 28, 34
　밀레르 지도책과 —의 허위정보 전략 113~114
　반다제도에 대한 인상 29~31
　반다제도의 —인 환대 32
　아프리카 탐험 지식 63
　에스파냐와의 국경에서 열린 토르데시야스 분할선 결정 공동위원회 153
　에스파냐와의 힘겨루기 64, 74, 85
　유럽인(포르투갈인)이 중국에 관해 쓴 첫 번째 책 284(도)
　인도양의 교역 구조와 전략 구조 파악 234

일본에서 ―인들의 화승총 시연 279
　　정향과 육두구의 자생지를 찾아 나선 ―인 항해의 시작 24
　　중국 관료제도와 ― 131~132, 134~135
　　중국 영토에 ―의 요새 건설 138
　　중국에서 ―인들의 처형 145~146
　　지도의 중요성 234
　　테르나테에서 에스파냐와의 힘겨루기 180
　　테르나테에서 쫓겨난 ―인들 345
　　티도레섬 도읍을 파괴 178
　　향신료제도가 토르데시야스조약 분할선의 ― 영역이라는 주장 154
　　향신료제도의 전투 방식 이해 33
포켓북 지도책 pocket atlas 237
포토시 Potosí 화보 11
　　―산 315~317, 317(도), 318(도), 328, 339, 358
　　―의 지옥 같은 구덩이 342
　　광산 316(도)
　　마테오 리치의 지도 339
　　세로 리코 358
폰세카, 후안 로드리게스 데 Juan Rodríguez de Fonseca
　　교역청의 지휘 48
　　마젤란과 ―로 구성된 평의회 49~50
　　마젤란의 계획 추진에 ―의 내켜하지 않음 52
　　마젤란의 권한에 대한 ―의 견제 53, 58
폴란드 Poland 264
폴로, 마르코 → 마르코 폴로
푸에르토 산 훌리안 만 Puerto San Julián 73, 74(도), 78~79, 83, 86~88, 89(도), 101
푸젠성 福建省 270~273
푸첼레레 fucelere 96
프랑스 France 287, 288
프랑크족 Franks → "불랑기(포랑지)"를 보라
프레이타스, 페루 드 Pero de Freitas 146
프로아 proa 96, 97(도), 98, 114, 182~190, 193~194

찾아보기　　　　　　　　　　　　　　　　　　　　　　　　　　　　　　435

프톨레마이오스, 클라우디오스 Claudios Ptolemaeos 40
플로리다호 Florida 194, 197~212
"플루스 울트라" "Plus Ultra" ("더 멀리") 60, 181, 198, 127
피가페타, 안토니오 데 Antonio de Pigafetta 55~56
    해협을 찾아 나선 마젤란 탐험대 61~90
        과달키비르강을 따라 나아가는 말루쿠함대 61
        동식물상에 대한 관심 78
        마젤란해협 스케치 89(도)
        성 엘모의 불 64
        정어리강 85
        투피족과의 마주침 66~68
    향신료제도를 찾아 나선 태평양의 마젤란 탐험대 91~111
        ―에게 매우 이국적이고 묘사할 가치가 있는 세계 111
        ―의 구사일생 99
        ―의 활동 91
        끔찍한 식단 92~93
        마젤란의 죽음에 대한 묘사 107~109
        마젤란의 무모함에 대한 염려 105
        섬 주민들과의 연회 101
        섬 주민들에 대한 세밀한 묘사 103
        섬 주민들의 우호와 적대 94~109
        세라노의 죽음 110
        아우트리거 카누 96
        적도 통과 94
        종교적 열정에 사로잡힌 마젤란 102~104
        코코넛 98~99
    향신료제도와 본국 113~122
        알-만소르 115
        포르투갈의 허위 정보 전략에 대한 ―의 인지 113
        너무 끔찍해 두 번 다시 되풀이 할 수 없다고 생각한 ―의 항해 125
        정향과 육두구 116
        향신료제도가 얼핏 보인 때의 ―의 기록 113

과달키비르강 122
　　일주 항해에 대한 —의 설명 124
피르스, 토메 Tomé Pires 132~146
　　—에 채워진 족쇄와 차꼬 144~145
　　결실 없는 여정 141
　　대사 — 135~143
　　동양에 체류 134
　　두 세계관의 충돌을 목도 269
　　믈라카의 반환을 겨냥한 볼모 — 142
　　배경 및 요약 129~130
　　성격 및 특징 135
　　《수마 오리엔탈 Suma Oriental que trata do Mar Roxo até aos Chins》 129, 235, 237
　　시팡구에 대해 전해 들은 소문 278
　　죽음 146~147, 235
핀마르크 Finnmark 254
핀투, 페르낭 멘드스 Fernão Mendes Pinto 147~148
필리핀(제도) Las Filipinas 17(지) / 서쪽 제도 Islas del Poniente
　　—가 에스파냐 영역이라는 판단 223
　　— 사람들을 약탈하는 데 반대 353
　　— 주민들이 폭넓게 교류하고 있다는 증거 99
　　두 번째 탐험대의 — 도착 173
　　루손섬 98
　　막대한 수의 섬 19
　　막탄섬 105~109
　　민다나오섬 111, 173
　　부족한 자원 321
　　사마르섬 97~98
　　'서쪽 제도'의 섬들 94
　　세부섬 102~104, 108, 116
　　에스파냐 사람들에게 이상적인 장소 215
　　에스파냐의 — 정복 141
　　토르데시야스조약의 분할선 154, 235

호몬혼섬 98
필립앤드메리호 Philip and Mary 266

ㅎ

하비에르, 프란시스코 Francisco Javier 224, 226~227, 273, 280, 326
하세, 존 John Hasse 264
한 漢 22
한국 韓國 279, 344(도)
한양 漢陽 279
할마헤라섬 Halmahera → 자일롤로섬
항해사, 조타수, 수로안내인 pilot
　—와 교역청 242
　—의 국적 23
　—의 포르투갈에서 에스파냐로의 이탈 153
　무슬림 — 33
　세바스티아노 카보토 243~244, 246
　중국인 — 132
　챈슬러 250, 252~254
　포르투갈인 — 235
　항해장 242
항해장 piloto mayor, pilot major 242~243, 246~248
향신료 Spice
　—의 가격 인상 22, 341
　—의 여러 용도 22
　최초의 전 세계적 교역 상품 346
　또한 "육두구" "정향"을 보라
향신료제도 Spice Islands 화보 16
　—로 가는 알부케르크의 청사진 28
　—에 대한 포르투갈인들의 정보 수집 36
　세랑의 편지 47, 48, 49~50
　이름의 유래 21~22

포르투갈이 동쪽으로 —까지 도달 42

　　피가페타가 —를 얼핏 보았을 때 쓴 기록 113

　　또한 "말루쿠제도"를 보라

헤센드, 두아르트 드 Duarte de Resende 119

헤이넬, 페드루 Pedro Reinel 236

헨리 3세 Henry VIII 246, 247

호드리그스, 프란시스쿠 Francisco Rodrigues 27~30, 31(도), 133(도)

호몬혼섬 Homonhon 98

호에베스, 키실 드 Quichil de Roebes 194

홀모고리 Kholmogory 257

화산 volcano

　　균형 잡힌 화산 19, 33

　　불의 고리 20

　　자와의 북쪽 해안을 따라 늘어선 —들 11, 31(도)

　　테르나테 35(도), 181

　　티도레 181

　　화산섬 지배 111, 181

후마본 Humabon 103~106, 109, 299

후아나 Juana 299

후추 pepper 131, 143, 270, 285, 331, 335

흑사병 Black Death 362

희망봉 Cape of Good Hope 43, 121, 158, 165, 210, 321

히랄다탑 Giralda 242

히우 지 자네이루 Rio de Janeiro → 리우 데 자네이루

히투 Hitu 33~34

욕망의 향신료 제국의 향신료
근대 세계를 형성한 16세기 해상 경쟁

1판 1쇄 2025년 4월 10일

지은이 | 로저 크롤리
옮긴이 | 조행복

펴낸이 | 류종필
책임편집 | 좌세훈
편집 | 이정우, 노민정, 권준, 이은진
경영지원 | 홍정민
표지 디자인 | 석운디자인
본문 디자인 | 박애영

펴낸곳 | (주)도서출판 책과함께
　　　　주소 (04022) 서울시 마포구 동교로 70 소와소빌딩 2층
　　　　전화 (02) 335-1982
　　　　팩스 (02) 335-1316
　　　　전자우편 prpub@daum.net
　　　　블로그 blog.naver.com/prpub
　　　　등록 2003년 4월 3일 제2003-000392호

ISBN 979-11-94263-36-4 03900